取引手法別
資本戦略の
法務・会計・税務

EY Japan ── 編
新日本有限責任監査法人
EY弁護士法人

中央経済社

刊行にあたって

　株式会社は，投資家から資金を集め，その資金を元手に事業を行い，得られた利益を配当し，または株式の値上がり益（キャピタル・ゲイン）をもたらすことで投資家にリターンを与える仕組みとなっています。そして，集めた資金がどのように使われ，どれだけの利益を生み出したかを表すものが決算書です。投資家などから集めた資金の調達方法を貸借対照表の右側（貸方）に，そしてその運用状況を左側（借方）に示し，企業のストックベースの状況が示されます。この貸借対照表の構成要素は，資産，負債および資本に分けられます。資本とは，投資家から集めた「元手」を示しており，運用によってその元手がどれだけ増えたのか（減ったのか）ということをも表すものです。

　投資家は，自分が拠出した資金がどのように使われ，またその資金がどれだけの利益を生み出したか，という点に興味を持っています。その1つの指標がROE（自己資本利益率）であり，その基本となる会計処理が「資本会計」です。本書では，この資本会計に焦点を当て，さらに範囲を広げてその他の資金調達に係る会計論点を幅広く解説するものとしました。投資家からの出資等の形態も時代とともに変化し，会社法制の規制や規定の中で，さまざまなスキームが生み出されています。そういった最前線のスキームに対しても，可能な限り考察を加えました。さらに，投資家以外の資金拠出者，すなわち金融機関や社債権者からの資金調達についても紙幅を割いており，類書との大きな違いになっています。

　資本会計（そして負債（金融商品）会計）をベースに，その先の資本戦略へと踏み込んでいるところが本書のもう1つの特徴です。企業の国際的な競争力が問われる中で，投資家からいかに信頼され，企業を持続的に成長させ，そして株価上昇に繋げていくかという点が経営者の使命の1つになっています。そういった企業評価・企業価値の向上に直結する資本戦略と資金調達の関係にも言及しています。

　本書の構成ですが，第1章の総論の後，第2章から第8章までは，具体的な

資金調達の種類別に法務・会計・税務の論点を解説しています。第2章から順に，増減資，新株予約権，負債による資金調達，配当，自己株式，日本版ESOPと続き，第8章では資本の係数の変動に触れています。第9章以降は趣を変え，組織再編，開示，そして上場時の論点を解説しています。

　本書は，新日本有限責任監査法人に所属する5名の公認会計士と，EY弁護士法人に所属する弁護士が執筆しました。また，税務に関する記述については，EY税理士法人がレビューすることにより，資本会計・資本戦略に関する制度面におけるEY Japanの英知を結集した書籍となっています。本書をお手に取っていただき，資本に関するさまざまな論点に遭遇した実務家の皆様にお役に立つものとなれば，望外の幸せです。

　最後に，本書の企画から出版までのすべての過程においてご尽力頂いた株式会社中央経済社会計編集部の末永芳奈氏に，心より御礼申し上げます。

平成28年9月

EY Japan
執筆者一同

目　　次

第1章　資本戦略の狙いと具体的手法　　1

第1節 はじめに ────────────── 1
1　アベノミクスとROE重視の流れ ………………… 1
　（1）2つの「コード」　1
　（2）「伊藤レポート」における提言　3
2　企業の資本戦略 ……………………………………… 4

第2節 資本戦略の必要性と資本効率性の追求 ── 5
1　資本効率性の追求が求められる背景 ……………… 5
2　投資家の期待に沿うリターンの創出 ……………… 6
　（1）投資家の期待を超えるリターンの基準　6
　（2）資本コストとは　7
3　中長期的な成長と資本効率 ………………………… 9
　（1）ROE向上の必要性　9
　（2）企業が目指すべき目標　10
　（3）ROEと経営目標　11
　（4）資本効率と資本政策　11

第3節 資本効率性指標 ──────────── 12
1　ROEとは何か ……………………………………… 12
　（1）ROEの計算式　12
　（2）会計基準上の取扱い　12
　（3）開示書類上の取扱い　13
　（4）決算短信上の取扱い　14

（5）会社法上の取扱い　15
　2　ROEの構成要素 …………………………………………………… 16
　　（1）ROEの三要素への分解　16
　　（2）ROEのさらなる分解　17
　3　その他の資本効率性指標 ………………………………………… 20
　　（1）投下資本利益率　20
　　（2）総資産利益率　21
　　（3）セグメント情報との関係　22

第4節┃資本戦略の類型 ─────────────────── 24

　1　資金調達 …………………………………………………………… 24
　2　配当政策 …………………………………………………………… 24
　　（1）配当性向　25
　　（2）配当利回り　26
　3　自己株式 …………………………………………………………… 26
　4　最適資本構成 ……………………………………………………… 26
　5　そ の 他 …………………………………………………………… 28
　　（1）連結ベースの資本戦略　28
　　（2）投資家とのコミュニケーション　29

第2章　増 減 資　31

第1節┃増減資の概要 ───────────────────── 31

　1　定　　義 …………………………………………………………… 31
　2　種　　類 …………………………………………………………… 31
　　（1）増　　資　31
　　（2）種類株式　32
　　（3）譲渡制限株式を用いた株式報酬　33
　　（4）減　　資　36

3 財務的効果 ……………………………………………………………… 36
　（1）増　　資　36
　（2）種類株式　38
　（3）減　　資　38

第2節 ▌増資の実務 ─────────────────── 39

1 法律上の手続 ……………………………………………………… 39
　（1）新規発行の手続　39
　（2）上場会社の場合の取扱い　40
　（3）特殊な場合　44
　（4）自己株式の処分　52
2 個別財務諸表上の処理 …………………………………………… 52
　（1）有償増資（金銭出資）　52
　（2）有償増資（現物出資）　57
　（3）無償増資　58
3 税務上の処理 ……………………………………………………… 59
　（1）有償増資　59
　（2）無償増資　61
　（3）現物出資　64
4 連結財務諸表上の処理 …………………………………………… 65
　（1）有償増資　65
　（2）無償増資　69
5 財務諸表等における開示 ………………………………………… 70
　（1）有価証券報告書の開示　70
　（2）会社法事業報告における開示　72
　（3）関連当事者との取引に関する注記　72
　（4）後発事象　72

第3節 ▌種類株式の実務 ─────────────────── 73

1 法律上の手続 ……………………………………………………… 73
2 個別財務諸表上の処理 …………………………………………… 73

（1）発行会社の処理　73
（2）株主の処理　73
（3）特定譲渡制限付株式に係る処理　76
（4）完全親会社の特定譲渡制限付株式をその子会社の役員等に交付した場合の処理　78

3　税務上の処理 …………………………………………………… 83
（1）種類株式におけるみなし配当および譲渡損益の取扱い　83
（2）交付された端株に関する取扱い　85
（3）種類株式に係る資本金等　86
（4）特定譲渡制限付株式に関する取扱い　86

4　連結財務諸表上の処理 ………………………………………… 87
（1）子会社の発行する優先株式の連結財務諸表上の会計処理　87
（2）子会社および関連会社の範囲　89
（3）国際財務報告基準または米国会計基準を適用する在外子会社への対応　89

5　財務諸表等における開示 ……………………………………… 90
（1）1株当たり情報　90
（2）計算書類等の注記　92
（3）有価証券報告書の開示　93
（4）その他の開示書類　94

第4節　減資の実務 ——————————————— 95

1　法律上の手続 …………………………………………………… 95
（1）資本金の減少　95
（2）準備金の減少　96

2　個別財務諸表上の処理 ………………………………………… 97
（1）無償減資　97
（2）有償減資　99
（3）100%減資　103

3　税務上の処理 …………………………………………………… 104
（1）無償減資　104

（2）有償減資　105
　4　連結財務諸表上の処理 …………………………………………… 109
　5　財務諸表等における開示 ………………………………………… 110

第3章　新株予約権　111

第1節 ▍新株予約権の概要　111

1　定　　義 ……………………………………………………………… 111
2　種　　類 ……………………………………………………………… 111
　（1）新株予約権　111
　（2）新株予約権付社債　112
　（3）ストック・オプション　112
3　財務的効果 …………………………………………………………… 113
　（1）新株予約権　113
　（2）新株予約権付社債　116
　（3）ストック・オプション　120

第2節 ▍新株予約権の実務　120

1　法律上の手続 ………………………………………………………… 120
　（1）新株予約権発行の手続　120
　（2）上場会社の場合の取扱い　123
　（3）特殊な場合　130
2　個別財務諸表上の処理 ……………………………………………… 133
　（1）新株予約権（有償）　133
　（2）新株予約権（無償）　137
　（3）ライツ・オファリング　137
　（4）外貨建新株予約権　138
3　税務上の処理 ………………………………………………………… 139
　（1）発行会社の税務上の処理　139

（2）新株予約権者（法人）の税務上の処理　140
　　（3）新株予約権者（個人）の税務上の処理　142
　4　連結財務諸表上の処理 ……………………………………………… 143
　　（1）新株予約権を発行した連結子会社等に対する連結財務諸表上の処理　143
　　（2）連結財務諸表上の自己新株予約権の処理　144
　　（3）在外子会社が発行する新株予約権の換算方法　145
　5　財務諸表等における開示 …………………………………………… 146
　　（1）計算書類等の注記　146
　　（2）有価証券報告書の開示　146
　　（3）1株当たり情報　149

第3節┃新株予約権付社債の実務 ──────────────── 150

　1　法律上の手続 ………………………………………………………… 150
　　（1）新株予約権付社債　150
　　（2）その他の新株予約権付の資金調達手法　152
　2　個別財務諸表上の処理 ……………………………………………… 152
　　（1）新株予約権付社債に関する処理　152
　　（2）取得条項付の転換社債型新株予約権付社債に関する処理　153
　　（3）外貨建転換社債型新株予約権付社債の換算方法　156
　3　税務上の処理 ………………………………………………………… 156
　　（1）発行会社の税務上の処理　156
　　（2）取得者（法人）の税務上の処理　156
　　（3）取得者（個人）の税務上の処理　157
　4　連結財務諸表上の会計処理 ………………………………………… 157
　　（1）子会社が発行する新株予約権付社債の連結財務諸表上の会計処理　157
　　（2）国際財務報告基準を適用する在外子会社への対応　157
　5　財務諸表等における開示 …………………………………………… 158
　　（1）金融商品の時価等の開示　158
　　（2）社債明細表　158
　　（3）提出会社の状況（株式等の状況）　158

目次 vii

第4節 ストック・オプションの実務 ── 159

1　法律上の手続 ……………………………………………………… 159
2　個別財務諸表上の処理 …………………………………………… 159
　（1）付 与 日　159
　（2）付与日から権利確定日　159
　（3）権利行使時　160
　（4）失 効 時　160
3　税務上の処理 ……………………………………………………… 163
　（1）税制適格要件　163
　（2）税務上の処理　165
4　連結財務諸表上の処理 …………………………………………… 167
　（1）子会社の従業員等に付与した親会社のストック・オプションの処理　167
　（2）子会社の報酬体系に位置付けられるか否かの基準　168
5　財務諸表等における開示 ………………………………………… 169
　（1）会社法における開示　169
　（2）有価証券報告書の開示　170
　（3）関連当事者情報　172
　（4）1株当たり情報　172

第5節 有償ストック・オプションの実務 ── 173

1　個別財務諸表上の処理 …………………………………………… 173
2　税務上の処理 ……………………………………………………… 177
　（1）有償ストック・オプション　177
　（2）時価発行新株予約権信託　178
3　連結財務諸表上の処理 …………………………………………… 179

第4章　負債による資金調達　181

第1節 | 負債による資金調達の概要 ——— 181

- 1　借入金の定義・種類 ……………………………………………… 182
  - （1）借入金の定義　182
  - （2）借入金の種類　182
- 2　社債の定義・種類 ………………………………………………… 183
  - （1）社債の定義　183
  - （2）社債の種類と募集形態　184
- 3　コベナンツ・継続企業の前提 …………………………………… 185
  - （1）コベナンツ　185
  - （2）継続企業の前提　186
- 4　財務的効果 ………………………………………………………… 187

第2節 | 借入金の実務 ——— 188

- 1　法律上の手続 ……………………………………………………… 188
  - （1）借　入　金　188
  - （2）コマーシャルペーパー（CP）　189
- 2　個別財務諸表上の処理 …………………………………………… 190
  - （1）借　入　金　190
  - （2）表示区分　192
- 3　税務上の処理 ……………………………………………………… 192
  - （1）借手側の処理（支払利息）　192
  - （2）貸手側の処理（受取利息）　195
- 4　連結財務諸表上の処理 …………………………………………… 196
- 5　財務諸表等における開示 ………………………………………… 196
  - （1）金融商品に関する注記　196
  - （2）有利子負債の返済予定額　198
  - （3）附属明細表（連結附属明細表）　198
  - （4）債務保証の取扱い　200

（5）財務制限条項に関する注記　201

第3節 ▎社債の実務 ─────────── 201

1　法律上の手続 ………………………………………… 201
　（1）社債発行の手続　201
　（2）上場会社の場合の取扱い　207
2　個別財務諸表上の処理 ……………………………… 208
　（1）会計処理の概要　208
　（2）社債発行費等の処理　209
　（3）社債に係る発行者の処理の設例　210
　（4）表示区分　211
3　税務上の処理 ………………………………………… 211
　（1）社債発行費　211
　（2）償却原価法　211
4　連結財務諸表上の処理 ……………………………… 212
5　財務諸表等における開示 …………………………… 213
　（1）金融商品に関する注記　213
　（2）有利子負債の返済予定額　213
　（3）附属明細表（連結附属明細表）　213
　（4）財務制限条項に関する注記　214

第4節 ▎デット・エクイティ・スワップの実務 ─── 214

1　法律上の手続 ………………………………………… 215
2　個別財務諸表上の処理 ……………………………… 216
　（1）債権者側の処理　216
　（2）債務者側の処理　217
　（3）DESに係る処理の設例　219
3　税務上の処理 ………………………………………… 221
　（1）概　　要　221
　（2）債権者側の税務上の処理　223
　（3）債務者側の税務上の処理　224

4　連結財務諸表上の処理 ･･･ 228

第5節　デット・デット・スワップの実務 ─── 228

　1　法律上の手続 ･･ 228
　2　個別財務諸表上の処理 ･･ 229
　　（1）債権者側の処理　229
　　（2）債務者側の処理　229
　3　税務上の処理 ･･･ 230
　4　連結財務諸表上の処理 ･･･ 230

第6節　その他の借入手法等 ─── 230

　1　資金調達の条件に関する特約 ････････････････････････････････ 230
　　（1）劣後性負債　230
　　（2）永久性負債　234
　　（3）デット・アサンプション　234
　2　シンジケートローンによる借入 ･･････････････････････････････ 235
　　（1）定義・内容　235
　　（2）シンジケートローンの特徴　236
　　（3）シンジケートローンの形態　236
　　（4）シンジケートローンに係る手数料の処理　237
　　（5）シンジケートローンにおける金利スワップの適用における留意点　238
　3　プロジェクト・ファイナンス ････････････････････････････････ 238
　　（1）定　義　238
　　（2）プロジェクト・ファイナンスの特徴　239
　　（3）プロジェクト・ファイナンスの利用例　241
　　（4）特別目的会社に係る債務の表示　241
　4　キャッシュ・マネジメント・システム（CMS）･･････････････ 242
　　（1）キャッシュ・マネジメント・システム（CMS）の概要　242
　　（2）キャッシュ・マネジメント・システム（CMS）の処理　243

第5章 剰余金の分配　245

第1節 剰余金の分配の概要　245

（1）定　　義　245
（2）種　　類　245
（3）財務的効果　245

第2節 配当の実務　246

1　法律上の手続　246
（1）剰余金の配当の概説　246
（2）決定機関の特例　249
（3）現物配当　250

2　個別財務諸表上の処理　250
（1）その他利益剰余金からの配当　250
（2）その他資本剰余金からの配当　251
（3）分配可能額の計算　252
（4）未払配当金の処理　257

3　税務上の処理　257
（1）利益剰余金を原資とする配当　257
（2）資本剰余金を原資とする配当　258

4　連結財務諸表上の処理　261

5　財務諸表等における開示　262

第3節 現物配当の実務　263

1　法律上の手続　263
2　個別財務諸表上の処理　263
3　税務上の処理　264
4　連結財務諸表上の処理　265
5　財務諸表等における開示　266

第6章　自己株式　　267

第1節 自己株式の概要 ── 267
1　定　義 ── 267
2　財務的効果 ── 268
（1）株主への還元策　268
（2）経営安定化対策　268
（3）資本効率の向上　269
（4）企業組織再編の機動的な実行　269
（5）納税資金調達手段としての利用　269
（6）ストック・オプション制度への活用　270
（7）日本版ESOPへの活用　270

第2節 自己株式の実務 ── 270
1　法律上の手続 ── 270
（1）取得の概説　270
（2）特定の株主からの取得　272
（3）上場会社の場合の取扱い　272
（4）処　分　276
（5）消　却　276
2　個別財務諸表上の処理 ── 276
（1）自己株式の取得に係る処理　276
（2）自己株式の処分に係る処理　278
（3）自己株式の消却に係る処理　281
3　税務上の処理 ── 282
（1）自己株式の取得に係る処理　282
（2）自己株式の処分に係る処理　285
（3）自己株式の消却に係る処理　287
（4）自己株式の低廉取得（無償取得を含む）の取扱い　288
（5）グループ法人税制の影響　290

4 連結財務諸表上の処理 ·· 294
    （1）親会社が所有する自己株式の処理　294
    （2）連結子会社が保有する親会社株式の処理　294
    （3）持分法適用会社が保有する親会社株式等の処理　297
    （4）連結子会社が保有する当該連結子会社の自己株式の処理　299
    （5）持分法適用会社が保有する当該持分法適用会社の自己株式の処理　300
  5 財務諸表等における開示 ·· 300
    （1）有価証券報告書の開示　300
    （2）会社法における開示　301

第3節 ▎自社株式先渡取引の実務 ─────────── 302

  1 財務諸表上の処理 ·· 302
  2 財務諸表の注記 ·· 303

第4節 ▎一括取得型による自社株式取得取引（ASR） ─── 304

  1 審議の経緯 ·· 304
  2 取引の概要と論点 ·· 305
    （1）アメリカ版ASR取引の概要　305
    （2）日本で活用する際の問題点　306
    （3）日本版ASR取引の概要　307
  3 会計処理に関する論点 ·· 308

第7章　日本版ESOP　315

第1節 ▎日本版ESOPの概要 ──────────────── 315

  1 定　　義 ·· 315
    （1）ESOPの成立過程　315
    （2）日本版ESOPへの発展　315

2 種　類 ……………………………………………………………… 316
（1）従業員持株会発展型　317
（2）株式給付型　318
（3）日本版ESOPの導入事例　320
3 財務的効果 ……………………………………………………… 321
（1）福利厚生制度の充実からの視点　322
（2）自己株式の受け皿の必要性からの観点　323

第2節　日本版ESOPの実務 ──────────────── 323

1 法律上の手続 …………………………………………………… 323
（1）概　説　323
（2）従業員持株会発展型ESOP　324
（3）株式給付型ESOP　325
2 個別財務諸表上の処理 ………………………………………… 325
（1）従業員持株会発展型　326
（2）株式給付型　331
（3）その他の取引　333
3 税務上の処理 …………………………………………………… 334
（1）従業員持株会発展型　334
（2）株式給付型　337
4 連結財務諸表上の処理 ………………………………………… 338
5 財務諸表等における開示 ……………………………………… 340
（1）従業員持株会発展型　340
（2）株式給付型　345

第8章　資本の計数の変動　349

第1節　資本の計数の変動の概要 ──────────── 349

1 定　義 …………………………………………………………… 349

2　種　　類 ………………………………………………………… 349
　3　財務的効果 ……………………………………………………… 350

第2節┃計数の変動時の実務 ─────────────────── 351

　1　法律上の手続 …………………………………………………… 351
　　（1）配当以外の剰余金の処分　351
　　（2）手　　続　351
　2　個別財務諸表上の処理 ………………………………………… 353
　3　税務上の処理 …………………………………………………… 355
　4　連結財務諸表上の処理 ………………………………………… 358
　5　財務諸表等における開示 ……………………………………… 359

第9章　組織再編時における資本戦略への影響　361

第1節┃連結範囲の変更 ─────────────────────── 361

　1　他社を買収した場合の資本戦略への影響 …………………… 361
　2　連結の範囲に関する会計上の取扱い ………………………… 361
　3　他社を買収した場合の財務的効果 …………………………… 362
　　（1）他社を買収した場合の財務的効果　362
　　（2）設例による財務的効果の解説　362
　4　まとめ …………………………………………………………… 365

第2節┃組織再編 ──────────────────────────── 365

　1　合併の定義および財務的効果 ………………………………… 365
　　（1）合併の定義　365
　　（2）合併の財務的効果　365
　　（3）資本戦略における合併の活用の観点　366
　2　吸収分割の定義および財務的効果 …………………………… 367

（1）吸収分割の定義　367
　　（2）吸収分割の財務的効果　367
　　（3）資本戦略における会社分割の活用の観点　368
　3　会計基準，会社計算規則上の組織再編における増加資本等の取扱い
　　 ··· 369
　　（1）組織再編における増加資本等の取扱いの概要　369
　　（2）組織再編における増加資本等の処理　369

第10章　開示等に関するルール　373

第1節┃資金調達に関する規制 ── 373

　1　募集と私募 ··· 373
　2　売出し ··· 374
　3　募集・売出しを行う場合の開示書類 ··· 374

第2節┃臨時報告書の提出 ── 375

第3節┃適時開示 ── 375

　1　適時開示に関するルールの概要 ··· 375
　2　適時開示の内容 ··· 375
　3　金融商品取引所における会社情報の開示の適正性の確保の体制・377

第11章　上場準備会社における資本戦略の活用　379

第1節┃上場準備会社における資本戦略の活用 ── 379

　1　上場準備のための資本政策 ··· 379
　2　資本政策における具体的な資金調達手法 ··· 379

（1）株主割当増資　380
　　（2）第三者割当増資　380
　　（3）株式譲渡　380
　　（4）新株予約権　381
　　（5）ストック・オプション　381
　　（6）社　債　381
　　（7）新株予約権付社債　382
　　（8）種類株式　382
　　（9）自己株式　382
　　（10）株式分割　382
　3　財産保全会社 …………………………………………………………… 383
　　（1）財産保全会社とは　383
　　（2）財産保全会社を通じて株式を保有することのメリット　383
　　（3）財産保全会社に係る開示上の留意点　384

第2節 株式出資に関する契約 ── 387

　1　株式出資に関する契約 ………………………………………………… 387
　2　VC条項（ベンチャーキャピタル条項） ……………………………… 389

第3節 株主対策 ── 390

　1　資本政策上の安定株主確保の重要性 ………………………………… 390
　2　安定株主 ………………………………………………………………… 390
　3　安定株主対策 …………………………………………………………… 390

第4節 上場時における株価の決定方法 ── 391

　1　ブックビルディング方式 ……………………………………………… 391
　　（1）1株当たり当期純利益（EPS）　391
　　（2）類似上場会社のPER　391
　　（3）IPOディスカウント　392

第5節 ▎有価証券等の公募・売出しにおいて活用される主な制度 ── 392

1　オーバーアロットメント ──────────────── 392
2　グリーンシューオプション ──────────────── 393
3　ロックアップ条項 ──────────────── 394

第6節 ▎上場以外の出口戦略 ── 394

1　ベンチャーキャピタルにおける出口戦略 ──────── 394
2　上場準備会社における出口戦略 ──────────── 395

第7節 ▎株主側の税務戦略への関与 ── 396

1　原則的な課税 ──────────────── 396
2　低額譲渡・高額譲渡における課税 ──────────── 397
　（1）グループ法人税制適用外のケース　397
　（2）グループ法人税制が適用されるケース　401

凡 例

正式名称	略 称
「固定資産の減損に係る会計基準」	減損会計基準
企業会計基準第1号「自己株式及び準備金の額の減少等に関する会計基準」	自己株式会計基準
企業会計基準第2号「1株当たり当期純利益に関する会計基準」	1株当たり当期純利益会計基準
企業会計基準第5号「貸借対照表の純資産の部の表示に関する会計基準」	純資産会計基準
企業会計基準第7号「事業分離等に関する会計基準」	事業分離等会計基準
企業会計基準第8号「ストック・オプション等に関する会計基準」	ストック・オプション等会計基準
企業会計基準第10号「金融商品に関する会計基準」	金融商品会計基準
企業会計基準第11号「関連当事者の開示に関する会計基準」	関連当事者会計基準
企業会計基準第17号「セグメント情報に関する会計基準」	セグメント会計基準
企業会計基準第21号「企業結合に関する会計基準」	企業結合会計基準
企業会計基準第22号「連結財務諸表に関する会計基準」	連結会計基準
企業会計基準適用指針第2号「自己株式及び準備金の額の減少等に関する会計基準の適用指針」	自己株式適用指針
企業会計基準適用指針第3号「その他資本剰余金の処分による配当を受けた株主の会計処理」	資本剰余金配当処理
企業会計基準適用指針第4号「1株当たり当期純利益に関する会計基準の適用指針」	1株当たり当期純利益適用指針
企業会計基準適用指針第6号「固定資産の減損に係る会計基準に関する適用指針」	減損適用指針
企業会計基準適用指針第8号「貸借対照表の純資産の部の表示に関する会計基準等の適用指針」	純資産適用指針
企業会計基準適用指針第9号「株主資本等変動計算書に関する会計基準の適用指針」	株主資本等変動計算書適用指針

正式名称	略称
企業会計基準適用指針第10号「企業結合会計基準及び事業分離等会計基準に関する適用指針」	企業結合適用指針
企業会計基準適用指針第11号「ストック・オプション等に関する会計基準の適用指針」	ストック・オプション等適用指針
企業会計基準適用指針第13号「関連当事者の開示に関する会計基準の適用指針」	関連当事者適用指針
企業会計基準適用指針第17号「払込資本を増加させる可能性のある部分を含む複合金融商品に関する会計処理」	複合金融商品処理
企業会計基準適用指針第19号「金融商品の時価等の開示に関する適用指針」	金融商品時価開示適用指針
企業会計基準適用指針第22号「連結財務諸表における子会社及び関連会社の範囲の決定に関する適用指針」	連結範囲等適用指針
実務対応報告第6号「デット・エクイティ・スワップの実行時における債権者側の会計処理に関する実務上の取扱い」	DES債権者取扱い
実務対応報告第8号「コマーシャル・ペーパーの無券面化に伴う発行者の会計処理及び表示についての実務上の取扱い」	CP取扱い
実務対応報告第10号「種類株式の貸借対照表価額に関する実務上の取扱い」	種類株式取扱い
実務対応報告第19号「繰延資産の会計処理に関する当面の取扱い」	繰延資産取扱い
実務対応報告第30号「従業員等に信託を通じて自社の株式を交付する取引に関する実務上の取扱い」	日本版ESOP取扱い
会計制度委員会報告第4号「外貨建取引等の会計処理に関する実務指針」	外貨建取引等実務指針
会計制度委員会報告第7号「連結財務諸表における資本連結手続に関する実務指針」	資本連結実務指針
会計制度委員会報告第9号「持分法会計に関する実務指針」	持分法実務指針

正式名称	略称
会計制度委員会報告第10号「個別財務諸表における税効果会計に関する実務指針」	個別税効果実務指針
会計制度委員会報告第14号「金融商品会計に関する実務指針」	金融商品実務指針
「金融商品会計に関するQ&A」	金融商品Q&A
監査・保証実務委員会実務指針第42号「租税特別措置法上の準備金及び特別法上の引当金又は準備金並びに役員退職慰労引当金等に関する監査上の取扱い」	引当金等取扱い
監査・保証実務委員会実務指針第52号「連結の範囲及び持分法の適用範囲に関する重要性の原則の適用等に係る監査上の取扱い」	連結範囲重要性取扱い
監査・保証実務委員会実務指針第61号「債務保証及び保証類似行為の会計処理及び表示に関する監査上の取扱い」	保証債務取扱い
業種別委員会実務指針第32号「資本的劣後ローン等に対する貸倒見積高の算定及び銀行等金融機関が保有する貸出債権を資本的劣後ローン等に転換した場合の会計処理に関する監査上の取扱い」	資本的劣後ローン取扱い
金融商品取引法（昭和23年法律第25号）	金商法
金融商品取引法施行令（昭和40年政令第321号）	金商法施行令
金融商品取引法第二条に規定する定義に関する内閣府令（平成5年大蔵省令第14号）	定義府令
企業内容等の開示に関する内閣府令（昭和48年大蔵省令第5号）	開示府令
企業内容等の開示に関する留意事項について（企業内容等開示ガイドライン）	開示ガイドライン
有価証券の取引等の規制に関する内閣府令（平成19年内閣府令第59号）	取引規制府令
連結財務諸表の用語，様式及び作成方法に関する規則（昭和51年大蔵省令第28号）	連結財務諸表規則
「連結財務諸表の用語，様式及び作成方法に関する規則」の取扱いに関する留意事項について	連結財務諸表規則ガイドライン
財務諸表等の用語，様式及び作成方法に関する規則（昭和38年大蔵省令第59号）	財務諸表等規則

正式名称	略称
「財務諸表等の用語，様式及び作成方法に関する規則」の取扱いに関する留意事項について	財務諸表等規則ガイドライン
会社法（平成17年法律第86号）	会社法
会社法施行規則（平成18年法務省令第12号）	施規
会社計算規則（平成18年法務省令第13号）	計規
社債，株式等の振替に関する法律（平成13年法律第75号）	振替法
担保付社債信託法（明治38年法律第52号）	担信法
法人税法（昭和40年法律第34号）	法法
法人税法施行令（昭和40年政令第97号）	法令
法人税法施行規則（昭和40年大蔵省令第12号）	法規
法人税基本通達（昭和44年5月1日付 直審（法）第25号）	法基通
所得税法（昭和40年法律第33号）	所法
所得税法施行令（昭和40年政令第96号）	所令
所得税基本通達（昭和45年7月1日付 直審（所）第30号）	所基通
相続税法（昭和25年法律第73号）	相法
相続税法基本通達（昭和34年1月28日付 直資第10号）	相基通
財産評価基本通達（昭和39年4月25日付 直資第56号，直審（資）第17号）	財基通
地方税法（昭和25年法律第226号）	地法
租税特別措置法（昭和32年法律第26号）	租特法
租税特別措置法施行令（昭和32年政令第43号）	租特令

正式名称	略称
東日本大震災からの復興のための施策を実施するために必要な財源の確保に関する特別措置法（平成23年法律第117号）	復興財源確保法
有価証券上場規程	上場規程
有価証券上場規程施行規則	上場規程施行規則

第1章

資本戦略の狙いと具体的手法

第1節 はじめに

1 アベノミクスとROE重視の流れ

(1) 2つの「コード」

　安倍内閣が推し進める経済政策「アベノミクス」における「第3の矢」となる成長戦略「日本再興戦略」は，平成25年6月にその第一弾が公表された。その中で，企業の成長・競争力強化を促進する施策の1つとして，コーポレート・ガバナンスの見直しを図るために，機関投資家が企業との対話を通じてその中長期的な成長を促すなど，受託者責任を果たすための原則である，いわゆる「日本版スチュワードシップ・コード」を策定する方針が示された。そして，同年12月からの意見募集（パブリック・コメント）を経て，平成26年2月に「『責任ある機関投資家』の諸原則≪日本版スチュワードシップ・コード≫～投資と対話を通じて企業の持続的成長を促すために～」が公表された。

　また，前年の「日本再興戦略」を改訂する形で平成26年6月に公表された「『日本再興戦略』改訂2014―未来への挑戦―」では，さらなる具体的な施策として，コーポレート・ガバナンスの強化を図る目的で，持続的成長に向けた企業の自律的な取組みを促すために，東京証券取引所が「コーポレートガバナンス・コード」を策定することが示された。すなわち，企業が国際的な競争力を

強化し,グローバルな市場での戦いに打ち勝つために,企業の「攻めの経営判断」を後押しすることを目的として,いわば「攻めのガバナンス」ともいえる企業統治の仕組みを導入していくことが想定されている。これにより,経営者のマインドを変革するとともに,「グローバル水準のROE」を達成することなどが1つの目安として掲げられていた。この「ROE (Return on Equity)」とは,「自己資本利益率」のことを指し,株主からの投資である自己資本をベースに,いかに効率よく利益を生み出したかを図る指標である(詳細については,後記「第3節1　ROEとは何か」参照)。

そして,この「コーポレートガバナンス・コード」は,平成27年3月にその骨子となる「コーポレートガバナンス・コード原案～企業の持続的な成長と中長期的な企業価値の向上のために～」が金融庁(コーポレートガバナンス・コードの策定に関する有識者会議)から公表され,その後,平成27年6月には東京証券取引所より「コーポレートガバナンス・コード」が公表された(図表1－1－1参照)

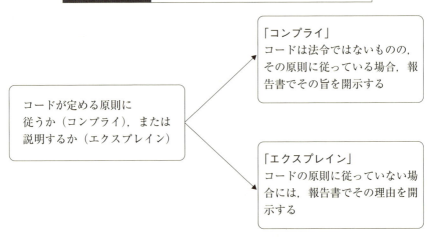

図表1－1－1　コーポレートガバナンスコードの考え方

(注)　ここでの「コード」は「コーポレートガバナンス・コード」を指す。また,「報告書」は「コーポレート・ガバナンスに関する報告書」を指している。

これら「スチュワードシップ・コード」と「コーポレートガバナンス・コード」という2つの「コード」が両輪となって,我が国のコーポレート・ガバナンスのさらなる強化・改善を果たし,もって,企業の国際的な競争力を強化し,

持続的な企業価値の向上につなげようとするものである。

(2)「伊藤レポート」における提言

前記「(1) 2つの「コード」」に記載した2つのコードが策定される間には，平成26年8月に「伊藤レポート」と呼ばれる報告書が公表されている。この伊藤レポートとは，経済産業省が取り組んだ「『持続的成長への競争力とインセンティブ～企業と投資家の望ましい関係構築～』プロジェクト」の最終報告書の別称であり，当該プロジェクトの座長を務めた伊藤邦雄氏（一橋大学大学院商学研究科教授）の名前が冠されている。このレポートでは，「企業が投資家との対話を通じて持続的成長に向けた資金を獲得し，企業価値を高めていくための課題を分析し，提言を行って」おり，具体的に，以下の5点が主要なメッセージ，提言として示されている[1]。

> ① 企業と投資家の「協創」による持続的価値創造を
> ② 資本コストを上回るROE（自己資本利益率）を，そして資本効率革命を
> ③ 全体最適に立ったインベストメント・チェーン変革を
> ④ 企業と投資家による「高質の対話」を追求する「対話先進国」へ
> ⑤ 「経営者・投資家フォーラム（仮）」の創設

本書のテーマである「資本戦略」と深くかかわるメッセージ（提言）は，②の「資本コストを上回るROE（自己資本利益率）を，そして資本効率革命を」という点である。本題に入っていく前に，②のメッセージに添えられた提言を引用する（下線は筆者）。

> ROEを現場の経営指標に落とし込むことで高いモチベーションを引き出し，中長期的にROE向上を目指す「日本型ROE経営」が必要。「資本コスト」を上回る企業が価値創造企業であり，その水準は個々に異なるが，グローバルな投資家との対話では，<u>8％を上回るROEを最低ラインとし</u>，より高い水準を目指すべき。

伊藤レポートにおける提言の詳細な内容は追って説明するとして，このレ

---

[1] 経済産業省HP「伊藤レポート『持続的成長への競争力とインセンティブ～企業と投資家の望ましい関係構築～』プロジェクト『最終報告書』を公表します」（http://www.meti.go.jp/press/2014/08/20140806002/20140806002-1.pdf）。

ポートでは，企業が目指すべきROEの最低限の水準を「8％」として明示しており，これを下回る企業においては，まずはこの数値を達成することが1つの目標になってくることが想定される。この「8％」とは，グローバルな機関投資家が日本企業に期待する資本コストの平均が7％超であって，8％を超えることで約9割のグローバルな投資家が想定する資本コストを上回ることを根拠としている。

そして，なぜ今このROEを重視した経営が求められるのかという点は，「第2節　資本戦略の必要性と資本効率性の追求」以降で解説していく。

2 企業の資本戦略

本書の主題である「資本戦略」について，明確な定義はないと思われる。「財務戦略」などとも称されるこの資本戦略であるが，広義に捉えると，企業の資金調達や資本政策（配当方針や，増減資・自己株式の取得や処分等に関する方針など）に係る戦略ということになると考えられる。しかしながら，前記「1　アベノミクスとROE重視の流れ」において説明した「投資家との対話」，「持続可能な成長」，「資本効率の向上」，「企業価値の増大」といったキーワードを考慮すると，以下のような定義付けが可能になると考えられる。

> 国内のみならず，グローバルな投資家との対話を踏まえ，さまざまな資金調達手法や資本政策の中から自社にとって，そして現時点で最適な手法を選択して資本効率を向上させ，事業戦略と両輪となって企業の，そして社会の持続的成長を可能とし，もって，企業価値を増大させるための企業の財務的な戦略こそが，「資本戦略」と呼ぶべきものである。

これからの企業経営では，具体的な事業活動としてどのように利益（キャッシュ・フロー）を生み出していくかという「事業戦略」の視点とともに，いかにして投資家から預った資金（資本）を効率的に活用して企業価値を増大させていくかという「資本戦略」の視点がより重視されてくる。

「第2節　資本戦略の必要性と資本効率性の追求」以降では，この資本戦略の基本となる資本効率性やKPI（Key Performance Indicators，重要業績評価指標）ともなる具体的な財務指標を解説するとともに，資本戦略の類型を概説する。これを受けて，「第2章　増減資」以降では，具体的な資本戦略の策定に資するよう，さまざまな施策（具体的な手法）の法務・財務（会計を含む）・

税務的な視点からの解説を加えていく。

第2節　資本戦略の必要性と資本効率性の追求

1　資本効率性の追求が求められる背景

　国家レベルでみると，我が国の経済を持続的な成長軌道に乗せるために，企業レベルでの収益力や資本効率の改善が急務であるとされる[2]。一方，個々の企業側からの視点に立ったとしても，企業が将来にわたって存続し，投資家の支持を受け，雇用を維持し，社会から必要不可欠な存在として認められていくためには，しっかりと利益を生み出し，変化の著しいこの時代で成長戦略をしっかりと描き，実践していくことが求められる。

　このためには，本節で記載する財務的な狭義の資本効率性を追求するのみならず，以下のようなさまざまな資本を効率的にかつ有効に活用していくことが求められるとされている[3]。

- 金融資本 (＊)……国内外の資金供給者から集められる資金
- 人的資本……経営・事業を担う人材
- 知的資本……イノベーション創出の源泉
- 社会・関係資本……サプライチェーンや社会規範など
- 自然資本……環境など

（＊）　財務的な資本と同義と考えられる。

　企業が持続的に存続し，意義あるものとするために，経済（財務）面だけでなく，社会・環境面も重視して経営を行う企業を評価する考え方を「トリプルボトムライン」と呼ぶ。また，最近では「ESG経営」という用語で，環境（Environment），社会（Social），ガバナンス（Governance）に配慮して経営を行うべき，という考え方も出てきている。上の箇条書きの「資本」の中には，社会・環境というものも含まれており，企業が経営上考慮すべき重要な要素で

2　「『持続的成長への競争力とインセンティブ～企業と投資家の望ましい関係構築～』プロジェクト」（伊藤レポート），P.4。
3　「『持続的成長への競争力とインセンティブ～企業と投資家の望ましい関係構築～』プロジェクト」（伊藤レポート），P.4。

はあるものの，本書ではその主題から外れるため，これ以上掘り下げた解説は行わない[4]。

以降の本節では，企業がなぜ財務的な資本効率を重視する必要があるのか，そのためになぜ資本戦略というものが必要になるのか，それらの概要をみていくこととしたい。

2 投資家の期待に沿うリターンの創出

（1）投資家の期待を超えるリターンの基準

株式会社は，株主から投資という形で経営の元手となる資金を受け取る。資金供給を受けた企業側では，これを「資本」と呼ぶのが会計上のルールである。そして，株主から預った元手である「資本」と，株主以外の者から調達した資金である「負債」（たとえば，借入金や社債が典型的な負債性の資金調達であ

図表1－2－1　企業の資金調達・事業活動と貸借対照表

（＊）（連結）貸借対照表では，負債にも資本にも含まれないものとして，新株予約権や非支配株主持分（子会社の資本のうち，親会社持分に含まれない部分）が純資産の部に計上されている。

---

4 「ESG経営」の「G」（ガバナンス）は，前記「第1節　はじめに」でも記載したとおり，日本再興戦略による施策においてコーポレート・ガバナンスの強化が唱えられており，ROE経営とも関連する論点ではあるが，本書ではその詳細について解説は行わない。

る）をもとに，事業への投資を行い，リターンを生み出すように事業活動を行う（図表１－２－１参照）。

特に上場企業では，この株式が市場で売買されることで，企業の価値（株価）は市場ルールによって決定されており，将来の予測を反映している。投資家は収益性の向上などによる将来の企業価値の上昇を期待して，自らの資金を株式に投じる。企業は，この投資家の「期待」に沿うべく，事業活動を行うことが必要であるが，この際に考慮すべき要因が「資本コスト」である。資本コストとは，極めて簡単にいうと，これを上回るリターンを上げることが企業に求められている規準のことである。

なお，ここでいう「コスト」と「リターン」は，会計上の費用と収益のように，損益計算書に表されているようなものではない点にご留意いただきたい。

（2）資本コストとは

資本コストとは，将来キャッシュ・フローが期待と異なるリスクの見返りとして，投資家が企業に課すコストのことをいう。別の言い方をすると，前項で記載したように，投資家がその企業に期待する最低限のリターンと等しい[5]。

① 会計基準と資本コスト

我が国の会計基準において，「資本コスト」という用語が示されているケースが１つだけある。それは固定資産の減損会計における割引率の算定の場面である。

固定資産の減損会計において，減損の兆候が識別され，減損損失の認識の要否の判定を行った結果，減損損失の計上が必要という結論になった場合，減損損失を測定するステップへと進む。そこでは，将来キャッシュ・フローを一定の割引率により割り引くことで，対象資産（または資産グループ）の割引現在価値を求めることになる。減損損失の測定において，将来キャッシュ・フローが見積値から乖離するリスクをキャッシュ・フローそれ自体に織り込まなかったケースでは，当該リスクを織り込んで割引率を算定する必要があり，この割引率の１つとして，「企業に要求される資本コスト」が減損適用指針において

---

[5] 『企業価値評価（第５版）［上］』マッキンゼー・アンド・カンパニー著，ダイヤモンド社，P.38。

示されている[6]。また，この資本コストは，借入資本コストと自己資本コストを加重平均したコストを用いることとされている（減損適用指針45項）。

② 資本コストの算定

資本コストは，前出の定義のとおり，概念的な指標であり，その算出方法が必ずしも明確に定まっているものではない。ここでは，日本公認会計士協会会計制度委員会研究資料第4号「時価の算定に関する研究資料～非金融商品の時価算定～」の記載をもとに，資本コストの算定において多く用いられるWACC（加重平均資本コスト）および株主資本コストとしてのCAPMの考え方を簡単に見ておきたい。

i　WACCの考え方

資本コストを見積るケース，典型的には，減損会計の適用において割引率を算定するケースで，加重平均資本コスト（Weighted Average Cost of Capital：WACC）が用いられていることがしばしばあると思われる。

このWACCは，資本コストを負債（他人資本）に係るコストと資本（自己資本）に係るコストに分けて，これらを加重平均することによって算出する。

> 加重平均資本コスト（WACC）＝ 他人資本コスト × 負債比率 ＋ 自己資本コスト × 自己資本比率

なお，加重平均するときに用いられる自己資本比率および負債比率を算定する際には，帳簿価額ではなく，時価によることとされている。

ii　他人資本コスト

他人資本コスト，すなわち負債により調達したコストの算定のポイントは以下のとおりである。

---

[6] 我が国の減損会計で用いられる割引率は，税引前のものとされている（減損会計基準 二 5）。

- 負債により資金調達した場合，コスト（支払利息）については損金算入によるタックスシールド（節税効果）があるため，これを考慮する。具体的には，他人資本コスト×（1－税率）として，他人資本コスト（税引後）を算出する
- 他人資本（負債）の額は，投資に充当されるものに対応させるという意味で，長期負債または有利子負債の金額が用いられる

ⅲ　自己資本コスト

前出の他人資本コストが実際の利息計上額などから算定されるのに対して，自己資本コストの算定はより学術的である。一般的に，資本資産価格モデル（Capital Asset Pricing Model：CAPM）と呼ばれるモデルを用いて算出しているケースが多いのではないかと考えられる。

（税引後の）資本コスト[*] ＝ リスクフリー・レート ＋ 当該株式のβ（ベータ）× マーケットリスクプレミアム

[*] 当該銘柄（株式）の期待リターンとして算出される。

ここで，β（ベータ）とは，市場全体の価格変動に対するある特定の証券（株式）の価格変動を表す指標である。具体的には，株式市場のリターンと特定の株式（銘柄）のリターンの共分散を，株式市場のリターンの分散で除して算出する。このベータが1となるケースは，概念上，株式市場の全体の変動と特定の銘柄の変動が同じということであり，1を超える場合には，特定の銘柄の変動が市場全体の変動よりも大きいということで，すなわち「リスクが高い」ということになる。

また，マーケットリスクプレミアムは，株式市場全体の期待利回りと，国債利回りで表されるリスクフリー・レートの差として算出される。

3 ┃ 中長期的な成長と資本効率

（1）ROE向上の必要性

日本企業では，欧米企業に比べて，以下の算式で計算されるROE（自己資本比率）が低位に留まっているといわれる。

$$\text{ROE（自己資本利益率）} = \frac{\text{当期純利益}}{\text{自己資本（帳簿価額）}}$$

　前項でみたように，企業は資本コストを超える利益率を上げていく必要がある。ここで，投資家の期待たる資本コストと比較すべき利益率指標として，同じく投資家から集めた資金を分母とするROEを用いるものとすると，ROEが低位に留まるということは，結果的に投資家の期待に応えられていない，という現況がみえてくる。伊藤レポートでも，日本企業の低ROEを問題とし，最低限の数値目標（8％）を掲げるとともに，中長期的にROEを向上させていくことを経営目標にすべきと提言している。

　すなわち，ROEの向上のために，収益力・資本効率性を追求するとともに，企業価値の永続的な向上のためには，短期的なROEの改善ではなく，中長期的なROEの向上を目指すべきとしているものである。ここで収益力とは，企業が将来のキャッシュ・フローを創出する能力であり，資本効率性とは，限られた資本を効率的に活用して高い利益率を弾き出すことといえよう。

（2）企業が目指すべき目標

　伊藤レポートでは，ROEについて最低限の数値目標（8％）が掲げられているが，もちろん個々の企業によって資本コストは異なってくるため，目指すべきROEの水準も異なることとなる。そして，企業活動を行っていくうえでは，単に収益を上げる，売上高に対する利益の水準を向上させる，という視点だけではなく，「資本コスト」も念頭に置いた「資本効率性経営」が求められている。

　投資家との対話に際しては，自社が目指すべきROEの水準をコミットし，目標を達成した場合にはさらなる改善・向上ができないものかなど，継続的な企業価値向上への努力が求められる。

　なお，前記「2（2）②　資本コストの算定」では，WACCとしての資本コストの算定を示したが，企業が数値を動かすことができる項目のみを変動させること（たとえば，他人資本コストの減少のため利息を低減したり，資本コスト全体の低減のために自己資本比率を低下させたりすること）だけが，資本コスト低減の施策ではない。資本コストの低下は，すなわち企業目標の軽減

（ハードルの低下）につながるわけであるが，これには投資家との適切なコミュニケーション（非財務情報を含んだ適切な情報開示を含む）やESG経営への積極的な取組みなど，非財務的な要因も含まれるものと考えられる[7]。

（3）ROEと経営目標

投資家とのコミュニケーションにおいてROEが重視されるため，対外的にはこの指標を用いて説明を行う一方，社内的な目標の設定，事後的な業績評価の際に，ROEとまったく関連のない指標を用いているのであれば，結果的にROEの向上につながってこない可能性がある。このため，後記するようにROEを各構成要素に分解し，それぞれの部署単位の目標（KPI）と擦り合わせていくことが肝要である。

（4）資本効率と資本政策

前記「（1）ROE向上の必要性」では，資本効率性について，限られた資本を効率的に活用して高い利益率を弾き出すことであると述べた。そして，そのベースとなるのが収益力の向上であると説明したが，もう1つ，忘れてはならないのが資本政策の観点である。資本政策とは，どのようにして資金を調達してくるか，配当をどれだけ実施するか[8]，自社株買いを実施するかなど，資金調達や資本に関係する企業の方針のことを指す。資金調達は，企業の将来の事業計画との関係で決定されてくるものであるが，同時に資本効率性も考慮し，資本政策を策定しなければならない点はいうまでもない。

特に，内部留保は，投資家の立場からすると，企業が生み出したリターンが次なる事業（資産）へと再投資されるものであり，企業としては，安全性（自己資本比率の向上）とのバランスも取りつつ，内部留保の必要性について投資家と適切にコミュニケーションしていかなければならない。

---

7 『持続的成長への競争力とインセンティブ～企業と投資家の望ましい関係構築～』プロジェクト」（伊藤レポート），P.44。
8 配当を実施しない利益は内部留保として，資本の計算上，企業に留まることになるため，配当方針は，内部留保の方針と表裏一体をなす。

第3節　資本効率性指標

　本節では，前節での「資本効率性」の説明を受け，具体的に資本効率性をどういった財務指標で分析・評価していけばよいのか，実際の指標を見ていくこととする。

1 ROEとは何か

（1）ROEの計算式

　前記「第1節1　アベノミクスとROE重視の流れ」でも触れた伊藤レポートにおいては，これからの日本企業が目指すべきものが「中長期的にROE向上を目指す『日本型ROE経営』」であると説き，最低限の数値目標（8％）を示すに至っている。
　このROE（自己資本利益率）は，具体的に以下の算式で計算される。

$$\text{ROE（自己資本利益率）} = \frac{\text{当期純利益}}{\text{自己資本（帳簿価額）}}$$

　すなわち，株主から預った資金を分母にどれだけの利益を生み出したか，という指標が，このROEである。もちろん，この自己資本は株主から預った資金（資本）を運用し，生み出した利益のうち，いまだ株主に還元されていない留保利益（内部留保）もこれに含まれることになる。なお，連結財務諸表を作成している会社については，このROEも連結ベースで算定することが一般的であると考えられる。

（2）会計基準上の取扱い

　前項で概要を説明したROEであるが，会計基準において，その算定方法が明確に定義，規定されているものではない。
　財務指標の中でも，1株当たり当期純利益[9]や1株当たり純資産額は，1株当たり当期純利益会計基準において，分子（当期純利益や純資産額）および分母（株式数）の算定方法が詳細に定められている。一方，このROEについては，

その他の財務指標と同じく，我が国の会計基準の体系の中で具体的な算定方法や定義などが定められているものではない。

（3）開示書類上の取扱い

ROEと同義の「自己資本利益率」は，有価証券報告書提出会社において，同報告書の「第一部第1【企業の概況】」の「1【主要な経営指標等の推移】」（いわゆる「ハイライト情報」）において開示される。より具体的には，「(1)連結経営指標等」および「(2)提出会社の経営指標等」のそれぞれにおいて，当期を含め5期間にわたり，自己資本利益率を開示すべきこととされている（開示府令第三号様式（記載上の注意）(5)a，同第二号様式（記載上の注意）(25)a (k)，b (n)）。

この規定によると，連結ベース，個別ベースそれぞれにおいて，分母・分子の値は，具体的に以下のように算出すべきこととされている。

【連結ベース】

$$ROE = \frac{親会社株主に帰属する当期純利益}{純資産額 － 新株予約権 － 非支配株主持分}$$

【個別ベース】

$$ROE = \frac{当期純利益}{純資産額 － 新株予約権}$$

分母の「純資産額」は，どの時点のものを用いるべきか，開示府令では明示されていないものの，分子の当期純利益が期首から期末までの期間にわたって創出された利益であるところからは，純資産額についても，期首と期末の平均値を用いることが考えられる（この点，決算短信における取扱いについては「（4）決算短信上の取扱い」を参照）。

また，連結ベースの指標の算定式をみると，1株当たり当期純利益の算定方

---

9 潜在株式（新株予約権のような，将来において株式が発行されることにより，既存株主の権利（たとえば，配当請求権や残余財産分配請求権）が希薄化するもの）を発行している場合に開示される「潜在株式調整後1株当たり当期純利益」を含む。

法と同様,分母・分子ともに,親会社の株主に帰属する金額を基礎として算定する形となっている。これは,ROEが子会社の非支配株主のためではなく,あくまで親会社の株主のために,資本効率性に係る情報を提供するための指標であることを理由にするものと考えられ,1株当たり情報が,親会社の株主のためにその収益性などに係る情報を提供している点と同様の理由によると考えられる(1株当たり当期純利益会計基準38-2項参照)。

さらに,連結ベース,個別ベースともに,分母から新株予約権を除くこととしているが,これは,新株予約権が会社の所有者である株主の持分ではなく,あくまで新株予約権者との取引により生じたものであるため(純資産会計基準32項),ROEを算定するための分母から除外されているものと考えられる。

なお,四半期報告書や半期報告書における「主要な経営指標等の推移」では,自己資本利益率の開示は求められていない。

(4) 決算短信上の取扱い

証券取引所に株式を上場している上場企業では,決算の内容が定まった後,決算短信としてその決算の内容を直ちに開示することが義務付けられている(上場規程404条参照)。決算短信の様式にはROE(自己資本当期純利益率等)の開示が規定されており,以下では,会社が適用している会計基準の別に,その内容を説明する。

① 日本基準を適用している場合

会社が,会計基準として日本基準を適用している場合,決算短信において,以下の算式で求められる連結ベースの「自己資本当期純利益率」を開示する必要がある。なお,分母の数値がマイナスになる場合には,ROEの開示は行われない(「-」として開示される)。

$$\text{ROE} = \frac{\text{親会社株主に帰属する当期純利益}}{(\text{期首自己資本} + \text{期末自己資本}) \div 2}$$

(*) 自己資本は純資産額-新株予約権-非支配株主持分で算定するものとされている。

連結財務諸表を作成する会社が,個別ベースの業績の概要を開示する場合,その様式には「自己資本当期純利益率」は含まれていない。

また，連結財務諸表を作成しない会社の決算短信の様式には，「自己資本当期純利益率」を開示する欄があるが，その場合，上記連結ベースの算式に準じて，当該利益率を算定することが考えられる。

② IFRSを適用している場合

会社が，会計基準として指定国際会計基準（IFRS）を任意適用している場合には，決算短信において，以下の算式で求められる連結ベースの「親会社所有者帰属持分当期利益率」を開示する必要がある。なお，分母がマイナスとなる場合に「－」として開示される点は，前記「① 日本基準を適用している場合」と同様である。

$$ROE = \frac{親会社の所有者に帰属する当期利益}{（期首親会社所有者帰属持分 ＋ 期末親会社所有者帰属持分）÷ 2}$$

③ 米国会計基準を適用している場合

会社が，会計基準として米国会計基準を適用している場合には，決算短信において，以下の算式で求められる連結ベースの「株主資本当社株主に帰属する当期純利益率」を開示する必要がある。なお，分母がマイナスとなる場合に「－」として開示される点は，前記「① 日本基準を適用している場合」と同様である。

$$ROE = \frac{当社株主に帰属する当期純利益}{（期首株主資本 ＋ 期末株主資本）÷ 2}$$

（＊）株主資本は資本合計（純資産額）－非支配持分で算定するものとされている。

（5）会社法上の取扱い

会社法の規定に基づき作成される事業報告では，公開会社において，直前三事業年度の財産および損益の状況を開示する必要がある（施規120条1項6号）。この財産および損益の状況においては，有価証券報告書における「主要な経営指標等の推移」のように，具体的な項目は規定されておらず，ROEの開示も必須とはされていない[10]。なお，実務上も，ROEを開示している例は多くないのではないかと思われる。

2 ROEの構成要素

(1) ROEの三要素への分解

前項で適宜記載した制度上のROEの算定式はいったん措いて、基礎的なROE（自己資本利益率）の算定式は、当期純利益を自己資本で除す形で、以下のように表される。

$$\text{ROE（自己資本利益率）} = \frac{\text{当期純利益}}{\text{自己資本（帳簿価額）}}$$

そして、このROEは、以下の三要素に分解することができる[11]。

$$\text{ROE} = \text{売上高利益率} \times \text{総資産回転率} \times \text{財務レバレッジ}$$

$$= \frac{\text{当期純利益}}{\text{売上高}} \times \frac{\text{売上高}}{\text{総資産}} \times \frac{\text{総資産}}{\text{自己資本}}$$

ROEはこれら三要素の積として表されることから、それぞれの構成要素を増加させることで、結果的にROEの数値も上昇することになる（図表1－3－1参照）。

図表1－3－1　ROEの各構成要素とROEの関係

項　目	ROEの上昇につながる各項目（構成要素）の増加
売上高利益率	当期純利益の増加
総資産回転率	総資産の減少（資産効率の上昇）または売上高の増加(*)
財務レバレッジ	負債の増加（または自己資本の減少）

(*) なお、売上高のみ増加し、利益が増加しないと、売上高利益率の低下と相殺されてしまう。

10　日本経済団体連合会（経団連）が公表している「会社法施行規則及び会社計算規則による株式会社の各種書類のひな型」では、売上高、当期純利益、1株当たり当期純利益、および総資産または純資産が開示項目として例示されている。また、全国株懇連合会が公表している「事業報告モデル」では、受注高、売上高、当期純利益、1株当たり当期純利益および総資産（純資産）が開示項目として例示されている。

11　一般的に、ROEを3つの要素に分解する方法を、デュポンシステム、デュポンの式、デュポン分解などと称する。

このように，ROEはその構成要素に分解したうえで，企業内の各部署にKPIとして割り当てて，それぞれの数値の改善を図ることで全社的なROEを向上させていくというのが，「ROE経営」の大きな枠組みになるものと考えられる。

（2）ROEのさらなる分解

前記「（1）ROEの三要素への分解」では，ROEを三項目に分解する基本的な考え方を示したが，実務的には，それぞれの部署が負っている役割と整合的に，さらに細かく分類していくことが求められる。

伊藤レポートのP.43の＜図4＞では，多様な業種を想定した汎用的なROEの分解事例が示されているが，多くの企業でも該当すると思われる項目を簡単に解説することとしたい。

① 売上高利益率

売上高（当期純）利益率は，売上高税引前（税金等調整前）当期純利益率と実効税率に分解できる。すなわち，売上高および実効税率に変化がないとすると，税引前（税金等調整前）当期純利益が増加すれば売上高利益率が増加し，また，売上高および税引前（税金等調整前）当期純利益に変化がなくても，実効税率が低下すれば売上高利益率は良化する。

ⅰ 売上高税引前（税金等調整前）当期純利益率

売上高税引前（税金等調整前）当期純利益率は，他の指標が一定であることを前提に，以下の指標の動きなどにより増加する。

> ・粗利（益）率の上昇
> ・原価率の低下
> ・売上高販管費率の低下

粗利（益）率とは，（売上総利益（粗利）÷売上高）で求められる。売上総利益は（売上高－売上原価）で算定されることから，（売上原価÷売上高）で求められる原価率が低下することと，粗利（益）率が上昇することは同義となる。これらの指標の改善は，売上単価の改善，（工場などの）稼働率の上昇，原価低減などによってもたらされる。

また，売上高販管費率は，読んで字のごとく，（販管費（販売費及び一般管

理費）÷売上高）で算定され，販管費の削減により改善される。販管費は，売上の水準にかかわらず固定的に発生する固定費，売上や他の指標に連動して変動する変動費，これらの要素を併せもつ準固定費や準変動費に分類される。単純に販管費を削減した結果，生産性が悪化したり，売上が減少したりすることにならないよう，費用削減がもたらす効果を十分に予測・観察することが必要となる。

ⅱ 実効税率

実効税率は，（税金費用÷税引前（税金等調整前）当期純利益）という算式で算出され，税金費用を削減することにより低下させることができる（税効果会計の影響を除く）。

税率は法令等が改正されない限り一定であるが，適切な税務戦略を策定することにより，税金費用を削減することも可能である。ただし，近年では国際的な利益（税源）移転が世界規模で問題視されており，この点に関する規制が強化される方向にある点は念頭に置いておきたい。

また，我が国企業の国際的競争力を高める目的もあり，法人実効税率（法人税など，利益に関する指標を課税標準とする税金の法令上の実質的な税率）は低下する流れにあるが，一方で，外形標準課税や課税ベースの拡大などにより課税が強化される形となっているため，法人実効税率の低下とトレードオフの関係となっている。

② 総資産回転率

総資産回転率は，売上高を総資産で除して求められる。すなわち，少ない資本（資産）で多くの売上高を稼ぐことにより指標が改善する。

ⅰ 流動資産回転率

この総資産回転率を分解した財務指標としては，売上高流動資産回転率（＝売上高÷流動資産）や，さらにこれをブレイクダウンした以下のような指標が有名である。

- 在庫（棚卸資産）回転率（＝売上高÷棚卸資産）
- 売掛金回転率（＝売上高÷売掛金）

なお，これらの回転率は，分母と分子を入れ替えることで「回転期間（日数，月数）」が算出できる。たとえば，売掛金回転日数を算出する場合，（売掛金÷売上高×365）で算出でき，売掛金の平均回収期間を算出することができる。資金効率の観点からは，売上債権の回収サイトは短く，仕入債務の支払サイトは長くすることが求められ，これはキャッシュ・コンバージョン・サイクル（CCC）などと呼ばれる。また，棚卸資産回転率（回転日数）は，利益率の影響を排除するために，（売上原価÷棚卸資産）または（棚卸資産÷売上原価×365）という算式で算出することも多い。

ii 固定資産回転率

総資産回転率を分解した財務指標としては，有形固定資産回転率も含まれる。これは，（売上高÷有形固定資産）という算式で算出される指標である。有形固定資産の金額が少なくなれば数値が改善していくため，たとえば，必要な設備投資をオペレーティング・リースにより実行すれば数値が改善することになるが，一方で，その場合に要するコスト（利息や手数料など）との関係をしっかりと確認しておく必要がある。また，将来の事業の成長にとって必要な投資を行った段階では一時的に数値が悪化することもあるが，本指標の短期的な改善を図ることが中長期的なROEの向上に必ずしもつながるとは限らないため，留意が必要である。

③ 財務レバレッジ

財務レバレッジは，総資産を自己資本で除して求められる。すなわち，自己資本を総資産で除して求められる自己資本比率の逆数となっており，ROEの増加のためには，自己資本を減らす（負債を増やす）ことが必要となる。

ただし，単に負債比率を増加させることは，企業の安全性を害することになる。すなわち，負債は返済義務があり，かつ，資本に優先して返済する必要があることから，自己資本を積み増せば積み増すほど，負債弁済の確実性が高まることになる。換言すると，負債比率が高まれば高まるほど，弁済に係る危険性が高まり，すなわち倒産リスクが高まることになる。したがって，単純なROE増加のためだけに負債比率を増やすのではなく，安全性も考慮した資本戦略が求められるのである（後記「第4節4　最適資本構成」も参照のこと）。

3 ┃ その他の資本効率性指標

（1）投下資本利益率

　ここではまず，ROIC（Return on Invested Capital）と略される投下資本利益率について説明する。
　伊藤レポートの中で，ROICは以下のような形で登場する。

> ROEを事業の利益率や資産の回転率等に要素分解して自社に合った形で現場の目標に落とし込むことも重要である。その際，資本利益率を念頭に置いて個々の事業を評価するため，ROIC（投下資本利益率）等を活用することも有益である。（P.14「ROE等を現場に落とし込む」）

> 製造業においても，ROEあるいはROIC（投下資本利益率）を売上高利益率と資本回転率，レバレッジに分け，自社に合わせた形で現場に取り入れ，全体の収益向上を目指している企業がある。（P.41「経営指標としてのROE」）

　ここにROICとは，ある事業に投下した資本に対して，当該事業が生み出した利益率を指しており，以下の算式で算出される。

$$\text{ROIC（投下資本利益率）} = \frac{\text{NOPAT}}{\text{投下資本}}$$

　分子の「NOPAT」[12]とは，税引後営業利益（Net Operating Profit After Taxes）を指し，営業利益から関連する法人税等を控除することで求められる。一方，分母の投下資本は，ある事業に投資された金額を示しており，（有利子負債＋株主資本）[13]で求められる。
　企業価値[14]は，ROICと成長率（利益の増加率）をもとに算出したキャッシュ・フローから，資本コストを差し引いた現在価値として（すなわち，将来

12　「NOPLAT」（Net Operating Profit Less Adjusted Taxes）と称するケースもある。
13　（固定資産＋流動資産－流動負債）として示されているケースもある。
14　企業価値は，一般的に（利益（またはキャッシュ・フロー）÷（割引率－成長率））として算出される。ただし，ここでは，キャッシュ・フローをROICと成長率から求めているため，分母は単純に割引率（資本コスト）のみとなる。

のキャッシュ・フローの現在価値として）算出されるものであることから，ROICは企業価値の決定要因として非常に重要であるとする見解もある[15]。

また，ROICとROEの関係は以下のように示される[16]。

> ROE ＝ ROIC ＋ |ROIC －（1 － 税率）× 有利子負債コスト| ×（有利子負債 ÷ 株主資本）

すなわち，ROEの上昇のためには，ROICを種々の改善施策によって向上させるか，（有利子負債÷株主資本）を向上させるかのいずれかが必要である。ただし，後者を向上させると，安全性が害されるとともに，ROICの変動によるROEの変動幅（レバレッジ）が大きくなるという欠点があるため，留意が求められる。

（2）総資産利益率

自己資本利益率であるROEがReturn on Equityの略であるのに対して，ここで説明する総資産利益率は「ROA」と呼ばれ，Return on Assetsの略である。

$$ROA（総資産利益率）＝ \frac{当期純利益}{総資産（帳簿価額）}$$

このROAは，他人資本も含むすべての資本（資産）をどれだけ効率的に用いて事業活動を展開したか，という指標となるものである。

ここで，今一度ROEの分解式（デュポン分解）を思い出していただきたい。

---

15 『企業価値評価（第5版）［上］』マッキンゼー・アンド・カンパニー著，ダイヤモンド社，P.18。
16 『企業価値評価（第5版）［上］』マッキンゼー・アンド・カンパニー著，ダイヤモンド社，P.213。

3つに分解した指標の初めの2つ（売上高利益率と総資産回転率）を乗じるとROAになるため，ROEとROAの関係は以下のように表すことができる。

```
ROE ＝ ROA × 財務レバレッジ
```

財務レバレッジがあくまで本業たる事業活動の外枠で戦略的に検討される資本（財務）戦略であるとすると，ROAを向上させることも，最終的にはROEの向上につながってくることになる。

なお，ROA（Return on Assets）を算出する際の分子の利益は，当期純利益ではなく，事業利益（＝営業利益＋金融収益）を用いるべきとする見解もある。これは，総資産（＝経営資本＋金融活動資本）により生み出された収益（利益）が，事業利益と対応するものであることを理由とする。この場合，分子の事業利益は，具体的に（営業利益＋持分法による投資利益＋受取利息および配当金）で算出される[17]。

（3）セグメント情報との関係

有価証券報告書等で開示されるセグメント情報は，「マネジメント・アプローチ」と呼ばれる手法により作成される。

マネジメント・アプローチとは，セグメント情報の開示に際し，経営上の意思決定を行い，また業績を評価するために，経営者（最高経営意思決定機関）が企業を事業の構成単位に分別した方法を基礎とするというものであり，経営者が意思決定・業績評価に用いている単位をベースに外部への財務報告が行われる（セグメント会計基準46項参照）。すなわち，複数の事業領域（製品やサービス別といった区分のほか，地域別の区分やこれらを複合した区分なども考えられる）で経営活動を行う企業および企業グループの業績を，投資家が評価し，将来の業績やキャッシュ・フローを予測するために，多角化の実態に合った情報を開示し，その結果，投資家の意思決定に資することを目的とする注記項目である。

---

[17] 『財務諸表分析（第6版）』桜井久勝著，中央経済社，P.162。

図表１－３－２　セグメント情報（売上高・損益等）

(単位：円)

	……	……	……	……	その他	合計
売上高						
外部顧客への売上高	×××	×××	×××	×××	×××	×××
セグメント間の内部売上高又は振替高	×××	×××	×××	×××	×××	×××
計	×××	×××	×××	×××	×××	×××
セグメント利益又は損失（△）	×××	×××	×××	×××	×××	×××
セグメント資産	×××	×××	×××	×××	×××	×××
セグメント負債	×××	×××	×××	×××	×××	×××
その他の項目						
減価償却費	×××	×××	×××	×××	×××	×××
のれんの償却額	×××	×××	×××	×××	×××	×××

(出典)　連結財務諸表規則　様式第一号から抜粋。
(＊)　「セグメント負債」については，当該情報が最高経営意思決定機関に対して定期的に提供され，使用されている場合に限って開示される（セグメント会計基準20項，連結財務諸表規則様式第一号（記載上の注意）9⑵）。

　図表１－３－２において，一般的に有価証券報告書等で示されるセグメント情報の開示様式を示しているが，このようにセグメント別の業績や資産情報が開示される。ここからは，各セグメント別のセグメント利益率や総資産（セグメント）利益率が算出できる。

　前記「２（１）ROEの三要素への分解」や「２（２）ROEのさらなる分解」では，ROEをその構成要素に分解する考え方を示したが，別の視点として，事業領域ごとに目標とするROE（またはROA）を定めて，経営者として各セグメントの業績等をモニタリングする考え方も成り立ち得る。

　また，公表情報において，図表１－３－２に示した「セグメント負債」は，当該情報が最高経営意思決定機関に対して定期的に提供され，使用されている場合に限って開示されることから，実務上は大半の場合に開示されていない。このため，企業外部からROEないしこれに類似する数値を算出することは困難である。しかしながら，ROEに関する意識の高まりを考慮して，セグメント別のROEを企業が算出し，投資家とのコミュニケーションツールとして用いていくことも考えられる。

第4節 資本戦略の類型

本節では、資本戦略（「資本戦略」の定義については、前記「第1節2　企業の資本戦略」参照）をその類型ごとに、効果や検討すべき場面といった観点から解説する。

なお、具体的なそれぞれの戦略の詳細な手続や効果については、「第2章　増減資」以降をご参照いただきたい。

1 資金調達

資本戦略・財務戦略の軸になるのが、資金調達であろう。

事業投資に必要な長期資金をどういった形で調達してくるのか、または手元資金で賄うのか、あるいは流動化やセール・アンド・リースバックのような特殊な手法を用いるのかなど、資金調達の方法は多岐にわたる。当然、調達方法によって必要となるコストも異なれば、手続も異なってくることになり、さらに、その財務的な効果も異なることになるため、必要資金の調達の際には、前もって十分な検討が必要となる。

また、借入金の返済期限、社債の償還期限が到来した際に、引き続き資金調達が必要なケースにおけるいわゆる「借換え」も、ここに含まれる。

さらに、短期的な運転資金をどういった形で調達してくるかという点も、資金管理とともに、資金調達に含まれてくる。

2 配当政策

かつて、株式に額面があった時代には、額面の金額に対する配当金の割合は「配当率」とされ、配当政策の1つの指標となっていた。

しかし、株式から額面制度が廃止された現在において、配当に関する指標は図表1－4－1に記載した配当性向と配当利回りの2つが主たるものとなろう。

図表1-4-1　配当政策に関する指標

指　標	内　容
配当性向	利益に対する配当の割合 （配当金 ÷ 当期純利益）(*1)
配当利回り	株価に対する配当の割合(*2) （1株当たり配当金 ÷ 株価）

(*1) 有価証券報告書の「主要な経営指標等の推移」に記載される配当性向は，開示府令の規定により，（1株当たり配当金÷1株当たり当期純利益）という算式により算出される（開示府令第三号様式（記載上の注意）(5)a，同第二号様式（記載上の注意)(25)b（p））。

(*2) 株主優待制度による便益も考慮して，実質配当利回りを算出するようなケースもあるが，その性質上配当とは同視できないものであることから，ここでは株主優待制度は無視する。

(1) 配当性向

　企業活動が企業集団ベースで行われ，その開示も連結ベースが主体とはなっているが，図表1-4-1の脚注（*1）に記載のとおり，有価証券報告書に開示される配当性向は個別ベースとなっている。これは，会社法上の分配可能額が，親会社（上場企業）の個別財務諸表の数値をもとに算出されることと整合的である。

　ただし，連結ベースの配当性向（またはその目標）を開示している企業もある。

　なお，会社法上は「連結配当規制」という制度が設けられている。これは，大まかにいうと，個別ベースの剰余金（分配可能額）よりも連結ベースのそれが小さい場合に，連結ベースの剰余金（分配可能額）をベースに配当規制を掛ける考え方である（計規2条3項51号，158条4号）。この規制を用いた場合，以下のようなメリットがある。

- 子会社において親会社株式を取得することができるようになる（施規23条12号）。
- 債務超過子会社の吸収合併の際に簡易合併などの手続を用いることができるようになる（施規195条3項ないし5項）。

(2) 配当利回り

配当利回りは株価水準により上下するため，企業の配当政策としてこれに言及することはないと考えられる。

3 ｜ 自己株式

現在では，自己株式の取得は，一定の決議の下，自由に行うことができるとされており，資本戦略上，その重要性は高い。

自己株式の取得は，実質的に株主に対する資金の払戻しとなり，1株当たり当期純利益を増加させるとともに，自己資本の払戻し（減少）を通じてROEをも増加させる。このような自己株式に係る種々の取引をいかに活用していくかという点も，今後はますます注目されてくることになると思われる。

4 ｜ 最適資本構成

最適資本構成とは，企業にとって最も望ましい負債と資本の比率，ということである。先述したように，ROEを単純に増加させるためには，負債比率を増加させることが望ましい。すなわち，仮に自己資本コストと他人資本コストが同じ割合（パーセンテージ）であったとしても，他人資本コスト（たとえば，借入金利息）には，当該コストが損金算入されることによる税金減額効果があるため，この点だけをみると，負債100％が望ましい資本構成ということになる（設例1－4－1参照）。

設例1－4－1　自己資本比率とROE

前提条件
① 自己資本コスト，他人資本コストのいずれも10％とする。
② 法定実効税率は30％とする。

ROEの算定
＜ケース1＞自己資本比率100％の場合
ROE＝10％×100％＋10％×（1－30％）×0％＝10％
＜ケース2＞自己資本比率50％の場合
ROE＝10％×50％＋10％×（1－30％）×50％＝8.5％
＜ケース3＞自己資本比率0％の場合

$$\text{ROE} = 10\% \times 0\% + 10\% \times (1-30\%) \times 100\% = 7\%$$

ただし，前記「第3節2（2）③　財務レバレッジ」にて記載したように，負債比率を増加させることは，資本コストとは別のコストを発生させる。すなわち，負債は返済義務があり，かつ，資本に優先して返済する必要があることから，負債を増やすほど，負債弁済の不確実性，すなわち倒産リスクが高まることになる。資本構成を考慮する際には，この倒産コストも念頭に置き，適切な財務戦略を策定していく必要がある（図表1－4－2参照）。

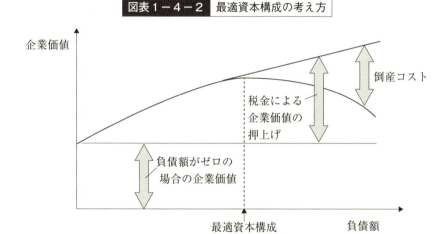

図表1－4－2 最適資本構成の考え方

もちろん，業種・業態により，最適な資本構成は異なることになると考えられるため，投資の回収期間なども考慮して，自社にとって望ましく，かつ，説明可能な資本構成を追求していくことが求められる。

なお，図表1－4－3には，第2章以下で解説する資金調達方法等について，その各施策と目的をまとめている。企業が置かれている状況によって，その効果は同図表に示したような単純な形にならないケースもあるため，詳細は各箇所の解説をご参照いただきたい。

図表1−4−3　資金調達方法等とその効果

各種財務施策	本書での記載	効　果
増資 自己株式の処分	第2章第2節 第6章第2節	自己資本比率（安全性）の上昇 ROEの低下
有償減資 自己株式の取得・消却	第2章第4節 第6章第2節	自己資本比率（安全性）の低下 ROEの上昇 余剰資金の削減
新株予約権付社債の発行	第3章第3節	株式に転換された場合に増資と同様の効果
種類株式（無議決権優先配当株式）の発行	第2章第3節	財務的には増資と同様の効果、経営的には株主総会での議決権を有しない株主の増加
負債による資金調達 （借入金・社債など）	第4章	自己資本比率（安全性）の低下 ROEの上昇
CMSの導入	第4章第6節4	資金の効率的利用 （金利の削減など）
ストック・オプション（*）	第3章第4節	いわゆる1円ストック・オプションであれば、資金調達効果はない
日本版ESOPの導入（*）	第7章	金庫株を用いた場合は、自己株式の処分と同様の効果

（*）　ストック・オプションの付与や日本版ESOPの導入は、自社の株価上昇が従業員等のインセンティブとなるという効果がある。

5　その他

（1）連結ベースの資本戦略

　親会社を中心とする企業集団では、親会社の方針の下、子会社の資本戦略にも気を配る必要がある。すなわち、たとえばROEの向上という目標のために、子会社が独自に資金調達方法を決定するのではなく、親会社の方針の下で、連結ベースで最良の戦略を策定していく必要がある。
　また、連結ベースの資金の効率運用のために、CMS（キャッシュ・マネジメント・システム）を導入するケースも、近年ますます増加してきているものと考えられる。
　なお、持分法適用関連会社については、その資本戦略に対するコントロール

が及ばないケースが通例であると考えられるが，当該関連会社が投資会社（連結財務諸表作成会社）の株式を取得した場合には，連結財務諸表への影響が出てくることになる。

（2）投資家とのコミュニケーション

　財務数値に直接的に影響を及ぼす資本戦略ではないものの，今後は資本戦略の一環として，非財務情報の情報開示を含め，投資家とのコミュニケーションにより注力することが求められてくると考えられる。

第2章 増減資

第1節 増減資の概要

1 定　義

　増資および減資の定義は法令等で規定されているわけではないが，通常，増資は払込資本を増やすことであり，減資は払込資本を減らすことである。

2 種　類

（1）増　資

　増資には金銭等の払込みを伴う増資（以下「有償増資」という）と金銭等の払込みを伴わない増資（以下「無償増資」という）がある。有償増資には公募増資，株主割当増資および第三者割当増資がある。なお，それぞれの内容は図表2－1－1のとおりである。

図表2－1－1　増資の種類および当該資金調達方法

種　類	資金調達方法
公募増資	不特定の投資家から資金を調達する方法
株主割当増資	既存の株主からその持分割合に応じて資金を調達する方法
第三者割当増資	特定の第三者から資金を調達する方法

また，有償増資は金銭により払込みを受ける金銭出資と，金銭以外の資産により払込みを受ける現物出資がある。一方，無償増資は剰余金の資本組入れによるものと準備金の資本組入れによるものがある。

（2）種類株式

株式に図表2－1－2の内容を付した種類株式を利用することで，投資家および発行会社のさまざまなニーズに対応した資金調達が可能となる。なお，図表2－1－2の内容を組み合わせて株式に付すことも可能である。

図表2－1－2　種類株式とその内容

種類	内容
配当優先・劣後株式（会社法108条1項1号）	普通株式または他の種類株式に比較して，優先して配当を受けることができる株式を配当優先株式，逆に劣後して受ける株式を配当劣後株式という。 なお，優先株式については，優先株式の配当に加え普通株式の配当を受けることができる参加型とできない非参加型がある。また，剰余金の配当が所定の優先配当額に満たない場合に当該不足額を翌期以降の優先配当に加えて受けることができる累積型とできない非累積型がある。
残余財産分配優先・劣後株式（会社法108条1項2号）	普通株式または他の種類株式に比較して，優先して残余財産の分配を受けることができる株式を残余財産分配優先株式，逆に劣後して受ける株式を残余財産分配劣後株式という。 なお，優先株式については，優先株式の残余財産の分配に加え普通株式の残余財産の分配を受けることができる参加型とできない非参加型がある。
議決権制限株式（会社法108条1項3号）	株主総会の全部または一部の事項について，議決権を行使できない株式をいう。公開会社（会社法2条5号。すぐ下の「譲渡制限株式」の項参照）においては，発行済株式総数の2分の1を超えて当該株式を発行した場合には，2分の1以下に減らすための必要な措置をしなければならないとされているが（会社法115条），公開会社ではない会社において当該規定はない。
譲渡制限株式（会社法108条1項4号）	当該株式の譲渡について，当該株式会社の承認を必要とする株式をいう。なお，譲渡制限のない株式を1株でも定款に定めている会社を「公開会社」と定義付けており（会社法2条5号），これ以外の会社を非公開会社としている。

種　類	内　容
取得請求権付株式（会社法108条1項5号）	株主が会社にその取得を請求できる株式をいう。なお，取得対価は金銭以外にも，社債，新株予約権，新株予約権付社債，他の種類株式等とすることができる（会社法107条2項2号ロないしホ）。
取得条項付株式（会社法108条1項6号）	会社が一定の事由が生じたことを条件として取得することができる株式をいう。なお，ある既存株式を当該種類株式に変更するためには，当該既存株式を保有する株主全員の同意が必要となる（会社法111条1項）。
全部取得条項付種類株式（会社法108条1項7号）	株式会社が株主総会の特別決議（会社法171条1項，309条2項3号）により，その全部を取得することができる株式をいう。なお，ある既存株式を当該種類株式に変更するためには，株主総会の特別決議が必要となる（会社法466条，309条2項11号）。100％減資およびMBO（マネージメント・バイアウト。経営陣による買収）に伴うゴーイングプライベート（非上場化）のためのスクイーズ・アウト（少数株主の排除）にて利用される。なお，スクイーズ・アウトについては，平成26年の会社法改正において導入された「特別支配株主の株式等売渡請求制度」(*)により，株主総会の特別決議が不要となり，迅速な実施が可能となっている。
拒否権付株式（会社法108条1項8号）	株主総会または取締役会で決議しなければならない事項について，定款でその株主総会または取締役会の決議のほかに，種類株主総会の決議を必要とする旨を定めることができ，これにより，ある株主に特定の事項について拒否権を与える株式をいう。いわゆる「黄金株」と呼ばれるものがこれに該当する。
役員選任権付種類株式（会社法108条1項9号）	当該種類株式を保有する株主で構成される種類株主総会において，取締役・監査役を選任することを内容とする株式をいう。なお，公開会社または指名委員会等設置会社において発行することはできない（会社法108条1項ただし書き）。合弁会社やベンチャー企業の設立に際して，各投資者の当該企業に対するパワーバランス維持において利用される。

（*）　株式会社の総株主の議決権の90％以上を有する当該株式会社以外の者等である特別支配株主が，他の株主に対して株式全部を売り渡すように請求できる制度をいう（会社法179条）。

(3) 譲渡制限株式を用いた株式報酬

　コーポレートガバナンス・コードの導入に伴い，中長期的な企業価値創造の

ために経営陣に対してインセンティブを付与することが課題とされている。日本の場合，ストック・オプション制度や株式給付信託によるスキームはあるものの，役員報酬は固定報酬が中心となっており，アメリカやイギリスに比して業績連動報酬や株式報酬の割合が低く，業績向上のインセンティブが効きにくい状況にある。また，業績連動株式報酬（PS：Performance Share）や譲渡制限付株式（RS：Restricted Stock）といった欧米で一般的に利用されている株式報酬の手法が未発達の状況である。こういった報酬体系の相違により，グローバルな人材獲得に支障をきたす可能性もある。なお，業績連動株式報酬および譲渡制限付株式の内容は，図表2－1－3のとおりである。

図表2－1－3　業績連動株式報酬および譲渡制限付株式の内容

種類	内容
業績連動株式報酬	中長期の業績目標の達成度合いに応じて交付される株式報酬
譲渡制限付株式	一定期間の譲渡制限が付されて交付される株式報酬

　これまで株式報酬が導入されていなかった背景としては，次の要因が挙げられる。

- 日本においては，会社法上，無償で株式を発行することや労務出資が認められていない。
- 株式報酬を導入するための仕組みが十分に整備されていない。

　当該状況を踏まえ，平成27年7月24日に公表された「コーポレート・ガバナンスの実践～企業価値向上に向けたインセンティブと改革～」（「コーポレートガバナンス・システムの在り方に関する研究会」報告書）において，日本での株式報酬制度を導入する際の手続の整理が行われた。当該報告書の別紙3「法的論点に関する解釈指針」にて，金銭報酬債権を現物出資する方法を用いて，業績連動株式報酬や譲渡制限付株式を導入するための会社法上の手続を整理している。具体的には次のとおりである。

① 業績連動株式報酬（業績連動発行型）
　 i 　役員に業績等に連動した金銭報酬債権を付与する。

ⅱ 業績等の連動期間として定めた一定期間経過後，当該金銭報酬債権を，現物出資財産（会社法199条1項3号）として払い込み，役員に対して株式を発行する。
ⅲ 取締役会設置会社では，払込金額を「特に有利な金額」（同条3項）ではない金額に設定して，取締役会の決議で発行することができる。

② **業績連動株式報酬（初年度発行―業績連動譲渡制限解除型）**
ⅰ 役員に対して金銭報酬債権を付与する。
ⅱ 当該金銭報酬債権を，現物出資財産として払い込み，役員に対して株式を発行する（初年度発行）。
ⅲ 取締役会設置会社では，払込金額を「特に有利な金額」（会社法199条3項）ではない金額に設定して，取締役会の決議で発行することができる。
ⅳ 上記ⅱで付与した株式に譲渡制限を付す。譲渡制限を付す方法については，次の③参照。
ⅴ 業績等の連動期間として定めた一定期間経過後，以下の方法で譲渡制限を解除する（譲渡制限解除）。
　(a) 種類株式を利用して譲渡制限を付した場合
　　業績等に応じて，取得請求権（会社法108条1項5号）や取得条項（同項6号）により，会社の普通株式等に転換（本種類株式と引換えに普通株式等を交付）できるようにしておき，当該取得請求権や取得条項により普通株式等に転換する。
　(b) 種類株式を利用しないで譲渡制限を付した場合
　　会社と役員との契約により，業績等に応じて譲渡制限を解除する。

③ **譲渡制限付株式**
ⅰ **種類株式を利用する場合**
(a) 役員への金銭報酬債権の付与，払込み等については，業績連動株式報酬と同じ（前述①，②参照）。
(b) 種類株式を発行するため，定款変更（会社法108条2項）を行う（以下，報酬として発行する種類株式を「本種類株式」という）。本種類株式の内容として，次の内容を定める。

- 譲渡制限付株式（会社法108条1項4号）とする。
- 一定期間経過後等に行使できる取得請求権（同項5号）や一定期間経過後に取得される取得条項（同項6号）により，会社の普通株式等と転換（本種類株式に引換えに普通株式等を交付）できるようにする。

ii 種類株式を利用しない場合

前述のi(b)に代えて，会社と役員との契約により一定の期間における譲渡を制限する。

（4）減　　資

減資には剰余金の配当を伴う減資（以下「有償減資」という）と剰余金の配当を伴わない減資（以下「無償減資」という）があり，いずれも会社法のもとでは発行済株式総数に変動はない。無償減資は欠損てん補に充てる場合とその他資本剰余金に振り替える場合（自己株式会計基準20項参照）に区別される。一方，有償減資は会社法上の整理としては無償減資に加え，その他資本剰余金から配当を行うことであるが，結果として株主に対して払込資本を金銭等により払い戻すこととなる。

3 財務的効果

（1）増　　資

増資のうち，有償増資は設備投資や新規事業の立上げ等の資金調達手段や財務体質の改善等の目的で利用される。金融機関からの借入や社債の発行と異なり，会社を清算しない限りは調達資金の返済義務がないことから長期安定的な資金調達手段となる。

ただし，公開会社の場合，有償増資を実施するにあたり，発行株式数の増加に伴う1株当たりの価値の希薄化が起こり，また，当該希薄化により株価が下落することが想定されるため，留意が必要である。さらに，現物出資の場合は金銭出資と異なり，金銭以外の資産，たとえば土地等の有形固定資産や特許権等の無形固定資産が払い込まれることにより，当該資産を利用した新規事業の早期立上げが可能になるメリットがあるため，会社設立時に多く利用される。

前記のように有償増資をすることはビジネスの拡大や財務体質の改善にとっ

て必要な手段である一方，ROE経営という観点からは必要以上の資金調達はROE悪化を招く可能性もあるため，各社における最適な資本構成に留意し実施すべきであるものと考えられる（最適資本構成については前記「第1章第4節4最適資本構成」も参照のこと）。

　また，有償増資を行うことにより，資本コストの上昇を招くことも考えられる。資本コストは一般に加重平均資本コスト（Weighted Average Cost of Capital，WACC）と呼ばれ，次のように算出される。

$$WACC = \frac{E}{E+D} \times r_e + \frac{D}{E+D} \times (1-t) \times r_d$$

　E＝株主資本総額（時価）
　D＝有利子負債総額（時価）
　r_e＝自己資本コスト率
　r_d＝他人資本（有利子負債）コスト率
　t＝税率

　ここで，自己資本コストは配当のみが株主資本に対するコストと考えられ，増資をする場合には配当率（＝配当総額÷株主資本金額）が下落することから，自己資本コスト率も下落すると誤解されることがある。しかし，自己資本コストには配当以外にも株式の値上がり益であるキャピタルゲインも含まれることから，必ずしも下落するものではない。また，支払利息が税務上は損金に算入されることによる節税効果があるため，自己資本コストは節税効果を考慮した有利子負債コストを上回ることが多い（自己資本コストについては前記「第1章第2節2（2）②ⅲ　自己資本コスト」も参照のこと）。

　以上を踏まえると，増資による急激な株価下落がない限りは，株主資本総額の割合が上昇することで，加重平均資本コストの上昇を招くこととなる。加重平均資本コストは企業価値向上のための投資採択の基準であるNPV（Net Present Value：正味現在価値）やIRR（Internal Rate of Return：内部収益率）にて勘案されるものであることから，当該加重平均資本コストの上昇は投資採択にも影響する可能性がある点に留意する必要がある。

　一方，無償増資は準備金または剰余金の資本組入れにより行われ，金銭等の払込みがないことから，資金調達の手段としては利用できない。ただし，欠損てん補をする場合等を除き，組み入れた資本金を減少する際は株主総会の特別決議が必要となることから（会社法447条1項，309条2項9号），株主財産の

保護という観点から有用である。なお，無償増資は資本金と準備金または剰余金の中での計数変動であり，純資産の額自体には影響を及ぼさないことからROEへの影響もない。

（2）種類株式

前記のとおり，株式に付す内容の組み合わせによりさまざまな資金調達が可能となる。

たとえば，議決権をまったく有しない「無議決権株式」と配当に関して優先的な権利を有する「配当優先株式」を組み合わせることにより，経営への直接的な関与なく，資金調達を実施することが可能である。また，議決権制限株式を合弁会社において発行する場合，当該合弁会社に対する株式持分比率に関係なく，議決権比率を同一にすることも可能となる。さらに，後述する100%減資を実施する際には全部取得条項付株式を利用することで会社再建を行うことが可能となる。

ただし，これらの種類株式を発行するためには定款にその旨を記載する必要があり，その場合に株主総会の決議等が必要になり，迅速な資金調達ができないという点でデメリットがある。

（3）減　　資

減資のうち，有償減資は資本を払い戻すことにより過剰資本を解消しROEを改善する効果がある。また，無償減資のうち，単にその他資本剰余金に振り替える場合には配当財源を確保する効果がある。一方，無償減資のうち，欠損てん補に充てる場合においては，利益剰余金がマイナス残高の場合，いくら利益を出しても当該マイナス残高が解消されない限り，利益剰余金を原資とする配当金を株主に支払うことは困難となり株価にも影響が出てくるが，払込資本により当該マイナス残高をてん補することで，これを解消することができる。

さらに，会社更生手続や民事再生手続が開始された会社においては，100%減資と同時に増資を実施することがある。ここでいう100%減資とは，発行済株式を全部取得条項付株式に転換し，これにより会社が当該株式をすべて無償（100%減資をする会社は債務超過等，財政状態や経営成績が非常に悪化している会社であり，時価が限りなくゼロに近い状況であると考えられる）により取得し消却することである。これにより既存株主が撤退し，増資をすることで新

たな資金および株主により会社再建を行うことが可能となる。

第2節　増資の実務

1　法律上の手続

（1）新規発行の手続

①　会社一般における原則的な手続の流れ

会社が新たに株式を発行する際には，株主総会の決議により以下の募集事項を決定しなければならない（会社法199条1項，2項）。

> i　発行する株式の数（会社法199条1項1号）
> ii　発行する株式の払込金額またはその算定方法（同項2号）
> 　　新株予約権と異なり，無償での発行は認められていない。
> iii　金銭以外の財産を出資の目的とする旨ならびに出資する財産の内容および価額（同項3号）
> iv　払込期日または期間（同項4号）
> v　増加する資本金および資本準備金に関する事項（同項5号）

この決議は（後記（2）③の有利発行かどうかにかかわらず）特別決議である（会社法309条2項5号）。

募集事項の決定後，後記の株主割当の場合以外は，募集（勧誘）を行い，株式を引き受ける者を探すことになる。募集の結果，引受けの申込みを希望する者がいれば，申込みに先立ち，募集事項や当該会社に関する事項（施規41条），振替株式である場合は振替法の適用がある旨（振替法150条2項）等を当該申込希望者に通知する（会社法203条1項）。通知を受けた申込希望者は，当該通知の内容を踏まえて申込みを行うかを判断し，申込みを行う（同条2項）。

申込みがなされた後，どの申込者に何株割り当てるかの決定がなされる（会社法204条1項）。この決定も原則株主総会の特別決議によるが（会社法204条2項，309条2項5号），取締役会設置会社では取締役会の決議（監査等委員会設置会社や指名委員会等設置会社においては取締役や執行役への委任も可能である。会社法399条の13第5項柱書，416条4項柱書）で足り，また定款で異なる定めをすることも可能である。加えて，譲渡制限のない株式の場合は代

表取締役その他の業務執行取締役の決定によることもできる（会社法204条2項）。決定後，払込期日の前日までに申込者に割り当てる株式の数を通知する（同条3項）。

申込者は割当てにより株式の引受人となり（会社法206条1項），出資の履行（会社法208条1項）により株主となる（会社法209条1項）。引受人が出資を履行しない場合，株主となる権利を失う（会社法208条4項）。

発行後には，発行によって増加した分の発行株式数の変更を登記する必要がある（会社法911条3項9号，915条1項，2項）。

② 総数引受契約による場合

引受人が発行する株式の総数の引受けを行う契約を締結する場合は，前記「① 会社一般における原則的な手続の流れ」の申込希望者への募集事項等の通知や，株式の割当てに関する決定は不要となる（会社法205条1項）。なお，総数引受契約の承認は，前記「① 会社一般における原則的な手続の流れ」の割当ての決定と同様の手続による（同条2項）。

引受人は2名以上でもよい（1名の引受人が総数全体を引き受ける必要はない）ので，引受人があらかじめ決まっている場合（後記「(2) ② ⅰ 公募」の上場会社の場合の公募に係る（金商法上の）引受人である金融商品取引業者や第三者割当先を含む）には，手続の簡略化のため，総数引受契約によることが多い。

(2) 上場会社の場合の取扱い

① 会社法上の手続

公開会社（会社法2条5号）においては，募集事項の決定は，有利発行（会社法199条3項）の場合を除き，取締役会の決議による（会社法201条1項）。監査等委員会設置会社や指名委員会等設置会社においては，取締役や執行役への委任も可能である（会社法399条の13第5項柱書，416条4項柱書）。

市場価格のある株式の場合，価格が日々変動することを踏まえ，前記「(1) ① 会社一般における原則的な手続の流れ」のⅱの払込金額またはその算定方法に代えて，公正な価額による払込みを実現するために適当な決定の方法を定めることができ（会社法201条2項），実際にもそのような方法としてブックビルディング（需要予測）方式が用いられている。なお，新規上場に際しての株

式の発行では，株式は未だ「市場価格のある株式」ではないため，会社法上は定額の払込金額（の下限）を決定する必要があり，ブックビルディングで算定される予想払込金額を上回らないような低めの定額（の下限）を決定しておくことになる。

　募集事項を取締役会決議で決定できることにより，原則として株主総会の決議が不要となるため，株主に差止請求（会社法210条）の機会を与えるべく，株主への募集事項の通知（またはこれに代わる公告）が求められている（会社法201条3項，4項）。もっとも，上場会社では後記「②　金商法上の開示規制等」のとおり，株式の発行に際して基本的に有価証券届出書または臨時報告書の提出が求められ，これらの内容に募集事項を含めて通知に関する規定を適用除外とすることにより（同条5項，施規40条1号，6号），実際には通知等はほとんど行われない。

　また，平成26年の会社法改正により，引受人が株主となった後の議決権の数が総議決権の2分の1を超える場合は，株主に通知等を行うべき事項が追加されている（会社法206条の2第1項，2項，3項，施規42条の2，42条の3）。そして，総株主の議決権の10分の1以上の議決権を有する株主が当該特定引受人による引受けに反対した場合は，株主総会の決議による当該特定引受人への割当ての決定または当該特定引受人との総数引受契約の承認が必要となる（会社法206条の2第4項）。この決議は，議決権を有する株主の過半数の出席を要件とする普通決議である（同条5項）。

②　金商法上の開示規制等
ⅰ　公　募

　株式の新規発行は，後記「（3）①　株主割当」のケース以外は，割当先の一部に既存株主が含まれていても概念的には第三者割当となるが，その中でもいわゆる公募を行う場合，当該新規発行株式の取得勧誘が多数の者を相手方として行うものとして募集に該当し（金商法2条3項1号），有価証券届出書の提出ならびに目論見書の作成および交付が必要となる（金商法4条1項，13条，15条2項）。有価証券届出書の提出前に取得勧誘を行うことはできないが（金商法4条1項本文），一定の類型の情報発信については勧誘に該当しないものと取り扱われている（開示ガイドライン2-12）。

　有価証券届出書に代えて，あらかじめ発行登録書を提出して募集を登録し，

実際の発行に際しては発行登録追補書類を提出し、発行登録目論見書を作成して交付することも可能であり（金商法23条の3、23条の8、23条の12第3項）、この場合は発行登録書が提出されていれば発行登録追補書類提出前でも取得勧誘が可能である（金商法23条の3第3項）。

なお、発行価額が1億円を下回る場合は、有価証券届出書の提出は不要であり（金商法4条1項5号、開示府令2条4項）、有価証券通知書のみを提出することになる（金商法4条5項、6項本文）。そして、発行価額が1,000万円以下の場合は、有価証券通知書の提出も不要となる（金商法4条6項ただし書き、開示府令4条5項）。これらの場合は前記「①　会社法上の手続」の株主への募集事項の通知（またはこれに代わる公告）が必要となる。

発行価額とは、（金商法上の）引受人が発行会社に払い込む金額であり、払込みとは別途発行会社が引受手数料を引受人に支払う場合は、引受人が投資家に売り付ける価格である発行価格と同額となる。もっとも、別途支払うことによる引受手数料の費用計上を回避するため、いわゆるスプレッド方式を採用する場合が多く、その場合、発行価額は手数料相当のスプレッドの分だけ発行価格よりも少なくなる。

また、相手方の数には、海外において行われる勧誘の対象者は含まれないため、海外においてのみ勧誘を行う場合は、多数の者を相手方として行う場合でも、発行価額の総額が1億円以上となるときに臨時報告書を提出すれば足りることになる（開示府令19条2項1号）。

ⅱ　第三者割当

いわゆる第三者割当の場合、公募と異なり取得勧誘の対象者は通常49名以下であり、人数的には少人数私募（金商法2条3項2号ハ）の対象となる。しかしながら、上場会社の場合、上場している株式については、少人数私募が行えないため（金商法施行令1条の7第2号イ(1)、金商法24条1項1号）、第三者割当においても取得勧誘が募集に該当し（金商法2条3項2号柱書き）、やはり有価証券届出書の提出ならびに目論見書の作成および交付（相対の取引のため、上場会社自身が行うことになる）が必要となる。

第三者割当においては、有価証券届出書の提出に先立ち、割当予定先との協議や交渉が行われるが、割当予定先が限定され、割り当てられる株式が割当予定先からただちに転売されるおそれが少ない場合には、当該第三者割当が公募

規制の潜脱になる可能性が低いことから，このような届出前の協議等は「勧誘」に該当しないものと取り扱われている（開示ガイドライン2－12①）。

また，第三者割当を行う際には，有価証券届出書に記載すべき事項が通常よりも増加し（開示府令第二号様式第一部第3【第三者割当の場合の特記事項】），かつ，取引所の上場規程により以下の規制がなされている（前記iの公募に際して，（金商法上の）引受人である金融商品取引業者によるオーバーアロットメントに伴い付与されるグリーンシューオプションの行使による第三者割当を除く。開示府令19条2項1号ヲ柱書き，(1)，上場規程2条67号の2）。

> ア　割当先による譲渡の報告およびその確約等（上場規程422条，上場規程施行規則429条，430条）
> 　株式の割当先が，当該割当から2年以内に割り当てられた株式を譲渡した場合には，当該譲渡に関する情報を開示することが求められる。そして，当該開示が適切になされるよう，譲渡に関する情報の報告や開示への同意につき，割当てに際して割当先との間で確約を行う必要がある。
> イ　遵守事項（上場規程432条，上場規程施行規則435条の2）
> 　割り当てられる株式等の議決権の数の，当該割当ての決定前の発行済株式の議決権総数に対する比率（希釈化率）が25％以上となる場合，または当該割当てにより支配株主が異動する見込みがある場合，以下のいずれかの手続が必要となる。
> 　(ア)　当該割当ての必要性および相当性に関する意見の入手
> 　(イ)　株主総会決議等による株主の意思確認
> ウ　上場廃止
> 　(ア)　希釈化率300％を超える場合（上場規程601条1項17号，上場規程施行規則601条14項6号）
> 　(イ)　支配株主の異動後の，支配株主との取引の健全性の毀損（上場規程601条1項9号の2，上場規程施行規則601条9項）

iii　私募

上場会社の場合でも，上場している株式とは異なる内容（剰余金の配当または残余財産の分配をいう。金商法施行令1条の7第2号イ(1)）の株式については，当該株式も同様に上場していない限り，少人数私募の対象となる（金商法施行令1条の7第2号イ(1)かっこ書き）。したがって，公募となる規模で取得勧誘を行わないのであれば，有価証券届出書の提出は不要となるが，発行価額の総額が1億円以上となる場合に臨時報告書を提出する必要がある（金商法24条の5第4項，開示府令19条2項2号）。

iv 取引所規則による適時開示

株式の新規発行につき，会社が前記「① 会社法上の手続」の機関決定を行った場合，投資判断への影響が軽微なものを除き，その内容の適時開示を行う必要がある（上場規程402条1号a，上場規程施行規則401条1項本文，402条の2第1項）。

また，新規発行に先立つ発行登録書の提出の場合も同様である（上場規程402条1号b）。

加えて，第三者割当を行う場合には開示すべき情報が追加される（上場規程施行規則402条の2第2項）。

③ 有利発行

前記「（1）① 会社一般における原則的な手続の流れ」のiiの払込金額が，株式を引き受ける者に特に有利な金額の場合，上場会社でも前記「（1）① 会社一般における原則的な手続の流れ」と同様に株主総会の特別決議が必要となる（会社法201条1項）。

払込金額が特に有利な金額であるかどうかについては，必ずしも明確な基準はないが，募集事項を決定する取締役会の日の直前日の価額，当該直前日までの価額や売買高の状況等によっては直近の一定期間の平均価額に0.9を乗じた額以上の金額であることが一応の目安とされている（日本証券業協会「第三者割当増資の取扱いに関する指針」（平成22年4月1日））。この目安に沿っていなければ直ちに有利発行になるわけではないが，その場合，監査役等の意見を取得し，前記「②iv 取引所規則による適時開示」のとおり適時開示を行う必要がある（上場規程施行規則402条の2第2項b）。

（3） 特殊な場合

① 株主割当

i 制度の概要

株式の新規発行に際して，株主にその割当てを受ける権利を与えることも可能である（会社法202条）。株主割当は，増資に際して株主に自らの持株比率を維持するための出資の機会を優先的に与えるための制度であり，株主は，割り当てられた新規発行株式を引き受けることにより，持株比率の希薄化を防ぐことが可能となる。

株主は，持株比率に応じて割り当てられる（会社法202条2項）株式を引き受ける義務を負わず，申込みの期日（同条1項2号）までに申込みを行わない場合，割当てを受ける権利を失う（会社法204条4項）。会社側からすると，新規発行により調達できる金額が正確に予測できないため，調達手段としては安定性に欠けるものとなる。

平成13年商法改正による新株予約権の導入後，会社法の施行までの旧商法においては，株主に与えられる新株の割当てを受ける権利は新株引受権と呼ばれ，譲渡が可能であり（旧商法280条ノ6ノ3），新株を引き受けたい第三者が引受けを行わない株主から新株引受権を譲り受け，払込みを行い株主になることが可能であった。一方，会社法では割当てを受ける権利の独自性が薄まり，譲渡もできなくなったため，株主に引き受けられなかった株式は単に失権するだけになるが，新株予約権無償割当（会社法277条）の制度によるライツ・オファリングを通じて，同様の経済的効果を実現することが可能である。ライツ・オファリングについては，後記「第3章第2節1（3）②　ライツ・オファリング」を参照されたい。

ⅱ　手　続
ⓐ　概　説

株主割当による株式の新規発行を行う場合，前記「（1）①　会社一般における原則的な手続の流れ」の募集事項に加え，株主に対し，申込みをすることにより株式の割当てを受ける権利を与える旨および申込みの期日を決定することが必要となる（会社法202条）。決定は，原則として株主総会の特別決議によるが（同条3項4号，309条2項5号），取締役会設置会社では取締役会の決議（監査等委員会設置会社や指名委員会等設置会社においては取締役や執行役への委任も可能である。会社法399条の13第5項柱書き，416条4項柱書き）で足り，また，定款で異なる定めをすることも可能である（会社法202条3項1号ないし3号）。

前記の決定を行った場合は，株主に対し，申込みの期日の2週間前までに，募集事項のほか，当該株主が割当てを受ける株式の数および申込みの期日を個別に通知しなければならない（同条4項）。会社が一方的に決定した株式の新規発行に応じないと持株比率が低下するという点で，株主は公募や第三者割当における申込者よりも不利な立場にあるため，熟慮する期間を与えるとの趣旨

であるが，全株主が短縮に同意すれば，その同意書を添付することで株式発行後の発行済株式数増加の登記を行うことが可能である。

(b) 上場会社の場合の取扱い

上場会社の場合，前記「(2) ② ⅱ　第三者割当」のとおり，上場している株式については，少人数私募が行えないことから，株主割当の場合でも同様に有価証券届出書の提出が必要となる。

加えて，通常は有価証券届出書の提出から15日を経過した日に届出の効力が発生する（金商法8条1項）のに対し，株主割当の場合は，割当てを受ける株主を決定する基準日（会社法124条）の25日前までに有価証券届出書を提出することが求められている（金商法4条4項本文）。これは，基準日に株主であるためには，基準日の3取引日前の日に株式を取得している必要があり，それに伴い2取引日前に権利落ちが発生することから，新規取得および売却のいずれにおいてもその分検討の期間が通常の場合よりも短くなるのを補うため，期間が（祝日の可能性を考慮して）10暦日延長されているものである。したがって，権利落ちの生じない時価発行等の場合（同項ただし書，開示府令3条）には，基準日の25日前までの提出は不要となる。

② 現物出資

ⅰ　概　説

現物出資による株式の新規発行を行う場合，前記「(1) ①　会社一般における原則的な手続の流れ」のⅲのとおり，金銭以外の財産を出資の目的とする旨ならびに出資する財産の内容および価額を募集事項に含めることが必要となる（会社法199条1項3号）。

そして，金銭以外の財産はその価額の評価が必ずしも容易ではないことから，不当に低い価額の出資での株式の発行が行われ，既存株主の利益を害することとならないよう，裁判所が選任する検査役による当該現物出資財産の価額の調査が原則として求められる（会社法207条1項）。もっとも，実際には後記「ⅱ (b)　市場価格のある有価証券の特例」の適用除外規定により，検査役が選任されることは非常に少ない。なお，適用除外の場合には，検査役の調査を経た場合と異なり，出資する財産の価額が不足する場合の取締役等の責任免除に関する規定（会社法213条2項1号）は設けられていない。

ⅱ 検査役の選任が不要となる特例
ⓐ DES（デット・エクイティ・スワップ）
　現物出資する財産が会社に対する弁済期の到来している金銭債権であって，募集事項として決定すべき前記「ⅰ　概説」の価額が，当該金銭債権につき会社側で認識している債務の帳簿価額を超えなければ，検査役の選任は不要である（会社法207条9項5号）。弁済期が到来していることは，債務者である会社が自発的に期限の利益を放棄すればよいので，実質的には要件ではない。
　債務者である会社の財務状況が悪化している場合は，現物出資の対象となる金銭債権の時価がその額面を下回っている可能性もあるが，このような場合においても，時価ではなく額面金額にて評価すべきものとされている（いわゆる券面額説[1]）。その結果，前記「ⅰ　概説」の価額が，債権の額面金額を超えなければ本号が適用されることになる。
　また，前記「(2)③　有利発行」の有利発行規制との関係でも，金銭債権はその額面金額で評価されるので，現物出資に際しては，あたかも当該金銭債権の額面金額と同額の金銭の払込みがなされたかのように取り扱った上で，払込金額に対して何株発行するかという条件が特に有利であるかどうかを判断すればよいことになる（時価で評価するとした場合，株式の発行条件そのものに加えて，低い時価の金銭債権が額面金額で評価されることの有利性も考慮する必要が生じる）。
ⓑ 市場価格のある有価証券の特例
（ア）概　説
　現物出資する財産が市場価格のある有価証券の場合，募集事項として決定すべき前記「ⅰ　概説」の価額が，その決定日における終値を超えなければ，検査役の選任は不要である（会社法207条9項3号，施規43条1号）。
（イ）公開買付けの場合（自社株対価公開買付けを含む）
　現物出資する有価証券が公開買付けの対象である場合は，市場価格が公開買付けにおける買付価格より少し低い価格付近に張り付くことが想定されるところ，当該有価証券は公開買付者によって買付価格で買付けが行われるため，当

---

[1] 「東京地裁商事部における現物出資等検査役選任事件の現状」『旬刊商事法務』平成13年3月25日号，針塚遵著，P.4，「デット・エクイティ・スワップ再論」『旬刊商事法務』平成14年6月25日号，針塚遵著，P.16。

該買付価格を超えない範囲であれば，同様に検査役の選任は不要である（施規43条2号）。

(c) その他

(ア) 現物出資者に割り当てられる株式数が少ない場合

現物出資により当該現物出資者に割り当てられる株式の総数が，発行済株式の総数の10分の1を超えない場合，検査役の選任は不要である（会社法207条9項1号）。発行される株式の1株当たりの価格を高くすれば，株式数を少なくすることが可能であるが，各株式の権利（議決権等）の内容が同じであることを前提とすると，現物出資者にとっていわば不利発行になり得るため，この特例によることは必ずしも容易ではない。また，現物出資者の同意が得られる場合でも，税法上の取扱いが別途論点となり得る。

(イ) 現物出資財産の価額が少額の場合

募集事項として決定すべき前記「ⅰ　概説」の価額の総額が500万円を超えない場合，検査役の選任は不要となる（会社法207条9項2号）。

(ウ) 専門家の証明を受けた場合

募集事項として決定すべき前記「ⅰ　概説」の価額が相当であることについて，弁護士，弁護士法人，公認会計士，監査法人，税理士または税理士法人の証明を受けた場合，検査役の選任は不要となる（会社法207条9項4号）。現物出資財産が不動産である場合は，証明に加えて不動産鑑定士の鑑定評価も求められる（同号かっこ書き）。

証明を行った前記の専門家は，証明の対象である現物出資財産の実際の価額が募集事項として決定された価額に著しく不足する場合，当該不足額を支払う義務を負う（会社法212条1項2号，213条1項，3項本文）。証明を行うに際して注意を怠らなかったことを証明すれば，責任を免れることも可能であるが（同項ただし書），どの程度の調査を行えば注意を怠らなかったと判断されるかの基準が明確ではないこと[2]や，これらの専門家が価値算定について知見を有していない場合，別途価値算定の専門家に依頼し，その見解に依拠せざるを得ないといったこともあり，事業等の評価の難しい財産や高額の財産については，証明を行う専門家を探すことが難しい場合もある。

---

[2] 裁判例として，大阪地判平成27年2月13日金融・商事判例1470号51頁およびその控訴審である大阪高判平成28年2月19日1488号40頁が存在する。

なお，他の観点からの価額評価（特に税法上の評価）との齟齬から生じる問題を解消可能であれば，あえて極端に低めの（実態と乖離した）価額での証明を行い，不足額が生じる余地をなくすとの方法も考えられる。その場合，払込金額も同様に低額となることから，実態に沿った発行株式数とするためには，1株当たりの払込金額も低額とすることになる。その結果，前記（2）③の有利発行の手続も併せて必要となることがある。

③ 種類株式
i 概説

会社は，以下の事項について内容の異なる2種類以上の株式を発行することができる（会社法108条1項）。

株式の種類	定めるべき株式の内容	株式の内容のうち定款で必ず定めるべきもの
剰余金の配当（1号）	・配当財産の価額の決定の方法，剰余金の配当の条件その他配当に関する取扱い	・配当財産の種類
残余財産の分配（2号）	・残余財産の価額の決定の方法，残余財産の種類その他分配に関する取扱い	・残余財産の種類
議決権（3号）	・議決権を行使できる事項 ・議決権の行使の条件	・議決権を行使できる事項
譲渡制限（4号）	・譲渡に会社の承認を要する旨 ・自動承認の条件	・譲渡に会社の承認を要する旨
取得請求権（5号）	・会社に取得を請求できる旨 ・引換えに交付する財産の内容および数もしくは額またはその算定方法 ・取得の請求が可能な期間	・会社に取得を請求できる旨 ・引換えに交付する財産の種類
取得条項（6号）	・一定の事由が生じた日（会社が定める日の場合はその旨）に取得する旨 ・一部のみ取得する場合の取得する株式の決定方法 ・引換えに交付する財産の内容および数もしくは額またはそ	・一定の事由が生じた日に取得する旨 ・一部のみ取得する場合の取得する株式の決定方法 ・引換えに交付する財産の種類

	の算定方法	
全部取得条項 （7号）	・取得対価の価額の決定の方法 ・株主総会での取得決議の条件	・取得対価の価額の決定の方法
拒否権（種類株主総会の同意権） （8号）	・拒否権を行使できる事項 ・拒否権の行使の条件	・拒否権を行使できる事項
役員選任権 （9号）	・種類株主総会で役員を選任する旨およびその数 ・他の種類株主と共同して選任する場合の当該他の種類株主および共同で選任する数 ・前記内容の変更の条件および変更後の内容 ・選任対象が社外役員である場合に定めるべき事項	・種類株主総会で役員等を選任する旨およびその数 ・他の種類株主と共同して選任する場合の当該他の種類株主および共同で選任する数

ii 手続の流れ

(a) 株式の内容の確定

　種類株式を発行するには，原則としてまず定款で前記「ⅰ　概説」の株式の内容および種類ごとの発行可能株式総数を定めることが必要となる（同条2項柱書き）。

　もっとも，前記「ⅰ　概説」で必ず定款で定めることとされている事項以外の事項は，詳細は発行を決定する機関が定める旨，およびその内容の要綱を定款で定めることにより，発行を決定する機関に内容の詳細の決定を委任することができる（同条3項，施規20条1項）。株式の内容の要綱のみを定款に定める場合，または定款で内容が定性的に規定されているが具体的な数額その他の条件が含まれていない場合は，発行を決定する機関による発行の決定の際に，株式の内容のうち定款で規定されていない部分が決定され，確定することになる。

　定款で定められた，または前記のとおり発行を決定する機関が決定し確定した特定の株式の内容と異なる内容の株式を後に発行する場合，定款に規定されていない部分が異なるのみ（たとえば，いずれも同順位の優先配当株式で，配当の率のみが異なる場合）であっても，異なる種類の株式となる。すなわち，定款で特定の種類株式の要綱のみを定め，その範囲内で条件の異なる株式を複

数回発行すること（いわゆるシリーズ発行）は，旧商法では可能であったが（旧商法222条3項），会社法では認められなくなっている。

　種類株式の発行に際しては，定めることが必要な前記の事項に加えて，それ以外の事項（後記「ⅲ　発行後の留意点」の種類株主総会決議を不要とする旨等。会社法322条2項）を定めることも可能である。

　定款で種類株式の内容を定めた場合，具体的な発行はなされていなくても，種類株式の内容および種類ごとの発行可能株式総数を登記する必要がある（会社法2条13号，911条3項7号）。内容によっては，登記が困難な場合があり得ることから，管轄法務局への事前相談が重要となる。

(b)　発行の手続

　発行の手続は前記「（1）新規発行の手続」および「（2）上場会社の場合の取扱い」と基本的に同様であるが，発行する種類株式が前記「ⅰ　概説」の譲渡制限株式の場合，定款で不要と定められていない限り，当該種類株式の株主による種類株主総会の決議も必要となる（会社法199条4項本文，200条4項本文。なお，議決権を行使できる株主が存在しなければ，ただし書きにより不要となる）。また，上場会社の場合，前記「（2）②ⅲ　私募」のとおり，金商法に基づく開示（の要否）は株式の種類によって異なり得る点に留意が必要である。

　発行後には，発行した種類株式の種類および発行によって増加した分の発行株式数の変更を登記する必要がある（会社法911条3項9号）。

ⅲ　発行後の留意点

　種類株式が発行されている場合は，前記「ⅰ　概説」の拒否権付種類株式に係る拒否権の対象として種類株主総会の決議が必要な事項に加えて，一定の行為（会社法322条1項各号）をする場合には常に，種類株主総会の決議が必要かどうかを確認する必要がある（同項柱書き本文）。

ⅳ　契約による場合

　種類株式は，前記「ⅱ　手続の流れ」のとおり定款に内容を規定して発行するほか，会社法上は同じ種類の株式のままで，会社と株主の契約によって実質的に種類株式を発行した場合と同様の状態を実現することも可能である[3]。もっとも，このような契約はその当事者以外を拘束するものではなく，また当事者

間でも会社法上の種類株式と同等の効力は発生しない。そのため，たとえば契約による株式の譲渡制限に違反して株式が譲渡された場合でも，譲渡自体は有効となり，譲渡人の債務不履行の問題が生じるにとどまることになる。

（4）自己株式の処分

会社法上は，新しい株式の発行と自己株式の処分は，「募集株式の発行等」という概念に統合され（会社法199条1項柱書き），同一の手続によることとされている。したがって，前記「（1）新規発行の手続」の内容は，自己株式の処分についても同様に適用されることになる。

金商法においては，「すでに発行された有価証券」の売付け勧誘は，原則として募集ではなく売出し（金商法2条4項）となるので，自己株式の処分は，多数の者を相手方として行う場合でも，すでに開示が行われている場合における売出し（同法4条1項3号）として，有価証券届出書の提出は不要であった（目論見書の作成および交付は必要となる）が，平成21年の金融商品取引法等改正に伴い，自己株式の処分に係る売付け勧誘も「取得勧誘類似行為」として規定され（金商法2条3項柱書き，定義府令9条1号），株式の新規発行と同様に募集として取り扱われることになった。

2 個別財務諸表上の処理

（1）有償増資（金銭出資）

① 払込資本の会計処理

金銭出資の場合，実務として払込期日が設定され，その前の申込期間中に新株式申込証拠金が払い込まれるケースが多い。当該証拠金は払込期日が到来した際に資本金および資本準備金に振り替えられる。なお，会社法上，募集株式の引受人が株主となる時期は，払込期日を定めた場合は当該払込期日となり，払込期間を定めた場合は実際の払込日となるが，払込期間を定めた場合には実際の払込日に株主となるため新株式申込証拠金は発生しないものと考えられる。

---

3 たとえば，平成28年度税制改正で導入された特定譲渡制限付株式（法法54条）では，種類株式に加えて，会社と役員等の契約に基づく譲渡制限も認められている（「『攻めの経営』を促す役員報酬～新たな株式報酬（いわゆる「リストリクテッド・ストック」）の導入等の手引き～」（経済産業省産業組織課）のⅡ．第1　1のQ1－4）。

ここで資本金として計上せず資本準備金として計上できる金額は，払込金額の2分の1以下でなければならないが（会社法445条2項，3項），登録免許税は資本金の増加額で決まる（増加した資本金の額の1,000分の7（3万円に満たないときは，申請件数1件につき3万円）が課税される）ことから，上限である払込金額の2分の1まで資本準備金を計上するケースが多い。具体的には設例2－2－1のとおりとなる。

設例2－2－1　有償増資（金銭出資）の場合の会計処理

[前提条件]
① 払込金額：2,000
② 資本金組入額：払込金額の2分の1

[会計処理]
〔新株の申込み時〕

（借）現　　　　金	2,000	（貸）新株式申込証拠金	(※)2,000

(※)　払込金額

〔払込期日〕

（借）新株式申込証拠金	2,000	（貸）資　本　金	(※)1,000
		資本準備金	1,000

(※)　$1,000 = 2,000 \times \dfrac{1}{2}$

また，払込期日が決算日後に到来する場合で新株式申込証拠金がある場合は，当該証拠金は貸借対照表の純資産の部の株主資本に「新株式申込証拠金」として区分し，資本金の次に表示しなければならない（連結財務諸表規則43条2項，財務諸表等規則62条1項，計規76条2項2号）。具体的には図表2－2－1のとおりである。

| 図表2－2－1 | 貸借対照表の表示 |

```
純資産の部
    株主資本
        資本金                    …
        新株式申込証拠金          …
        資本剰余金
            資本準備金            …
            その他資本剰余金      ___
            資本剰余金合計        …
```

② 株式交付費の会計処理

　実務対応報告第19号「繰延資産の会計処理に関する当面の取扱い」に従って，公募増資等を実施した際に発生する引受証券会社への支払手数料等は株式交付費として，原則，支出時に費用（営業外費用）として処理する。ただし，企業規模の拡大のためにする資金調達などの財務活動（組織再編の対価として株式を交付する場合を含む）に係る株式交付費については，繰延資産に計上することができ，株式交付のときから3年以内のその効果の及ぶ期間にわたって，定額法により償却をしなければならない。

　なお，株式交付費についての会計処理が前事業年度にも行われており，当事業年度に新たに発生した株式交付費の会計処理方法が前事業年度の会計処理方法と異なる場合は，原則として，会計方針の変更として取り扱うものとする（繰延資産取扱い3(7)②ア本文）。ただし，新たに発生した株式交付費の支出内容がすでに発生している株式交付費の支出内容から著しく変化している場合には新たな会計事実の発生とみて，直近の会計処理方法とは異なる会計処理方法を選択することができる（繰延資産取扱い3(7)②アただし書き）。

　また，公募増資の際に，株式の発行会社と引受証券会社は，買取引受契約に定める引受価格で買取引受を行い，一方で，引受証券会社は，「ブックビルディング方式」により募集価格を決定し，投資家に募集を行う場合がある。この場合，募集価格と引受価格との差額が引受証券会社への支払手数料に相当する。このような引受手数料の支払方式を「スプレッド方式」という。当該方式の場合，募集価格と引受価格との差額が引受証券会社への支払手数料に相当するが，発行会社は引受証券会社からの払込金額に対してのみ処理することとなり，当該手数料について株式交付費の計上は不要となる。具体的には設例2－

2-2のとおりである。

> **設例2-2-2** スプレッド方式による有償増資の会計処理

[前提条件]
① 発行株式数：100株
② 引受証券会社の1株当たり募集価格：105
③ 引受証券会社の1株当たり引受価格：100
④ 資本金組入額：引受価格の2分の1

[会計処理]
〔引受証券会社からの払込時〕

(借) 現　　　　　金	(※1)10,000	(貸) 資　本　　金	(※2)5,000
		資 本 準 備 金	5,000

(※1)　10,000＝100（引受価格）×100株（発行株式数）
(※2)　5,000＝$100 \times \frac{1}{2} \times 100$株

③ キャッシュ・フロー計算書の表示方法

　新株の発行による資金調達は財務活動によるキャッシュ・フローに区分され，新株の発行による資金調達の実質手取額は，発行価額から株式交付費を控除した額である。したがって，株式交付費に重要性がある場合は，キャッシュ・フロー計算書上，実質手取額によって表示する。なお，これらの発行費等に重要性がない場合は，それぞれのキャッシュ・フローを総額によって表示することができる（会計制度委員会報告第8号「連結財務諸表等におけるキャッシュ・フロー計算書の作成に関する実務指針」40項）。いずれの場合も，株式交付費は財務活動によるキャッシュ・フローとなるため，間接法にてキャッシュ・フロー計算書を作成している場合，税引前当期純利益から当該影響を取り除くため，営業活動によるキャッシュ・フローの小計より上において「株式交付費」等の科目を設定し，営業活動によるキャッシュ・フローに対するプラスの影響として表示する必要がある。具体的な表示は設例2-2-3のとおりである。

設例２−２−３　キャッシュ・フロー計算書の表示方法

[前提条件]
① 資金調達額100
② 株式交付費５

[表示方法]
（１）純額で表示する場合

営業活動によるキャッシュ・フロー	
税金等調整前当期純利益	×××
…	×××
株式交付費	5
…	×××
小計	×××
…	×××
営業活動によるキャッシュ・フロー	×××
財務活動によるキャッシュ・フロー	
…	×××
株式発行による収入	(＊)95
…	×××
財務活動によるキャッシュ・フロー	×××

（＊）95＝100（資金調達額）− ５（株式交付費）

（２）総額で表示する場合（営業活動によるキャッシュ・フローは（１）と同じ）

財務活動によるキャッシュ・フロー	
…	×××
株式発行による収入	100
株式発行による支出	△5
…	×××
財務活動によるキャッシュ・フロー	×××

(2) 有償増資（現物出資）

　現物出資について，出資者側の会計処理については，事業分離等会計基準第31項において定められているが，発行会社側の会計処理については，直接的に当該処理を示した定めはない。よって，当該現物出資の実態に合った会計基準に従い会計処理をする必要がある。

　具体的には，出資財産の受取側の会計処理は，当該現物出資の出資財産が「『事業』である場合」と「『事業』でない場合」に大別される。ここで，「事業」とは，企業結合会計基準第6項にて，企業活動を行うために組織化され，有機的一体として機能する経営資源と定められている。「事業」であるか否かによって，適用される会計基準も異なるため，当該判定は慎重に実施する必要がある。

① 出資財産が「事業」である場合

　現物出資を受けた会社においては，ある企業（現物出資を受けた会社）と他の企業を構成する事業（現物出資される事業）とが1つの報告単位に統合されることであるとする「企業結合」の定義（企業結合会計基準5項）を満たすため，企業結合会計基準が適用されることとなる。

　企業結合の会計処理は，当該現物出資が取得，逆取得，共同支配企業の形成または共通支配下の取引のいずれに該当するかによって異なる。また，増加資本の金額は上述のいずれかのパターンにおいて測定された受入資産および引受負債の金額との差額として算定される。具体的には図表2-2-2のとおりである。

図表2-2-2　現物出資における出資財産の受取側の会計処理

	受入資産および引受負債の測定
取得	時価で評価する。
逆取得（＊）	適正な帳簿価額で評価する。
共同支配企業の形成	
共通支配下の取引	

（＊）　現物出資により，現物出資を受けた企業が，新たに現物出資を行った企業の子会社になるようなケースがこれに当たる。

② 出資財産が「事業」でない場合

この場合，企業結合会計基準の適用はなく，当該出資財産の種類に応じて，適切な会計基準を適用することとなる。

　ⅰ　現物出資財産が金融資産の場合

現物出資財産が株式などの金融資産である場合には，当該金融資産の時価にて評価することとなる（金融商品実務指針29項）。また，出資財産が子会社株式または関連会社株式である場合で，かつ，現物出資の当事企業が共通支配下の関係にあるようなときには，当該現物出資対象となる株式が事業投資であるという性格も鑑み（金融商品会計基準73項，74項参照），現物出資財産が「事業」に該当するものと考えられることから，現物出資元の会社での適正な帳簿価額をもって当該株式の取得原価とすることが考えられる。

　ⅱ　現物出資財産が固定資産の場合

現物出資財産が土地などの固定資産である場合には，現物出資元に交付された株式の発行価額をもって当該固定資産の取得価額とする（連続意見書 第三「有形固定資産の減価償却について」第一 四 3）。具体的には，計規第14条第1項第2号柱書きの規定により，受け入れた固定資産の時価（公正な評価額）で評価することになると考えられる。

(3) 無償増資

準備金または剰余金からの資本組入れについては，いずれも株主総会の決議において定められた効力発生日において会計処理を行うこととなる。具体的には次のような仕訳となる。

〔資本準備金の資本組入れのケース〕

(借) 資 本 準 備 金	1,000	(貸) 資　本　金	1,000

〔利益準備金の資本組入れのケース〕

(借) 利 益 準 備 金	1,000	(貸) 資　本　金	1,000

〔その他資本剰余金の資本組入れのケース〕

| （借）　その他資本剰余金 | 1,000 | （貸）　資　本　金 | 1,000 |

〔その他利益剰余金の資本組入れのケース〕

| （借）　繰越利益剰余金 | 1,000 | （貸）　資　本　金 | 1,000 |

3 税務上の処理

（1）有償増資

　有償増資をする際には，株主間の利益移転の問題が生じる。たとえば，株主割当増資の場合については，時価発行か有利発行かにかかわらず，基本的には各株主の持分割合に変動がないことから，当該問題が生じることはない。しかし，株主割当増資において一部の株主が引受けに応じなかった場合や第三者割当増資の場合には，各株主の持分割合が変動することになる。この場合に，当該増資が時価発行増資であれば，持分割合の変動はあるものの，各株主の1株当たりの価値に変動はないが，有利発行の場合には，既存株主からこれを引き受けた者に利益（株式価値）が移転すると考えられる。

① 法人株主の税務上の処理

　有利発行の場合，法人税法施行令第119条第1項第4号において，有価証券と引換えに払込みをした金銭等の額が払い込むべき金銭等の額を定めるときにおけるその有価証券の取得のために通常要する価額に比して有利な金額である場合における当該払込み等により取得をした有価証券（新たな払込み等をせずに取得をした有価証券を含む）については，その取得の時におけるその有価証券の取得のために通常要する価額で税務上は計上することと規定されている。ここでいう「通常要する価額に比して有利な金額」とは，当該株式の払込金額等を決定する日の現況における当該発行法人の株式の価額に比して社会通念上相当と認められる価額を下回る価額とし（法基通2－3－7），社会通念上相当と認められる価額を下回るか否かは，当該株式の価額と払込金額等の差額が当該株式の価額のおおむね10％相当額以上であるかどうかにより判定することとされている（法基通2－3－7（注1））。また，「通常要する価額」とは，

法基通2－3－9において，図表2－2－3のとおり定められている。

図表2－2－3　通常要する価額

新株が上場有価証券等である場合	その新株の払込期日における当該新株の法基通2－3－30（取引所売買有価証券の気配相場）ないし2－3－34（新株権利落ちのあった株式で新株の発行されていないものの価額）までにより定める価額
旧株は上場有価証券等であるが，新株は上場有価証券等でない場合	新株の払込期日における旧株の法基通2－3－30ないし2－3－34に定める価額を基準として当該新株につき合理的に計算される価額
上記以外の場合	その新株または出資の払込期日において当該新株につき法基通4－1－5（上場有価証券等以外の株式の価額）および4－1－6（上場有価証券等以外の株式の価額の特例）に準じて合理的に計算される当該払込期日の価額

上記を踏まえ，税務上は当該株式の取得に通常要する価額と払込金額とに差額が生じることから，当該差額が受贈益として課税されることとなる。

②　個人株主の税務上の処理

有利発行の場合，株式と引換えに払い込むべき額が有利な金額である場合における当該株式を取得する権利を与えられた場合の当該権利に係る収入金額の価額は，当該権利の行使により取得した株式のその行使の日における価額から当該権利の行使に係る当該権利の取得価額にその行使に際し払い込むべき額を加算した金額を控除した金額によることとされている（所法36条2項，所令84条5号）。これにより算定された金額の所得区分は原則として一時所得となるが，当該発行法人の役員または使用人に対しその地位または職務等に関連して当該権利が与えられたと認められるときは給与所得とし，これらの者の退職に基因して当該権利が与えられたと認められるときは退職所得とすることとされている（所基通23～35共－6）。

また，個人株主においては，有利発行ではない場合においても課税上の問題が生じる場合がある。

同族会社の場合においては，相続税法にて次の取扱いもあるため，併せて留意する必要がある。

【相基通9－7】
同族会社の新株の発行に際し，株式の割当てを受ける権利を与えられた者が当該権利の全部もしくは一部について申込みをしなかった場合または当該申込みにより募集株式の引受人となった者が出資の履行をしなかった場合において，当該申込みまたは出資の履行をしなかった新株に係る新株の発行が行われなかったことにより結果的に新株発行割合（新株の発行前の当該同族会社の発行済株式の総数（当該同族会社の有する自己株式の数を除く）に対する新株の発行により出資の履行があった新株の総数の割合をいう）を超えた割合で新株を取得した者があるときは，その者のうち新株の全部の取得をしなかった者および結果的に新株発行割合に満たない割合で新株を取得した者の親族等については，当該失権株の発行が行われなかったことにより受けた利益の総額のうち，全部または一部の金額をその者の親族等である失権株主のそれぞれから贈与によって取得したものとして取り扱うものとする。

また，同族会社においては以下の取扱いもある。

【相基通9－4】
同族会社が新株の発行（当該同族会社の有する自己株式の処分を含む）をする場合において，当該新株に係る引受権（以下「募集株式引受権」という。また，当該募集株式引受権が給与所得または退職所得として所得税の課税対象となる場合を除く）の全部または一部が当該同族会社の株主の親族等（親族その他法施行令第31条に定める特別の関係がある者をいう）に与えられ，当該募集株式引受権に基づき新株を取得したときは，原則として，当該親族等が，当該募集株式引受権を当該株主から贈与によって取得したものとして取り扱うものとすると定められている。

（2）無償増資

① 発行会社の税務上の処理（法人税）

無償増資の場合，実際に株主からの金銭等の拠出がないことから，資本金等の額は増加しない。よって，準備金または剰余金を資本組入れした場合には，資本金等の額と利益積立金額に変動はなく，税務上は仕訳なしとなる。また，別表五（一）への記載は次のとおりとなる。

【資本準備金の資本組入れのケース】
＜別表五（一）資本金等の額の計算に関する明細書より抜粋＞

区分	期首現在資本金等の額	当期の増減		差引翌期首現在資本金等の額①－②+③
		減	増	
	①	②	③	④
資本金又は出資金	×××		1,000	×××
資本準備金	×××	1,000		×××

【利益準備金の資本組入れのケース】
＜別表五（一）利益積立金額の計算に関する明細書より抜粋＞

区分	期首現在利益積立金額	当期の増減		差引翌期首現在利益積立金額①－②+③
		減	増	
	①	②	③	④
利益準備金	×××	1,000		×××
資本金等の額	×××		1,000	×××

＜別表五（一）資本金等の額の計算に関する明細書より抜粋＞

区分	期首現在資本金等の額	当期の増減		差引翌期首現在資本金等の額①－②+③
		減	増	
	①	②	③	④
資本金又は出資金	×××		1,000	×××
利益積立金額	×××		△1,000	×××

【その他資本剰余金の資本組入れのケース】
＜別表五（一）資本金等の額の計算に関する明細書より抜粋＞

区分	期首現在資本金等の額	当期の増減		差引翌期首現在資本金等の額①－②+③
		減	増	
	①	②	③	④
資本金又は出資金	×××		1,000	×××
その他資本剰余金	×××	1,000		×××

【その他利益剰余金（繰越利益剰余金）の資本組入れのケース】

＜別表五（一）利益積立金額の計算に関する明細書より抜粋＞

区分	期首現在利益積立金額 ①	当期の増減 減 ②	当期の増減 増 ③	差引翌期首現在利益積立金額 ①－②＋③ ④
資本金等の額	×××		1,000	×××
繰越損益金	×××	1,000	×××	×××

＜別表五（一）資本金等の額の計算に関する明細書より抜粋＞

区分	期首現在資本金等の額 ①	当期の増減 減 ②	当期の増減 増 ③	差引翌期首現在資本金等の額 ①－②＋③ ④
資本金又は出資金	×××		1,000	×××
利益積立金額	×××		△1,000	×××

② 発行会社の税務上の処理（住民税，事業税）

　事業税について，事業年度終了の日における資本金または出資金の額が1億円を超えている法人は，所得割額のほかに資本割額および付加価値割額が課せられるが（地法72条の2第1項1号イ），このうち資本割の課税標準となる資本金等の金額は，原則として，法人税法第2条第16号に規定する資本金等の額または同条第17号の2に規定する連結個別資本金等の額によると規定されている。ただし，平成22年4月1日以後，利益準備金または剰余金（資本金または資本準備金を剰余金として組み入れたものは除く）により無償増資を行った場合は，当該増資の金額を加算した金額となる（地法72条の21第1項1号）。これにより当該無償増資分が資本割の課税標準に加算されることになり，税負担が増加することになる点に留意が必要である。

　なお，平成27年度税制改正において，平成27年4月1日以後開始する事業年度については，上記の金額が会社法上の資本金および資本準備金の合計額または出資金の額を下回る場合には，当該会社法上の資本金および資本準備金の合計額または出資金の額を資本割の課税標準にすることとされた（地法72条の21第2項）。

また，同改正において，住民税の均等割の税率区分の基準となる資本金等の額についても事業税資本割の課税標準と平仄を合わせるために，平成22年4月1日以後に，利益準備金またはその他利益剰余金により無償増資を行った場合の当該無償増資額は資本金等の額に加算することとされた（地法23条1項4号の5イ（1），292条1項4号の5イ（1））。さらに，平成27年4月1日以後開始する事業年度については，上記の金額が会社法上の資本金および資本準備金の合算額を下回る場合には，当該会社法上の資本金および資本準備金の合計額を資本割の課税標準にすることとされた（地法52条4項，312条6項）。

③ 株主の税務上の処理

当該株主が法人であっても個人であっても，無償増資は金銭その他の資産の交付がないことから，株主側において何ら課税関係は生じない。また，株主の保有する株式の帳簿価額についても変動はない。

（3）現物出資

現物出資は組織再編税制が適用されることから，法人が現物出資を行う場合には，当該現物出資が税制適格か税制非適格かにより取扱いが異なる。

税制適格の場合においては，現物出資した財産は税務上の簿価で譲渡したものとされ，譲渡損益は発生しない。また，取得した株式の税務上の取得価額は出資財産の税務上の簿価相当額となる。

一方，税制非適格の場合においては，現物出資した財産は時価で譲渡したものとされ，譲渡損益が生じる。また，取得した株式の税務上の取得価額は出資財産の時価相当額となる。まとめると，図表2-2-4のとおりとなる。

図表2-2-4　税制適格現物出資と税制非適格現物出資の課税関係

	税制適格	税制非適格
株式の取得価額	出資財産の税務上の簿価	出資財産の時価
譲渡損益の発生	×	○

なお，税制適格の要件は①企業グループ内の現物出資，②共同事業を営むための現物出資により異なる。具体的には，図表2-2-5のとおりである。

図表2－2－5　現物出資における税制適格要件

企業グループ内	100％の資本関係	①対価が被現物出資法人の株式のみであること ②現物出資後も100％の資本関係を維持する見込みであること
	50％超100％未満の資本関係	①対価が被現物出資法人の株式のみであること ②現物出資後も50％超の資本関係を維持する見込みであること
共同事業		①対価が被現物出資法人の株式のみであること ②対価として交付を受ける被現物出資法人の株式の全部の継続保有が見込まれること ③現物出資事業に係る主要な資産および負債の引継ぎがあること ④現物出資事業に係る従業員のおおむね80％以上が引き継がれる見込みであること ⑤現物出資事業の継続が見込まれること ⑥現物出資事業と被現物出資法人のいずれかの事業が相互に関連すること ⑦事業規模がおおむね5倍以内または役員の経営参画が見込まれること

4　連結財務諸表上の処理

(1) 有償増資

有償増資については，時価発行増資等の場合の会計処理に基づき処理されることとなる（連結会計基準30項，資本連結実務指針47項）。具体的には，設例2－2－4および設例2－2－5のとおりである。

設例2－2－4　連結子会社の増資を親会社が引き受けた場合

[前提条件]
① P社（3月決算）はS社（3月決算）の発行済株式総数の80％の株式（取得価額1,600）をX0年3月末に取得し，S社を連結子会社とした。なお，S社の発行済株式総数は1,000株である
② X0年3月末におけるS社の純資産の部の内訳は資本金1,000，繰越利益剰余金1,000である。なお，評価差額はなかった。

③ S社はX1年3月末にP社に対して1,000株（1株当たり2）の第三者割当増資を行い，P社はこれを引き受けた。
④ X1年3月末におけるS社の純資産の部の内訳は資本金3,000，繰越利益剰余金2,000（うち，当期純利益1,000）である。なお，評価差額はなかった。
⑤ P社とS社の間に取引は生じていないものとする。また，税金および税効果は考慮しない。

[会計処理]
1．X0年3月期
〔P社の投資（S社株式）とS社の資本との相殺消去〕

| （借）資　本　金 | 1,000 | （貸）S　社　株　式 | 1,600 |
| 利　益　剰　余　金 | 1,000 | 非支配株主持分 | (※)400 |

（※）400＝（資本金1,000＋利益剰余金1,000）×非支配株主持分比率20％

2．X1年3月期
〔開始仕訳〕

| （借）資　本　金 | 1,000 | （貸）S　社　株　式 | 1,600 |
| 利益剰余金（期首） | 1,000 | 非支配株主持分 | 400 |

〔非支配株主に帰属する当期純利益の計上〕

| （借）非支配株主に帰属する当期純利益 | (※)200 | （貸）非支配株主持分 | (※)200 |

（※）200＝当期純利益1,000×非支配株主持分比率20％

〔時価発行増資に伴う親会社の持分変動の処理〕

いったん，(i)従来の持分比率で株式を引き受け，その後に(ii)追加取得（親会社の持分比率が増加するため）を行ったものとみなして処理する。

（i）従来の持分比率での株式引受け

| （借）資　本　金 | 2,000 | （貸）S　社　株　式 | (※1)1,600 |
| | | 非支配株主持分 | (※2)400 |

（※1）1,600＝2×1,000株×P社持分比率80％
（※2）400＝2×1,000株×非支配株主持分比率20％

(ii) 追加取得

| （借）非支配株主持分 | (※1)500 | （貸）S 社 株 式 | (※3)400 |
| | | 資 本 剰 余 金 | (※4)100 |

- (※1) 500＝(3,000＋2,000)×｜増資前の非支配株主持分比率20％－(100－(※2)90％)｜
- (※2) 増資後の親会社持分比率90％＝（1,000株×80％＋1,000株）÷（1,000株＋1,000株）
- (※3) (i)の仕訳の（※2）の金額
- (※4) 差額

設例2－2－5　連結子会社の増資を親会社が引き受けなかった場合

[前提条件]

設例2－2－4の③および④の条件のみ以下のとおり変更する。

③　S社はX1年3月末に500株（1株当たり2）の第三者割当増資を行った。P社はこれを引き受けなかった。

④　X1年3月末におけるS社の純資産の部の内訳は資本金2,000，繰越利益剰余金2,000（うち，当期純利益1,000）である。なお，評価差額はなかった。

[会計処理]

1．X0年3月期

[P社の投資（S社株式）とS社の資本との相殺消去]

設例2－2－4と同じ

2．X1年3月期

[開始仕訳]

設例2－2－4と同じ

[非支配株主に帰属する当期純利益の計上]

設例2－2－4と同じ

[時価発行増資に伴う親会社の持分変動の処理]

いったん，(i)従来の持分比率で株式を引き受け，その後に(ii)一部売却（親会社の持分比率が減少するため）を行ったものとみなして処理する。

(i) 従来の持分比率での株式引受け

（借）資 本 金 1,000	（貸）S 社 株 式 （※1）800
	非支配株主持分 （※2）200

(※1) 800＝2×500株×P社持分比率80％
(※2) 200＝2×500株×非支配株主持分比率20％

(ii) 一部売却

（借）S 社 株 式 （※1）800	（貸）非支配株主持分 （※2）1,066
資 本 剰 余 金 （※4）266	

(※1) (i)の仕訳の（※1）と同じ金額
(※2) 1,066＝(2,000＋2,000)×((100％－(※3)53.33％)－増資前の非支配株主持分比率20％)
(※3) 増資後の親会社持分比率53.33％＝(1,000株×80％)÷(1,000株＋500株)
(※4) 差額

　これらの会計処理の結果，資本剰余金が負の値となる場合には，連結会計年度末において，資本剰余金をゼロとし，当該負の値を利益剰余金から減額することになるので注意が必要である（連結会計基準30－2項）。

　なお，連結会計基準の改正に伴い，支配が継続している限りにおいては，従来はのれんもしくは負ののれん，または株式売却損益の調整として処理されていたものが，資本剰余金として処理される点に留意する必要がある。たとえば，設例2－2－4の場合では資本剰余金が100発生しているが，従来はこれが負ののれんとして処理されていた。純資産に対する影響としては，改正後は資本剰余金が100増加し，改正前は負ののれんが損益計算書を経由して利益剰余金を100増加させるため，増加する科目は異なるがいずれも純資産に対する影響という意味では同一である。一方で，当期純利益に対する影響としては，改正後は直接資本剰余金を変動させるため影響はないが，改正前は負ののれん発生益が特別利益として連結損益計算書を経由することから影響が出てくる。まとめると，図表2－2－6のとおりである。設例2－2－4の場合では，改正前の会計処理は負ののれん発生益によって当期純利益が増加するのに対して，改正後の会計処理は当期純利益への影響がないため，ROEは改正後の会計処理の方が減少することとなる。

図表2－2－6 純資産および当期純利益に対する影響

	純資産	当期純利益
改正前	利益剰余金の変動（当期純利益経由）	のれんもしくは負ののれんまたは株式売却損益
改正後	資本剰余金の変動	影響なし

（2）無償増資

　連結子会社における無償増資については，純資産の金額自体に変動がないことから，のれん等の発生はないが，個別財務諸表上の仕訳を戻す必要がある。無償増資をした場合の会計処理は設例2－2－6のとおりとなる。なお，持分法適用関連会社については，純資産の金額自体に変動がないことから，特段仕訳は要しない。

設例2－2－6　連結子会社の無償増資に係る処理

〔前提条件〕

① P社（3月決算）はS社（3月決算）の発行済株式総数の80％の株式（取得価額160）をX0年3月末に取得し，S社を連結子会社とした。
② X0年3月末におけるS社の純資産の部の内訳は資本金100，資本準備金50，繰越利益剰余金50である。なお，評価差額はなかった。
③ X1年3月期において，S社は資本準備金50を資本金に組み入れた。
④ P社とS社の間に取引は生じていないものとする。また，税金および税効果は考慮しない。

〔会計処理〕

1．X0年3月期
〔支配獲得時〕

（借）資　本　金	100	（貸）S　社　株　式	160
資本剰余金	50	非支配株主持分	(※)40
利益剰余金	50		

（※）40＝（資本金100＋資本剰余金50＋利益剰余金50）× 非支配株主持分比率20％

2．X1年3月期

〔開始仕訳〕

（借）資　本　金	100	（貸）S　社　株　式	160
資本剰余金（期首）	50	非支配株主持分	40
利益剰余金（期首）	50		

〔個別財務諸表上の仕訳の戻し〕

（借）資　本　金	(※)50	（貸）資本剰余金	(※)50

（※）以下のS社個別財務諸表における仕訳の逆仕訳

（借）資本剰余金（資本準備金）	50	（貸）資　本　金	50

5 財務諸表等における開示

（1）有価証券報告書の開示

① 提出会社の状況（株式等の状況）

　最近5事業年度における（この間に発行済株式総数，資本金および資本準備金の増減がない場合には，その直近の）発行済株式総数，資本金および資本準備金の増減について記載し，当事業年度の末日後報告書の提出日までに発行済株式総数，資本金および資本準備金の増減がある場合は，その旨，増減のあった日および増減の内訳を注記する（開示府令第三号様式（記載上の注意）(23)a）。また，新株の発行による発行済株式総数，資本金および資本準備金の増加については，新株の発行形態（有償・無償の別，株主割当・第三者割当等の別，株主割当の場合には割当比率等），発行価格（スプレッド方式による公募増資の場合には，発行会社と引受証券会社との引受価額）および資本組入額を欄外に記載する（開示府令第三号様式（記載上の注意）(23)b）。さらに，準備金または剰余金を資本金に組み入れた場合には，その内容を欄外に記載する。具体的には，図表2－2－7のとおりとなる。

図表2−2−7 株式等の状況の記載例

(5)【発行済株式総数,資本金等の推移】

年月日	発行済株式総数増減数(株)	発行済株式総数残高(株)	資本金増減額(百万円)	資本金残高(百万円)	資本準備金増減額(百万円)	資本準備金残高(百万円)
平成○○年○月○日(注)1	−	×××	×××	×××	△×××	×××
平成○○年○月○日(注)2	×××	×××	×××	×××	×××	×××
平成○○年○月○日(注)3	×××	×××	×××	×××	×××	×××

(注)1.資本金の増加及び資本準備金の減少は,資本準備金の一部を資本金に組入れたことによるものであります。
(注)2.有償一般募集(ブックビルディング方式による募集)
　　　発行価格　　100円
　　　引受価額　　 90円
　　　資本組入額　 45円
(注)3.有償第三者割当(オーバーアロットメントによる売出しに関連した第三者割当増資)
　　　発行価格　　 90円
　　　資本組入額　 45円
　　　割当先　　　○○㈱

② 経理の状況

ⅰ 貸借対照表関係の注記

　新株式申込証拠金については,貸借対照表関係の注記として,新株式の発行数,資本金増加の日および当該金額のうち資本準備金に繰り入れられることが予定されている金額を注記する(連結財務諸表規則43条2項,財務諸表等規則62条2項)。

ⅱ 株主資本等変動計算書関係の注記

　発行済株式に関する注記において,増資に伴い増加した株式数およびその事由(公募,第三者割当,株主割当等)の概要を記載する(連結財務諸表規則77条,財務諸表等規則107条1項)。具体的には,図表2−2−8のとおりである。
　なお,連結財務諸表を作成している場合には,個別財務諸表における注記を要しない(財務諸表等規則107条2項)。

図表2-2-8 株主資本等変動計算書関係の記載例

1. 発行済株式に関する事項

株式の種類	当連結会計年度期首	増加	減少	当連結会計年度末
普通株式（株）	×××	×××	−	×××

（変動事由の概要）
1. 公募増資による増加　　×××株
2. 第三者割当による増加　×××株

（2）会社法事業報告における開示

　会社法の規定により作成される事業報告においては、当事業年度における重要な資金調達について記載することとされており（施規120条1項5号イ）、重要な増資が行われた場合には、その状況を記載する必要がある。

（3）関連当事者との取引に関する注記

　有価証券報告書および会社法計算書類のそれぞれで開示が求められる関連当事者との取引に関する注記（連結財務諸表規則15条の4の2、財務諸表等規則8条の10、計規112条）において、資本取引はその開示対象取引に含めることとされている（関連当事者会計基準28項）。このため、会社と関連当事者との間での増資の引受けは開示対象取引となる一方、公募増資は、取引条件が一般の取引と同様であることが明白な取引（関連当事者会計基準9項(1)）に該当し、開示対象外取引となる。

（4）後発事象

　後発事象に関する取扱いは、監査・保証実務委員会報告第76号「後発事象に関する監査上の取扱い」を参照することとなる。ここでは、図表2-2-9のようなケースごとの取扱いについて説明している。

図表2－2－9　後発事象

時期 ケース	決算日以前	決算日後監査報告書日まで	監査報告書日後
①		新株の発行に関する取締役会決議	新株の払込み
②	新株の発行に関する取締役会決議	新株の払込み	
③	新株の発行に関する取締役会決議		新株の払込み

　ケース①の場合は新株の発行に関する取締役会決議が後発事象となる。また，ケース②の場合は新株の払込みが後発事象となる。ケース③の場合は，いずれも後発事象には該当しないものの，新株の発行に関する取締役会決議に基づき，今後，新株の払込みが行われることを追加情報として注記する必要がある。

第3節　種類株式の実務

1　法律上の手続

　種類株式に係る法律上の手続については，「第2節1（3）③　種類株式」に記載しているため，そちらをご参照いただきたい。

2　個別財務諸表上の処理

（1）発行会社の処理

　種類株式を発行する場合の発行会社の処理は，「第2節2　個別財務諸表上の処理」と同様の処理となるため，詳細はそちらをご参照いただきたい。

（2）株主の処理

　種類株式も株式として金融商品会計基準等に従って会計処理がなされる。その中でも，特に実務上の論点となる内容については，実務対応報告第10号「種類株式の貸借対照表価額に関する実務上の取扱い」を参照する必要がある。

① 債券と同様の性格

取得条項付株式や取得請求権付株式については，発行会社や保有者が一定額で償還する権利を有している。その場合において，当該種類株式が債券と同様の性格をもつと考えられるかが問題となる。

この点について，種類株式取扱いQ１にて，次のような場合に債券と同様の性格をもつと考えられることとされている。

> i 発行会社が一定の時期に一定額で償還すると定めている。
> ii 発行会社や保有者が一定額で償還する権利を有し，取得時点において一定の時期に償還されることが確実に見込まれる。

これを踏まえると，取得条項や取得請求権が付されていたとしても，一定の時期に一定額で償還すると定めていない限りは，取得時点において一定の時期に一定額で償還されることが確実に見込まれるかを慎重に判断する必要があると考えられる。具体的には，発行会社の財政状態や信用リスクの状況，種類株式に付された各種条項（たとえば，利率が段階的に上昇するステップアップ条項等）の内容を踏まえ判断する必要がある。

この結果，保有する種類株式が債券と同様の性格をもつと判断された場合，その貸借対照表価額は債券の貸借対照表価額の定め（金融商品会計基準15項，16項，18項ないし20項，22項，23項）と同様に取り扱うことが適当とされている（種類株式取扱いQ１）。

② 期末の評価

取得請求権の取得対価として自社の普通株式を交付するような場合（いわゆる転換請求権を付している場合）には，期末の評価にあたり，次のように取り扱われるものと考えられる。なお，当該種類株式に市場価格がなく，かつ，債券と同様の性格をもつとはいえないことを前提とする。

　i 転換期間開始前の評価

市場価格のない種類株式のうち，現在は転換できないが，将来，転換を請求できる権利を行使して市場価格のある普通株式に転換できること等により普通株式の市場価格と関連性を有するものについては，困難であると認められる場合を除き，割引将来キャッシュ・フロー法やオプション価格モデルなどを利用

した評価モデルによる価額を実質価額とするとされ，これに基づき減損判定を行うこととなる（種類株式取扱いＱ３）。

ii 転換期間開始後の評価

現時点で保有者によって市場価格のある普通株式に転換請求が可能であって，ディープ・イン・ザ・マネーの状態（普通株式への転換価格が当該市場価格を大きく下回っている状態）にある場合は，市場価格のある株式として取り扱われ，当該市場価格（転換される普通株式の時価）に基づく価額を当該種類株式の貸借対照表価額とする（種類株式取扱いＱ２）。また，当該種類株式を売買目的有価証券以外の有価証券として保有している場合に，時価が著しく下落したときは，回復する見込みがあると認められる場合を除き，時価をもって貸借対照表価額とし，評価差額は当期の損失として処理される（金融商品会計基準20項）。

一方，転換請求権がディープ・イン・ザ・マネーの状態にない場合は，市場価格のない株式として取り扱われ，当該種類株式の取得原価を貸借対照表価額とする。また，当該株式の発行会社の財政状態の悪化により実質価額が著しく低下したときは，相当の減額を行い，評価差額は当期の損失として処理される（金融商品会計基準21項）。この場合の実質価額は，評価モデルによる価額や転換される普通株式の時価等により算定される（種類株式取扱いＱ３）。

まとめると，図表２－３－１のとおりとなる。

図表２－３－１　転換期間開始後の評価

状　態	貸借対照表価額	減損判定
ディープ・イン・ザ・マネー	転換される普通株式の時価	転換される普通株式の時価
上記以外	取得原価	評価モデルによる価額や転換される普通株式の時価等

また，取得条項付株式または取得請求権付株式は，コール・オプションが付されている株式であることから，払込資本を増加させる可能性がある部分を含まない複合金融商品に該当することとなるため，原則として一体処理をするものと定められている（金融商品会計基準40項）。ただし，以下の要件をすべて

満たす場合には区分処理される(企業会計基準適用指針第12号「その他の複合金融商品(払込資本を増加させる可能性のある部分を含まない複合金融商品)に関する会計処理」3項)。

(a) 組込デリバティブのリスクが現物の金融資産または金融負債に及ぶ可能性があること
(b) 組込デリバティブと同一条件の独立したデリバティブが,デリバティブの特徴を満たすこと
(c) 当該複合金融商品について,時価の変動による評価差額が当期の損益に反映されないこと

(3) 特定譲渡制限付株式に係る処理

法人から,その法人の役員または従業員等(以下「役員等」という)に,その役員等による役務提供の対価として一定期間の譲渡制限その他の条件が付されている株式(以下「特定譲渡制限付株式」という)が交付されるケースについて,経済産業省から公表された「『攻めの経営』を促す役員報酬～新たな株式報酬(いわゆる「リストリクテッド・ストック」)の導入等の手引～」(平成28年4月28日。最終更新平成28年6月3日)(以下「導入等の手引」という)において会計上の取扱いが整理され,参考となる考え方が示されている。

① 報酬債権の付与および特定譲渡制限付株式の交付に係る会計処理

法人がその役員等に報酬債権を付与し,その役員等からの当該報酬債権による現物出資と引換えにその役員等に特定譲渡制限付株式が交付される場合に,法人がその役員等に付与した報酬債権相当額を「前払費用」等の適当な科目で資産計上する。また,計上された「前払費用」等は譲渡制限期間を基礎とする方法等の合理的な方法により各期に費用計上することが考えられる。さらに,付与した報酬債権相当額のうち譲渡制限解除の条件未達により無償取得することとなった部分については,その部分に相当する「前払費用」等を取り崩し,同額を損失処理することが考えられる。

さらに,現物出資された報酬債権の額について,新株の発行による場合には「資本金」等として処理し,自己株式の処分による場合には,自己株式の帳簿価額を減額し,自己株式の処分の対価と帳簿価額との差額である処分差額を,

その他資本剰余金として処理することが考えられる。

② 現物出資された報酬債権相当額に係る会計処理

「前払費用」等として処理された報酬債権相当額は、譲渡制限期間にわたって合理的な方法により費用計上することが考えられる。

また、譲渡制限解除の条件未達により法人がその役員等から株式を無償取得することとなった部分については、その部分に相当する「前払費用」等を取り崩し、同額を費用（損失）処理することが考えられる。

なお、条件未達等の事由により無償取得した自己株式の会計処理については、導入等の手引では特に触れられていないが、一般的な自己株式の無償取得の考え方を援用すれば、保有する自己株式数の増加のみを認識し、特に会計処理は行わないことが考えられる（自己株式適用指針14項）。

具体的な会計処理は、設例2－3－1において税効果会計上の取扱いも含めて示している。

設例2－3－1　特定譲渡制限付株式を交付した場合の会計処理

[前提条件]
① 払込金額：役員の報酬債権3,000の現物出資
② 発行する株式の種類および数：特定譲渡制限付株式（新株）300株
③ 譲渡制限期間：付与日から3年間
④ 譲渡制限解除の条件：譲渡制限期間中、勤務を継続すること
⑤ 法定実効税率は30％とし、繰延税金資産の回収可能性はあるものとする。

[会計処理]

〔株式発行時〕

（借）前払費用等	3,000	（貸）資本金等	(※)3,000

（※）前提条件①参照

〔役務提供（1年目）〕

（借）株式報酬費用	(※)1,000	（貸）前払費用等	1,000

（※）1,000＝前払費用当初計上額（現物出資額）3,000÷3年（譲渡制限期間）

(借) 繰延税金資産	(※)300	(貸) 法人税等調整額	300

(※) 300 = 1,000 × 法定実効税率30%
　　特定譲渡制限付株式は譲渡制限解除の日が属する事業年度に損金の額に算入されるため，費用化された株式報酬費用は将来減算一時差異として税効果会計の対象とすることが考えられる。

〔役務提供（2年目）〕

(借) 株式報酬費用	1,000	(貸) 前払費用等	1,000

(借) 繰延税金資産	300	(貸) 法人税等調整額	300

〔役務提供（3年目）〕

(借) 株式報酬費用	1,000	(貸) 前払費用等	1,000

(借) 繰延税金資産	300	(貸) 法人税等調整額	300

〔譲渡制限解除時〕

(借) 未払法人税等	(※)900	(貸) 法人税等	900

(※) 900 = 3,000 × 法定実効税率30%

(借) 法人税等調整額	900	(貸) 繰延税金資産	900

（4）完全親会社の特定譲渡制限付株式をその子会社の役員等に交付した場合の処理

　経済産業省から平成28年4月28日に公表された「『攻めの経営』を促す役員報酬～新たな株式報酬（いわゆる「リストリクテッド・ストック」）の導入等の手引～」（導入等の手引）のQ1－5に基づき，完全親会社の特定譲渡制限付株式を交付するケースとしては次のケースが考えられる。

- 役務提供を受ける子会社の完全親会社がその特定譲渡制限付株式を交付する。
- 役務提供を受ける子会社が完全親会社の特定譲渡制限付株式を交付する。

① 完全親会社が交付する場合の処理

　ストック・オプション等適用指針にて，親会社が子会社の従業員等に直接付与した親会社のストック・オプションの会計処理が定められているが，当該完全親会社の株式を子会社の役員等に直接付与する場合も，会計処理の考え方は類似するものと考えられる。つまり，子会社の報酬体系に組み込まれているか否かにより，子会社において費用計上されるか否かが決まるということである。完全親会社がその特定譲渡制限付株式を子会社の役員等に交付する場合は，子会社が役員等に役務提供の対価として報酬債権を付与し，当該役員等がその報酬債権を完全親会社に現物出資し，その特定譲渡制限付株式が交付されることを前提としていることから，子会社の報酬体系に組み込まれているものと考えられ，子会社において費用計上されるものと考えられる。一方，親会社に対して提供された役務の消費はなく，親会社の個別財務諸表において費用が計上されることはないと考えられる（ストック・オプション等適用指針65項参照）。この点，親会社が子会社の従業員等に直接付与した親会社のストック・オプションの場合は，親会社が子会社において享受したサービスの消費について親会社のストック・オプションが付与されることにより，親会社の個別財務諸表において当該消費が費用として計上されるため（ストック・オプション等適用指針22項，65項），会計処理は異なる。なお，ストック・オプション等適用指針について，具体的には「第3章第4節4（1）子会社の従業員等に付与した親会社のストック・オプションの処理」をご参照いただきたい。

　また，完全親会社が交付する場合の具体的な手続として，導入等の手引きQ1-5では次のようなケースを想定している。

- 役員等が子会社に対する報酬債権を完全親会社に対して現物出資する。
- 完全親会社が，子会社が役員等に対して負う報酬債務を引き受け，役員等がその完全親会社に対する報酬債権を完全親会社に対して現物出資する。

　それぞれのケースの会計処理については，次の設例2-3-2および設例2-3-3のとおりである。

設例2−3−2　子会社に対する報酬債権を完全親会社に現物出資する場合

[前提条件]

① S社の役員等に対して報酬債権1,000を付与した。
② S社の役員等はS社の完全親会社であるP社に対して①の報酬債権1,000を現物出資した。
③ 現物出資により増加する資本はすべて資本金とする。

[会計処理]

〔報酬債権付与時〕

P社の処理

仕訳なし

S社の処理

(借) 前 払 費 用	1,000	(貸) 報 酬 債 務	1,000

〔現物出資時〕

P社の処理

(借) 債　　　　権	1,000	(貸) 資　本　金	1,000

S社の処理

仕訳なし（※）

（※）P社に報酬債権が現物出資されたことにより，S社の報酬債務はP社への債務となる。

〔債権債務の決済〕

P社の処理

(借) 現　　　　金	1,000	(貸) 債　　　　権	1,000

S社の処理

(借) 報 酬 債 務	1,000	(貸) 現　　　　金	1,000

設例２－３－３　債務引受により完全親会社に対する債権となった報酬債権を完全親会社に現物出資する場合

[前提条件]
① S社の役員等に対して報酬債権1,000を付与した。
② S社の完全親会社であるP社はS社の役員等に対する報酬債務1,000を引き受けた。
③ S社の役員等はS社の完全親会社であるP社に対して①の報酬債権1,000を現物出資した。
④ 現物出資により増加する資本はすべて資本金とする。

[会計処理]

〔報酬債権付与時〕

P社の処理

仕訳なし

S社の処理

（借）前 払 費 用	1,000	（貸）報 酬 債 務	1,000

〔債務引受時〕

P社の処理

（借）債　　　　　権	1,000	（貸）報 酬 債 務	1,000

S社の処理

（借）報 酬 債 務	1,000	（貸）債　　　　　務	1,000

〔現物出資時〕

P社の処理

（借）報 酬 債 務	1,000	（貸）資　本　　金	1,000

S社の処理

仕訳なし

〔債権債務の決済〕
P社の処理

| （借） | 現 | 金 | 1,000 | （貸） | 債 | 権 | 1,000 |

S社の処理

| （借） | 債 | 務 | 1,000 | （貸） | 現 | 金 | 1,000 |

② 子会社が交付する場合の処理

　ストック・オプション等適用指針にて，親会社が子会社の従業員等に直接付与した親会社のストック・オプションの会計処理が定められているが，当該完全親会社の特定譲渡制限付株式を子会社の役員等に交付する場合も，同様の会計処理になることが考えられる。

　なお，ストック・オプション等適用指針第65項にて，親会社の個別財務諸表においては，子会社が従業員等に付与する親会社株式ストック・オプションは，親会社が消費するサービスの対価ではないため，費用計上は不要とされている。一方，子会社の財務諸表においては，親会社株式ストック・オプションを報酬として支払うものであり，費用計上することになる。

　具体的な会計処理は設例2-3-4のとおりである。

設例2-3-4　子会社が保有するその完全親会社の特定譲渡制限付株式を交付する場合

〔前提条件〕
① S社の役員等に対して報酬債権1,000を付与した。
② S社は当該役員等に報酬債権を対価として，保有していたS社の完全親会社であるP社の特定譲渡制限付株式（帳簿価額500）を交付した。
③ 法定実効税率は30％とする。

〔会計処理〕
〔報酬債権付与時〕
S社の個別財務諸表上の処理

| (借) | 前 払 費 用 | 1,000 | (貸) | 報 酬 債 務 | 1,000 |

〔特定譲渡制限付株式交付時〕
S社の個別財務諸表上の処理

(借)	報 酬 債 務	1,000	(貸)	P 社 株 式	500
				交 換 益	500
(借)	法 人 税 等	150	(貸)	未払法人税等	(※)150

(※) 150＝交換益500×法定実効税率30％

〔連結財務諸表上の処理〕
　連結子会社における親会社株式の売却損益の会計処理は，親会社における自己株式処分差額の会計処理と同様となる。また，当該売却損益は，関連する法人税等を控除後のものとなる。具体的には次のとおりとなる。

(借)	P 社 株 式	500	(貸)	自 己 株 式	500
(借)	交 換 益	500	(貸)	自己株式処分差額	(※)350
				法 人 税 等	150

(※) 350＝交換益500－法人税等150

3　税務上の処理

(1) 種類株式におけるみなし配当および譲渡損益の取扱い

　通常，自己株式を取得する場合に，その取得に伴い交付を受けた対価の額が当該取得直前の当該自己株式に対応する資本金等の額相当額を超える場合には，当該超える部分についてみなし配当が生じ，当該自己株式に対応する資本金等の額相当額と譲渡する株式の帳簿価額または取得費との差額は譲渡損益として課税される。一方で，取得請求権付株式，取得条項付株式および全部取得条項付種類株式については，一定の条件を満たした場合には，その取得に際してはみなし配当は生じないこととなる（法法24条1項4号かっこ書，法法61条の2第13項，法令23条3項10号，11号，所法25条1項4号かっこ書，57条の4第3項，所令61条1項10号，11号）。みなし配当に関する一定の条件は図表2

-3-2のとおりである。

図表2-3-2　種類株式の譲渡損益に関する一定の条件

種　類	条　件
取得請求権付株式	①　当該取得請求権付株式に係る請求権の行使によりその取得の対価として当該取得をする法人の株式のみが交付される場合（法法61条の2第13項1号，所法57条の4第3項1号） ②　法令119条の8の2（取得請求権付株式の取得等の対価として生ずる端数の取扱い）に規定する1株に満たない端株に相当する部分の対価として金銭が交付される場合（法令23条3項11号，所令61条1項11号）
取得条項付株式	当該取得条項付株式に係る取得事由の発生によりその取得の対価として当該取得をされる株主等に当該取得をする法人の株式のみが交付される場合（法法61条の2第13項2号，所法57条の4第3項2号） なお，その取得の対象となった種類株式のすべてが取得をされる場合には，その取得の対価として当該取得をされる株主等に当該取得をする法人の株式および新株予約権のみが交付される場合を含む（法法61条の2第13項2号かっこ書，所法57条の4第3項2号かっこ書）。
全部取得条項付株式	①　当該全部取得条項付種類株式に係る取得決議によりその取得の対価として当該取得をされる株主等に当該取得をする法人の株式のみ，または当該取得をする法人の株式および新株予約権のみが交付される場合（法法61条の2第13項3号，所法57条の4第3項3号） ②　全部取得条項付種類株式に係る一定の取得決議がある場合（当該取得決議に係る取得価格の決定の申立てをした者でその申立てをしないとしたならば当該取得の対価として交付されることとなる当該取得をする法人の株式の数が一に満たない端株となるものからの取得に係る部分に限る）（法令23条3項10号，所令61条1項10号）

また，取得請求権付株式，取得条項付株式および全部取得条項付種類株式については，一定の条件を満たした場合には，その取得に際して譲渡損益は生じないこととなる（法法61条の2第13項，所法57条の4第3項）。

譲渡損益に関する一定の条件は図表2-3-3のとおりである。

図表２－３－３　種類株式の譲渡損益に関する一定の条件

種　類	条　件
取得請求権付株式	当該取得請求権付株式に係る請求権の行使によりその取得の対価として当該取得をする法人の株式のみが交付される場合（法法61条の２第13項１号，所法57条の４第３項１号）
取得条項付株式	当該取得条項付株式に係る取得事由の発生によりその取得の対価として当該取得をされる株主等に当該取得をする法人の株式のみが交付される場合（法法61条の２第13項２号，所法57条の４第３項２号） なお，その取得の対象となった種類株式のすべてが取得をされる場合には，その取得の対価として当該取得をされる株主等に当該取得をする法人の株式および新株予約権のみが交付される場合を含む（法法61条の２第13項２号かっこ書き，所法57条の４第３項２号かっこ書き）。
全部取得条項付株式	当該全部取得条項付種類株式に係る取得決議によりその取得の対価として当該取得をされる株主等に当該取得をする法人の株式のみまたは当該取得をする法人の株式および新株予約権のみが交付される場合（法法61条の２第13項３号，所法57条の４第３項３号）

　ただし，上記の条件を満たしている場合においても，交付を受けた株式または新株予約権の価額が当該譲渡をした有価証券の価額とおおむね同額となっていないと認められる場合には，譲渡損益に対して課税が行われる点に留意が必要である（法法61条の２第13項かっこ書き，所法57条の４第３項かっこ書き）。

（２）交付された端株に関する取扱い

　交付すべき株式に１株に満たない端数がある場合は，会社法第234条の規定（一に満たない端数の処理）に基づき，その端数の合計数に相当する数の株式を競売し，かつ，その端数に応じてその競売により得られた代金または買い取った代金を当該株主に交付しなければならないこととされている。この場合の金銭交付は，当該株主に対して株式を交付したものとして取り扱うとされている（法基通２－３－１，所基通57の４－２）。なお，当該端数部分に係る譲渡損益は課税されるが（法基通２－３－25，所基通57の４－２），みなし配当については認識されない（法法24条１項４号かっこ書き，法令23条３項９号，所法25条１項４号かっこ書き，所令61条１項９号）。端数部分の取扱いについ

ては，図表2-3-4のとおりとなる。

図表2-3-4	端数部分の課税関係
譲渡損益	課税あり
みなし配当	認識しない

（3）種類株式に係る資本金等

　種類株式発行会社においては，みなし配当の計算は種類ごとの資本金等の額相当額に基づき行われることから，種類ごとに資本金等の区分管理が必要となる。このため，種類株式発行会社は，別表五（一）付表「種類資本金額の計算書に関する明細書」を確定申告書に添付することが求められる。

（4）特定譲渡制限付株式に関する取扱い

　平成28年度税制改正において当該株式報酬に係る税制が整備された。当該概要は次のとおりである。

- 法人からその法人の役員または従業員等（役員等）にその役員等による役務提供の対価として一定期間の譲渡制限その他の条件が付されている株式（特定譲渡制限付株式）が交付された場合について，その役員等のおける所得税の課税時期は，当該株式の交付日ではなく譲渡制限解除日とされる（所令109条1項2号）。
- 当該株式を交付した法人においては，その役員等における所得税の課税時期として所得税法等の規程により給与等課税事由が生じた日（その特定譲渡制限付株式の譲渡制限解除日）にその役務提供を受けたものとされ，その役務提供に係る費用の額は，同日の属する事業年度において損金算入される（法法54条1項）。
- 事前確定届出給与の要件に該当する特定譲渡制限付株式について，株式交付等のスケジュールに係る要件を満たす場合には，事前確定届出給与の届出が不要とされる（法法34条1項2号）。

4 連結財務諸表上の処理

（1）子会社の発行する優先株式の連結財務諸表上の会計処理

　子会社の発行する優先株式の連結財務諸表上の取扱いについては，資本連結実務指針第51項に定められている。たとえば，子会社が議決権のない配当優先株式を発行している場合の連結財務諸表上の会計処理は，次のとおりとなる。

> ① 子会社の資本に計上されている子会社が発行した優先株式のうち非支配株主が出資した金額は，非支配株主持分に振り替える。
> ② 配当優先株式に係る配当について，支払決議の有無にかかわらず，当期に帰属する配当額のうち，非支配株主持分額を非支配株主に帰属する当期純利益に計上する。また，当該配当が実際に支払われた場合には，非支配株主持分の減少として処理する。
> ③ 優先株式の株主が議決権を有しない場合，子会社の資本に含まれている優先株式と優先配当額のうち非支配株主に帰属する部分は非支配株主持分として処理する。優先株式と優先配当額を除く子会社の資本のうち非支配株主に帰属する額は，普通株式の非支配株主持分比率に基づき算定する。

　具体的には設例2－3－5のとおりとなる。

設例2－3－5　子会社が議決権のない配当優先株式を発行している場合

前提条件

① P社（3月決算）はS社（3月決算）の発行済株式総数の80％の株式（取得価額1,600）をX0年3月末に取得し，S社を子会社とした。なお，S社の発行済株式総数は1,000株である。
② X0年3月末におけるS社の純資産の部の内訳は資本金1,000，繰越利益剰余金1,000である。なお，評価差額はなかった。
③ X1年期首に，S社は議決権のない配当優先株式（非参加型）をP社と資本関係のないR社に対して1,000株（1株当たり発行価額1）割り当て，全額資本金に組み入れた。
④ 優先配当の内容は，発行総額の10％を毎期配当するというものである。なお，残余財産については，普通株式と優先株式との間に権利内容の差異はない。

⑤ X1年のS社の当期純利益は1,000であり、普通株式に対する配当は見送られた。
⑥ P社、S社およびR社の間に取引は生じていないものとする。また、税金および税効果は考慮しない。

[会計処理]

1．X0年3月期
(i) P社連結修正仕訳
〔P社の投資（S社株式）とS社の資本との相殺消去〕

| （借）資　本　金 | 1,000 | （貸）S　社　株　式 | 1,600 |
| 利　益　剰　余　金 | 1,000 | 非支配株主持分 | (※)400 |

（※）400＝（資本金1,000＋利益剰余金1,000）×非支配株主持分比率20%

2．X1年3月期
(i) S社個別財務諸表上の会計処理

| （借）現　　　　金 | (※)1,000 | （貸）資本金（優先株式） | (※)1,000 |

（※）1,000＝1,000株×1

(ii) P社連結修正仕訳
〔開始仕訳〕

| （借）資　本　金 | 1,000 | （貸）S　社　株　式 | 1,600 |
| 利益剰余金（期首） | 1,000 | 非支配株主持分 | 400 |

〔R社の配当優先株式に係る投資とS社の資本との相殺消去〕

| （借）資本金（優先株式） | 1,000 | （貸）非支配株主持分 | 1,000 |

〔当期純利益の按分〕

| （借）非支配株主に帰属 | (※1)280 | （貸）非支配株主持分 | (※1)280 |
| する当期純利益 | | | |

（※1）280＝100(※2)＋（当期純利益1,000－100(※2)）×非支配株主持分比率20%
（※2）100＝配当優先株式に係る投資額1,000×優先配当率10%

(2) 子会社および関連会社の範囲

　子会社および関連会社の範囲の決定に用いられる議決権の算定に際しては，完全無議決権株式は除かれ，一部の議案のみに議決権を有する議決権制限株式は含まれる点に留意する必要がある（連結範囲等適用指針5項）。これは，実質的な支配力または影響力の判定は，議決権の所有割合のみで行うものはないことから，一部の議案のみ議決権を有する議決権制限株式については含まれることとしているものである（連結範囲等適用指針36項）。

(3) 国際財務報告基準または米国会計基準を適用する在外子会社への対応

　国際財務報告基準を適用している在外子会社が外貨建種類株式を発行している場合には，当該種類株式の契約の実質および金融負債，資本性金融商品の定義に基づき，金融負債または資本性金融商品に区分しなければならないとされている（国際会計基準（IAS）第32号「金融商品：表示」18項）。当該種類株式の契約の内容によっては金融負債に区分され，当該種類株式の引受先が親会社である場合については，親会社の投資に対して，子会社の資本がないため，投資と資本の相殺ができない。

　また，米国基準を適用している在外子会社が外貨建種類株式を発行している場合に，当該株式に強制償還に関する条項が付されているときには，FASB会計基準コーディフィケーション（ASC）Topic480「負債と資本の区分」に従い負債に区分されるため，当該種類株式の引受先が親会社である場合については，親会社の投資に対して，子会社の資本がないため，投資と資本の相殺ができない。

　これらの場合，親会社の投資が株式として処理されている点を優先し，子会社側の処理を当該株式に対する資本として処理する必要があるため，連結財務諸表上，金融負債に区分された外貨建種類株式を資本性金融商品に区分し直したうえで，投資と資本の相殺を行うこととなると考えられる。

5 財務諸表等における開示

(1) 1株当たり情報

① 種類株式を発行している場合の1株当たり情報

1株当たり当期純利益および1株当たり純資産額の算定の際に,種類株式の内容が影響する。

1株当たり当期純利益は,以下の算式により算定される(1株当たり当期純利益会計基準12項)。

$$
1株当たり当期純利益 = \frac{当期純利益 - 普通株主に帰属しない金額}{普通株式の期中平均発行済株式数 - 普通株式の期中平均自己株式数}
$$

ここで,上記算式の「普通株主に帰属しない金額」には,図表2-3-5に掲げたものが含まれる(1株当たり当期純利益会計基準15項,16項,1株当たり当期純利益適用指針11項)。

図表2-3-5　普通株主に帰属しない金額

(1)	優先配当額 　累積型か非累積型かにより,以下のとおり,該当する金額も異なるため留意が必要である。 ① 累積型 　1株当たり当期純利益の算定対象となる会計期間に係る要支払額(過年度の不足額は,過年度の1株当たり当期純利益の算定においてすでに反映されているため,当該不足額は含めないことに留意する)。 ② 非累積型 　1株当たり当期純利益の算定対象となる会計期間に基準日が属する剰余金の配当を基礎として算定した額。
(2)	配当優先株式に係る消却(償還)差額
(3)	普通株主以外の株主が損益計算書上の当期純利益から当期の配当後の配当に参加できる額(非転換型の参加型株式が発行されており,あらかじめ定められた方法で算定できる場合に限る)。

なお,普通株式より配当請求権が優先的ではなく,かつ,普通株式の配当請

求権とは異なる内容の配当請求権に基づく金額を，あらかじめ定められた方法により算定できない株式については，普通株式と同等の株式として，以下の算式に基づき1株当たり当期純利益を算定する（1株当たり当期純利益会計基準13項，1株当たり当期純利益適用指針8項）。

$$\text{1株当たり当期純利益} = \frac{\text{当期純利益} - \text{普通株主および普通株式と同等の株主に帰属しない金額}}{\text{普通株式および普通株式と同等の株式の期中平均発行済株式数}}$$

また，図表2－3－6の場合については，重要性が乏しい場合を除き，普通株式以外の株式に係る1株当たり当期純利益を開示する必要がある（1株当たり当期純利益適用指針9項，10項）。

図表2－3－6　普通株式以外の株式に係る1株当たり当期純利益を開示する場合

(1)	普通株主以外の株主が損益計算書上の当期純利益から当期の配当後の配当に参加できる額（非転換型の参加型株式が発行されており，あらかじめ定められた方法で算定できる場合に限る）を，普通株式に係る1株当たり当期純利益の算定の際に，当期純利益から普通株主に帰属しない金額として控除した場合
(2)	普通株式より配当請求権が優先的ではなく，かつ，普通株式の配当請求権とは異なる内容の配当請求権に基づく金額が，あらかじめ定められた方法により算定可能な株式が存在する場合

また，1株当たり純資産額は，以下の算式により算定される（1株当たり当期純利益適用指針34項，35項）。

$$\text{1株当たり純資産額} = \frac{\text{純資産の部の合計額} - \text{控除する金額}}{\text{期末の普通株式の発行済株式数} - \text{期末の普通株式の自己株式数}}$$

ここで，上記算式の「控除する金額」には，図表2－3－7に掲げたものが含まれる（1株当たり当期純利益適用指針35項(3)，(4)）。

図表2－3－7　控除する金額

(1)	普通株式よりも配当請求権または残余財産分配請求権が優先的な株式に係る資本金および資本剰余金
(2)	当該会計期間に係る剰余金の配当であって普通株主に関連しない金額（優先配当など）

② 特定譲渡制限付株式を発行している場合の1株当たり情報

特定譲渡制限付株式は，一定期間の譲渡制限期間が設けられ，かつ，無償取得事由が定められた株式であり，1株当たり当期純利益または潜在株式調整後1株当たり当期純利益の算定における取扱いが問題となる。

これについては，無償取得事由により取扱いが異なるものと考えられる。

ⅰ　役員等の勤務状況に基づく事由

当該事由は，単に時間の経過により達成されるものであることから，条件付発行可能普通株式（1株当たり当期純利益適用指針4項）には含まれないが，普通株式と同等の株式に該当するものと考えられ（1株当たり当期純利益適用指針8項），普通株式と同様の取扱いになるものと考えられる（1株当たり当期純利益会計基準13項，44項）。

ⅱ　法人の業績等の状況に基づく事由

当該事由は，条件付発行可能普通株式に含まれるものと考えられ，当該事由を満たしたときに，1株当たり当期純利益の算定において普通株式数に含まれることとなる（1株当たり当期純利益適用指針14項）。

なお，当該株式が希薄化効果を有する場合には，潜在株式調整後1株当たり当期純利益の算定において，普通株式の増加数として，普通株式の期中平均株式数に加える（1株当たり当期純利益適用指針17項，28項，29項）。

（2）計算書類等の注記

計算書類における種類株式に係る注記事項は図表2－3－8のとおりである。

図表2－3－8　計算書類における注記事項

箇所	注記事項
株主資本等変動計算書に関する注記	① 事業年度末日における種類ごとの発行済株式の数（計規105条1号） ② 事業年度末日における種類ごとの自己株式の数（計規105条2号） ③ 事業年度末日における当該会社が発行している新株予約権（新株予約権の行使期間の初日が未到来のものを除く）の目的となる株式の種類および種類ごとの数（計規105条4号）

　なお，上記①および③については，連結注記表を作成している場合には，個別注記表における記載は要しない（計規105条柱書き後段）。また，配当については，配当財産が金銭または金銭以外の場合，いずれもその総額を注記すれば足り，株式の種類ごとの配当総額の注記は不要である。

(3) 有価証券報告書の開示

① 提出会社の状況（株式等の状況）

　会社法第108条第1項各号に掲げる事項について異なる定めをした内容の異なる二以上の種類の株式を発行している場合であって，株式の種類ごとに異なる数の単元数を定めているとき，または議決権の有無もしくはその内容に差異があるときは，その旨およびその理由を「②【発行済株式】」の欄外に記載する（開示府令第三号様式（記載上の注意）⑳f）。

② 経理の状況

　種類株式に係る株主資本等変動計算書関係の注記事項は，図表2－3－9のとおりである。

図表2－3－9　株主資本等変動計算書関係

項目	注記事項
発行済株式（連結財務諸表規則77条，財務諸表等規則106条1項）	① 株式の種類ごとの期首および期末の発行済株式の数ならびに当年度において増加または減少した発行済株式の数 ② 株式の種類ごとの変動事由

自己株式（連結財務諸表規則78条，財務諸表等規則107条1項）	① 株式の種類ごとの期首および期末の自己株式の数ならびに当年度において増加または減少した自己株式の数 ② 株式の種類ごとの変動事由
配当（連結財務諸表規則80条，財務諸表等規則109条1項）	① 配当財産が金銭の場合，株式の種類ごとの配当金の総額，1株当たり配当額，基準日および効力発生日 ② 配当財産が金銭以外の場合，株式の種類ごとの配当財産の種類および帳簿価額（剰余金を配当した日においてその時の時価を付した場合にあっては，当該時価を付した後の帳簿価額），1株当たり配当額，基準日および効力発生日 上記①および②については，いずれも基準日が当年度に属する配当のうち，配当の効力発生日が翌年度となるものも含む。その場合には上記事項に加え，配当原資も注記することとなる。

なお，図表2－3－9に掲げた項目については，連結財務諸表を作成している場合には，個別財務諸表における記載は要しない（財務諸表等規則106条2項，107条2項，109条2項）。

（4）その他の開示書類

株式，新株予約権などの第三者割当については，有価証券届出書において，割当予定先の状況や発行条件に関する事項といった「第三者割当の場合の特記事項」について記載しなければならない。しかし，特定譲渡制限付株式については，当該第三者割当の定義から除外されているため（開示府令19条2項1号ヲ(3)参照），当該記載は不要とされている。

ただし，当該第三者割当を実施する際には必ず東京証券取引所まで事前相談を行い，当該実施の決定をした場合には所定の様式に従って適時開示する必要がある[4]。

なお，平成28年3月期の定時株主総会において，特定譲渡制限付株式の導入を決議したものとして確認されている会社は，次のとおりである[5]。

---

4 「株式報酬としての株式の発行に関する会社情報適時開示ハンドブック」の改訂について（2016年6月30日　株式会社東京証券取引所）参照。
5 各社プレスリリースや定時株主総会の招集通知などより調査しているが，検索範囲，調査結果の網羅性に関しては，必ずしも確保されていない可能性がある。

- 株式会社ネクストジェン
- 株式会社フォーバル
- 横河電機株式会社
- 市光工業株式会社

第4節　減資の実務

1　法律上の手続

(1) 資本金の減少

　資本金の額を減少するには，まず株主総会において，以下の事項を決定しなければならない（会社法447条1項後段）。

> ⅰ　減少する資本金の額（同項1号）
> 　　減少後の資本金をゼロとすることは可能である（同条2項）。
> ⅱ　減少する資本金の額の全部または一部を準備金とするときは，その旨および準備金とする額（同条1項2号）
> ⅲ　効力発生日（同項3号）

　この決議は原則特別決議であるが，定時株主総会において欠損の範囲内で行う場合は普通決議となる（会社法309条2項9号本文，イ，ロ，施規68条）。なお，株式の発行による資本金の増加と同時に行う場合で，これらの増減資後の資本金の金額が増減資前の金額を下回らないとき（増加額が減少額以上となるとき）には，取締役会の決議による（会社法447条3項）。監査等委員会設置会社や指名委員会等設置会社においては取締役や執行役への委任も可能である（会社法399条の13第5項柱書き，416条4項柱書き）。

　加えて，資本金の減少に対する債権者への異議申述公告および知れている債権者への個別催告を行う必要がある（会社法449条2項本文）。債権者が異議を述べることができる期間は最低1か月必要となる（同項ただし書き）。また，会社の公告方法が官報以外の方法である場合は，当該方法と官報の両方による公告を行うことで，個別催告を省略することができる（同条3項）。

実際には，異議申述期間終了後の債権者への弁済等（同条5項）のための期間および公告の申込みから掲載までの期間（官報ではおよそ5から10営業日であり，日刊新聞は各社によって異なる。電子公告でも，調査機関への委託や当該調査機関による法務大臣への報告等に一定の日数を要する。電子公告規則3条1項柱書き，6条2項）も考慮する必要があるため，資本金の減少の効力発生日の2か月弱前までに前記の公告および個別催告の手配を完了しなければならないことになる。旧商法では株主総会決議の日から2週間以内に公告および個別催告を行うべきものとされていたが（旧商法376条2項，100条1項），会社法では効力発生日までに株主総会決議がなされ，かつ，公告および個別催告が行われ，異議申述期間が経過すればよく，これらの先後関係は問われない。

　会社法においては，資本金の減少は単に減少額を資本金から剰余金（または準備金）に振り替えるという処理を計算上行うにすぎず（いわゆる無償減資。会社法446条3号），実際に会社から財産が流出するわけではない。会社から財産を払い戻す，いわゆる有償減資を実施するには，資本金の減少により増加した剰余金ないし分配可能額を原資に剰余金の配当（会社法453条）を行うという方法によることになるが，資本金の減少前の剰余金がマイナスであると，減少により剰余金が増加してもなお分配可能額が不足し，有償減資のための配当を行えないことがある。この点は，旧商法のもとで有償減資が剰余金の配当とは別の行為として位置付けられており，そのため，配当可能利益（旧商法290条1項）の額に基づく制約が特段設けられていなかった（平成14年改正後の旧商法375条1項1号）ことと異なるものであり，会社法施行後もその枠組みを維持している資産流動化法上の特定目的会社等の減資を検討する際には留意が必要である。

（2）準備金の減少

　準備金の額を減少するには，まず株主総会において，以下の事項を決定しなければならない（会社法448条1項後段）。

---

i 減少する準備金の額（同項1号）
　減少後の準備金をゼロとすることは可能である（同条2項）。
ii 減少する準備金の額の全部または一部を資本金とするときは，その旨および資本金とする額（同条1項2号）
iii 効力発生日（同項3号）

この決議は，資本金の減少の場合と異なり普通決議である（会社法309条1項）。なお，株式の発行による準備金の増加と同時に行う場合の特例は，資本金の減少の場合と同様である。

加えて，準備金の減少に対する債権者への異議申述公告および知れている債権者への個別催告を行う必要がある（会社法449条2項本文）。もっとも，減少額をすべて資本金とする場合や，定時株主総会において準備金の減少を決議する場合に，減少額が当該定時株主総会の日における欠損の額を超えないときは，債権者保護手続は不要となる（同条1項柱書きかっこ書，ただし書）。

2 個別財務諸表上の処理

(1) 無償減資

① 発行会社の個別財務諸表上の処理

i 欠損てん補を伴わない無償減資

資本金の減少によって生じる剰余金は，減資の効力発生日において，その他資本剰余金に計上する（自己株式会計基準20項，計規27条1項1号）。具体的には，次のとおり仕訳が計上されることとなる。

| （借）資　本　金 | ××× | （貸）資本金減少差益 | ××× |

ii 欠損てん補を伴う無償減資

資本金の減少によって欠損てん補する場合は，減資の効力発生日において，資本金の減少額を繰越利益剰余金に計上する。具体的には，次のとおり仕訳が計上されることとなる。

| （借）資　本　金 | ××× | （貸）繰越利益剰余金 | ××× |

なお，欠損てん補することは払込資本に生じている毀損を事実として認識するものであり，払込資本と留保利益の区分の問題にはあたらないと考えられる（自己株式会計基準61項）。また，年度決算単位でみた場合，資本剰余金と利益剰余金の混同になることを回避するため，補てんの対象となる利益剰余金は，年度決算時の欠損残高に限られることとされている（自己株式会計基準61項な

お書き,計規29条1項3号)。よって,年度決算時の欠損残高を超えて減資する場合には,その超えた部分は原則どおり,その他資本剰余金として処理される。具体的に,欠損残高を超えない場合および超える場合は,それぞれ設例2－4－1および設例2－4－2のとおりとなる。

設例2－4－1　無償減資による欠損てん補の会計処理（欠損残高を超えない場合）

[前提条件]

① A社（3月決算）は,X0年6月を効力発生日として資本金1,000を減少させることを決議した。
② X0年3月末におけるA社の純資産の部の内訳は資本金2,000,繰越利益剰余金△1,000である。

[会計処理]

〔減資の効力発生日における仕訳（X0年6月）〕

| （借）資　本　金 | 1,000 | （貸）繰越利益剰余金 | 1,000 |

設例2－4－2　無償減資による欠損てん補の会計処理（欠損残高を超える場合）

[前提条件]

設例2－4－1の②の条件のみ以下のとおり変更する。
② X0年3月末におけるA社の純資産の部の内訳は資本金2,000,繰越利益剰余金△500である。

[会計処理]

〔減資の効力発生日における仕訳（X0年6月）〕

| （借）資　本　金 | 1,000 | （貸）繰越利益剰余金 | 500 |
| | | その他資本剰余金 | (※)500 |

（※）500＝1,000－500

② 株主（法人）の個別財務諸表上の処理

無償減資は純資産の中での振替にすぎないことから，特段会計処理は要しない。よって，株主の保有する株式の帳簿価額の変動はない。

（2）有償減資

① 発行会社の個別財務諸表上の処理

まず，発行会社の有償減資に関する個別財務諸表上の処理について確認する。

有償減資は無償減資を行ったことで計上されたその他資本剰余金を原資として配当することである。よって，無償減資に伴いその他資本剰余金が計上され，配当に伴いその他資本剰余金が取り崩されることとなる。具体的には，設例2－4－3のとおりである。

設例2－4－3　有償減資の会計処理

[前提条件]
① A社（3月決算）は，X0年6月を効力発生日として資本金1,000を減少させること，およびその他資本剰余金を原資として500を配当することを決議した。なお，配当の支払はX0年6月中に行われた。
② X0年3月末におけるA社の純資産の部の内訳は資本金2,000，繰越利益剰余金△500である。

[会計処理]
〔減資の効力発生日における仕訳－減資〕
設例2－4－2と同じ

〔減資の効力発生日における仕訳－配当（X0年6月）〕

| （借）その他資本剰余金 | 500 | （貸）現　　金 | 500 |

② 株主（法人）の個別財務諸表上の処理

　その他資本剰余金より配当を受けた場合においては，配当の対象となる有価証券が売買目的有価証券である場合を除いて，原則として，配当受領額を当該有価証券の帳簿価額から減額する（資本剰余金配当処理3項）。売買目的有価証券である場合は，配当受領額を受取配当金として収益計上する（資本剰余金配当処理4項）。

　ただし，その他資本剰余金より配当を受けた場合であっても，図表2－4－1のように配当受領額を受取配当金として収益計上することが明らかに合理的である場合には，受取配当金として収益計上することができる（資本剰余金配当処理5項）。

図表2－4－1　受取配当金として収益計上することが明らかに合理的である場合

収益計上が合理的な場合	収益計上が合理的である理由
配当の対象となる時価のある有価証券を時価まで減損処理した期における配当	投資の対象となった有価証券が期末に時価まで減損処理され，評価損が損益計算書に反映されている場合，配当に伴う価値の低下が期末時価に反映されているため
投資先企業を結合当事企業とした企業再編が行われた場合において，結合後企業からの配当に相当する留保利益が当該企業再編直前に投資先企業において存在し，当該留保利益を原資とするものと認められる配当（ただし，配当を受領した株主が，当該企業再編に関して投資先企業の株式の交換損益を認識していない場合に限る）	結合後企業のその他資本剰余金の処分による配当が，実質的に企業再編直前の投資先企業（結合当事企業）の留保利益相当額からの配当であることが確認できる場合は，その他利益剰余金からの配当と同様に取り扱い，受取配当金として収益計上できると考えられたため
配当の対象となる有価証券が優先株式であって，払込額による償還が約定されており，一定の時期に償還されることが確実に見込まれる場合の当該優先株式に係る配当	当該場合において，経済的には清算時の弁済順位を除き，債券と同様の性格をもつと考えられることから，受取利息と同様に受取配当金も収益計上することが可能であると考えられるため

　ここで，子会社が利益剰余金の資本組入を行い，その後，有償減資を行った場合に，親会社において受取配当金として計上できるかどうかが論点となる。

この点について，配当受領額を収益計上することが明らかに合理的である場合は，受取配当金として計上することができる（資本剰余金配当処理5項柱書き）。

図表2－4－1の中段に記載した企業再編が行われた場合の取扱いの理由からすると，過去に利益剰余金を資本組入した部分の払戻しについても，留保利益を原資とするものと認められる場合には，親会社において受取配当金として収益計上することが適当な処理と考えられる。また，配当の原資が当初の払込資本分と留保利益の資本組入分になっているなど，配当金を払込資本分と利益剰余金の資本組入分との比率で按分することで，両者の区分ができる場合は，払込資本分については有価証券の帳簿価額を減額し，利益剰余金の資本組入分については受取配当金とする会計処理も考えられる。

また，外貨建有価証券の有償減資により払戻しを受けた場合の処理方法が論点となる。具体的には設例2－4－4のとおりである。

設例2－4－4　外貨建有価証券の有償減資により払戻しを受けた場合の会計処理

【前提条件】
① 100米ドルの株式を1米ドル当たり100円の為替相場にて取得した（取得価額：10,000円）。
② その後，1米ドル当たり80円の為替相場のときに，20米ドルを有償減資により払戻しを受けた。

【会計処理】
1．株式をその他有価証券として保有していた場合

「外貨建取引等会計処理基準」一 2(2)および金融商品会計基準第18項により，外貨建その他有価証券の決算時の換算差額は，当期純利益には含めず，時価変動差額とともにその他有価証券評価差額金に計上され，株式売却による持分減少や会社清算による投資回収の際に株式売却損益等に含められて純損益に計上される。

その他有価証券に係る有償減資の場合，通常は，次の「2．株式を子会社株式または関連会社株式として保有していた場合」に記載したような会社の清算等と同様とみなすことができないことが明確なケースはないと考えられるため，減資に対応する投資簿価を超過した為替差額部分に関しては，株式売却や会社

清算等と同様に投資の一部が現金で回収されたとみて、為替差損益に計上する処理が妥当と考えられる。
具体的な会計処理は次のとおりである。

(単位：円)

（借）	現　　　　金	(※1)1,600	（貸）	投資有価証券	(※2)2,000
	為　替　差　損	(※3)400			

（※1） 1,600円＝20米ドル×80円/米ドル
（※2） 2,000円＝20米ドル×100円/米ドル
（※3） 差額

2．株式を子会社株式または関連会社株式として保有していた場合

子会社株式または関連会社株式に係る有償減資の場合であっても、会社の清算等と同様とみなすことができれば、有償減資により為替の含み損益が実現するとみることができると考えられる。しかし、子会社等の場合には親会社等の判断で有償減資が可能であるため、会社の清算等と同様とみなすことができない場合も考えられる。

（ｉ）個別財務諸表上の処理

通常は、その他有価証券の場合と同様に、減資に対応する投資簿価を超過した為替差額部分は、為替差損益に計上する処理が妥当と考えられる。

ただし、会社清算等と同様にみなすことができず、有償減資の実態がないと考えられる場合には、為替差損益とすることは妥当ではないため、その部分も出資の払戻しとして投資簿価から減額処理する処理が妥当となる場合もあると考えられる。

全額を投資簿価から減額処理する場合の具体的な会計処理は次のとおりである。

(単位：円)

（借）	現　　　　金	1,600	（貸）	関係会社株式	2,000
	為　替　差　損	400			

（借）	関係会社株式	400	（貸）	為　替　差　損	400

(ii) 連結財務諸表上の処理

　連結子会社の純資産の側からみると為替の含み損益は為替換算調整勘定に含まれることになる。また,「外貨建取引等会計処理基準の改訂に関する意見書」三 8では,為替換算調整勘定は「株式を処分したときなどに限り損益として実現するものである」との記載がある。

　これらにより,有償減資が,株式売却や会社清算,すなわち株式の処分と同様であれば,個別財務諸表で計上された為替差損益は連結でも消去されないと考えられる。一方,有償減資の実態がなく「処分」と同様にみなすことができない場合には,為替差損益は実現させず,為替換算調整勘定も実現させない処理が妥当と考えられる。

　後者の場合の具体的な会計処理は次のとおりである。

(単位：円)

(借)	関 係 会 社 株 式	1,600	(貸)	資 本 剰 余 金	2,000
	為替換算調整勘定	400			

(3) 100％減資

　100％減資とは,欠損てん補のための無償減資を行うとともに,発行済株式のすべてを消滅させることである。発行済株式のすべてを消滅させるための会社法における具体的な手法としては,発行済株式を全部取得条項付種類株式とした後に当該株式を発行会社が強制取得し,当該取得株式（自己株式）を消却することで実行可能である。100％減資と同時に第三者割当増資をすることで,株主を一新するとともに,増資資金を元手に経営再建を進めることが可能となる。欠損てん補のための無償減資の処理については,前記のとおりであり,また,全部取得条項付種類株式の強制取得および消却は,自己株式の取得（自己株式会計基準7項）,保有（自己株式会計基準8項）および消却（自己株式会計基準11項）と同様に処理することとなる。

3 税務上の処理

(1) 無償減資

① 発行会社の税務上の処理

i 法人税の取扱い

無償減資（欠損てん補に伴うものも含む）の場合，実際に株主からの金銭等の拠出がないことから，資本金等の額は変わらない。また，利益積立金額にも変動がないため税務上は仕訳なしとなる。別表五（一）への記載は設例2－4－5のとおりとなる。

設例2－4－5　無償減資（税務処理）

[前提条件]

設例2－4－1と同じとする。

[会計処理（税務処理）]

＜別表五（一）利益積立金額の計算に関する明細書より抜粋＞

区分	期首現在利益積立金額	当期の増減		差引翌期首現在利益積立金額 ①－②+③
		減	増	
	①	②	③	④
資本金等の額			△500	△500
繰越損益金	△500	△500	×××	×××

＜別表五（一）資本金等の額の計算に関する明細書より抜粋＞

区分	期首現在資本金等の額	当期の増減		差引翌期首現在資本金等の額 ①－②+③
		減	増	
	①	②	③	④
資本金又は出資金	2,000	1,000		1,000
その他資本剰余金			500	500
利益積立金額			500	500

ii 事業税および住民税の取扱い

事業税の資本割について，一定の欠損てん補を伴う無償減資については，課税標準となる資本金等の金額から減額することができる（地法72条の21第1項2号，3号）。また，平成27年度税制改正により，一定の欠損てん補を伴う無償減資については，住民税の均等割の税率区分決定の際の資本金等の金額から減額することができる（地法23条1項4号の5イ(2)，(3)，292条1項4号の5イ(2)，(3)）。

具体的には図表2-4-2のとおりである。

図表2-4-2　資本金等の金額から減額する無償減資の金額

事業税	・平成13年4月1日から平成18年4月30日までの間に，無償減資による欠損のてん補を行った場合の当該てん補金額（地方税法72条の21第1項2号） ・平成18年5月1日以後に，剰余金（無償増資により計上されてから1年以内のその他資本剰余金）による損失のてん補を行った場合の当該てん補金額（地法72条の21第1項3号）
住民税	・平成13年4月1日から平成18年4月30日までの間に，無償減資による欠損のてん補を行った場合の当該てん補金額（地法23条1項4号の5イ(2)，292条1項4号の5イ(2)） ・平成18年5月1日以後に，剰余金（無償増資により計上されてから1年以内のその他資本剰余金）による損失のてん補を行った場合の当該てん補金額（地法23条1項4号の5イ(3)，292条1項4号の5イ(3)）

② 株主の税務上の処理

株主（法人および個人）の無償減資に関する税務上の処理については，株主側において何ら課税関係は生じない。また，株主の保有する株式の帳簿価額についても変動はない。

(2) 有償減資

① 発行会社の税務上の処理

有償減資は無償減資を行ったことで計上されたその他資本剰余金を原資として配当することであるから，法人税法第24条第1項第3号に定める「資本の払戻し（剰余金の配当（資本剰余金の額の減少に伴うものに限る。）のうち分割

型分割によるもの以外のもの及び出資等減少分配をいう。）」に該当し，当該払戻しのうち，全体の資本金等の額のうち払戻しに対応する金額（以下「減資資本金額」という）を資本金等の額から減少し（法令８条１項16号），払戻額が減資資本金額を超える部分についてはみなし配当として利益積立金額が減少する（法令９条１項11号）。

なお，減資資本金額は次に示した算式のように算定される（法令８条１項16号かっこ書き）。また，基準日における発行済株式総数，みなし配当額に相当する金銭の１株当たりの金額および払戻割合（以下の算式の網掛部分）は，資本の払戻しにより金銭等の交付を受けた株主が，みなし配当額や譲渡損益の算定に必要となるため，株主に対して通知する必要がある（法令23条４項，119条の９第２項，所令114条５項）。

【減資資本金額の算定】

$$減資資本金額 = 払戻し直前の資本金等の額 \times \frac{資本の払戻しにより減少した資本剰余金の額}{資本の払戻しの日の属する事業年度の前事業年度末の簿価純資産}$$

小数点３位未満切上げ

具体的には，設例２－４－６のとおりとなる。

設例２－４－６　減資資本金額の算定

前提条件

① A社（３月決算）は，Ｘ０年６月を効力発生日として資本金500を減少させること，およびその他資本剰余金を原資として500を配当することを決議した。なお，配当の支払はＸ０年６月中に行われた。

② 減資資本金額は450であった。

会計処理（税務処理）

＜別表五（一）利益積立金額の計算に関する明細書より抜粋＞

区分	期首現在利益積立金額	当期の増減		差引翌期首現在利益積立金額 ①－②＋③
		減	増	
	①	②	③	④
資本金等の額			（※３）△50	△50

＜別表五（一）資本金等の額の計算に関する明細書より抜粋＞

区分	期首現在資本金等の額	当期の増減		差引翌期首現在資本金等の額 ①－②＋③
		減	増	
	①	②	③	④
資本金又は出資金	×××	（※１）500		×××
その他資本剰余金		（※２）500	（※１）500	
利益積立金額			（※３）50	50

（※１） 減資した資本金の額と，計上されたその他資本剰余金
（※２） 配当原資のその他資本剰余金
（※３） 50＝500（配当原資のその他資本剰余金）－450（減資資本金額）。みなし配当部分については利益積立金額の減少となるため減資資本金額450を認識するために，資本金等の額と利益積立金額との間で50の振替調整を行う。

② 株主（法人）の税務上の処理

　資本の払戻しにより金銭その他の資産の交付を受けた場合において，その金銭等の額の合計額が資本の払戻しを行った法人の資本金等の額のうちその交付の基因となった株式に対応する部分の金額（以下「払戻等対応資本金額」という）を超える部分については，みなし配当を認識する（法法24条1項3号）。なお，払戻等対応資本金額の算定方法は以下の算式のとおりである（法令23条1項3号）。

【払戻等対応資本金額の算定】

$$\text{対応する減資資本金額} = \text{減資資本金額}^{(※)} \times \frac{\text{直前に有していた当該払戻しに係る株式の数}}{\text{当該資本の払戻しに係る株式の総数}}$$

（※）【減資資本金額の算定】の算式参照

また，当該資本の払戻しにより金銭等の交付を受けた場合においては，払戻等対応資本金額が譲渡対価として認識され，譲渡する株式の帳簿価額との差額が譲渡損益として課税される（法法61条の2第1項）。なお，譲渡する株式の帳簿価額の算定方法は以下の算式のとおりである（法令119条の9第1項，所令114条1項）。

【譲渡する株式の帳簿価額の算定】

譲渡する株式の帳簿価額 ＝ 払戻し直前の所有株式の帳簿価額 × 払戻割合（※）

（※）【減資資本金額の算定】の算式の網掛部分

---

③ 株主（個人）の税務上の処理

基本的な考え方は法人株主と同様である。

資本の払戻しにより金銭その他の資産の交付を受けた場合において，その金銭等の額の合計額が資本の払戻しを行った法人の資本金等の額のうち対応する減資資本金額を超える部分については，みなし配当を認識する（所法25条1項3号）。なお，対応する減資資本金額の算定方法は，法人株主の場合の【減資資本金額の算定】の算式と同様である（所令61条2項3号）。

また，資本の払戻しにより金銭その他の資産の交付を受けた場合において，みなし譲渡損益に対して課税される。みなし譲渡損益は譲渡所得等の収入金額とみなされる金額から，譲渡する株式の取得価額を控除して算定される。収入金額とみなされる金額および控除される取得価額の算定方法は，具体的には以下の算式のとおりである（租特法37条の10第3項3号，租税特別措置法（株式等に係る譲渡所得等関係）の取扱い37の10-26）。

【収入金額とみなされる金額および控除される取得価額】

収入金額とみなされる金額 ＝ 資本の払戻し等により取得した金銭等の価額の合計額 － みなし配当額

取得価額 ＝ 旧株の従前の取得価額の合計額 × 払戻割合（※）

（※）【減資資本金額の算定】の算式の網掛部分

---

4 連結財務諸表上の処理

　無償増資の場合と同様で，連結子会社における無償減資については，純資産の金額自体に変動がないことから，持分変動差額等の発生はないものの，個別財務諸表上の仕訳を戻す必要がある。なお，持分法適用関連会社については，純資産の金額自体に変動がないことから，特段仕訳は要しない。

　また，有償減資については，無償減資に配当を加えた処理であり，連結財務諸表上の処理は設例２－４－７のとおりとなる。

設例２－４－７　有償減資の連結財務諸表上の処理

〔前提条件〕

① P社（3月決算）はS社（3月決算）の発行済株式総数の80％の株式（取得価額1,200）をX0年3月末に取得し，S社を連結子会社とした。なお，S社の発行済株式総数は1,000株である

② X0年3月末におけるS社の純資産の部の内訳は資本金2,000，繰越利益剰余金△500である。なお，評価差額はなかった。

③ S社（3月決算）は，X0年6月を効力発生日として資本金1,000を減少させること，およびその他資本剰余金を原資として500を配当することを決議した。なお，配当の支払はX0年6月中に行われた。

〔会計処理〕

１．X0年3月期

（i）P社連結修正仕訳

〔P社の投資（S社株式）とS社の資本との相殺消去〕

（借）資　本　金	2,000	（貸）S　社　株　式	1,200
		利　益　剰　余　金	500
		非支配株主持分	(※)300

（※）　300＝（資本金2,000－欠損金500）×非支配株主持分比率20％

２．X1年3月期

（i）P社個別財務諸表上の処理

（借）現　　　　　金	400	（貸）S　社　株　式	(※)400

(※) 400＝配当総額500×P社持分比率80％

(ii) S社個別財務諸表上の処理

| （借） | その他資本剰余金 | 500 | （貸） | 現　　　　金 | 500 |

(iii) P社連結修正仕訳

〔開始仕訳〕

（借）	資　本　金	2,000	（貸）	S　社　株　式	1,200
				利益剰余金（期首）	500
				非支配株主持分	300

〔配当金の相殺消去〕

| （借） | S　社　株　式 | (※1)400 | （貸） | 資 本 剰 余 金 | 400 |
| | 非支配株主持分 | (※2)100 | | 資 本 剰 余 金 | 100 |

（※1）「(i) P社個別財務諸表上の処理」参照。
（※2） 100＝500×非支配株主持分比率20％

5 財務諸表等における開示

減資による発行済株式総数，資本金および資本準備金の減少については，有価証券報告書の「第一部第4【提出会社の状況】」の「1【株式等の状況】」の「(5)【発行済株式総数，資本金等の推移】」において，その理由および減資割合等を欄外に記載する（開示府令第三号様式（記載上の注意）(23)a）。具体的には，図表2－4－3のとおりである。

図表2－4－3　株式等の状況の記載例

(5)【発行済株式総数，資本金等の推移】

年月日	発行済株式総数増減数（株）	発行済株式総数残高（株）	資本金増減額（百万円）	資本金残高（百万円）	資本準備金増減額（百万円）	資本準備金残高（百万円）
平成〇〇年〇月〇日（注）	－	×××	△×××	×××	△×××	×××

（注） 資本金及び資本準備金の減少は，欠損てん補によるものであります。

第3章

新株予約権

第1節 新株予約権の概要

1 定　義

　新株予約権とは，株式会社に対して行使することにより当該株式会社の株式の交付を受けることができる権利である（会社法2条21号）。また，会計上は，新株予約権のうち特に会社がその従業員や役員に報酬として付与するものをストック・オプションという（ストック・オプション等会計基準2項(2)）。最近では，権利確定条件付き時価発行新株予約権（以下「有償ストック・オプション」という）が利用されており，時価により払込みがあるため資金調達の性質を有する一方，ストック・オプションのような報酬の性質も有する。当該有償ストック・オプションの詳細は後記する。

　このほか，新株予約権付社債とは，新株予約権を付した社債である（会社法2条22号）。

2 種　類

（1）新株予約権

　新株予約権には譲渡制限および取得条項を付したものがある（会社法236条1項6号，7号）。譲渡制限を付した新株予約権とは，当該新株予約権を譲渡

する際に，これを発行した株式会社の株主総会（取締役会設置会社においては取締役会）にて承認が必要となるものである（会社法265条1項）。また，取得条項を付した新株予約権とは，これを発行した株式会社が一定の事由が発生したことを条件として，当該新株予約権を取得することができるものである（会社法236条1項7号）。さらに，資金調達手段としてのライツ・オファリングや買収防止策としての利用があるが，この点は後記「3　財務的効果」にて詳述する。

（2）新株予約権付社債

新株予約権付社債は，転換社債型新株予約権付社債（Convertible Bond：CB）とそれ以外の新株予約権付社債に区別される。転換社債型新株予約権付社債は，募集事項において，社債と新株予約権がそれぞれ単独で存在し得ないこと，および新株予約権が付された社債を当該新株予約権行使時における出資の目的とすること（会社法236条1項2号，3号）をあらかじめ明確にしている新株予約権付社債であって，会社法の規定に基づき発行されたものと定められている（複合金融商品処理3項）。ここで，社債と新株予約権がそれぞれ単独で存在し得ないことをあらかじめ明確にしている場合とは，次のいずれかが募集事項に照らして明らかな場合である（複合金融商品処理35項）。

- 新株予約権について取得事由を定めておらず，かつ，社債についても繰上償還を定めていないこと
- 新株予約権について取得事由を定めている場合には，新株予約権が取得されたときに社債も同時に取得されること。また，社債について繰上償還を定めている場合には，社債が繰上償還されたときに新株予約権も同時に消滅すること

また，新株予約権付社債も新株予約権と同様に，譲渡制限および取得条項を付したものがある（会社法236条1項6号，7号）。

（3）ストック・オプション

ストック・オプションは，前記した有償ストック・オプション以外にも，従業員や役員に報酬として無償にて付与する業績連動型ストック・オプションと株式報酬型ストック・オプションがある。

業績連動型ストック・オプションとは，権利行使条件として一定の業績条件

（売上高や株価が一定水準以上になった場合に権利行使が可能となる条件等）を付し，権利行使価額を付与時点の株価以上に設定するもので，権利行使時までに株価が上昇し権利行使価額を上回り，権利行使条件を達成している場合に，権利行使時点の株価と当該権利行使価額との差額を報酬として受け取ることができるストック・オプションである。これを付与することにより業績達成や株価の上昇に貢献することになるため，インセンティブ報酬として利用される。

また，株式報酬型ストック・オプションとは，権利行使価額を非常に低い金額に設定することで，株式自体を報酬として付与しているのと同等の効果を得られるもので，権利行使時点の株価と当該権利行使価額との差額を報酬として受け取ることができる。これも株価の変動により報酬額が変動するため，この点でインセンティブ報酬として利用することができる。さらに，株式報酬型ストック・オプションは権利行使価額を通常1円とすることから「1円ストック・オプション」とも呼ばれる。

3 財務的効果

（1）新株予約権

① 資金調達手段

新株予約権を有償で発行する場合には，当該払込みによる資金調達の効果がある。また，譲渡制限や取得条項を付すことで，会社や投資家のニーズに柔軟に対応した資金調達手段ともなり得る。

さらに，新株予約権をすべての既存株主に無償割当するライツ・オファリングがある。このライツ・オファリングの特徴としては，すべての既存株主にその保有株式数に応じて新株予約権が無償で割り当てられ，当該新株予約権が，一定期間，金融商品取引所に上場することが挙げられる。株主割当増資や公募増資の場合，資金を払い込む余裕がなければ持分の希薄化による損失を受け入れざるを得ない状況が発生していたが，新株予約権を割り当てられた既存株主が金融商品取引所にて当該新株予約権を売却することで，持分の希薄化による経済的損失をカバーすることが可能となる。また，ライツ・オファリングは図表3－1－1に掲げた2種類がある。

図表３−１−１	ライツ・オファリングの種類および内容
コミットメント型	未行使の新株予約権について，発行会社がこれを取得して引受証券会社に売却し，引受証券会社は当該新株予約権を行使して取得した株式を取引所等で売却することが，あらかじめ発行会社と引受証券会社との間で約束されているもの。引受証券会社の審査が必要である。
ノンコミットメント型	未行使の新株予約権について，発行会社が取得することや引受証券会社に売却することは予定していないもの。引受証券会社の審査は不要である。

　日本では，ノンコミットメント型がコミットメント型に比して多く利用されていたが，ノンコミットメント型を利用する会社は業績が優れないケースが多いことや当該新株予約権の行使率が著しく高いこと，株主以外による新株予約権の短期売買も活発に行われ，その利益確定目的で，会社の業績等の状況に着目することなく，高い比率で新株予約権が行使される状況にあることから，従来の仕組みでは既存株主の利益を害するものと考えられたため[1]，平成26年９月３日に東京証券取引所が当該ノンコミットメント型の上場基準の見直しを行っている。

②　買収防止策

　新株予約権は敵対的買収防止策（ライツプラン）として利用することも考えられる。代表的なものとして，事前警告型ライツプランと信託型ライツプランがある。具体的な内容は図表３−１−２のとおりである。

---

[1] 「我が国におけるライツ・オファリングの定着に向けて」平成26年７月25日　株式会社東京証券取引所 上場制度整備懇談会。

図表3-1-2　ライツプランの種類および内容

事前警告型		株式の大量買付を行おうとする買収者に対して、買収目的等に関する情報提供に加え、買収の是非に関する会社の検討時間の確保を要求し、当該要求が受け入れられなかった場合に新株予約権の発行を行うことを、平時において開示し買収行為に対抗するものである。
信託型	直接型	平時において、買収者だけが行使できないという差別的行使条件を付した新株予約権を信託銀行に対して無償で発行し、買収者が現れた際に、信託銀行は、全株主に対して管理していた新株予約権を無償で交付し、買収者以外の者に株式を取得させ、買収行為に対抗するものである（図表3-1-3参照）。
	SPC型	平時において、買収者だけが行使できないという差別的行使条件を付した新株予約権をSPCに対して無償で発行し、SPCは信託銀行へ信託し、買収者が現れた際に信託銀行は、全株主に対して管理していた新株予約権を無償で交付し、買収者以外の者に株式を取得させ、買収行為に対抗するものである（図表3-1-4参照）。

図表3-1-3　信託型（直接型）スキーム図

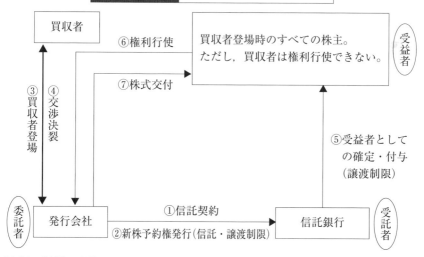

(出典)　「新株予約権を用いた敵対的買収防衛策に関する原則的な課税関係について（法人税・所得税関係）」平成17年4月28日、国税庁。

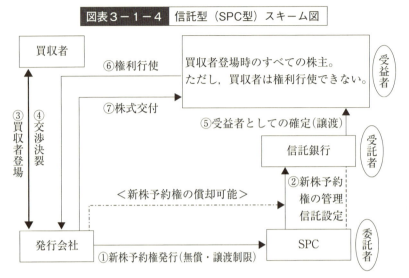

(出典)「新株予約権を用いた敵対的買収防衛策に関する原則的な課税関係について(法人税・所得税関係)」平成17年4月28日、国税庁。

　一方で，コーポレートガバナンス・コードの導入に伴い，同コードの原則1－5にて「買収防衛の効果をもたらすことを企図としてとられる方策は，経営陣・取締役会の保身を目的とするものであってはならない。その導入・運用については，取締役会・監査役は，株主に対する受託者責任を全うする観点から，その必要性・合理性をしっかりと検討し，適正な手続を確保するとともに，株主に十分な説明を行うべきである。」とされている点に留意する必要がある。

(2) 新株予約権付社債

　新株予約権付社債には譲渡制限や取得条項を付すことが可能であるが，特に転換社債型新株予約権付社債は普通株式への転換権が付された社債という点で，負債性および資本性の両面を併せ有しており，当該設計により資金調達の多様化を図ることが可能となる。また，通常の社債に比して転換権のプレミアム分だけ利率を下げることで利息負担を軽減することが可能となり，普通株式に転換されることで償還の必要性がなくなるといった効果がある。さらに，転換社債型新株予約権付社債にさまざまな取得条項等を付して発行するケースが見受けられる。具体的には以下のようなものがある。

① ソフト・コール条項

　転換価額に対して株価が一定割合（たとえば，転換価額の120％等）を超えた場合に，発行会社が繰上償還することができる条項である。当該条項を付すことにより，社債権者の株式転換を促進し資本拡充を図ることが可能となる。

　これに対して，同様の効果があるが，株価の状況に関係なく，発行会社が繰上償還することができる条項としてハード・コール条項がある。

② ソフト・マンダトリー条項

　転換価額に対して株価が下回っている場合に，株式と現金を交付することで，発行会社が残存する社債のすべてを繰上償還することができる条項である。ここで，交付される株式数と金銭の額は図表3－1－5のとおり算定され，具体的なイメージは図表3－1－6のとおりである。出来高加重平均株価(Volume Weighted Average Price。以下「VWAP」という）が転換価額を下回っている場合においては，VWAPが転換価額に近づくにつれ，交付される株式数は増加し，交付される現金の額は減少していく。なお，転換価額に対してVWAPが上回っている場合には，通常どおり，株式のみ交付されることとなる。

図表3－1－5　交付される株式数と現金の額

株式	社債の額面相当額を一定のVWAP算定期間の最終日の転換価額で除して算定された株式数
現金	社債の額面相当額から上記で算定された株式数に上記算定期間のVWAPを乗じて算定された額を差し引いた額

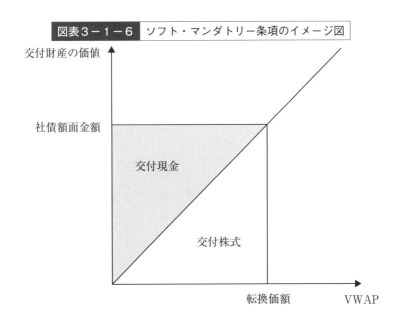

図表3−1−6 ソフト・マンダトリー条項のイメージ図

株価下落の局面においては，通常，社債権者は満期まで社債を保有することとなり，発行会社は額面相当額の現金を支払う必要がある。一方で当該条項を付すことによって，額面相当額の一部を株式交付に代替することとなり，支払うべき現金を大幅に減らすことが可能となる。また，一部が株式に転換されるため，資本拡充を図ることも可能となる。

③ 額面現金決済型取得条項

転換価額に対して株価が上回っている場合に，株式と現金を交付することで，発行会社が残存する社債のすべてを繰上償還することができる条項である。ここで，交付される株式数と現金の額は図表3−1−7のとおり算定され，具体的なイメージは図表3−1−8のとおりである。VWAPが転換価額を上回っている場合においては，社債額面金額までは現金を交付し，これを超える部分について株式を交付する。

図表3−1−7　交付される株式数と現金の額

株式	社債の転換価値(*)から当該額面相当額を差し引いた額を一定のVWAP算定期間の最終日の転換価額で除して算定された株式数 (*)（社債の額面相当額÷上記最終日の転換価額）×VWAP算定期間のVWAP平均値
現金	社債の額面相当額

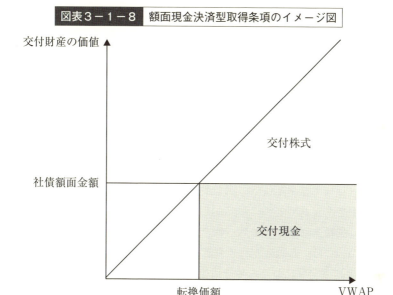

図表3−1−8　額面現金決済型取得条項のイメージ図

株価上昇の局面において，通常，社債権者は新株予約権を行使することとなり，発行会社は額面相当額に見合う株式を交付する必要がある。一方で当該条項を付すことによって，額面相当額の一部を現金の交付により代替することとなり，交付する株式を減らし，希薄化効果を大幅に軽減することが可能となる。また，株価下落の局面にも備えるため，前記②のソフト・マンダトリー条項と併せて付すケースもみられる。

④　転換条件

転換社債型新株予約権付社債については，取得条項以外にも転換条件を付すことにより，株価が転換価額の一定割合（たとえば，株価の120％等）を超え

ない限りは新株予約権の行使はできないものとし，これにより希薄化効果を抑制することを可能としている。

⑤ 転換価額修正条項

転換価額を固定しない転換価額修正条項付転換社債型新株予約権付社債（Moving Strike Convertible Bond：MSCB）がある。株価の変動に連動して転換価額を変動させるものであり，下方修正のみに対応することで投資家にとってはメリットがある。一方で，発行会社としては株価が下落した場合に，当該転換価額も下落することになるため，転換すべき株式（潜在株式）が増加することになり，希薄化効果を増進させてしまい，これが株価をさらに下落させるといった負のスパイラルに陥る可能性もある。

(3) ストック・オプション

ストック・オプション制度は，前記の業績連動型ストック・オプション，株式報酬型ストック・オプションおよび有償ストック・オプションのいずれも，株価上昇，ひいては企業価値の向上がインセンティブとなる報酬制度である。また，有償ストック・オプションは払込みを伴うため，資金調達の効果もある。

ここで，業績連動型ストック・オプションおよび株式報酬型ストック・オプションについては，当該ストック・オプションの付与時点の公正な評価額を付与日から権利確定日にわたって費用処理していくこととなるが，有償ストック・オプションについては，現行の実務において費用処理されないケースがある。詳細は，後記「第5節　有償ストック・オプションの実務」において説明する。

第2節　新株予約権の実務

1　法律上の手続

(1) 新株予約権発行の手続

① 会社一般における原則的な手続の流れ

会社が新たに新株予約権を発行する際には，株主総会の決議により以下の募

集事項を決定しなければならない（会社法238条1項，2項）。
　ⅰ　募集新株予約権の内容および数（会社法238条1項1号）
　新株予約権の内容として定めるべき内容は以下のとおりである。

> (a) 新株予約権の目的である株式の数またはその算定方法（会社法236条1項1号）
> (b) 新株予約権の行使に際して出資される財産の価額またはその算定方法（同項2号）
> (c) 金銭以外の財産を新株予約権の行使に際してする出資の目的とするときは，その旨ならびに当該財産の内容および価額（同項3号）
> (d) 新株予約権の行使期間（同項4号）
> (e) 新株予約権の行使により株式を発行する場合における増加する資本金および資本準備金に関する事項（同項5号）
> (f) 新株予約権の譲渡制限（同項6号）
> (g) 新株予約権の取得条項（同項7号）
> (h) 組織再編の場合における取扱い（同項8号）
> (i) 新株予約権の行使により交付される株式の端数を切り捨てる場合は，その旨（同項9号）
> (j) 新株予約権証券を発行する場合は，その旨（同項10号）
> (k) 新株予約権証券の記名式および無記名式の転換をできないこととする場合は，その旨（同項11号）

　ⅱ　募集新株予約権と引換えに金銭の払込みを要しない旨または払込金額もしくはその算定方法（会社法238条1項2号，3号）
　ⅲ　募集新株予約権の割当日（会社法238条1項4号）
　ⅳ　募集新株予約権の払込期日（会社法238条1項5号）
　ⅴ　振替新株予約権とするときはその旨（振替法163条）
　また，後記「④　登記」のⅲのとおり，新株予約権の行使条件が登記事項とされているため，条件を付ける場合は通常併せて決定することになる。
　この決議は（後記（2）③の有利発行かどうかにかかわらず）特別決議である（会社法309条2項6号）。
　募集事項の決定後，後記の株主割当の場合以外は，募集（勧誘）を行い，新株予約権を引き受ける者を探すことになる。募集の結果，引受けの申込みを希望する者がいれば，申込みに先立ち募集事項や当該会社に関する事項（施規54条），新株予約権の目的である株式が振替株式である場合または振替新株予約

権とする場合は，それらに振替法の適用がある旨（振替法150条5項，184条1項）等を当該申込希望者に通知する（会社法242条1項）。通知を受けた申込希望者は，当該通知の内容を踏まえて申込みを行うかを判断し，申込みを行う（同条2項）。

申込みがなされた後，どの申込者に何個の新株予約権を割り当てるかの決定がなされる（会社法243条1項）。この決定も原則株主総会の特別決議によるが（会社法309条2項6号），取締役会設置会社では取締役会の決議（監査等委員会設置会社や指名委員会等設置会社においては取締役や執行役への委任も可能である。会社法399条の13第5項柱書き，416条4項柱書き）で足り，定款で異なる定めをすることも可能である。また，新株予約権の目的である株式および新株予約権自体のいずれにも譲渡制限がない場合は代表取締役その他の業務執行取締役の決定によることもできる（会社法243条2項）。決定後，割当日の前日までに申込者に割り当てる新株予約権の数を通知する（同条3項）。

申込者は割当てにより新株予約権者となる（会社法245条1項）。新株予約権と引換えに金銭の払込みを要する場合において，払込期日までに新株予約権者が払込みをしないときは，新株予約権を行使できなくなり（会社法246条3項），その結果，当該新株予約権は消滅する（会社法287条）。

新株予約権の払込みに際しては，株式と異なり，会社の承諾を得て新株予約権者から，新株予約権者の会社に対する債権と相殺することが可能である（会社法246条2項，208条3項）。

② **総数引受契約による場合**

引受人が新株予約権の総数の引受けを行う契約を締結する場合は，前記「①会社一般における原則的な手続の流れ」の申込希望者への募集事項等の通知や，新株予約権の割当てに関する決定は不要となる（会社法244条1項）。引受人は2名以上でもよい（1名の引受人が総数全体を引き受ける必要はない）ので，引受人があらかじめ決まっている場合（第三者割当先を含む）には，手続の簡略化のため，総数引受契約によることが多い。

③ **新株予約権原簿**

会社は，新株予約権の発行後遅滞なく新株予約権原簿を作成する必要がある（会社法249条）。株主名簿管理人（会社法123条）が選任されている場合は，株

主名簿管理人が新株予約権原簿も併せて管理することになる（会社法251条）。

④ 登記

新株予約権を発行した場合，以下の事項を登記する必要がある（会社法911条3項12号）。

> i 新株予約権の数（同号イ）
> ii 新株予約権の内容のうち以下の事項（同号ロ）
> (a) 新株予約権の目的である株式の数またはその算定方法
> (b) 新株予約権の行使に際して出資される財産の価額またはその算定方法
> (c) 金銭以外の財産を新株予約権の行使に際してする出資の目的とするときは，その旨ならびに当該財産の内容および価額
> (d) 新株予約権の行使期間
> iii 新株予約権行使の条件（同号ハ）
> iv 新株予約権の取得条項および新株予約権の払込みに関する事項（同号ニ）

内容によっては，登記が困難な場合があり得ることから，管轄法務局への事前相談が重要となる。

(2) 上場会社の場合の取扱い

① 会社法上の手続

公開会社（会社法2条5号）においては，募集事項の決定は，有利発行（会社法238条3項）の場合を除き取締役会の決議による（会社法240条1項）。監査等委員会設置会社や指名委員会等設置会社においては，取締役や執行役への委任も可能である（会社法399条の13第5項柱書き，416条4項柱書き）。

募集事項を取締役会決議で決定できることにより，原則として株主総会の決議が不要となるため，株主に差止請求（会社法247条）の機会を与えるべく，株主への募集事項の通知（またはこれに代わる公告）が求められている（会社法240条2項，3項）。上場会社では後記「② 金商法上の開示規制等」のとおり新株予約権の発行に際して基本的に有価証券届出書または臨時報告書の提出が求められ，これらの内容に募集事項を含めて通知に関する規定を適用除外とすることが可能である（同条4項，施規53条1号，6号）。もっとも，新株予約権の場合は，想定される割当先が役職員等であることが多く，発行が後記「② i 公募」のとおり有価証券通知書の提出のみで足りる，または有価証

通知書の提出も不要となる規模にとどまることも想定される。その場合，臨時報告書の提出も行われないため，実際に通知等を行う必要があることになる。

また，平成26年の会社法改正により，引受人が引き受けた新株予約権を行使して株主となった後の議決権の数が，総議決権の2分の1を超える場合は，株主に通知等を行うべき事項が追加されている（会社法244条の2第1項，3項，4項，施規55条の2，55条の4）。そして，総株主の議決権の10分の1以上の議決権を有する株主が当該特定引受人による引受けに反対した場合は，株主総会の決議による当該特定引受人への割当ての決定，または当該特定引受人との総数引受契約の承認が必要となる（会社法244条の2第5項）。この決議は議決権を有する株主の過半数の出席を要件とする普通決議である（同条6項）。

② **金商法上の開示規制等**
ⅰ **公　募**

新株予約権の新規発行は，後記（3）①の株主割当以外は，割当先の一部に既存株主が含まれていても概念的には第三者割当となるが，その中でもいわゆる公募を行う場合，当該新規発行新株予約権の取得勧誘が多数の者を相手方として行うものとして募集に該当し（金商法2条3項1号），有価証券届出書の提出ならびに目論見書の作成および交付が必要となる（金商法4条1項，13条，15条2項）。

有価証券届出書に代えて，あらかじめ発行登録書を提出し，実際の発行に際しては発行登録追補書類を提出し，発行登録目論見書を作成して交付することも可能である（金商法23条の3，23条の8，23条の12第3項）。

なお，発行価額が1億円を下回る場合は，有価証券届出書の提出は不要であり（金商法4条1項5号，開示府令2条4項），有価証券通知書のみを提出することになる（金商法4条5項，6項本文）。そして，発行価額が1,000万円以下の場合は，有価証券通知書の提出も不要となる（金商法4条6項ただし書，開示府令4条5項）。これらの場合は前記「①　会社法上の手続」の株主への募集事項の通知（またはこれに代わる公告）が必要となる。新株予約権の発行価額は，新株予約権の発行時の払込金額および行使時に払い込むべき行使価格の合計によって判定される（開示府令2条4項1号，2号）。

加えて，一定の要件を満たす新株予約権を発行者またはその完全子会社もしくは孫会社の役職員に対して発行する場合（金商法4条1項1号，金商法施行

令2条の12，開示府令2条1項，2項）は，募集には含まれるが，特例として有価証券届出書および有価証券通知書のいずれも提出不要である。この場合において，発行価額の総額が1億円以上となるときは，臨時報告書を提出する必要がある（金商法24条の5第4項，開示府令19条2項2号の2）。

また，相手方の数には，海外において行われる勧誘の対象者は含まれないため，海外においてのみ勧誘を行う場合は，多数の者を相手方として行う場合でも，発行価額の総額が1億円以上となるときに臨時報告書を提出すれば足りることになる（開示府令19条2項1号）。

ⅱ 第三者割当

いわゆる第三者割当の場合，公募と異なり取得勧誘の対象者は通常49名以下であり，人数的には少人数私募（金商法2条3項2号ハ）の対象となる。しかしながら，上場会社の場合，上場している株式をその目的とする新株予約権については，少人数私募が行えないため（金商法施行令1条の7第2号イ（1），金商法24条1項1号），第三者割当においても取得勧誘が募集に該当し（金商法2条3項2号柱書き），やはり有価証券届出書の提出ならびに目論見書の作成および交付（相対の取引のため，上場会社自身が行うことになる）が必要となる。

第三者割当の場合における有価証券届出書の提出前の勧誘規制については，前記「第2章第2節1（2）②ⅱ　第三者割当」を参照されたい。

また，第三者割当を行う際には，取引所の上場規程により以下の規制がなされている（前記ⅰの公募に際して，（金商法上の）引受人である金融商品取引業者によるオーバーアロットメントに伴い付与されるグリーンシューオプションの行使による第三者割当ならびに会社およびその関係会社の役職員への第三者割当を除く。開示府令19条2項1号ヲ柱書き，(1)，(2)，上場規程2条67号の2）。

(a) 遵守事項（上場規程432条，上場規程施行規則435条の2）
　割り当てられる株式等の議決権の数の，当該割当ての決定前の発行済株式の議決権総数に対する比率（希釈化率）が25％以上となる場合，または当該割当てにより支配株主が異動する見込みがある場合，以下のいずれかの手続が必要となる。
　(ｱ) 当該割当ての必要性および相当性に関する意見の入手
　(ｲ) 株主総会決議等による株主の意思確認

(b) 上場廃止
　ア　希釈化率300％を超える場合（上場規程601条1項17号，上場規程施行規則601条14項6号）
　イ　支配株主の異動後の，支配株主との取引の健全性の毀損（上場規程601条1項9号の2，上場規程施行規則601条9項）

iii　私募

　上場会社の場合でも，上場している株式とは異なる内容（剰余金の配当または残余財産の分配）の株式をその目的とする新株予約権については，目的である当該株式も同様に上場していない限り，少人数私募の対象となる（金商法施行令1条の7第2号イ(1)かっこ書き，ロ(1)）。したがって，有価証券届出書の提出は不要となるが，発行価額の総額が1億円以上となる場合に臨時報告書を提出する必要がある（金商法24条の5第4項，開示府令19条2項2号）。

iv　取引所規則による適時開示

　新株予約権の新規発行につき，会社が前記「①　会社法上の手続」の機関決定を行った場合，投資判断への影響が軽微なものを除き，その内容の適時開示を行う必要がある（上場規程402条1号a，上場規程施行規則401条1項本文，402条の2第1項）。
　また，新規発行に先立つ発行登録書の提出の場合も同様である（上場規程402条1号b）。
　加えて，第三者割当を行う場合には開示すべき事項が追加される（上場規程施行規則402条の2第2項）。

③　有利発行

i　概説

　前記「(1) ①　会社一般における原則的な手続の流れ」のiiの払込金額（払込みを要しないこととする場合を含む）が，新株予約権を引き受ける者に特に有利な金額の場合，上場会社でも前記「(1) ①　会社一般における原則的な手続の流れ」と同様に株主総会の特別決議が必要となる（会社法240条1項）。
　払込金額が特に有利な金額であるかどうかについては，必ずしも明確な基準

はないが，前記「（1）①　会社一般における原則的な手続の流れ」のⅱのとおり，払込みを行わずに発行することも想定されていることから，払込みを要しない場合は当然に有利発行になるというわけではない。

ⅱ　有利性の判断の対象

　平成13年11月の旧商法改正における新株予約権の導入に際して，（行使によって交付される株式ではなく）新株予約権自体に価値が認められることとなったため，有利発行かどうかは，ブラック・ショールズ・モデル，二項モデルやモンテカルロ・シミュレーションといった，一定の合理性を有すると考えられている方法によって算定された新株予約権の価値によって判断することとなる。その結果，行使価格が行使時点における新株予約権の目的となる株式の時価を（結果的に）大幅に下回ることとなった場合でも，株式の時価の変動の可能性が新株予約権の価値算定において適正に反映されているのであれば，有利発行に該当しないことになる。なお，転換社債型新株予約権付社債については，後記「第3節1（1）②　転換社債型新株予約権付社債」を参照されたい。

　かつては，原資産である株式の価値とは別に株式を取得できるオプション自体にも価値があるという考え方が，少なくとも旧商法上はとられておらず，オプション自体の客観的価値とオプションを取得するために支払われた対価ではなく，原資産の価格と，オプションの保有者が原資産を取得するために支払うべき対価，すなわちオプションの行使価格を比較して，有利性を判断すべきものと考えられていた。

　その結果，オプションの保有者が経済合理性に従って行動するならば，株式を取得できるオプションが将来行使される際には，その時点の株式の価格は予想困難であるとしても，行使価格を上回っている（イン・ザ・マネーである）はずであり，よってオプションの行使は常に有利発行となるという理由で，株式を取得できるオプション単独での発行は，ストック・オプション目的での新株引受権（平成13年11月改正前の旧商法280条ノ19）を除き，新株予約権の導入まで認められていなかった。

　一方で，新株予約権の導入前においても，転換社債および新株引受権付社債がそのようなオプション付の資金調達手段として存在していた。これらは，仮に前記のような考え方に立つとしても，社債部分の発行条件で，株式への転換や新株引受権の行使による新株発行の条件の有利性（平成13年11月改正前の旧

商法341条ノ2第3項，341条ノ8第5項）が相殺されていると理解されていた。そして，有利性の判断においては，将来の株価変動の可能性を条件に反映させるための価値算定の方法が十分に定着していなかったため，社債の発行時点の原資産である株式の価格と，転換価額または行使価額を比較することとされていた（実際には，転換価額および行使価額のいずれも，発行時点の株式の時価に一律のアップ率を乗じて決定するとの慣行が存在していた）。

iii 行使価格修正型の新株予約権（MSCBを含む）

行使価格の修正があり得る新株予約権の場合は，その修正を計算の過程に織り込んで価格を算定することになる。一般に，(a)修正が下方のみに行われる，または上方にも行われるが下方に偏っている，(b)修正の上限または下限までの幅が広い，(c)修正の頻度が多い，といった場合には，新株予約権の価格は高くなり，有利発行とされる可能性も高くなる。

取引所の上場規程では，6か月に一度を上回る頻度で行使価格が修正されるものが，前記「第2章第2節1（3）③ⅰ 概説」の取得請求権付株式等の新株予約権以外の仕組みによるものも含めて，MSCB等として定義され（上場規程施行規則411条2項），行使等の状況の開示や制限といった一定の規制がなされている（上場規程410条，434条，上場規程施行規則436条）。

iv ストック・オプション

(a) 概説

ストック・オプションとは，会社法上は特に定義されていないが，一般的には会社の役員や従業員に業務の対価として付与される，当該会社の株式を取得できる権利とされている。必ずしも新株予約権に限られるものではなく，新株予約権の導入前は分離型新株引受権付社債から分離された新株引受権部分等も用いられていたが，通常は新株予約権が利用される。

また，勤務の対価としての性質や税制との関係上，付与対象者に払込みを行わせず無償で発行される場合や，付与対象者の会社に対する報酬債権等との相殺により払い込ませることとして現実の金銭の払込みを行わない場合が多いが，大株主等で税制適格の要件を満たすことの困難な場合等には，有償で現実の金銭の払込みを行うものとして発行されることもある。

(b) 払込みを行わない場合の有利性

前記「ⅰ　概説」のとおり、新株予約権の付与に際して払込みを行わない無償発行の場合は常に有利発行になるわけではなく、業務の提供等により付与対象者から会社が受ける便益と新株予約権の価値が一定程度均衡していれば、特に有利な条件での発行には該当しないと考えられている。

会社が受ける便益の大きさを正確に測定することは困難であるが、過大な評価は取締役の善管注意義務違反となる可能性があるという歯止めが存在することから、新株予約権の価値とも均衡していると評価することが通常は可能である。そして、取締役が付与対象者となる場合は、新株予約権が非金銭報酬（会社法361条1項3号）として、付与に株主総会の決議（指名委員会等設置会社の場合は、指名委員会の決定（会社法404条3項））が必要となり、（大盤振る舞いの場合など、必ずしも均衡が得られるとは限らないものの）それで足りるものとされている。

なお、有利発行として新株予約権を付与することも可能であり、実際にも、特に有利な条件ではないことが明確ではないような場合に行われている。旧商法では、株式会社への労務による出資が認められない等の理由で、会社が受ける便益は認識されず、したがって常に有利発行として、取締役が付与対象者の場合も報酬決議を行わずに付与されていた。

(c) その他の条件

ストック・オプションとして付与される、または有償で取得される新株予約権には、会社の利益やROEといった指標が一定の水準を上回るといった業績条件が付けられる場合がある。

業績条件を厳しくすれば、行使価格を引き上げるのと同様に、新株予約権が行使される確率は下がり、その価値も低下することになる。とすれば、その分付与する個数を増加させる、または有償の場合に払込金額を引き下げる（たとえば、業績条件がなければ1個当たり10,000円の払込みが必要であるところ、業績条件を付けることで、払込金額を7,000円とする（差額の3,000円は、条件を達成できた場合には株式をより低い価格で取得することができ、付与対象者の利益となる）ことも、必ずしも特に有利な条件での発行となるわけではないといえる。

実務上、新株予約権の価値算定において、業績条件を付すことによる価値の低下を反映させている例も数多くみられるが、行使価格の引上げと異なり、業

績条件が付いたために新株予約権の価値がどの程度低下するかを定量的に測定することは容易ではない。そのため，実例の積み重ねにより測定手法が一定程度確立されるまでは，株主から争われた場合に備え，有利発行の株主総会決議を行っておくことも1つの方法と考えられる。

（3）特殊な場合

① 株主割当

新株予約権の新規発行に際して，株主にその割当てを受ける権利を与えることも可能である（会社法241条）。

払込みを要しない場合の新株予約権の株主割当は，後記②のライツ・オファリングで用いられる新株予約権無償割当て（会社法277条）と効果としては類似するが，払込みを要しないとしても，株主全員が引受けを行うとは限らないことから，一定の個数の新株予約権を確実に発行するには，新株予約権無償割当ての方が適切といえる。

その他，株主割当において留意すべき点は，前記「第2章第2節1（3）① 株主割当」を参照されたい。

② ライツ・オファリング

i 概 説

ライツ・オファリングとは，新株予約権無償割当て（会社法277条）により既存株主に新株予約権を割り当て，その新株予約権を行使してもらうことによる株式の新規発行である。既存株主にまず追加出資の機会を与え，持株比率の希薄化に配慮するものであるという点では，前記「第2章第2節1（3）① 株主割当」と共通するが，追加出資を行わない既存株主から追加出資を希望する他の投資家（他の株主を含む）への新株予約権の譲渡が可能であり，資金調達の確実性がより高いものとなっている点が異なる。

ライツ・オファリングには，金融商品取引業者が未行使の新株予約権を取得して行使し，確実に株式が発行されるコミットメント型と，そのような金融商品取引業者の関与がなく，株式の発行が不確実なノンコミットメント型がある。前者は既存株主に優先権が与えられるものの，通常の公募（特に，過去に行われていた株主優先募入があるもの）に近いといえる。一方，後者は，既存株主以外も株式を取得する機会があるとはいえ，個人株主等の手元不如意を除けば，

既存株主が持株比率の希薄化を甘受してでも出資を見送る株式を，わざわざ新株予約権を取得して出資を行う投資家は一般的には多くないことが想定され，その実質は株主割当増資と近いものと考えられる。もっとも，後記「ii(c)　新株予約権の上場」のとおり上場される新株予約権の短期売買を行い，利益確定のためこれを行使して株式を取得し売り抜ける投資家は一定数存在する。

なお，本②でライツ・オファリングを行う会社は上場会社とする。

ii　実施の手続（ノンコミットメント型）

(a)　新株予約権無償割当て

会社が新たに新株予約権無償割当てを行う際には，取締役会の決議により以下の募集事項を決定しなければならない（会社法278条1項，3項本文かっこ書き）。

> ア　株主に割り当てる新株予約権の内容および数またはその算定方法（同条1項1号）（前記「（1）①　会社一般における原則的な手続の流れ」参照）
> イ　アの新株予約権が新株予約権付社債に付されたものである場合は，社債部分に関する事項（同項2号）
> ウ　新株予約権無償割当ての効力発生日（同項3号）
> エ　新株予約権無償割当ての対象となる株式の種類（同項4号）

前記の決定により，割当てを受けた株主は効力発生日に割り当てられた新株予約権の新株予約権者となる（会社法279条1項）。

会社は，効力発生日後遅滞なく，割り当てられた新株予約権の内容および数を通知する必要がある（同条2項）。平成26年の会社法改正までは，新株予約権の行使期間の初日の2週間前までに通知を行う必要があったが，改正により，通知の日から最低2週間の行使期間が確保されれば足りることとなった（同条3項）。

(b)　有価証券届出書の提出

新株予約権無償割当ては，株式分割（会社法183条）や株式無償割当て（会社法185条）と同様に，株主全員に持株比率に応じて無償で新株予約権を割り当てるものであり，割当て自体に際しては株主の投資判断が存在するわけではない（開示ガイドライン2－4⑥）。もっとも，割当ての後には，各株主は自らの持株比率を維持するために新株予約権を行使し払込みを行うかどうかの投

資判断を迫られることになるため，新株予約権無償割当ては新株予約権の取得勧誘に該当し（開示ガイドライン2－3），前記「（2）②ⅰ　公募」のとおり有価証券届出書の提出が必要となる。なお，前記「第2章第2節1（3）①ⅱ（b）　上場会社の場合の取扱い」の株主割当の場合における提出期限の特例は適用されず（金商法4条4項ただし書き，開示府令3条5号），日刊新聞紙への無償割当てに関する所定の事項の掲載により，目論見書の作成および交付も不要とされている（金商法13条1項柱書きただし書き，2号，15条2項3号，開示府令11条の5）。

(c)　**新株予約権の上場**

新株予約権無償割当てによって割り当てられた新株予約権は，譲渡が可能であり（会社法254条1項），譲渡制限も付けられないが，割当てを受けた株主が譲受人を容易に見つけられなければ，実質的には譲渡は困難であるため，ライツ・オファリングにおいては新株予約権自体の上場が必要となる。

上場審査は，新株予約権の上場基準（上場規程304条1項）および上場審査等に関するガイドラインのⅢの5に沿って実施される。これらは，平成26年10月に改正され，ノンコミットメント型でもコミットメント型と同程度の金融商品取引業者による増資の合理性の審査または株主総会決議等による株主の意思の確認が必要となる（同項2号）など，ノンコミットメント型での実施は以前と比較して困難になっている。

ⅲ　**コミットメント型の場合に必要な手続**

コミットメント型のライツ・オファリングを実施する場合は，前記のノンコミットメント型で必要となる手続に加えて，以下の手続が必要となる。

(a)　**新株予約権の取得条項の追加およびそれによる取得**

未行使の新株予約権をいったん会社がすべて取得するために，割り当てられる新株予約権の内容に会社による取得条項を追加しておき，行使期間の満了前に，当該取得条項により未行使の新株予約権を取得する必要がある。

(b)　**コミットメント契約の締結**

金融商品取引業者とコミットメント契約（金商法2条6項3号）を締結し，前記「(a)　新株予約権の取得条項の追加およびそれによる取得」で取得した新株予約権を当該金融商品取引業者に譲渡し，行使させることになる。

③ 現物出資

　新株予約権の行使に伴う株式の新規発行に際して現物出資を行う場合，前記「（1）①　会社一般における原則的な手続の流れ」のi(c)のとおり，金銭以外の財産を出資の目的とする旨ならびに出資する財産の内容および価額を募集事項に含めることが必要となる（会社法236条1項3号）。

　そして，通常の株式の発行と同様に，裁判所が選任する検査役による当該現物出資財産の価額の調査が原則として求められるが（会社法284条1項），実際には同じく適用除外規定（同条9項各号）により，検査役が選任されることは非常に少ない。適用除外規定の内容も通常の株式の場合と同じであるが，新株予約権の行使に際して現物出資者に交付される株式数が少ない場合（同条9項1号）および現物出資財産の価額が少額の場合（同項2号）の，規模に着目した適用除外規定については，新株予約権1個当たりの交付される株式数または現物出資財産の価額で判断することとされており，検査役が選任される可能性はさらに低くなっている。

　検査役の選任が必要な場合でも，新株予約権は，発行されたものの結局行使されずに消滅することもあることから，裁判所への申立ては新株予約権の行使により金銭以外の財産が出資された後遅滞なく行えばよいこととされている（同条1項）。

　なお，新株予約権行使時の現物出資のほか，会社の承諾を得て新株予約権の払込み自体を金銭以外の財産で行うことも可能であり（会社法246条2項），この場合は検査役の選任は求められていない。その他新株予約権の行使に際しての現物出資において留意すべき点は，前記「第2章第2節1（3）②　現物出資」を参照されたい。

2　個別財務諸表上の処理

（1）新株予約権（有償）

　新株予約権について，発行会社側の会計処理は図表3－2－1のとおりとなる。

図表３−２−１	新株予約権（有償）の会計処理（発行会社側）
発行時	新株予約権の発行に伴う払込金額を，純資産の部に「新株予約権」として計上する（複合金融商品処理４項，計規55条１項）。
行使時	①　新株を発行する場合 　　新株予約権の発行に伴う払込金額と新株予約権の行使に伴う払込金額との合計額を，資本金または資本金および資本準備金に振り替える（複合金融商品処理５項(1)，会社法445条１項から３項，計規17条１項，55条４項２号）。 ②　自己株式を処分する場合 　　新株予約権の発行に伴う払込金額と新株予約権の行使に伴う払込金額との合計額から自己株式の帳簿価額を控除した額を，自己株式処分差額としてその他資本剰余金に計上する（複合金融商品処理５項(2)，自己株式会計基準９項，10項，12項，計規17条２項，３項）。
失効時	失効に対応する額を，失効が確定した会計期間の利益（原則として特別利益）として処理する（複合金融商品処理６項，計規55条４項２号）。

また，自己新株予約権の会計処理は図表３−２−２のとおりとなる。

なお，自己新株予約権の行使はできない（会社法280条６項）。

図表３−２−２	自己新株予約権の会計処理
取得時	取得した自己新株予約権の時価または支払対価の時価のいずれかより高い信頼性をもって測定可能な時価に，取得時の付随費用を加算して算定する（複合金融商品処理11項，計規55条５項）。
保有時	純資産の部の新株予約権から原則として直接控除する（複合金融商品処理13項）。 自己新株予約権の帳簿価額が，対応する新株予約権の帳簿価額を超える場合に，当該自己新株予約権の時価が著しく下落し，回復する見込みがあると認められないときは，自己新株予約権の時価と帳簿価額との差額を当期の損失として処理する（複合金融商品処理14項，計規55条６項１号）。ただし，対応する新株予約権の帳簿価額を超えて自己新株予約権の帳簿価額を引き下げることはできない（計規55条６項１号）。
消却時	消却した自己新株予約権の帳簿価額とこれに対応する新株予約権の帳簿価額との差額を，当期の損益として処理する（複合金融商品処理16項，計規55条４項１号，７項）。

処分時	処分した自己新株予約権の帳簿価額と受取対価との差額を，当期の損益として処理する（複合金融商品処理17項，計規55条7項）。

　前記の新株予約権および自己新株予約権の具体的な会計処理は，設例3－2－1のとおりである。

設例3－2－1　新株予約権および自己新株予約権の会計処理

前提条件

① A社（3月決算）はX0年6月の株主総会にて以下の条件により新株予約権の発行を決議した。また，同年7月に付与し，同日に払込みが行われた。
- 新株予約権の目的となる株式の種類および数：普通株式100株
- 新株予約権の発行数：10個（1個当たり10株）
- 新株予約権の払込価額：1個当たり100
- 新株予約権の行使価額：1個当たり1,000
- 新株予約権の行使期間：X0年7月からX1年6月
- 新株予約権が行使された際に新株を発行する場合には，権利行使に伴う払込金額および行使された新株予約権の金額の合計額の2分の1を資本金に計上する。
- 新株予約権の時価はないものとする。

② X0年12月に新株予約権5個が行使された。

③ X1年1月に新株予約権2個が被付与者から他の者に譲渡された。
- 譲渡価額：1個当たり110

④ X1年2月に新株予約権2個が被付与者からA社に譲渡された。
- 譲渡価額：1個当たり120
- 譲渡対価の時価がより高い信頼性をもって測定可能であったものとする。

⑤ X1年3月末のA社株式の時価は1株当たり120であった。

⑥ X1年4月に自己新株予約権1個を被付与者とは別の者に処分した。
- 処分価額：1個当たり130

⑦ X1年5月に自己新株予約権1個を消却した。

⑧ X1年6月に新株予約権4個が失効した。

⑨ 税金および税効果は考慮しない。

[会計処理]

1. 発行者側の処理

〔X0年6月〕

| (借) 現　　　金　1,000 | (貸) 新株予約権　(※)1,000 |

(※)　1,000＝10個×1個当たり払込価額100

〔X0年12月〕

| (借) 新株予約権　(※1)500 | (貸) 資　本　金　(※3)2,750 |
| 　　　現　　　金　(※2)5,000 | 　　　資本準備金　2,750 |

(※1)　500＝5個×新株予約権の単価100
(※2)　5,000＝5個×1個当たり行使価額1,000
(※3)　2,750＝(500＋5,000)×$\frac{1}{2}$

〔X1年1月〕

| 仕訳なし |

〔X1年2月〕

| (借) 自己新株予約権　(※)240 | (貸) 現　　　金　240 |

(※)　240＝2個×1個当たり譲渡価額120

〔X1年3月（決算時）〕

| 仕訳なし |

なお，自己新株予約権240が未行使の新株予約権500から直接控除され，貸借対照表上は新株予約権260と表示される。

〔X1年4月〕

| (借) 現　　　金　(※1)130 | (貸) 自己新株予約権　(※2)120 |
| | 　　　自己新株予約権処分益　(※3)10 |

(※1)　130＝1個×1個当たり処分価額130
(※2)　120＝1個×自己新株予約権の単価120
(※3)　差額

〔X1年5月〕

| （借）新株予約権 | (※1)100 | （貸）自己新株予約権 | (※2)120 |
| 自己新株予約権消却損 | (※3)20 | | |

(※1) 100＝1個×新株予約権の単価100
(※2) 120＝1個×自己新株予約権の単価100
(※3) 差額

〔X1年6月〕

| （借）新株予約権 | (※)400 | （貸）新株予約権戻入益 | 400 |

(※) 400＝未行使の新株予約権の数4個×新株予約権の単価100

（2）新株予約権（無償）

無償発行された新株予約権について，発行会社側の会計処理は次のとおりと考えられる。

新株予約権（有償）の発行の場合には，当該払込金額を純資産の部に新株予約権として計上することと定められているが（複合金融商品処理4項参照），無償発行の場合には払込金額がない。また，当該発行は対価関係にある給付の受入れを伴わない取引であり，これを実施することで新旧株主間での富の移転を生じさせ得るにすぎず，費用認識に根拠がない（ストック・オプション等会計基準37項参照）。これらを踏まえると，特段会計処理は要しないと考えられる。

（3）ライツ・オファリング

発行会社側の処理は図表3－2－3のとおりになると考えられる。

図表3－2－3　ライツ・オファリングの会計処理（発行会社側）

発行時	新株予約権（有償）の発行の場合には，当該払込金額を純資産の部に新株予約権として計上することと定められているが（複合金融商品処理4項参照），ライツ・オファリングは無償割当であり，払込金額がない。また，ライツ・オファリングは対価関係にある給付の受入れを伴わない取引であり，これを実施することで新旧株主間での富の移転を生じさせ得るにすぎず，費用認識に根拠がない（ストック・オプション等会計基準37項参照）。 以上を踏まえると，特段会計処理は要しないと考えられる。
行使時	権利行使に伴い行使額が払い込まれることから，当該行使額を新株発行の対価または自己株式処分の対価として会計処理する（複合金融商品処理5項(1)，会社法445条1項ないし3項，計規17条1項ないし3項）。
失効時	新株予約権（有償）の発行の場合には，失効に対応する額を失効が確定した会計期間の利益（原則として特別利益）として処理することと定められているが（複合金融商品処理6項参照），発行時に特段会計処理がなかったことから，失効に対応する額もないため，失効時においても会計処理は要しないと考えられる。

（4）外貨建新株予約権

　外貨建新株予約権を発行する場合の発行者側の当該新株予約権の換算方法は図表3－2－4のとおりとなる。

図表3－2－4　外貨建新株予約権の換算方法

発行時	発行時の円貨への換算は，発行時の為替相場による（外貨建取引等実務指針19－2項本文）。ただし，振当処理を採用している場合には，為替予約等により確定した円貨額により記録する（外貨建取引等実務指針19－2項ただし書き）。
決算時	決算時の円貨への換算は，発行時の為替相場による（外貨建取引等実務指針19－3項前段本文）。ただし，振当処理を採用している場合には，為替予約等により確定した円貨額により記録する（外貨建取引等実務指針19－3項ただし書き）。
行使時	行使時の円貨への換算は，発行時に記帳された為替相場による（外貨建取引等実務指針19－3項後段）。

また，外貨建自己新株予約権の換算方法等は図表3－2－5のとおりとなる。

図表3－2－5　外貨建自己新株予約権の換算方法

取得時	取得時の為替相場による（外貨建取引等実務指針19－5－2項本文）。ただし，振当処理を採用している場合には，為替予約等により確定した円貨額により記録する（外貨建取引等実務指針19－5－2項ただし書き）。
決算時	決算時の円貨への換算は取得時の為替相場による（外貨建取引等実務指針19－5－3項本文）。 なお，次のとおり，判定に用いる通貨に対応する新株予約権の帳簿価額を超える場合において，当該自己新株予約権の時価が著しく下落し，回復する見込みがあると認められないときは，時価との差額を損失として処理することとなるが，以下の文言の判断に留意が必要である。ここで，時価との差額を損失として処理する場合の時価は決算時の為替相場により換算する（外貨建取引等実務指針19－5－3項なお書き）。 ①　対応する新株予約権の帳簿価額を超える 　➡両者の円貨換算後の帳簿価額を比較して判断する。 ②　著しく下落した 　➡外貨建の時価と外貨建の取得原価とを比較して判断する。
消却時	消却した自己新株予約権の取得時の為替相場による円換算額（時価の著しい下落により帳簿価額の引下げが行われた場合には，当該決算時の為替相場による円換算額）とこれに対応する新株予約権の発行時の為替相場による円換算額との差額を当期の損益として処理する（外貨建取引等実務指針19－5－4項前段）。
処分時	受取対価と処分した自己新株予約権の取得時の為替相場による円換算額（時価の著しい下落により帳簿価額の引下げが行われた場合には，当該決算時の為替相場による円換算額）との差額を当期の損益として処理する（外貨建取引等実務指針19－5－4項後段）。

3　税務上の処理

（1）発行会社の税務上の処理

①　付与時および権利行使時

新株予約権の付与については，特段課税関係は生じない。また，新株予約権の権利行使に伴う新株の発行または自己株式の処分については，いずれも税務上は資本等取引として認識されるため，課税関係は生じない。なお，資本等取

引に類似した取引として，有利発行と不利発行のいずれの場合においても，新株予約権の時価と払込金額との差額は損金または益金とならないこととされている（法法54条の2第5項）。

まとめると，図表3-2-6のとおりである。

図表3-2-6 時価発行および有利発行の場合の課税関係

	付与時	権利行使時
時価発行	課税なし	課税なし
有利発行	損金不算入	損金不算入
不利発行	益金不算入	益金不算入

② 買戻し時および消却時

新株予約権を買い戻した場合について，新株予約権は税務上の有価証券に該当することから，当該新株予約権の取得価額は購入の代価（購入手数料その他，その有価証券の購入のために要した費用がある場合には，その費用の額を加算した金額）となり（法令119条1項1号），当該購入代価に相当する金銭等が支払われていれば，特段課税関係は生じない。一方で，買い戻した自己新株予約権を消却する場合については，消却により発生する自己新株予約権消却損は税務上も損金となる。

（2）新株予約権者（法人）の税務上の処理

① 付与時（時価発行）

新株予約権者が法人の場合の税務上の処理として，新株予約権の付与時において当該新株予約権が時価発行されている場合は，特段の課税関係は生じない。これは，新株予約権は有価証券に該当することから，税務上の新株予約権の取得価額は，②の有利発行の場合でない限りは，払込金額（付随費用がある場合は当該費用を加算した金額）にて認識されるため（法令119条1項2号），課税関係は生じないこととなる。

| （借）新株予約権 | ××× | （貸）現　金 | ××× |

② 付与時（有利発行）

新株予約権の付与時において当該新株予約権が有利発行される場合には，当該時価と当該取得価額との差額は税務上受贈益として認識されるため，当該受贈益に対して課税される。これは有利発行の場合の税務上の新株予約権の取得価額が，その取得の時において通常要する価額（時価）と規定されているためであり（法令119条1項4号），税務上は次の仕訳が認識されることにより，受贈益に対して課税が生じることとなる。

（借）新株予約権	×××	（貸）現　　　　金	×××
		受　贈　益	×××

③ 権利行使時，期末保有時および株式譲渡時

新株予約権の権利行使時においては，取得する株式の取得価額は新株予約権の税務上の帳簿価額および権利行使に伴う払込金額の合計金額となり（法令119条1項2号），特段課税関係は生じない。

また，新株予約権を期末時点まで保有した場合の税務上の評価であるが，新株予約権は有価証券に該当することから，税務上の有価証券の評価の規定が適用される。具体的には，売買目的有価証券に該当する場合には，時価にて評価され（法法61条の3第1項1号），当該評価損益を益金または損金に算入することとなる。それ以外の有価証券に該当する場合には，帳簿価額にて評価されるため（法法61条の3第1項2号），評価損益は生じない。

また，権利行使により取得した株式の譲渡時においては，当該株式の譲渡対価と当該取得価額との差額に対して課税関係が生じることとなる。

まとめると，図表3－2－7のとおりとなる。

図表3－2－7 時価発行および有利発行の場合の課税関係（新株予約権者が法人の場合）

	付与時	権利行使時	株式譲渡時
時価発行	課税なし	課税なし（権利行使による株式の取得価額は新株予約権の取得価額と権利行使時の払込金額の合計金額）	株式の譲渡対価と株式の帳簿価額との差額に対して課税関係あり

有利発行	新株予約権の時価と取得価額との差額に対して課税	課税なし（権利行使による株式の取得価額は税務上の新株予約権の帳簿価額と権利行使時の払込金額の合計金額）	株式の譲渡対価と株式の帳簿価額との差額に対して課税関係あり

（3）新株予約権者（個人）の税務上の処理

①　付与時（時価発行），権利行使時および株式譲渡時

　新株予約権者が個人の場合の税務上の処理としては，新株予約権の付与時において当該新株予約権が時価発行される場合，公正な金額を払い込んでいれば，付与時点において課税関係は生じない。これは，新株予約権は有価証券に該当することから，当該新株予約権の取得価額が払込金額により決定されるためである（所令109条1項1号）。ただし，新株予約権者が低廉取得したと認定されるような場合には，付与時点において課税関係が生じる。

　また，権利行使時においては課税関係が生じない。これは，新株予約権の権利行使による株式の取得価額が新株予約権の取得価額と権利行使に伴う払込金額の合計額となるためである（所基通48-6の2）。

　さらに，権利行使により取得した株式を譲渡した場合においては，株式の譲渡対価と当該取得価額との差額に対して課税関係が生じることとなる。

②　付与時（有利発行），権利行使時および株式譲渡時

　新株予約権の付与時において当該新株予約権が有利発行される場合には，所令第84条第1項第4号に，発行法人から会社法第238条第2項の決議に基づき有利発行された新株予約権で，当該新株予約権の譲渡制限その他特別の条件を付されているものを与えられた場合（株主等として与えられた場合は除く）における当該新株予約権に係る収入金額は，当該新株予約権の権利行使により取得した株式の当該時点の時価から当該新株予約権の取得価額と権利行使に伴う払込金額との合計額を控除した金額と規定されている。このことから，有利発行で譲渡制限その他特別の条件が付されている場合，付与時点において課税関係はなく，権利行使時において給与所得等として課税されることとなる。

　また，権利行使により取得した株式を譲渡した場合においては，株式の譲渡対価と権利行使時の当該株式の時価との差額に対して課税関係が生じること

なる。これは，有利発行により取得した新株予約権の権利行使により取得した株式の取得価額が，権利行使時の時価とされていることによるものである（所令109条1項2号）。

以上をまとめると，図表3-2-8のとおりである。

図表3-2-8 時価発行および有利発行の場合の課税関係（新株予約権者が個人の場合）

	付与時	権利行使時	株式譲渡時
時価発行	課税なし	課税なし	株式の譲渡対価と権利行使による株式の取得価額との差額に対して課税
有利発行	課税。ただし，譲渡制限その他特別の条件が付されている場合は除く	課税なし。ただし，譲渡制限その他特別の条件が付されている場合は，権利行使時の株式の時価と新株予約権の取得価額および権利行使時の払込金額の合計額との差額に対して課税	株式の譲渡対価と権利行使時の株式の時価との差額に対して課税

4 連結財務諸表上の処理

(1) 新株予約権を発行した連結子会社等に対する連結財務諸表上の処理

新株予約権は，資本連結における親会社の子会社に対する投資と相殺消去される子会社の資本，および持分法適用の際の投資会社の被投資会社に対する投資に対応する被投資会社の資本には含まれない（資本連結実務指針9項なお書き，持分法実務指針2項なお書き，純資産適用指針5項，6項）。よって，連結子会社または持分法適用会社が新株予約権を発行していたとしても，資本連結または持分法適用において影響はない。具体的には，新株予約権を発行した連結子会社に対する連結財務諸表上の処理は設例3-2-2のとおりである。

なお，連結子会社が発行した新株予約権は，連結財務諸表の作成上は，貸借対照表を合算する過程にて当該新株予約権も合算されることから，連結財務諸表上も新株予約権として表示されることとなる。一方で，持分法適用会社について，貸借対照表を合算する過程がないことから，表示の面でも特段影響はない。

設例3－2－2　新株予約権を発行した連結子会社に対する連結財務諸表上の処理

前提条件

① P社（3月決算）はS社（3月決算）株式の発行済株式総数の80％の株式（取得価額160）をX0年3月末に取得し，S社を連結子会社とした。
② X0年3月末におけるS社の純資産の部の内訳は資本金100，繰越利益剰余金50，新株予約権50である。なお，評価差額はなかった。
③ P社とS社の間に取引は生じていないものとする。また，税金および税効果は考慮しない。

会計処理

〔X0年3月期（支配獲得時）〕

（借）資　本　金	100	（貸）S　社　株　式	160
利　益　剰　余　金	50	非支配株主持分	(※1)30
の　れ　ん	(※2)40		

(※1)　30＝（資本金100＋利益剰余金50）×非支配株主持分比率20％
　　　　親会社の子会社に対する投資と相殺消去される子会社の資本は資本金100と繰越利益剰余金50であり，新株予約権50は含まれない。
(※2)　差額

（2）連結財務諸表上の自己新株予約権の処理

親会社が発行した新株予約権を親会社が保有している場合および連結子会社が発行した新株予約権を当該連結子会社が保有している場合は，連結財務諸表上も自己新株予約権として処理する。一方，親会社または連結子会社が発行した新株予約権を他の連結会社が保有している場合には，連結会社間の債権債務の相殺消去に準じて処理する（複合金融商品処理15項，連結会計基準31項）。

ただし，一時所有の自己新株予約権は，自己社債に関する取扱いとの整合性を考慮し，相殺消去の対象としないことができる[2]（連結会計基準（注10））。

まとめると図表３－２－９のとおりである。

図表３－２－９　連結財務諸表上の自己新株予約権の処理

発行会社	保有会社	会計処理
親会社	親会社	連結財務諸表上，自己新株予約権として計上（個別財務諸表と同様の処理）
連結子会社	当該連結子会社	
親会社	連結子会社	連結会社相互間の債権債務の相殺消去に準じて処理。ただし，一時所有のものは相殺消去しないことができる。
連結子会社	親会社または他の連結子会社	

なお，親会社または連結子会社が発行した新株予約権を第三者が保有し，その後，他の連結会社が当該第三者から買い取ることで保有することとなった場合にも，連結財務諸表上の処理としては前記のように債権債務の相殺消去に準じて処理することとなる。ここで，当該新株予約権の当初の発行価額と第三者からの買取価額との間に差額が生じる場合がある。この場合，当該差額については，社債を繰上償還した場合と同様に，当期の損益として処理することとなると考えられるため，留意が必要である。

（３）在外子会社が発行する新株予約権の換算方法

在外子会社が発行する新株予約権については，発生時の為替相場による円換算額を付すが，新株予約権に係る為替換算調整勘定は，新株予約権に含めて表示する。また，当該新株予約権が行使された場合には，行使時の為替相場により換算した円貨額をもって払込資本に振り替え，失効した場合には，失効時の為替相場により換算した円貨額をもって当期の損益に振り替える（純資産適用指針７項(3)）。

---

[2] 企業会計基準適用指針公開草案第19号「払込資本を増加させる可能性のある部分を含む複合金融商品に関する会計処理（案）」に対する「公開草案に対するコメントの公表」P.10参照。

5　財務諸表等における開示

(1) 計算書類等の注記

　新株予約権については，株主資本等変動計算書に関する注記として，当該事業年度の末日における当該株式会社が発行している新株予約権（新株予約権を行使することができる期間の初日が到来していないものを除く）の目的となる当該株式会社の株式の数（種類株式発行会社にあっては，種類および種類ごとの数）を注記する（計規105条4号）。ただし，連結注記表を作成する株式会社は当該注記を個別注記表において省略できる（計規105条柱書き後段）。

　なお，会社計算規則においてストック・オプション等会計基準に基づく注記が求められているわけではないため，当該注記は同基準の適用の有無にかかわらず行う必要がある。

(2) 有価証券報告書の開示

①　提出会社の状況（株式等の状況）

i　新株予約権等の状況

　新株予約権を発行している場合には，当事業年度の末日ならびに報告書提出日の属する月の前月末現在における当該新株予約権について新株予約権の数，自己新株予約権の数，目的となる株式の種類および株式数，行使時の払込金額，行使期間，行使により株式を発行する場合の株式の発行価格および資本組入額，行使の条件，譲渡に関する事項，代用払込みに関する事項ならびに組織再編成行為に伴う交付に関する事項を記載する（開示府令第三号様式（記載上の注意）(21)a）。

ii　ライツプランの内容

　「第一部第2【事業の状況】」の「3【対処すべき課題】」において記載を要する財務および事業の方針の決定を支配する者の在り方に関する基本方針に照らして不適切な者によって当該会社の財務および事業の方針の決定が支配されることを防止するための取組み（いわゆる買収防衛策）の一環として，新株予約権を発行している場合には，「ライツプランの内容」の欄に記載する。なお，「新株予約権等の状況」の記載と重複している場合には，その旨のみを記載で

きる（開示府令第三号様式（記載上の注意）(22)a）。

また，「ライツプランの内容」の欄には，発行済の新株予約権について記載することを要し，未発行の場合には記載を要しない（開示府令第三号様式（記載上の注意）(22)b）。なお，いわゆる事前警告型の買収防衛策については，「第2【事業の状況】」の「3【対処すべき課題】」に記載することになる点に留意が必要である。さらに，「ライツプランの内容」は，事業年度末日後の決議により新株予約権が付与され，その内容に重要性がある場合には，提出日までをフォローした記載とすることが望ましい。

② 経理の状況
i 株主資本等変動計算書関係の注記（新株予約権）

新株予約権については，株主資本等変動計算書関係の注記として，①新株予約権の目的となる株式の種類，②新株予約権の目的となる株式の数，③新株予約権の年度末残高を注記する（連結財務諸表規則79条1項，財務諸表等規則108条1項）。なお，連結財務諸表を作成している場合には個別財務諸表での記載は不要である（財務諸表等規則108条5項）。

ここで，以下の点について留意が必要である。

- 連結財務諸表において，①および②は，親会社が発行する新株予約権を対象とする（連結財務諸表規則ガイドライン79－1）。また，①および②の事項の記載は，ストック・オプション等会計基準が適用される新株予約権を除く（連結財務諸表規則79条2項，財務諸表等規則108条2項，株主資本等変動計算書適用指針24項）。
- ②の株式の数については，新株予約権の目的となる株式の種類ごとに，新株予約権の目的となる株式の当年度期首および当年度末の数，当年度に増加および減少する株式の数ならびに変動事由の概要を記載する。ただし，新株予約権が権利行使されたものと仮定した場合の増加株式数の，年度末の発行済株式総数（自己株式を保有しているときには，当該自己株式の株式数を控除した株式数）に対する割合に重要性が乏しい場合には，注記を省略できる（連結財務諸表規則79条3項，財務諸表等規則108条3項）。
- 新株予約権を行使できる期間（会社法236条1項4号）の初日が到来していない新株予約権については，それが明らかになるように記載する（連結財務諸表規則ガイドライン79－1－2，財務諸表等規則ガイドライン108－1－2）。
- ③の残高については，連結財務諸表提出会社の新株予約権と連結子会社の新株予約権に区分して記載する（連結財務諸表規則79条4項）。

- 当該注記対象には敵対的買収防止策として付与される自社株式オプションは含まれるが，一括法により負債に計上されている転換社債型新株予約権付社債は含まれない（株主資本等変動計算書適用指針24項なお書き）。ただし，一括法により負債に計上されている転換社債型新株予約権付社債など発行済株式総数に重要な影響を与える可能性のあるものについては，当該注記を行うことを妨げない（株主資本等変動計算書適用指針24項ただし書き）。

ii 株主資本等変動計算書関係（自己新株予約権）

　自己新株予約権については，株主資本等変動計算書関係の注記として，連結財務諸表提出会社が保有する連結財務諸表提出会社が発行した新株予約権について，①自己新株予約権の目的となる株式の種類，②自己新株予約権の目的となる株式の数，③自己新株予約権の年度末残高を注記する（連結財務諸表規則79条5項1号，財務諸表等規則108条4項）。なお，連結財務諸表を作成している場合には個別財務諸表での記載は不要である（財務諸表等規則108条5項）。

　ここで，以下の点について留意が必要である。

- ①および②の事項の記載は，ストック・オプション等会計基準が適用される新株予約権を除く（連結財務諸表規則79条2項，財務諸表等規則108条2項，株主資本等変動計算書適用指針24項）。
- ②の株式の数については，自己新株予約権の目的となる株式の種類ごとに，自己新株予約権の目的となる株式の当年度期首および当年度末の数，当年度に増加および減少する株式の数ならびに変動事由の概要を記載する。ただし，自己新株予約権が権利行使されたものと仮定した場合の増加株式数の，年度末の発行済株式総数（自己株式を保有しているときには，当該自己株式の株式数を控除した株式数）に対する割合に重要性が乏しい場合には，注記を省略できる（連結財務諸表規則79条3項，財務諸表等規則108条3項）。
- 新株予約権を行使できる期間（会社法236条1項4号）の初日が到来していない新株予約権については，それが明らかになるように記載する（連結財務諸表規則ガイドライン79-1-2，財務諸表等規則ガイドライン108-1-2）。
- 連結財務諸表において，連結子会社が保有する当該連結子会社が発行した新株予約権については，自己新株予約権の連結会計年度末残高を注記する（連結財務諸表規則79条5項2号）。

(3) 1株当たり情報

　新株予約権を発行した場合，当該行使価額が期中平均株価を下回っている限り，1株当たり当期純利益に対する希薄化効果を有している。よって，当該希薄化効果を有する新株予約権を発行した場合には，1株当たり当期純利益会計基準第25項および第26項の定めに従い，潜在株式調整後1株当たり当期純利益を算定する必要がある。具体的な算定方法は設例3－2－3のとおりである。

設例3－2－3　潜在株式調整後1株当たり当期純利益

[前提条件]

① A社（3月決算）はX0年6月の株主総会にて以下の条件により新株予約権の発行を決議し，同年7月1日に付与し，同日に払込みが行われた。
- 新株予約権の目的となる株式の種類および数：普通株式100株
- 新株予約権の発行数：10個（1個当たり10株）
- 新株予約権の行使価額：1株当たり1,000円
- 新株予約権の行使期間：X0年7月からX1年6月

② X1年2月1日に5個の新株予約権が行使された。
③ 発行時から期末までの期間における平均株価：1,200円
④ 発行時から権利行使時までの期間における平均株価：1,250円
⑤ X0年度（X0年4月1日～X1年3月31日）の当期純利益：1,000,000円
⑥ 普通株式の発行状況は以下のとおりである。

　　期首時点：　　1,000株
　　行 使 時：　　　 50株
　　期末時点：　　1,050株

[1株当たり当期純利益の算定]

〔普通株式の期中平均株式数の算定〕

　1,008株＝1,000株×365日÷365日＋50株×59日$^{(※1)}$÷365日

　（※1）59日：X1年2月1日～X1年3月31日

〔1株当たり当期純利益の算定〕

　992.06円＝1,000,000円÷1,008株

[潜在株式調整後1株当たり当期純利益の算定]

〔普通株式増加数の算定〕

1．期末まで行使されなかった新株予約権に係る普通株式増加数

6株＝5個×10株×((1,200円－1,000円)÷1,200円)×274日(※2)÷365日

（※2）274日：X0年7月1日～X1年3月31日

2．権利行使された新株予約権に係る普通株式の増加数

6株＝5個×10株×((1,250円－1,000円)÷1,250円)×215日(※3)÷365日

（※3）215日：X0年7月1日～X1年1月31日

3．12株＝①＋②

〔潜在株式調整後1株当たり当期純利益の算定〕

980.39円＝1,000,000÷(1,008株＋12株)

第3節　新株予約権付社債の実務

1　法律上の手続

(1) 新株予約権付社債

①　概　説

新株予約権付社債は，新株予約権を付した社債であり（会社法2条22号），新株予約権部分と社債部分が一体化しており，分離して譲渡や質入れすることはできない（会社法254条2項本文，3項本文，267条2項本文，3項本文）。

新株予約権付社債を発行する場合は，社債の発行の手続ではなく，前記「第2節　新株予約権の実務」の単体の新株予約権の発行と同様の手続により，社債部分に関する後記「第4章第3節1 (1) ①　会社一般における原則的な手続の流れ」の事項等を決定することになる（会社法238条1項6号，7号，248条）。

そして，新株予約権のみの申込みを行った者も，新株予約権付社債全体の申込みをしたものとみなされ（会社法242条6項），新株予約権付社債の割当ての通知に際しても，社債部分に係る通知を併せて行うことになる（会社法243条3項かっこ書）。そして，割当てにより新株予約権者となる申込者は，新株

予約権付社債の社債権者になる（会社法245条3項）。総数引受契約による場合は，新株予約権の総数および社債部分の総額の引受けを行う契約であることが必要となる（会社法244条2項）。

② 転換社債型新株予約権付社債
ⅰ 概　説

転換社債型新株予約権付社債は，新株予約権付社債のうち，新株予約権の払込みを社債部分の出資によって行うものと定め，新株予約権付社債導入前の転換社債（平成13年11月改正前の旧商法341条ノ2）と同様の商品性としたものである。

旧商法上の転換社債型新株予約権付社債では，新株予約権の行使により，新株予約権付社債権者の請求に基づき社債部分の償還に代えて新株予約権部分の払込みを行うものとされていた（旧商法341条ノ3第1項7号，8号）ことと異なり，社債部分の現物出資により新株予約権が行使され株式を発行することとされたため，前記第2節1（3）③の現物出資に関する規制の対象となる。もっとも，通常は適用除外のいずれかに該当することから，検査役の選任は行われない。

ⅱ 有利発行

新株予約権付社債が特に有利な価格で発行されたかどうかは，社債については有利発行規制が存在しないことから，原則として新株予約権部分のみに着目して判断することになる。

もっとも，転換社債型新株予約権付社債の場合は，新株予約権部分と社債部分の一体性が強いことから，新株予約権部分だけでなく社債部分の条件も加味して，総合的に有利性を判断することになる。

③ その他の新株予約権付社債

新株予約権付社債は，前記②の転換社債型新株予約権付社債以外のもの，たとえば，平成13年11月改正前の新株引受権付社債（平成13年11月改正前の旧商法341条ノ8）のうち非分離型のものと類似するものも発行可能である。なお，分離型のもの（同条2項5号）は前記「①　概説」のとおり，新株予約権付社債には該当しない。

もともと，旧商法には転換社債のみが規定されていたが，昭和56年の旧商法改正で新株引受権付社債が導入された。新株引受権付社債の新株引受権，とりわけ分離型のものは，新株予約権の導入以前には前記「第2節1（2）③ii 有利性の判断の対象」のとおり株式を取得できるオプション単独での発行が原則認められなかった中で，株式を取得できるオプションの代用となるものであり，そのため新株引受権付社債は一時期盛んに発行された。

もっとも，平成6年の会計上の取扱いの変更により，区分法の適用が強制されることとなった結果，発行は激減し，その後も現在に至るまでほとんど発行されていない。詳細は後記「2（1）新株予約権付社債に関する処理」を参照されたい。

（2）その他の新株予約権付の資金調達手法

社債の代わりに新株予約権と借入を組み合わせた新株予約権付借入も利用されている。借入の場合，新株予約権付社債と異なり，会社法上，新株予約権と借入を分離できないようにする手段は存在しない（分離を無効にできる程度の一体性を確保したい場合は，信託への組入れ等の方法によることになる）が，新株予約権の発行要綱や割当契約，借入に係る金銭消費貸借契約等において分離譲渡の禁止や，貸付人による新株予約権行使時には借入に係る貸付債権を現物出資すべき旨を規定することで，相応の一体性を確保している。

新株予約権付借入に含まれる新株予約権の条件の有利性についても，転換社債型新株予約権付社債と同等の一体性が確保されていれば，新株予約権部分だけでなく借入部分の条件も加味して，総合的に有利性を判断することが可能と考えられる。

2 個別財務諸表上の処理

（1）新株予約権付社債に関する処理

新株予約権付社債の会計処理については，図表3－3－1に示すように定められている。また，当該新株予約権付社債が転換社債型新株予約権付社債であるか否かにより，発行会社の会計処理は図表3－3－2のとおりとなる。

図表３−３−１　新株予約権付社債の会計処理

一括法	社債の対価部分と新株予約権の対価部分に区分せず，普通社債の発行に準じて処理する方法（複合金融商品処理18項(1)）
区分法	社債の対価部分と新株予約権の対価部分に区分した上で，社債の対価部分は普通社債の発行に準じて処理し，新株予約権の対価部分は新株予約権の会計処理に準じて処理する方法（複合金融商品処理18項(2)）

図表３−３−２　発行会社の会計処理

転換社債型新株予約権付社債　→　一括法／区分法　選択適用可能

上記以外　→　区分法　選択適用不可

なお，一括法または区分法のいずれかを選択適用することとされているが，複数の転換社債型新株予約権が発行されている場合においては，当該処理方法はいずれかに統一する必要があるものと考えられる。

（２）取得条項付の転換社債型新株予約権付社債に関する処理

発行会社が取得条項付の転換社債型新株予約権付社債を取得する際の会計処理は，対価の別に，図表３−３−３〜図表３−３−５のとおりである。

図表３−３−３　取得条項付の転換社債型新株予約権付社債の取得時の処理（取得対価が現金の場合）

取得時の消却の有無	会計処理
取得と同時に消却（複合金融商品処理23項(1)）	繰上償還する場合に準じて，取得した転換社債型新株予約権付社債の帳簿価額とその対価としての払出額との差額を当期の損益として処理する。
上記以外（複合金融商品処理23項(1)）	【一括法】 　自己社債の取得に準じて処理する。この場合，金融商品会計基準における有価証券の取得に準じて処理する。ただし，満期保有目的の債券に分類することはできない。

	【区分法】 取得の対価としての払出額を発行時における払込金額の区分に準じて社債の対価部分と新株予約権の対価部分に区分した上で、社債の対価部分は自己社債の取得に準じて処理し、新株予約権の対価部分は自己新株予約権の取得に準じて処理する。

図表3－3－4 取得条項付の転換社債型新株予約権付社債の取得時の処理（取得対価が自社株式の場合）

取得時の消却の有無	会計処理
取得と同時に消却(*)（複合金融商品処理23項(2)）	取得した転換社債型新株予約権付社債に付された新株予約権が行使されたときに準じて、帳簿価額に基づき処理する。
上記以外（複合金融商品処理23項(2)）	取得の対価となる自社株式の時価と取得した転換社債型新株予約権付社債の時価のうち、より高い信頼性をもって測定可能な時価に基づき、新株発行または自己株式の処分に準じて処理する。 【一括法】 自己社債の取得に準じて処理する。この場合、金融商品会計基準における有価証券の取得に準じて処理する。ただし、満期保有目的の債券に分類することはできない。 【区分法】 取得の対価としての払出額を発行時における払込金額の区分に準じて社債の対価部分と新株予約権の対価部分に区分した上で、社債の対価部分は自己社債の取得に準じて処理し、新株予約権の対価部分は自己新株予約権の取得に準じて処理する。

（＊）　具体的には下記のすべてを満たした場合をいう。
　① 発行者が、当該取得条項に基づき、当該転換社債型新株予約権付社債に付された新株予約権の目的である自社の株式の数を交付することにより取得していること
　② 当該取得条項に基づいて取得した際に消却することが募集事項等に示されており、かつ、当該募集事項等に基づき取得と同時に消却が行われていること

図表3－3－5	取得条項付の転換社債型新株予約権付社債の取得時の処理（取得対価が現金と自社株の場合）

取得時の消却の有無	会計処理
取得と同時に消却（＊）（複合金融商品処理23項(3)）	取得した転換社債型新株予約権付社債に付された新株予約権が行使されたときに準じて，帳簿価額に基づき処理する。
上記以外（複合金融商品処理23項(3)）	【一括法】 　対価となる自社の株式の時価と取得した転換社債型新株予約権付社債の時価から対価となる現金の額を控除した額のうち，より高い信頼性をもって測定可能な金額と，対価となる現金の額の合計額に基づき，自己社債の取得に準じて処理する。 【区分法】 　当該合計額を発行時における払込金額の区分に準じて社債の対価部分と新株予約権の対価部分に区分し，社債の対価部分は自己社債の取得に準じて，新株予約権の対価部分は自己新株予約権の取得に準じて処理する。

（＊）　具体的には下記のすべてを満たした場合をいう。
　① 取得条項に基づく取得の対価の金額は，当該取得条項に基づき，当該転換社債型新株予約権付社債に付された新株予約権の目的である自社の株式の数に基づき算定された時価であること
　② 当該取得条項に基づいて取得した際に消却することが募集事項等に示されており，かつ，当該募集事項等に基づき取得と同時に消却が行われていること
　③ 現金の交付がすべて社債部分の取得に充てられ，自社の株式の交付がすべて新株予約権部分の取得に充てられるように，現金と自社の株式を対価とするそれぞれの部分があらかじめ明確にされ，これらの額が経済的に合理的な額と乖離していないこと

　通常の取得条項については，当該取得対価は自社株または現金である。また，ソフト・コール条項の取得対価も自社株または現金である。さらにソフト・マンダトリー条項，額面現金決済型取得条項が付されたものの取得対価は現金と自社株である。それらを踏まえると，図表3－3－6の会計処理を実施することとなると考えられる。

図表3-3-6 取得条項ごとの会計処理

取得条項の種類	取得対価	会計処理
通常の取得条項 (ソフト・コール条項等)	現金のみ	図表3-3-3に従って処理
	自社株のみ	図表3-3-4に従って処理
ソフト・マンダトリー条項	現金と自社株	図表3-3-5に従って処理
額面現金決済型取得条項	現金と自社株	図表3-3-5に従って処理

(3) 外貨建転換社債型新株予約権付社債の換算方法

外貨建転換社債型新株予約権付社債の発行者側の換算方法は、図表3-3-7のとおりとなる(複合金融商品処理25項)。

図表3-3-7 外貨建転換社債型新株予約権付社債

発行時	発行時の為替相場による。
決算時	決算時の為替相場による。また、換算によって生じた差額は、当期の為替差損益として処理する。
行使時	権利行使時の為替相場による。また、換算によって生じた差額は、当該権利行使時の属する会計期間の為替差損益として処理する。

3 税務上の処理

(1) 発行会社の税務上の処理

発行会社においては、税務上の処理は社債の発行と新株予約権の発行の処理となり、いずれも課税関係は生じない。

(2) 取得者(法人)の税務上の処理

取得者が法人の場合において、当該新株予約権付社債の取得価額は払込金額によることから(法令119条1項2号)、特段課税関係は生じない。また、新株予約権を行使して取得した株式については、新株予約権の帳簿価額と権利行使価額の合計額(つまりは新株予約権付社債の取得価額)となることから、課税

関係は生じない（法令119条1項2号）。

（3）取得者（個人）の税務上の処理

取得者が個人の場合において，当該新株予約権付社債の取得価額は払込金額によることから（所令109条1項1号），特段課税関係は生じない。また，新株予約権を行使して取得した株式については，新株予約権の帳簿価額と行使価額の合計額（つまりは新株予約権付社債の取得価額）となることから，課税関係は生じない（所令109条1項1号）。

4 連結財務諸表上の会計処理

（1）子会社が発行する新株予約権付社債の連結財務諸表上の会計処理

前記のように転換社債型新株予約権付社債が一括法にて処理される場合は，普通社債の発行に準じて処理され，区分法にて処理される場合は，社債の対価部分は普通社債の発行に準じて，新株予約権の対価部分は新株予約権の会計処理に準じて処理されることから，親会社が当該新株予約権付社債を保有している場合には，債権と債務の相殺またはこれに準じた相殺を行うことになる。

（2）国際財務報告基準を適用する在外子会社への対応

在外子会社において国際財務報告基準（IFRS）が適用されている場合，転換社債型新株予約権付社債の取扱いについては，当該契約条件を検討し，その実質に応じて金融負債と資本性金融商品を区分して処理することと定められている（国際会計基準（IAS）第32号「金融商品：表示」15項，28項）。

日本基準を採用している親会社においては，当該新株予約権付社債を区分せずに普通社債に準じた会計処理を実施しているため，当該子会社にて資本性金融商品として区分処理している部分については，債権と債務の相殺ができない。この場合，親会社が当該新株予約権付社債を区分せずに普通社債に準じた会計処理を実施していることを優先し，子会社側の処理を修正する必要があるため，連結財務諸表上，資本性金融商品に区分された部分を金融負債に区分し直したうえで，債権と債務の相殺を行うこととなると考えられる。

5 財務諸表等における開示

(1) 金融商品の時価等の開示

新株予約権付社債について,区分法により処理された新株予約権については,純資産の部に計上されるため,時価開示の対象外となる(金融商品時価開示適用指針2項なお書き)。一方,一括法により処理された転換社債型新株予約権付社債および区分法により処理された社債は,時価開示の対象となる。

(2) 社債明細表

通常の社債と同様に,新株予約権付社債も社債明細表に記載される。なお,当該新株予約権付社債については,以下の内容を欄外に記載する(連結財務諸表規則様式第九号(記載上の注意)6,財務諸表等規則様式第十二号(記載上の注意)5)。

- 発行すべき株式の内容
- 新株予約権の発行価額
- 株式の発行価格
- 発行価額の総額
- 新株予約権の行使により発行した株式の発行価額の総額
- 新株予約権の付与割合
- 新株予約権の行使期間
- 会社法第236条第1項第3号に掲げる事項の定めのあるものである場合にはその内容

(3) 提出会社の状況(株式等の状況)

新株予約権付社債を発行している場合には,有価証券報告書の「第一部第4【提出会社の状況】」の「1【株式等の状況】」の「(2)【新株予約権等の状況】」において,当事業年度の末日ならびに報告書提出日の属する月の前月末現在における当該新株予約権付社債について新株予約権の数,目的となる株式の種類および株式数,行使時の払込金額,行使期間,行使により株式を発行する場合の株式の発行価格および資本組入額,行使の条件,譲渡に関する事項や残高等を記載する(開示府令第三号様式(記載上の注意)(21)a)。

第4節　ストック・オプションの実務

1　法律上の手続

　ストック・オプションに係る法律上の手続については，「第2節1（2）③ iv　ストック・オプション」にまとめて記載しているため，そちらを参照されたい。

2　個別財務諸表上の処理

　ストック・オプションに関する会計処理は図表3－4－1のとおりとなる。

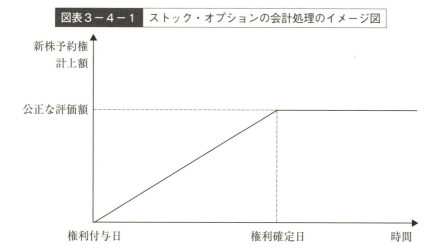

図表3－4－1　ストック・オプションの会計処理のイメージ図

（1）付　与　日

　ストック・オプションの付与日においては，特段の会計処理は行われない。

（2）付与日から権利確定日

　付与日における公正な評価額を付与日から権利確定日までの期間にわたって費用処理するとともに，対応する金額を新株予約権に計上する（ストック・オプション等会計基準4項，6項）。

(3) 権利行使時

① 新株を発行する場合

新株予約権の帳簿価額と権利行使に伴う払込金額（行使価額）の合計額を資本金または資本金および資本準備金に振り替える（ストック・オプション等会計基準8項）。

② 自己株式を処分する場合

新株予約権の帳簿価額と権利行使に伴う払込金額（行使価額）の合計額と処分する自己株式の帳簿価額との差額をその他資本剰余金として処理する（ストック・オプション等会計基準8項，自己株式会計基準9項，10項）。

(4) 失効時

新株予約権を取り崩し，対応する金額を特別利益に計上する（ストック・オプション等会計基準9項，47項）。

ストック・オプションに係る一連の具体的な会計処理は，設例3-4-1のとおりである。

設例3-4-1 ストック・オプションの会計処理

[前提条件]

① A社（3月決算）はX0年6月の株主総会において，従業員20名に対して以下の条件のストック・オプションを付与することを決議し，同年7月1日に付与した。
- ストック・オプションの数：従業員1名当たり5個（合計100個）であり，ストック・オプションの一部行使はできないものとする。
- ストック・オプションの行使により与えられる株式の数：合計100株
- ストック・オプションの行使時の払込金額：1株当たり10,000
- ストック・オプションの権利確定条件：以下のいずれの条件も達成した場合である。

勤務条件	X0年7月1日～X2年6月末日まで在籍すること
業績条件	X2年3月期の売上高および営業利益がX0年3月期の売上高および営業利益の110％以上であること

なお，業績条件は達成できる見込みであり，当該条件が達成できないことによる失効見込みはゼロとする。
- ストック・オプションの行使期間：X2年7月1日からX4年6月末日
- 付与されたストック・オプションは，他者に譲渡できない。
- 付与日におけるストック・オプションの公正な評価単価は，1,000/個である。

② X0年7月のストック・オプション付与時点において，X2年6月末までに4名の退職による失効を見込んでいる。
③ X2年6月末までに実際に退職したのは3名であった。
④ 年度ごとのストック・オプション数の実績は以下のとおりである。

	未行使数（残数）	失効分（累計）	行使分（累計）	摘　要
付与時	100	－	－	
X1/3期	95	5	－	退職者1名
X2/3期	85	10	－	退職者2名
X3/3期	55	－	30	行使6名
X4/3期	35	－	20	行使4名
X5/3期	－	10	25	行使5名，失効2名

⑤ X3年3月期およびX5年3月期に行使された新株予約権に対しては新株を発行し，権利行使に伴う払込金額および行使された新株予約権の金額の合計額を資本金に計上する。
⑥ X4年3月期に行使された新株予約権に対しては自己株式を処分した。処分する自己株式の取得原価は1株当たり8,000である。

〔会計処理〕

1．X1年3月期
〔ストック・オプション付与時〕

仕訳なし

〔人件費の計上〕

（借）株式報酬費用 （※1）30,000	（貸）新株予約権 30,000

（※1） 30,000＝（20名－4名）×5個×1,000×9か月（※2）÷24か月（※3）
　　　　 なお，期末時点において，将来の失効見込みを変更する必要はないと想定している。
（※2） 9か月：X0年7月～X1年3月
（※3） 24か月：X0年7月～X2年6月（勤務条件の達成が業績条件よりも長期を要するため）

2．X2年3月期

〔人件費の計上〕

（借）株式報酬費用 （※1）40,000	（貸）新株予約権 40,000

（※1） 40,000＝（20名－4名）×5個×1,000×21か月（※2）÷24か月－30,000
　　　　 なお，期末時点において，将来の失効見込みを変更する必要はないと想定している。
（※2） 21か月：X0年7月～X2年3月

3．X3年3月期

〔人件費の計上－権利確定時〕

（借）株式報酬費用 （※）15,000	（貸）新株予約権 15,000

（※） 15,000＝（20名－3名）×5個×1,000×24か月÷24か月－（30,000＋40,000）
　　　　 なお，権利確定時点において，確定した失効数（3名）にて算定している。

〔ストック・オプション行使時－新株発行〕

（借）現　　　　金 （※1）300,000	（貸）資　本　金 330,000
新株予約権 （※2）30,000	

（※1） 300,000＝6名×5株×10,000
（※2） 30,000＝6名×5個×1,000

4．X4年3月期

〔ストック・オプション行使時－自己株式処分〕

（借）現　　　　金 （※1）200,000	（貸）自　己　株　式 （※3）160,000
新株予約権 （※2）20,000	自己株式処分差益 （※4）60,000

（※1） 200,000＝4名×5株×10,000
（※2） 20,000＝4名×5個×1,000
（※3） 160,000＝4名×5株×8,000
（※4） 差額

5．X5年3月期

〔ストック・オプション行使時－新株発行〕

（借）現　　　　金	(※1)250,000	（貸）資　本　金	275,000
新株予約権	(※2)25,000		

（※1）　250,000 = 5名×5株×10,000
（※2）　25,000 = 5名×5個×1,000

〔ストック・オプション失効時〕

（借）新株予約権	(※)10,000	（貸）新株予約権戻入益	10,000

（※）　10,000 = 2名×5個×1,000

なお，非公開会社については，ストック・オプションの付与日の公正な評価額の算定が困難な場合が多いと考えられることから，当該公正な評価額に代えて付与日における本源的価値により評価し，その後は当該価値を見直さないこととしている。本源的価値とは算定時点における自社株式の評価額と行使価額との差額である（ストック・オプション等会計基準13項）。株式上場（Initial Public Offering：IPO）を目指す会社が税制適格要件（後記「3（1）税制適格要件」参照）を満たしたストック・オプションを発行する場合には，行使価額が自社株式の評価額を上回るため，本源的価値はゼロとなる。

ここで自社株式の評価方法としては，純資産法，キャッシュ・フロー法，配当還元法，取引事例比準法等，実務上さまざまな方法が用いられているが，利用すべき評価方法は，たとえば，当該株式を第三者に新規に発行する場合の価格を決定する際に用いられるような合理的な評価方法である必要があると考えられる（ストック・オプション等適用指針60項）。また，公開直後の企業については，自社の株価を参照できること等により，非公開会社の取扱いはできないため（ストック・オプション等会計基準63項），留意する必要がある。

3 税務上の処理

(1) 税制適格要件

ストック・オプションに係る税務上の処理は，これが税制適格か税制非適格

かにより異なる。よって，まずは税制適格となる要件を確認する。適格要件は次のように規定されている。

【新株予約権そのものに対する要件】
(1) 会社法第238条第2項の募集事項の決定に係る決議に基づき金銭等の払込みをさせないで発行されたもの（租特令19条の3第1項）
(2) 権利行使期間は，付与決議の日後2年を経過した日から当該付与決議の日後10年を経過する日までであること（租特法29条の2第1項1号）
(3) 権利行使額の年間の合計額が，1,200万円を超えないこと（租特法29条の2第1項2号）
(4) 1株当たりの権利行使価額は，契約を締結した株式会社の株式の当該契約の締結の時における時価以上であること（租特法29条の2第1項3号）
(5) 契約条件として，譲渡してはならないとされていること（租特法29条の2第1項4号）
(6) 新株予約権の行使に係る株式の交付が当該交付のために付与決議がされた会社法第238条第1項に定める事項に反しないで行われるものであること（租特法29条の2第1項5号）
(7) 新株予約権の行使により取得をする株式につき，当該行使に係る株式会社と金融商品取引業者等との間であらかじめ締結される新株予約権の行使により交付をされる当該株式会社の株式の管理等信託に関する取決めに従い，当該取得後直ちに，当該株式会社を通じて，管理等信託がされること（租特法29条の2第1項6号）
(8) 付与対象者は，発行会社またはその子会社の取締役等または権利承継相続人であること（租特法29条の2第1項）
(9) 付与対象者は，付与決議のあった日において当該株式会社の大口株主および同日において当該株式会社の大口株主に該当する者の特別関係者ではないこと（租特法29条の2第1項）

【提出書類等に関する要件】
(1) 新株予約権者が新株予約権を権利行使する際，次の書面を発行会社に提出するとともに，発行会社は当該書面を保存すること（租特法29条の2第3項，4項）
  ・新株予約権者が新株予約権の付与決議の日において発行会社の大口株主および大口株主の特別関係者に該当しないことを誓約した書面
  ・新株予約権の行使日の属する年における当該権利者の他の新株予約権の権利行使の有無（他の権利行使があった場合には，当該行使に係る権利行使価額およびその行使年月日）を記載した書面
(2) 新株予約権の付与に関する調書を，付与日の属する年の翌年1月31日までに，税務署長に提出していること（租特法29条の2第5項，7項）

> (3) 管理等信託を引き受けている金融商品取引業者等は，取得株式等の受入れまたは交付その他の異動状況に関する法定調書を，毎年１月31日までに，税務署長に提出していること（租特法29条の２第６項，７項）

　以上の要件すべてを満たした場合に，当該ストック・オプションは税制適格ストック・オプションとなる。通常は業績連動型ストック・オプションに対して上記要件を充たすような形で設計をする。一方，株式報酬型ストック・オプションにおいては，行使価額が１円に設定されている場合が多く，【新株予約権そのものに対する要件】(4)に抵触することから，税制適格要件を充たさないこととなる。

(2) 税務上の処理

　次に，税制適格か非適格かに加え，発行会社および新株予約権者（従業員や役員）のそれぞれの税務上の処理を確認する。

①　発行会社

　まず，発行会社の税務上の処理として，役務提供に係る費用の額（会計上で計上した株式報酬費用）は，原則として所得税法に規定する給与所得，事業所得，退職所得および雑所得の課税事由（以下「給与所得等課税事由」という）が生じた日の属する事業年度に帰属することと定められている（法法54条１項，法令111条の２第１項）。よって，税制非適格ストック・オプションの場合は，権利行使時において新株予約権者の給与所得等として課税されるため，当該新株予約権者に係る役務提供費用の額は当該権利行使をした日の属する事業年度において帰属されることとなる。ここで，当該費用の額が損金算入されるかどうかについては，過大な役員給与の損金不算入（法法34条２項）等の規定に基づき判断されることとなる。

　一方で，税制適格ストック・オプションの場合は，権利行使時において新株予約権者の課税が繰り延べられ，株式売却時には譲渡所得として課税されるため，給与所得等課税事由が生じないことから，会計上で計上した費用の額は損金算入できないこととなる。

　以上をまとめると，図表３－４－２のとおりとなる。

図表3-4-2　発行会社の課税関係

	税制適格	税制非適格
付与時	課税なし	課税なし
権利行使時	損金算入不可	権利行使された日の属する事業年度において損金算入可(*) (*) 過大な役員給与の損金不算入（法法34条2項）等の規定に基づき判断する必要がある。
株式売却時	課税なし	課税なし

② 新株予約権者

次に，新株予約権者の税務上の処理としては，税制非適格ストック・オプションの場合，権利行使時に当該時点の株価と権利行使価格との差額が給与所得等として課税され，株式売却時に当該時点の株価と権利行使時点の株価との差額が譲渡所得として課税される。一方，税制適格ストック・オプションの場合，権利行使時には課税は繰り延べられ，株式売却時に当該時点の株価と権利行使価格との差額が譲渡所得として課税される。

まとめると，図表3-4-3のとおりである。

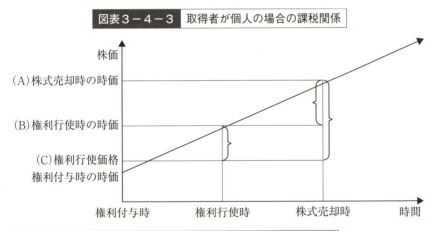

図表3-4-3　取得者が個人の場合の課税関係

	税制適格	税制非適格
付与時	課税なし	課税なし
権利行使時	課税なし	給与所得課税（B－C）
株式売却時	譲渡所得課税（A－C）	譲渡所得課税（A－B）

なお，上述したように，権利行使価格を1円とする株式報酬型ストック・オプションは税制非適格となるため，株価の状況によっては権利行使時に多額の給与所得が発生する可能性がある。ここで，権利行使期間が発行日から30年以内であり，退職したときは，退職日の翌日から極めて短期間（10日間）に限定され，当該権利を一括して行使しなければならない場合には，権利行使時の所得区分は給与所得ではなく退職所得として取り扱うものとされている。ここで給与所得および退職所得は図表3－4－4のとおり計算される。当該図表からわかるとおり，給与所得よりも退職所得のほうが2分の1を乗じる分，税務上有利になる。

図表3－4－4 給与所得および退職所得の計算

給与所得	退職所得
収入金額－給与所得控除額	（収入金額－退職所得控除額）× $\frac{1}{2}$

また，従前は，税制非適格ストック・オプションについて，権利行使前の発行会社に対する当該ストック・オプションの譲渡は譲渡所得として申告分離課税が適用されたため，権利行使による給与所得課税より税負担を軽減することが可能であったが，平成26年度税制改正において，当該譲渡については給与所得等として課税されることとなった（所法41条の2，所基通23～35共－6）。

4 連結財務諸表上の処理

(1) 子会社の従業員等に付与した親会社のストック・オプションの処理

グループ経営の観点から，親会社が自社のストック・オプションを子会社の従業員等に付与する場合もある。この場合，企業集団としてみたとき，ストック・オプション等会計基準が適用される取引となる。親会社が自社のストック・オプションを子会社の従業員等に付与した場合には，当該付与が子会社の報酬体系に組み込まれている等，子会社においても自社の従業員等に対する報酬として位置付けられているか否かにより，親会社および子会社の個別財務諸表上の会計処理が図表3－4－5のとおり異なり（ストック・オプション等適

用指針22項)。結果として連結財務諸表上の対応も異なるため留意が必要である。

図表3-4-5 親会社が自社のストック・オプションを子会社の従業員等に付与した場合の会計処理

	子会社においても自社の従業員等に対する報酬として位置付けられている場合	子会社においては自社の従業員等に対する報酬として位置付けられていない場合
親会社の個別財務諸表	親会社が子会社において享受したサービスの消費を費用として計上する。 【仕訳】 (借) 株式報酬費用 (貸) 新株予約権	左記と同じ
子会社の個別財務諸表	その付与と引換えに従業員等から提供された上記サービスの消費を費用として計上する。同時に、報酬の負担を免れたことによる利益を特別利益として計上する。 【仕訳】 (借) 給料手当 (貸) 未払金 (借) 未払金 (貸) 株式報酬受入益	会計処理は不要
連結財務諸表	グループ単位でみた場合、当該ストック・オプションは当該グループの従業員等に対して付与されているため、子会社にて計上した「給料手当」と「株式報酬受入益」を相殺消去することとなる。 【連結修正仕訳】 (借) 株式報酬受入益 (貸) 給料手当	連結修正仕訳は不要

(2) 子会社の報酬体系に位置付けられるか否かの基準

　子会社においても自社の従業員等に対する報酬として位置付けられるか否かについては、会計基準等にも明確な判断基準が示されていないため、実務上は問題となる。たとえば、ホールディング・カンパニーが、自社の株式オプションを事業会社である子会社の従業員等に付与する場合には、連結経営の観点からみて、子会社の報酬体系に位置付けられているとみるのが通常と考えられる。子会社の経営者があずかり知らないところで、親会社が子会社の従業員等にス

トック・オプションとして付与することは考えにくいためである。

　反対に，他社との合弁出資による子会社の役員のうち，親会社から派遣されている役員に対してのみ，親会社株式のオプションを付与する場合においては，子会社の報酬体系に位置付けられていないとみることが適当と考えられる。このような場合では，子会社の役員という立場で付与されたわけではなく，たとえば，付与された役員は，親会社からの出向者であったり，親会社の役員を兼務する者であったりすることが多いと考えられる。

5 財務諸表等における開示

（1）会社法における開示

① 計算書類等の注記
　前記「第2節5（1）計算書類等の注記」に記載した注記事項に含めて開示されることになる。

② 事業報告における開示
　公開会社の事業報告においては，「株式会社の新株予約権等に関する事項」を開示すべきこととされている（施規119条4号）。

　具体的には，以下の事項が開示されることになる（施規123条）。

> ⅰ　会社役員が有する新株予約権等のうち，職務執行の対価として交付されたものに関する事項
> ⅱ　事業年度中に使用人等に対して職務執行の対価として交付された新株予約権等に関する事項
> ⅲ　その他新株予約権等に関する重要な事項

　前記ⅰについては，次に定める役員の区分ごとに，新株予約権等の内容の概要と当該新株予約権等を有する人数を記載する（施規123条1号）。

> ・取締役（執行役を含む）のうち，監査等委員または社外役員ではない者
> ・社外役員である社外取締役のうち，監査等委員でない者
> ・監査等委員である取締役
> ・取締役または執行役以外の会社役員（監査役および会計参与）

なお，開示される新株予約権等は，有利発行であるかどうかは問題とならない。

また，前記ⅱに関しては，以下の区分ごとに，新株予約権等の内容の概要と当該新株予約権等を交付した人数を記載する（施規123条1号）。

- 自社（事業報告作成会社）の使用人
- 自社の子会社の役員および使用人

（2）有価証券報告書の開示

① 提出会社の状況（株式等の状況）

ストックオプション制度の内容について，ストックオプションの付与に関する決議ごとに，次の事項を記載する（開示府令第三号様式（記載上の注意）(27)，第二号様式（記載上の注意）(47)a，b）。

- 決議年月日
- 付与対象者の区分
- 対象者数
- 新株予約権の目的となる株式の種類および数
- 新株予約権の行使時の払込金額
- 行使期間
- 行使の条件
- 譲渡に関する事項
- 代用払込みに関する事項
- 組織再編行為に伴う新株予約権の交付に関する事項

なお，「新株予約権等の状況」において新株予約権の内容を記載している場合には，その旨のみを記載することができる（開示府令第二号様式（記載上の注意）(47)bなお書き）。

② 提出会社の状況（コーポレート・ガバナンスの状況等）

提出会社の役員の報酬等について，取締役，監査役または執行役の区分ごとの報酬等の総額，報酬等の種類別の総額および対象となる役員の員数を記載する（開示府令第三号様式（記載上の注意）(37)，第二号様式（記載上の注意）(57)a(d)）。なお，種類別の報酬等には付与されたストックオプションも含まれる。

③ 経理の状況

i ストック・オプション等関係

ストック・オプション等会計基準が適用される新株予約権は株主資本等変動計算書関係の注記からは除かれるが（連結財務諸表規則79条2項，財務諸表等規則108条2項，株主資本等変動計算書適用指針24項），ストック・オプション等関係の注記として記載されることとなる。

ストック・オプション等関係の注記は，(a)ストック・オプション等の付与に関する注記（連結財務諸表規則15条の9，財務諸表等規則8条の14）および(b)ストック・オプションに関する注記（連結財務諸表規則15条の10，財務諸表等規則8条の15）から構成される。

(a)については，①役務提供を受けた場合には，当該年度における費用計上額および科目名，②財貨を取得した場合には，その取引における当初の資産計上額または費用計上額および科目名，③権利不行使による失効が生じた場合には，利益として計上した金額を注記する。

ここで，以下の点について留意が必要である。

- ①の「費用計上額」とは，当該年度に付与したストック・オプション等に係る当年度の費用計上額および当該年度以前に付与されたストック・オプション等に係る当年度の費用計上額が含まれる（連結財務諸表規則ガイドライン15の9，財務諸表等規則ガイドライン8の14-1-1）。
- 当該注記は財務諸表提出会社が連結財務諸表を作成している場合には，個別財務諸表における注記は要しない（財務諸表等規則8条の14第2項）。

(b)については，①ストック・オプションの内容，規模およびその変動状況，②ストック・オプションの公正な評価単価の見積方法，③ストック・オプションの権利確定数の見積方法，④ストック・オプションの単位当たりの本源的価値による算定を行う場合には，当該ストック・オプションの各期末における本源的価値の合計額および各年度中に権利行使されたストック・オプションの権利行使日における本源的価値の合計額，⑤ストック・オプションの条件変更の状況を注記する。

ここで，以下の点について留意が必要である。

- ①については，契約単位または複数契約を集約して記載する（連結財務諸表規則15条の10，財務諸表等規則8条の15第2項）。ただし，以下のストック・オプションは複数契約を集約して記載してはならない（財務諸表等規則8条の15第3項）。
  ―付与対象者の区分，権利確定条件の内容，対象勤務期間および権利行使期間がおおむね類似しているとはいえないストック・オプション
  ―株式の公開前に付与したストック・オプションと公開後に付与したストック・オプション
  ―権利行使価格の設定方法が著しく異なるストック・オプション
- 会社法施行日（平成18年5月1日）前に付与されたストック・オプションについては，①の記載事項である付与日における公正な評価単価は，開示対象外とされている（ストック・オプション等適用指針25項(8)）。
- 当該注記は財務諸表提出会社が連結財務諸表を作成している場合には，個別財務諸表における注記は要しない（財務諸表等規則8条の15第9項）。

（3）関連当事者情報

　役員にストック・オプションを付与している場合は，ストック・オプション等会計基準により役員報酬として会計処理されるため，関連当事者の取引としては開示不要となる（関連当事者適用指針5項，連結財務諸表規則15条の4の2第5項2号，財務諸表等規則8条の10第3項2号，計規102条2項2号）。

　ただし，ストック・オプションの行使は，役員報酬に該当せず資本取引となり，開示対象取引となると考えられるため，留意が必要である。

（4）1株当たり情報

　ストック・オプションはその行使に伴い1株当たり当期純利益に対する希薄化効果を有する可能性があるため，潜在株式調整後1株当たり当期純利益の算定に加味する必要がある。なお，ストック・オプションは，一定期間の勤務後に権利が確定するといった勤務条件や，権利行使を行うためには一定の利益水準を達成するといった業績条件が付されていることがある。前者の勤務条件が付されており，当該ストック・オプションに希薄化効果がある場合には，行使期間が到来する前であっても，付与された時点から行使期間が開始されたものとして取り扱うこととされている（1株当たり当期純利益適用指針22項，53項）。また，後者の業績条件が付されており，当該ストック・オプションに希

薄化効果がある場合には，条件付発行可能潜在株式として取り扱うこととされている（1株当たり当期純利益適用指針5項，15項，30項，53項）。

まとめると，図表3－4－6のとおりである。

図表3－4－6	1株当たり当期純利益算定におけるストック・オプションの取扱い

条件	取扱い
勤務条件	付与された時点から行使期間が開始されたものとして取り扱う。
業績条件等	条件付発行可能潜在株式として取り扱う。

上述のうち，勤務条件が付されており，付与された時点から行使期間が開始されたものとして取り扱う場合には，ストック・オプションの権利の行使により払い込まれると仮定された場合の入金額に，ストック・オプションの公正な評価額のうち，将来企業に提供されるサービスに係る分を含めることと定められているため，留意が必要である（1株当たり当期純利益適用指針22項）。

なお，ここでいう「ストック・オプションの公正な評価額のうち，将来企業に提供されるサービスに係る分」は以下のとおり算定される。

$$\text{将来企業に提供されるサービスに係る分} = \text{ストック・オプションの公正な評価額} \times \frac{\text{対象勤務期間} - \text{経過期間}}{\text{対象勤務期間}}$$

第5節 有償ストック・オプションの実務

1 個別財務諸表上の処理

権利確定条件付きで従業員等に時価で発行される新株予約権の企業の会計処理について，基準諮問会議（財務会計基準機構（FASF））に検討の要望が出され，実務対応専門委員会でテーマ評価がなされた。その結果，企業会計基準委員会（ASBJ）において検討することが適切であるという結論になり，平成26年11月19日に開催された基準諮問会議において，ASBJへ新規テーマに関する提言が行われた。当該提言を踏まえて，平成26年12月18日に開催されたASBJにおいて，新規テーマとして取り上げることが承認され，平成27年10月

27日より実務対応専門委員会にて審議が開始されている。

権利確定条件付き時価発行新株予約権は，典型的には，「業績拡大及び企業価値の増大を目指すにあたり，より一層意欲及び士気を向上させ，当社グループの結束力をさらに高めること」等を目的として，以下のような内容で発行されることが多いとされている。

---
(1) 会社法の規定に基づき，新株予約権の募集事項が決議される。新株予約権には，権利確定条件として業績条件または業績条件および勤務条件が付される。
(2) 新株予約権が付与された役員等は現金を企業に払い込む。
(3) 業績条件（および勤務条件）が達成された場合に，権利行使可能日以降に権利行使が可能となる。

当該取引を無償のストック・オプションと比較した場合，図表3-5-1のような類似点および相違点がある。

図表3-5-1　無償ストック・オプションとの類似点および相違点

類似点	相違点
(1) 自社株式オプションである新株予約権が発行される。 (2) 付与が役員・従業員に限定される。 (3) 業績拡大・企業価値増大を目指すにあたり，役員・従業員のより一層の意欲・士気を向上させ，グループの結束力をさらに高めることが目的とされることが多い。 (4) 新株予約権に権利確定条件（業績条件または業績条件および勤務条件）が付されている。	(1) 有償発行であることから，資金調達としての効果がある。 (2) 無償発行の場合には，役員等からの払込みはない。

当該取引は，資金調達とストック・オプションの付与の双方の性質を有しているものの，現状の会計基準においては，複合金融商品処理またはストック・オプション等会計基準のいずれが適用されるかは明らかではないとされる。

なお，複合金融商品処理に従った処理は，次のとおりとなる。

(1) 有償発行時に，払込金額を新株予約権に計上する。
(2) 新株予約権が行使されたときに，新株予約権を払込資本に振り替える。
(3) 新株予約権が失効した場合，新株予約権を利益に計上する。

また，ストック・オプション等会計基準に従った処理は，次のとおりであると考えられる。

(1) 新株予約権発行時に，払込金額を新株予約権に計上する
(2) 新株予約権の付与時に，公正な評価額（＝公正な評価単価×ストック・オプション数。失効の見積数は公正な評価単価の算定上は反映させず，ストック・オプション数に反映させる）を算定する。公正な評価額から発行に伴う払込金額を差し引いて新株予約権を計上する。なお，業績不確定による失効の見積数も公正な評価単価の算定上は反映させず，ストック・オプション数に反映させる必要がある。
(3) 付与時に確定している各期の費用計上額は，公正な評価額から発行に伴う払込金額を差し引いた額となる（ただし，一般に僅少であると考えられる）。
(4) 業績条件の達成可能性が高くなった場合，権利不確定による失効見積数を見直し，見直し後のストック・オプション数による公正な評価額に基づく当期までに費用計上すべき額と実際の費用計上額との差額を，当期に費用計上する。
(5) 権利不行使による失効が明らかになった場合，新株予約権を利益計上する。

なお，それぞれの基準の定めによった場合の会計処理は設例３－５－１のとおりとなる。

設例３－５－１　有償ストック・オプションの会計処理

前提条件

① A社（３月決算）はX０年６月の株主総会において，役員５名に対して以下の条件により新株予約権の発行を決議し，同年７月に付与し，同日に払込みが行われた。
- 新株予約権の発行数：役員１名当たり100個
- 業績条件を考慮しない公正な評価単価：１個当たり10,000
- 業績条件を考慮した払込価額：１個当たり1,000
- 新株予約権の権利確定条件：以下のいずれの条件も達成した場合である。

勤務条件	行使時点で役員であること
業績条件	X2年3月期の売上高および営業利益がX0年3月期の売上高および営業利益の400％以上であること

② 業績条件の達成可能性はX1年3月期においては付与時点と変わらず，X2年3月期において確実になったものとする。

会計処理

1．複合金融商品処理にて処理する場合

(i) X1年3月期

〔新株予約権付与時〕

（借）現　　　　金 (※1)500,000	（貸）新 株 予 約 権　　500,000

（※1）　500,000＝5名×100個×1,000 (※2)
（※2）　業績条件を考慮した払込価額

〔人件費の計上〕

仕訳なし

(ii) X2年3月期

〔人件費の計上〕

仕訳なし

2．ストック・オプション等会計基準にて処理する場合

(i) X1年3月期

〔新株予約権付与時〕

（借）現　　　　金　　500,000	（貸）新 株 予 約 権　　500,000

〔人件費の計上〕

(※1)仕訳なし

（※1）　0＝500,000 (※2) －500,000 (※3)
（※2）　500,000＝5名×10個 (※4) ×10,000 (※5)

(※3) 新株予約権の払込金額
(※4) 業績条件の達成見込みを反映させたストック・オプション数
(※5) 業績条件を考慮しない公正な評価単価

(ii) X2年3月期
〔人件費の計上〕

| （借） 株式報酬費用 (※)4,500,000 | （貸） 新株予約権 (※)4,500,000 |

(※) 4,500,000 ＝ 5名×100個×10,000－500,000

上記のとおり，いずれの会計基準を適用するかにより，費用計上額に重要な相違が生じる可能性がある[3]。

2 税務上の処理

(1) 有償ストック・オプション

有償ストック・オプションに対する払込金額は，当該ストック・オプションの時価に基づいて決定されていることを踏まえると，税務上は時価発行による新株予約権の付与と同じ取扱いになるものと考えられる。その場合に，発行会社および新株予約権者（法人および個人）の課税関係は図表3－5－2のとおりとなる。

---

[3] これらの会計処理（設例を含む）は，本稿執筆時点におけるASBJでの検討状況を基に記載したものであり，いずれかの会計処理が会計基準に照らして適切な会計処理であると述べているものではない。なお，この有償ストック・オプションに係る会計処理については，今後のASBJでの検討状況を注視されたい。

図表3-5-2 時価発行に関する課税関係

		付与時	権利行使時	株式譲渡時
発行会社		課税なし	課税なし	課税なし
新株予約権者	法人	課税なし	課税なし	株式の譲渡対価と権利行使による株式の取得価額との差額に対して課税関係あり
	個人	課税なし	課税なし	株式の譲渡対価と権利行使による株式の取得価額との差額に対して課税関係あり

（2）時価発行新株予約権信託

　時価発行新株予約権信託とは，オーナー等の委託者から受託者である信託銀行に金銭信託が行われ，受託者は当該金銭を払込資金として発行会社が発行した時価発行新株予約権を引き受け，保管し，将来の一時点において一定の条件を満たしたときに，発行会社の従業員に対して当該新株予約権を交付するスキームである。委託者は株主であるオーナーまたは親会社となるケースと，発行会社となるケースがある。具体的にオーナーが委託者となり受託者に金銭を信託するケースのスキーム図は図表3-5-3のとおりである。

図表3-5-3 時価発行新株予約権信託（委託者がオーナーの場合）

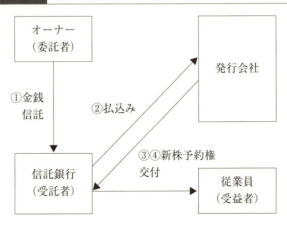

当該スキームの特徴としては，次のとおりである。

- 税法上の法人課税信託として取り扱われることを前提としているため，信託銀行において法人税が課税された後は，従業員への交付や従業員による権利行使においては所得税の課税はなく，権利行使により取得した株式を売却した時点で課税されることになる。
- 時価発行新株予約権に係る払込金額について，オーナーである株主から拠出されるため，発行会社または受益者である従業員からの拠出は不要である　等

時価発行新株予約権である有償ストック・オプションの税務上の処理については前記のとおりである。一方で，当該信託は将来の一時点で受益者となる従業員が決定されることから，信託時点では現に受益者が存在しない信託となり，法人課税信託として取り扱われ（法法2条29号の2，所法2条1項8号の3），その課税関係は図表3－5－4のとおりとなる。

図表3－5－4　時価発行新株予約権信託に関する課税関係（委託者がオーナーの場合）

	信託設定時	信託期間中	受益者確定時
オーナー（委託者）	受託者（信託銀行）に対する贈与として，信託設定時の時価により資産譲渡があったものとして課税される（所法6条の3第7号，59条1項1号）。	課税なし	課税なし
信託銀行（受託者）	当該資産の無償譲受けに関して，受贈益として，当該譲受けがあった日の属する事業年度の益金の額に算入される（法法22条2項）。	課税なし	課税なし
受益者	存在しない	存在しない	課税なし

3　連結財務諸表上の処理

複合金融商品処理またはストック・オプション等会計基準のいずれが適用されても，新株予約権については，資本連結における親会社の子会社に対する投資と相殺消去される子会社の資本および持分法適用における投資会社の被投資

会社に対する投資に対応する被投資会社の資本には含まれない（資本連結実務指針9項なお書き，持分法実務指針2項なお書き，純資産適用指針5項，6項）。よって，連結子会社または持分法適用関連会社が当該新株予約権を発行していたとしても，資本連結または持分法適用において影響はない。

第4章 負債による資金調達

第1節 負債による資金調達の概要

　企業が資金調達する方法の1つとして，借入の実施や社債の発行など，負債による資金調達がある。

　前記「第2章　増減資」に記載した株式発行は自己資本による資金調達であるのに対して，借入金や社債などの負債は他人資本による資金調達である。

　図表4－1－1は，株式発行による資金調達と借入金・社債などの負債による資金調達について，「資金提供者の株式会社の経営への参加権」，「返済義務」，「担保の必要性」，「貸借対照表上の表示区分」ごとに比較した表である。

図表4－1－1　株式発行による資金調達と借入金・社債による資金調達の比較

	株式発行による資金調達	借入金・社債による資金調達
資金提供者の株式会社の経営への参加権	原則あり[*1]	なし
返済義務	原則なし[*2]	原則あり[*3]
担保の必要性	必要なし	資金調達時の条件による
貸借対照表上の表示区分	純資産の部に計上	負債の部に計上

（*1）　議決権制限株式など議決権がない種類株式を除く。
（*2）　償還義務のある優先株式などを除く。
（*3）　償還期限のない永久社債などを除く。

図表4-1-1に記載のとおり，株式発行による資金調達の場合，議決権のある株式を保有すれば，株主総会での議決権の行使を通じて株式会社の経営へ参加することができる。また，調達した払込金の返済義務はなく，担保は不要である。

一方，借入金・社債による資金調達の場合，資金提供者は株主総会での議決権を持たない。また，借入金と社債は，資金調達時の条件によって担保の要否が異なる。

貸借対照表上の表示区分については，株式発行による資金調達は自己資本による資金調達のため純資産の部に計上される。一方，借入金・社債による資金調達の場合には負債の部に計上される。

1 借入金の定義・種類

（1）借入金の定義

借入金は，金融機関・他の企業などから借り入れた金銭債務である。銀行などの金融機関からの借入は，実務上，非常に重要な資金調達手段の1つであり，多くの企業において利用されている。

（2）借入金の種類

借入金の主な種類には，証書借入，手形借入，当座借越，コミットメントラインによる借入がある。それぞれの特徴は，図表4-1-2のとおりである。

図表4-1-2　借入金の主な種類および特徴

種類	特徴
証書借入	・金銭消費貸借契約を締結して，融資を受ける借入方法である。 ・長期運転資金や設備投資資金目的で，返済期間が長い資金調達に利用されるケースが多い。 ・借入額が高額になると手形借入と比較して印紙税が高くなる。
手形借入	・手形を金融機関等に差し入れる形で融資を受ける借入方法である。 ・比較的短期の資金調達に利用されるケースが多い。 ・証書借入と比較すると手続が簡便で印紙税が安い。

	・決済できない場合は手形の不渡りに伴う金融機関との取引停止処分のリスクがある。
当座借越	・当座貸越契約に基づき，一定の限度額まで資金を借り入れることができる方法である。 ・利率が高めに設定されることが多い。
コミットメントラインによる借入	・金融機関等とあらかじめ与信枠・契約期間を決めたコミットメントライン契約を締結し，与信枠の範囲内であれば契約期間中は借手側の請求によりいつでも資金調達できる借入方法である。 ・安定的な経常運転資金枠の確保・一時的に必要となる資金を確保する等の目的で利用される。 ・通常，金利とは別にコミットメントフィー等の手数料が発生する。 ・主な契約形態として，「バイラテラル方式」と「シンジケート方式」がある。 　「バイラテラル方式」は金融機関等と個別にコミットメントライン契約を締結する方式である。「シンジケート方式」は，アレンジャー（幹事金融機関等）を中心として，複数の金融機関と同一の契約書に基づき，同一条件でコミットメントライン契約を締結する方式である（シンジケート方式については，後記「第6節2　シンジケートローンによる借入」も参照のこと）。

2 社債の定義・種類

(1) 社債の定義

　社債は会社が発行する債券である。社債を発行した会社にとっては金銭債務である。

　会社法上は，「この法律の規定により会社が行う割当てにより発生する当該会社を債務者とする金銭債権であって，第676条各号に掲げる事項についての定めに従い償還されるものをいう」と定義されており（会社法2条23号），社債の発行にあたっては，募集社債の総額，各募集社債の金額，利率，社債の償還の方法および期限，利息の支払方法および期限など会社法で定められた一定の事項を決定する必要がある（会社法676条各号）。

(2) 社債の種類と募集形態

① 社債の種類

　社債の種類には、主に普通社債、新株予約権付社債、CP、劣後社債などがある。このうち、新株予約権付社債とは、新株予約権を付した社債をいう（会社法2条22号）。新株予約権付社債の詳細は、前記「第3章第3節　新株予約権付社債の実務」もあわせて参照のこと。

　また、劣後社債とは、他の金銭債務よりも返済順位等が劣後する社債をいう。劣後社債の特徴は、以下のとおりである。

> 【劣後社債の主な特徴や利用事例】
> - 返済順位が他の社債を含む金銭債務より劣後し、普通株式に優先するという性格をもつ。
> - 負債と資本の間の性格を有するという観点から、ハイブリッド社債と呼ばれることもあり、通常の社債よりも債務不履行のリスクが高い分、利回りが相対的に高く設定される傾向にある。
> - 一定の条件を満たせば、自己資本比率の算定上、自己資本として計算されるため、自己資本比率規制のある銀行等の金融機関が発行する事例が見受けられる（劣後社債については、一般事業会社の資金調達手段としても、平成27年6月に三菱商事株式会社が劣後特約付社債を公募発行した事例がある）。

② 社債の募集形態

　社債の募集形態には、「募集（公募）」と「私募」があり、それぞれの特徴は図表4-1-3のとおりである。なお、それぞれの条件については、後記「第10章第1節　資金調達に関する規制」を参照のこと。

図表4-1-3　社債の募集形態

募集形態	特　徴
募集（公募）	不特定多数の投資家を対象とする募集形態である。 不特定多数の投資家向けであることから、多額の資金調達が可能となる。一方で、金商法等に基づく情報開示（有価証券届出書・発行登録書・目論見書等の開示書類の作成）が必要となり、また、証券会社に対する手数料など調達コストが私募と比べて高くなる。

私募	少人数の投資家等を対象とする募集形態である。銀行が引き受ける私募やその他縁故者（経営者，取引先など）が引き受ける私募などがある。 私募債は，公募と比較すると比較的簡単な手続で発行することが可能である。

3 コベナンツ・継続企業の前提

(1) コベナンツ

① コベナンツの内容

　コベナンツ（Covenants）とは，金融機関等との貸付契約に記載される義務や制限などの特約条項であり，具体例として情報提供義務，担保制限条項，財務制限条項などがある。コベナンツとして契約に記載された条項を借手が遵守できなかった場合，通常は資金の貸手側に不利益とならないように，借手側の期限の利益の喪失や優遇金利の取消しなどが行われる。

　上記のうち財務制限条項として，たとえば，以下のような内容が挙げられる。

- 純資産を一定金額以上に維持すること
- 自己資本比率を一定比率以上維持すること
- 2期以上継続して営業損失や経常損失を計上しないこと
- フリー・キャッシュ・フローを一定金額以上確保すること

② 追加情報

　追加情報とは，連結財務諸表規則や財務諸表等規則などにおいて特に定める注記のほかに，利害関係人が会社の財政状態，経営成績およびキャッシュ・フローの状況に関する適正な判断を行うために注記すべき事項をいう（連結財務諸表規則15条，財務諸表等規則8条の5，計規98条1項19号，116条）。

　財務制限条項に抵触する場合は，通常，会社の事業活動へ重大な影響を及ぼす可能性があるため，追加情報としての注記の必要性を検討する必要がある。なお，監査・保証実務委員会実務指針第77号「追加情報の注記について」第5項では，「借入金や社債等に付された財務制限条項が財務諸表等に重要な影響を及ぼすと認められる場合など，利害関係人が会社の財政状態，経営成績及び

キャッシュ・フローの状況に関して適切な判断を行う上で必要と認めた場合には，追加情報として財務諸表等に注記しなければならない」として，財務制限条項の事例を挙げている。

（2）継続企業の前提

コベナンツに関連する論点として，継続企業の前提に関する事項がある。

企業の作成する財務諸表は，一般に公正妥当と認められる企業会計の基準に準拠して作成されるが，この基準は，企業が将来にわたって継続して事業活動を行うこと，すなわち継続企業を前提としている。一方で，企業が事業活動を行うにあたっては，さまざまなリスクがあり，将来にわたって継続的に事業活動を行うことができるとは限らない。

特に企業の業績が悪化したことによって貸付契約に盛り込まれた財務制限条項に抵触した場合には，銀行等の債権者の対応によっては期限の利益を喪失し，既存の借入金の返済を迫られることがある。この結果，資金繰りに問題が生じ，倒産の可能性が高まる場合には，継続企業の前提に疑義が生じる（どのような場合に継続企業の前提に疑義を生じさせるような事業または状況があるかについて，監査基準委員会報告書570「継続企業」A1項に例示されているため参照されたい）。

このとき，一定の要件を満たした場合には，我が国の開示ルールでは継続企業の前提に関する事項を財務諸表に注記することが求められている。

具体的には，連結財務諸表規則第15条の22および財務諸表等規則第8条の27において，図表4−1−4のとおり，継続企業の前提の注記が必要な状況と注記事項が定められている。

図表4−1−4 継続企業の前提の注記が必要な状況と注記事項

注記が必要な状況	・貸借対照表日（または連結決算日）において，企業が将来にわたって事業活動を継続するとの前提（継続企業の前提）に重要な疑義を生じさせるような事象または状況が存在する場合 かつ ・当該事象または状況を解消し，または改善するための対応をしてもなお継続企業の前提に関する重要な不確実性が認められるとき

注記事項	・当該事象または状況が存在する旨およびその内容 ・当該事象または状況を解消し，または改善するための対応策 ・当該重要な不確実性が認められる旨およびその理由 ・当該重要な不確実性の影響を財務諸表（連結財務諸表）に反映しているか否かの別

また，会社法に基づく計算書類の作成にあたっても，同様の注記内容を開示することが求められている（計規100条）。

4 財務的効果

借入の実施や社債の発行などにより資金調達をした場合の一般的な財務的効果としては，負債の増加に伴い自己資本比率が低下することが挙げられる。自己資本比率が低下することで，財務レバレッジが高まり，その結果，ROEの上昇につながるケースがある。設例4-1-1で，数値による効果を確認する。

【ROEの計算式】

$$\text{ROE} = \frac{\text{当期純利益}}{\text{自己資本（帳簿価額）}}$$

これをさらに分解すると，下記のとおりとなる。

$$\text{ROE} = \text{売上高利益率} \times \text{総資産回転率} \times \text{財務レバレッジ}$$

$$= \frac{\text{当期純利益}}{\text{売上高}} \times \frac{\text{売上高}}{\text{総資産}} \times \frac{\text{総資産}}{\text{自己資本}}$$

設例4-1-1　自己資本比率以外のすべての数値が同じであると仮定した場合のROEの算定

(前提条件)
① A社とB社は，負債と自己資本以外の財務数値がすべて同じ会社である。
② 両社の売上高，当期純利益，総資産は下記のとおりである。

売上高	100百万円
当期純利益	30百万円
総資産	400百万円

③ A社は,負債が300百万円,自己資本が100百万円である。
④ B社は,負債が100百万円,自己資本が300百万円である。

[ROEの算定]

〔A社のROE〕

$$\text{A社のROE} = \frac{30百万円}{100百万円} \times \frac{100百万円}{400百万円} \times \frac{400百万円}{100百万円}$$

$$= 30\%$$

〔B社のROE〕

$$\text{B社のROE} = \frac{30百万円}{100百万円} \times \frac{100百万円}{400百万円} \times \frac{400百万円}{300百万円}$$

$$= 10\%$$

A社の自己資本比率は25%(=自己資本100百万円÷総資産400百万円)であり,B社の自己資本比率は75%(=自己資本300百万円÷総資産400百万円)である。そして,A社のROEは30%であり,B社のROEは10%である。

このように,自己資本比率以外のすべての数値が同じであると仮定すると,自己資本比率が低くなれば(負債の比率が高まれば),計算上はROEが増加することがわかる。

第2節　借入金の実務

1　法律上の手続

(1) 借入金

　会社法上は,借入について特段手続は定められておらず,会社が借入を行うには,多額の借財(会社法362条4項2号)に該当する場合,または額は多くなくても内容の複雑さ等の事情により重要な業務執行(同項柱書き)にあたる場合を除き,取締役会の決議は不要であり,代表取締役その他の業務執行取締

役が決定することになる。「多額」ないし「重要」なものとして取締役会決議が必要かどうかは，会社の取締役会規則で基準が定められる場合が多い。

また，借換えや内容の変更についても同様であり，後記「第5節1　法律上の手続」のDDSの実行も通常の借入と同じ手続によることになる。

（2）コマーシャルペーパー（CP）

①　手形CP

昭和62年に初めて国内のCP市場が創設された際，CPは約束手形と整理された。これは，当時の証券取引法上の有価証券に該当すると有価証券届出書の提出が求められるおそれがあり，さらに旧商法の社債に該当すれば，発行に取締役会決議が必要となる（旧商法296条）という背景から，これらに該当しないようにするためにそのように構成されたものである。その後，平成4年の証券取引法の改正により，翌年から有価証券に含められることとなったが（金商法2条1項15号），同時に少人数私募の規定も整備され，少人数私募により発行すれば有価証券届出書の提出は不要となった。

もっとも，約束手形であることにより，

ⅰ	発行，譲渡および償還に際して物理的な券面の作成，移転および呈示が必要
ⅱ	発行や償還時の即時の決済が困難
ⅲ	保管や呈示の際の紛失や破損等の危険がある
ⅳ	印紙税が課税される

といった問題が生じていたため，他の債券に先行して，CPの電子化のための短期社債等の振替に関する法律（当時）が平成14年に施行され，電子CP制度が導入されることとなった。そして，額面金額にかかわらず印紙税額を一律5,000円とする特例（旧租特法91条の2）が，平成17年3月31日で終了したことにより，ほぼすべてのCPが電子化された。

②　電子CP

前記「①　手形CP」のとおり，電子CPは手形CPとは異なり社債のうちの短期社債と整理されているため（振替法66条1号），会社が新たに電子CPを発行する際には，後記「第3節1（1）①　会社一般における原則的な手続の流れ」と同様，募集に関する重要な事項を取締役会の決議によって定め，そのう

えで個別の発行につき募集事項を決定しなければならない。個別の発行に関する募集事項は代表取締役その他の業務執行取締役が決定することも可能である（旧商法のもとでも，会社法施行時に併せて改正される前の旧振替法83条１項により，電子CPの個別の発行については取締役への委任が可能であった）。

なお，電子CPが短期社債として取り扱われるためには，以下の要件を満たす必要がある。

> i 各社債の金額が１億円以上であること（振替法66条１号イ）
> ii 償還期限が１年以内であること（同号ロ）
> iii 利息は償還時に支払われること（同号ハ）
> iv 無担保であること（同号ニ）

また，短期間で償還されるという特性から，通常の社債に関する規定の一部が適用されない（振替法83条）。

2 個別財務諸表上の処理

(1) 借 入 金

① 概　要

借入金は，資金の貸借日にその発生を認識し，その返金日に消滅を認識する（金融商品実務指針26項）。また，借入金は，債務額をもって貸借対照表価額とする（金融商品会計基準26項本文）。

借入金の一般的な会計処理の具体例は，設例４－２－１のとおりである。

設例４－２－１　借入金の会計処理

〔前提条件〕
① X１年４月１日に，A社はB銀行から1,000を証書借入により借り入れた。
② 契約上，約定利率は年率１％であり，利息の支払いは元本返済時である。
③ X２年３月末にA社はB銀行に1,000を返済した。
④ A社は３月末決算である。

会計処理

〔借入時の仕訳〕

| （借）現　　　　金 | 1,000 | （貸）借　入　金 | (※)1,000 |

（※）　1,000……前提条件①参照

〔利息および元本返済時の仕訳〕

| （借）借　入　金
　　　支　払　利　息 | (※1)1,000
(※2)10 | （貸）現　　　　金 | 1,010 |

（※1）　1,000……前提条件③参照
（※2）　10＝1,000×1％

② デリバティブ（金利スワップ）の処理

借入にあたっては，変動利息を固定利息に変換する目的や，あるいはその逆で固定利息を変動利息に変換する目的で，銀行等と金利スワップに係るデリバティブ契約を締結することがある。

金利スワップはデリバティブ取引であり，原則として時価評価が必要となる（金融商品会計基準25項）。

ただし，資産または負債に係る金利の受払条件を変換することを目的として利用されている金利スワップが金利変換の対象となる資産または負債とヘッジ会計の要件を充たしており，かつ，その想定元本，利息の受払条件（利率，利息の受払日等）および契約期間が当該資産または負債とほぼ同一である場合には，金利スワップを時価評価せず，その金銭の受払いの純額等を当該資産または負債に係る利息に加減して処理することができるという金利スワップの特例処理が認められている（金融商品会計基準（注14），金融商品実務指針178項）。

③ CPの会計処理

CPの具体的な会計処理および開示については，CP取扱いに詳細な定めがある。

具体的には，電子CPは，貸借対照表上，原則として償却原価法に基づいて算定された価額をもって貸借対照表価額とし，流動負債において「短期社債」または，従来の手形CPと同様に「コマーシャル・ペーパー」等の当該負債を

示す名称を付した科目をもって掲記する。また，損益計算書上は，「短期社債利息」または従来の手形CPと同様に「コマーシャル・ペーパー利息」等の当該費用を示す名称を付した科目をもって区分掲記する。いずれも金額に重要性がない場合には「その他」に含めて表示することができる。

また，債務額よりも低い価額で発行したことによる差額を「前払費用」として計上した場合には，発行日から償還期限までを計算期間として当該発行差額を定額法により按分する。

④ 低利・無利息による借入の会計処理

借入については，当事者間で合意した契約内容に基づいて会計処理をすることとなるため，仮に独立した第三者と取引した場合の借入利率よりも低い利率または無利息による借入の場合であっても同様の会計処理を行う。ただし，税務上は，借手側に追加的な税負担が生じる可能性があるため留意が必要である。詳細は後記「3　税務上の処理」を参照のこと。

（2）表示区分

借入金は，図表4－2－1のとおり，返済期限が1年内に到来するか否かで，分類・表示を区別する必要がある（財務諸表等規則49条，52条）。

図表4－2－1　借入金の分類・表示

返済期限	科目
1年以内	短期借入金，1年内返済予定の長期借入金など
1年超	長期借入金

3　税務上の処理

（1）借手側の処理（支払利息）

資金の借手側は，貸手側に対して一定の利息を支払うことが通常であり，税務上，原則として支払利息は全額損金算入される（前記の設例4－2－1では，A社のX2年3月期決算において支払利息10百万円が税務上損金算入される）。

しかし，借入の相手先が関係会社や会社役員等の関連当事者の場合，借入利率の水準によっては，支払利息の損金算入が否認されるなど，税務上問題となるケースがある。これは，関連当事者からの借入は，金融機関等の第三者からの借入と異なり，必ずしも取引が対等な立場で行われているとは限らず，借入利率が第三者から借入を行う場合の水準よりも高いまたは低い利率となっているケースがあるからである。また，債務保証を行っている場合における保証料においても，同様の問題が生じる可能性がある。

なお，完全支配関係がある法人間同士で行われる資金貸借などのケースでは，グループ法人税制が適用され，税務上は異なる取扱いが定められている（法法25条の2第1項，法法37条2項）。ここで，グループ法人税制は，平成22年度税制改正により導入された制度であり，100％完全支配関係にある法人同士を一体とみて，課税を行うという考え方に基づく税制をいう。

借手側の支払利息に係る税務上のリスクをまとめると，図表4－2－2のとおりである。

図表4－2－2　借手側の支払利息に係る税務上のリスク

支払利息の水準	税務上のリスク
①支払利息が本来支払うべき利息よりも多いケース	本来支払うべき利息と実際支払った利息との差額について損金算入が否認される可能性がある。 【グループ法人税制が適用されない場合の申告調整】 （借）寄附金　××（貸）支払利息　×× 【グループ法人税制が適用される場合の申告調整】 （借）寄附金　××（貸）支払利息　×× （借）その他流出　××（貸）寄附金損金不算入　××
②支払利息が本来支払うべき利息よりも少ないケース	本来支払うべき利息と実際支払った利息との差額を受贈益認定される可能性がある。 【グループ法人税制が適用されない場合の申告調整】 （借）支払利息　××（貸）受贈益　×× 【グループ法人税制が適用される場合の申告調整】 （借）支払利息　××（貸）受贈益　×× （借）受贈益益金不算入　××（貸）その他流出　××

① **支払利息が本来支払うべき利息よりも多いケース**
　ⅰ　グループ法人税制が適用されないケース
　法人税法上は，経済合理性の観点から，支払利息が本来支払うべき利息よりも多いケースでは，本来支払うべき利息と実際支払った利息との差額について寄附金認定され，損金算入が否認される可能性がある。

　ⅱ　グループ法人税制が適用されるケース
　グループ法人税制が適用されるケースにおいて，本来支払うべき利息と実際支払った利息との差額は寄附金認定され，寄附金は全額が損金不算入とされる（法法37条2項）。

② **支払利息が本来支払うべき利息よりも少ないケース**
　ⅰ　グループ法人税制が適用されないケース
　支払利息が本来支払うべき利息よりも少ないケースでは，本来支払うべき利息と実際支払った利息との差額を受贈益認定される可能性がある。すなわち，法人税法第22条第2項では，「事業年度の益金の額に算入すべき金額は，別段の定めがあるものを除き，資産の販売，有償又は無償による資産の譲渡又は役務の提供，無償による資産の譲受けその他の取引で資本等取引以外のものに係る当該事業年度の収益の額」と規定されており，本来支払うべき利息が免除されたことにより法人に対して経済的利益が生じた場合も，同条の「益金の額に算入すべき金額」に含まれ，課税対象となる。ただし，この場合，同時に支払利息も認識されるため，通常は借手側に課税上の追加負担はない（なお，後記するように，貸手側において寄附金認定課税の可能性がある）。

　ⅱ　グループ法人税制が適用されるケース
　グループ法人税制が適用される場合（内国法人が完全支配関係がある他の内国法人から，金銭の無利息貸付けなどの経済的利益の供与を受けた場合），支払利息を損金に算入して，同額を受贈益として益金に算入する。また，当該経済的利益が他の内国法人において寄附金に該当するときには，当該受贈益は完全支配関係のある法人間の受贈益の益金不算入として取り扱われる（法法25条の2第1項，法基通4－2－6）。

(2) 貸手側の処理（受取利息）

資金の貸手側は，借手側から一定の利息を受け取ることが通常であり，税務上，原則として，受取利息は全額益金算入される（法法22条2項）。

しかし，前述のとおり，受取利息が本来受け取るべき利息よりも多い，または少ない利息となっている場合には，税務上問題となるケースがある。

貸手側の受取利息に係る税務上のリスクをまとめると，図表4－2－3のとおりである。

図表4－2－3　貸手側の受取利息に係る税務上のリスク

受取利息の水準	税務上のリスク
①受取利息が本来受け取るべき利息よりも多いケース	借手側に税務リスクが生じるため，貸手側に税務上のリスクは生じない。
②受取利息が本来受け取るべき利息よりも少ないケース	本来受け取るべき利息と実際受け取った利息との差額を寄附金認定されるリスクがある。 【税務上の申告調整】 (借) 寄附金　××　(貸) 受取利息　×× この結果，寄附金のうち，損金算入限度額を超える部分の金額は，損金に算入されない（＝課税される）。

①　受取利息が本来受け取るべき利息よりも多いケース

受取利息が本来受け取るべき利息よりも多いケースでは，借手側に税務リスクが生じるため，貸手側に税務リスクは生じない。

②　受取利息が本来受け取るべき利息よりも少ないケース

受取利息が本来受け取るべき利息よりも少ないケースでは，本来受け取るべき利息と実際受け取った利息との差額を寄附金認定されるリスクがある。この結果，寄附金のうち，損金算入限度額を超える部分の金額は，損金に算入されない（課税される）。なお，子会社等[1]に対して無利息または低い利率での貸付

1　子会社等には，当該法人と資本関係を有する者のほか，取引関係，人的関係，資金関係等において事業関連性を有する者が含まれる（法基通9－4－2注書き）。

を行った場合，原則として本来収受すべき利息と実際に受け取った利息との差額相当額は寄附金として取り扱われるが，無利息または低い利率であることに相当な理由（たとえば，業績不振の子会社等の倒産を防止するためにやむを得ず行われるもので合理的な再建計画に基づくものであるなど）があると認められるときは，貸手側において寄附金として取り扱われないこととなっている（法基通9－4－2）。

4 連結財務諸表上の処理

連結グループ内で資金貸借を行っている場合には，連結財務諸表上，連結会社相互間の貸付金，借入金などの債権債務や支払利息，受取利息などの取引については相殺消去する必要がある（連結会計基準31項，35項）。

なお，連結会社が振り出した手形を他の連結会社が銀行割引した場合には，連結貸借対照表上，これを借入金に振り替える必要がある（連結会計基準（注10）(2)）。

5 財務諸表等における開示

(1) 金融商品に関する注記

① 概　要

財務諸表上，広く金融商品に関する注記が求められており（金融商品時価開示適用指針3項，4項など，連結財務諸表規則15条の5の2第1項，財務諸表等規則8条の6の2第1項），当該金融商品の範囲に借入金も含まれる。具体的に開示が求められている主な注記事項は，図表4－2－4のとおりである。

図表4－2－4　金融商品に関する主な注記内容

- 金融商品の状況に関する事項（金融商品に対する取組方針，金融商品の内容およびそのリスク，金融商品に係るリスク管理体制，金融商品の時価等に関する事項について補足説明など）
- 金融商品の時価等に関する事項（金融商品に関する科目ごとに貸借対照表計上額，貸借対照表日における時価，貸借対照表計上額と時価の差額，時価の算定方法など）

時価とは公正な評価額をいい，市場において形成されている取引価格，気配

または指標その他の相場（市場価格）に基づく価額をいう。また，市場価格がない場合には合理的に算定された価額を公正な評価額とする（金融商品会計基準6項）。

「合理的に算定された価額」の算定方法として，次の3つの方法が挙げられている（金融商品実務指針54項）。

- 取引所等から公表されている類似の金融資産の市場価格に，利子率，満期日，信用リスクおよびその他の変動要因を調整する方法
- 対象金融資産から発生する将来キャッシュ・フローを割り引いて現在価値を算定する方法
- 一般に広く普及している理論値モデルまたはプライシング・モデル（たとえばブラック・ショールズ・モデル，二項モデル等のオプション価格モデル）を使用する方法

借入金や社債の時価の算定にあたっては，たとえば図表4－2－5のような算定方法が考えられる（金融商品時価開示適用指針 参考（開示例）1　製造業(1)参照）。

図表4－2－5　借入金の時価の算定方法の例

区　分	時価の算定方法の例
短期借入金	短期間で決済されるため，時価は帳簿価額にほぼ等しいことから，当該帳簿価額を時価とする方法
長期借入金	元利金の合計額を同様の新規借入を行った場合に想定される利率で割り引いて算定する方法(*)

(*)　変動金利による長期借入金は，短期間で市場金利を反映し，自社の信用状態が借入実行後に大きく異なっていない場合には，帳簿価額を時価とみなして開示するケースもある（金融商品時価開示適用指針 参考（開示例）3の2負債(5)参照）。

当該注記に関し，重要性の乏しいものについては，注記を省略することができるとされている（連結財務諸表規則15条の5の2第1項柱書ただし書き，財務諸表等規則8条の6の2第1項柱書ただし書き）。また，金融商品の注記内容に関連する適用指針として金融商品時価開示適用指針があり，各開示項目の内容の検討にあたっては，同適用指針に沿った開示となるよう留意が必要である。なお，連結財務諸表を作成している場合には，個別財務諸表における注記を要しない（財務諸表等規則8条の6の2第7項）。

また，会社法に基づく計算書類上，金融商品に関する注記として，前述した内容と同様の注記が求められている（計規109条1項）。なお，連結注記表を作成する会社については，個別注記表における金融商品に関する注記は不要とされている（計規109条2項）。

② 利率が低い場合または無利息の場合の借入金の時価

「時価」とは，前述のとおり公正な評価額であり，取引を実行するために必要な知識を持つ自発的な独立第三者の当事者が取引を行うと想定した場合の取引価額とされている（金融商品実務指針47項）。このため，借入金の時価の算定にあたっては，将来キャッシュ・フローを，自社の信用リスク等に照らした低い利率ではなく，通常の一般的な第三者との取引で使用される利率により割引を行うことが必要となる。この結果，利率が低い場合または無利息の場合の借入金の時価は貸借対照表計上額よりも低くなる。

(2) 有利子負債の返済予定額

財務諸表上，負債のうち借入金などの金利の負担を伴うものについては，返済予定額の合計額を一定の期間に区分した金額を注記する必要がある。なお，後記する借入金等明細表に記載している場合には，その旨の注記をもって代えることができる（連結財務諸表規則15条の5の2第6項，財務諸表等規則8条の6の2第6項）。ただし，借入金の返済予定が5年超のものがある場合には，借入金等明細表には記載されないため，金融商品に関する注記における有利子負債の返済予定額は省略することはできない。

(3) 附属明細表（連結附属明細表）

借入金に関連する（連結）財務諸表上の開示事項として，借入金等明細表がある（連結財務諸表規則92条，財務諸表等規則121条）。借入金等明細表では，短期借入金，リース債務，長期借入金，その他の負債で金利の負担を伴うもの（社債は除く）について，当期首残高，当期末残高，平均利率，返済期限等の記載が求められている。具体的な記載例は図表4－2－6のとおりである（連結財務諸表規則様式第十号，財務諸表等規則様式第十三号）。なお，財務諸表提出会社が連結財務諸表を作成している場合には，個別財務諸表における借入金等明細表の作成は不要である（財務諸表等規則121条4項）。

図表4-2-6　借入金等明細表の記載例

区分	当期首残高 （百万円）	当期末残高 （百万円）	平均利率 （％）	返済期限
短期借入金	100	120	1.2	-
1年以内に返済予定の長期借入金	500	500	2.0	-
1年以内に返済予定のリース債務	100	100	1.5	-
長期借入金（1年以内に返済予定のものを除く）	1,200	700	2.0	平成30年3月31日～ 平成35年3月31日
リース債務（1年以内に返済予定のものを除く）	100	400	1.5	平成30年3月31日～ 平成33年3月31日
その他有利子負債	560	450	-	-
合計	2,560	2,270	-	-

(注)　1．「平均利率」については，借入金等の期末残高に対する加重平均利率を記載しております。
　　　2．（そのほか必要に応じて注釈を追加する）

　また，リース債務，長期借入金，その他有利子負債（1年以内に返済予定のものを除く）については，貸借対照表日後（連結決算日後）5年内における1年ごとの返済予定額の総額を注記する必要がある（連結財務諸表規則様式第十号（記載上の注意）6，財務諸表等規則様式第十三号（記載上の注意）5）。
　具体的な記載例は，図表4-2-7のとおりである。

図表4-2-7　1年ごとの返済予定額表

区分	1年超2年以内 （百万円）	2年超3年以内 （百万円）	3年超4年以内 （百万円）	4年超5年以内 （百万円）
長期借入金	200	200	200	100
リース債務	200	100	50	50
その他有利子負債	200	100	100	50

(4) 債務保証の取扱い

会社が債務保証を行っている場合，重要性が乏しいものを除いて，その内容および金額について注記する必要がある（連結財務諸表規則39条の2，財務諸表等規則58条）。また，会社法に基づく計算書類上，①保証債務，②手形遡求債務，③重要な係争事件に係る損害賠償義務，④その他これらに準ずる債務（負債の部に計上したものを除く）があるときは，債務の内容と金額を注記する必要がある（計規103条5号）。

なお，連結会社がグループ会社の債務を保証している場合に，図表4－2－8のとおり，被保証会社が連結対象の会社か否かで連結財務諸表上の注記の要否が異なるため，留意が必要である。

図表4－2－8　連結財務諸表上の債務保証の注記の要否

■連結子会社を被保証会社として，債務保証を行っている場合

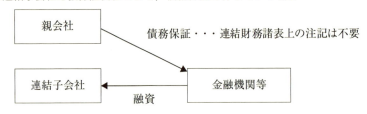

■非連結子会社を被保証会社として，債務保証を行っている場合

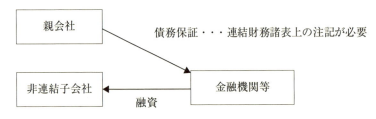

被保証会社が連結子会社の場合，当該債務保証は注記が不要である。一方，被保証会社が非連結子会社の場合，債務保証は連結グループ間の取引として消去されないため，当該債務保証は注記が必要となる。

また，債務保証について債務保証損失引当金を設定した場合において，注記する債務保証の金額は，債務保証の総額から債務保証損失引当金設定額を控除

した残額となる（保証債務取扱い4⑷⑤）。

（5）財務制限条項に関する注記

借入の契約内容に財務制限条項が含まれており，当該条項へ抵触する場合などには，追加情報として当該内容に関する注記の要否を検討する必要がある。詳細は，前記「第1節3（1）②　追加情報」参照のこと。

第3節　社債の実務

1　法律上の手続

（1）社債発行の手続

①　会社一般における原則的な手続の流れ

会社が新たに社債を発行する際には，まず，以下の募集に関する重要な事項を取締役会の決議によって定める必要がある（会社法362条4項5号）。なお，監査等委員会設置会社や指名委員会等設置会社においては，取締役や執行役への委任も可能である（会社法399条の13第5項柱書，416条4項柱書）。

> i　2以上の募集に係る募集事項の決定を代表取締役その他の業務執行取締役に委任する場合は，その旨（施規99条1項1号）
> ii　募集社債の総額の上限（同項2号）
> 　一定期間内の償還されていない社債の総額の上限（プログラム・アマウント方式）として定め，総額の枠を再利用することも可能である。
> iii　募集社債の利率の上限その他の利率に関する事項の要綱（同項3号）
> iv　募集社債の払込金額の総額の最低金額その他の払込金額に関する事項の要綱（同項4号）

そして，個別の発行につき，以下の募集事項を決定しなければならない（会社法676条）。これらの事項は代表取締役その他の業務執行取締役が決定することも可能である（なお，旧商法では取締役会の決議事項がそもそも明確ではなく，平成9年3月28日に大蔵省（当時）および法務省から公表された「居住者国内MTNの導入に係る環境整備のための方策」の内容に沿って，期間をおおむね3か月とする社債発行の取締役会包括決議を行い，具体的な発行に関する

決定は，当該決議に従い代表取締役その他の業務執行取締役に委任するということが行われていた）。

> ア　募集社債の総額（同条1号）
> イ　各募集社債の金額（同条2号）
> ウ　募集社債の利率（同条3号）
> エ　募集社債の償還の方法および期限（同条4号）
> オ　利息支払いの方法および期限（同条5号）
> カ　社債券を発行するときは，その旨（同条6号）
> キ　社債券の記名式および無記名式の転換をできないこととする場合は，その旨（同条7号）
> ク　社債管理者が社債権者集会の決議によらずに社債の全部について訴訟行為等をできることとする場合は，その旨（同条8号）
> ケ　各募集社債の払込金額もしくはその最低金額またはこれらの算定方法（同条9号）
> コ　募集社債と引換えにする金銭の払込みの期日（同条10号）
> サ　打切発行をせず全部の発行をしないこととする場合におけるその旨および発行を中止すべき日（同条11号）
> 　　申込みが募集する社債の総額に達しない場合，申込みのあった金額のみで発行する打切発行が原則であるが，発行を完全に中止することも可能である。
> シ　払込みを分割で行う場合は，その旨および各払込みの期日における払込金額（同条12号，施規162条1号）
> ス　他の会社との合同発行の場合は，その旨および各会社の負担部分（会社法676条12号，施規162条2号）
> セ　払込みに代えて金銭以外の財産を給付する旨の契約を締結する場合は，その契約の内容（会社法676条12号，施規162条3号）
> ソ　社債管理者との管理委託契約において，法定の権限以外の権限を定める場合は，その内容（会社法676条12号，施規162条4号）
> タ　社債管理者の辞任事由（会社法676条12号，施規162条5号）
> チ　信託社債である場合は，その旨および信託を特定するための事項（会社法676条12号，施規162条6号）
> ツ　振替債とする場合はその旨（振替法66条2号）

　募集事項の決定後，募集（勧誘）を行い，社債を引き受ける者を探すことになる。募集の結果，引受けの申込みを希望する者がいれば，申込みに先立ち募集事項や社債管理者および社債原簿管理人の名称および住所（施規163条），振替債とする場合は振替法の適用がある旨（振替法84条1項）等を当該申込希望者に通知する（会社法677条1項）。通知を受けた申込希望者は，当該通知の内

容を踏まえて申込みを行うかを判断し，申込みを行う（同条2項）。
　申込みがなされた後，どの申込者にいくら割り当てるかの決定がなされる（会社法678条1項）。この決定も代表取締役その他の業務執行取締役に委任することが可能である。決定後，払込期日の前日までに申込者に割り当てる社債の金額および金額ごとの数を通知する（同条2項）。
　申込者は割当てにより社債の社債権者となる（会社法680条1項）。株式や新株予約権と異なり，割当てを受けた社債権者が払込みを履行しない場合でも，自動的に失権するわけではなく，発行会社は払込みの履行を催告し，それでも払込みがない場合には社債契約を解除するという手段をとることになる。

② **総額引受契約による場合**
　引受人が発行する社債の総額の引受けを行う契約を締結する場合は，前記「① 会社一般における原則的な手続の流れ」の申込希望者への募集事項等の通知や，社債の割当てに関する決定は不要となる（会社法679条）。なお，総額引受契約の承認も，代表取締役その他の業務執行取締役に委任することが可能である。
　引受人は2名以上でもよい（1名の引受人が総額全体を引き受ける必要はない）ので，引受人があらかじめ決まっている場合（後記（2）の上場会社の場合の公募に係る引受金融商品取引業者や第三者割当先を含む）には，手続の簡略化のため，総額引受契約によることが多い。

③ **その他の手続**
　i　**社債原簿**
　会社は，社債の発行後遅滞なく社債原簿を作成する必要がある（会社法681条）。また，社債原簿管理人を選任することもできる（会社法683条）。新株予約権と異なり，株主名簿管理人が兼任する必要はない。

　ii　**社債管理者等の選任**
　ⓐ　社債管理者
　会社は，社債を発行する場合には，社債管理者を選任しなければならない（会社法702条本文）。社債管理者は，銀行その他の金融機関でなければならず（会社法703条），社債権者のために弁済を受け，または，社債の権利保全に必

要な一切の行為をする権限を有する（会社法705条1項）。発行や元利金の支払に関する事務も同時に委託されることもあるが、代理人として発行会社側に立つわけではなく、社債権者側であることが後記(b)の財務代理人等とは異なる。

なお、各社債の金額が1億円以上の場合または社債の総数が50を下回る場合は、社債管理者の選任は不要となる（会社法702条ただし書き、施規169条）。実際には、金商法上の適格機関投資家私募（金商法2条3項2号イ）または少人数私募（同号ハ）の場合には社債管理者も不要であることが多いが、要件は若干異なる（たとえば、少人数私募は勧誘対象者の人数で判断するのに対し、社債管理者選任不要の例外は実際に発行される社債の数で判断される）ので、留意が必要である。平成5年の旧商法改正前は、募集の受託会社という制度（平成5年改正前旧商法304条）で、設置は任意であった（もっとも、事実上ほぼすべての場合に設置され、メインバンクが就任することが多かった）が、当該改正により社債管理者（当時は「社債管理会社」。旧商法297条）の設置が強制されることになった。設置が事実上不可能である外債については、後記「④ⅲ　外債」のとおり、外国法を準拠法とする等の方法により実務上設置を回避している。

(b) 財務代理人等

振替債の場合は、証券保管振替機構の業務規程により、発行代理人および支払代理人の選任が求められている（社債等に関する業務規程12条1項）。振替債以外の社債でも、任意に財務代理人を選任し、または社債管理者に財務代理事務を委託することができる。

ⅲ　社債権者集会

他の契約に基づく権利と同様に、社債も社債契約に基づく社債権者の会社に対する権利であり、利払いや償還の延期、元利金の減免等の内容の変更は、各社債権者の同意があれば可能である。

もっとも、社債は公募される場合もあり、各社債権者からの個別の同意の取得が困難または不可能であることも想定されるため、権利の変更を集団的に処理することを可能とするべく、社債権者集会の制度が設けられている。

社債権者集会は、社債権者の利害に関する事項および会社法上社債権者集会の決議によることとされている事項を決議することができる（会社法716条）。

なお，社債の元本の削減に関する決議が可能であるかは，会社法上は必ずしも明確ではない（産業競争力強化法第56条および第57条では，同法に規定する特定認証紛争解決手続（いわゆる事業再生ADR）が行われている場合に，削減が可能であることが明示されている）。

　議決権は各社債権者の社債の金額に応じて決定され（会社法723条1項），決議は出席社債権者の議決権の2分の1超で行われるが（会社法724条1項），一定の事項については全社債権者の議決権の5分の1以上，かつ，出席社債権者の議決権の3分の2以上となる（同条2項）。

　社債権者集会の決議は，裁判所の認可がなければ効力が生じない（会社法734条1項）。認可が得られた場合には全社債権者に対して効力を有する（同条2項）。

④　特殊な場合
ⅰ　保証付社債

　社債は会社の社債権者に対する債務であり，手形保証（手形法30条）や電子記録保証（電子記録債権法31条）のような制度化された保証の仕組みは存在しないものの，他の債務と同様に元利金支払債務を保証付とすることは可能である。

　社債が譲渡された場合，保証人に対する請求権も，保証の随伴性により社債本体と併せて譲受人に移転する。社債が有価証券であることにより発生し得る善意取得（会社法689条2項，振替法77条本文）の場合においても，法律上の構成は複数想定し得るが，いずれにせよ同様に善意取得者は保証人に対する請求権を取得するものと考えられている。

　後記ⅱのとおり，社債を担保付とすることは手続が煩雑なものとなるが，社債に保証を付け，当該保証に係る求償権に担保を設定することは，通常の担保設定と同様の手続で行うことができる。そのため，第三者の保証人または社債権者となる金融機関自身が当該社債の元利金の支払いを保証し，その求償権を担保付とすることで，事実上担保付の社債を発行することが可能となる。このような事実上の担保付社債は，信用保証協会の特定社債保証制度または金融機関単独の保証により発行される私募債や，税制上の理由から特定目的会社が（借入れに加えて）発行する特定社債においてみられる。もっとも，社債権者と保証人が完全に同一人の場合の保証の有効性については，将来社債が第三者

に転売され社債権者と保証人が別人となる可能性がないわけではないことから，実務上は重視されていないものの，明確でない部分も残っている。

ii 担保付社債

社債を担保付とする場合は，担信法第2条第1項に基づき担保を設定する会社または第三者と信託会社の間で信託契約を締結する必要があり，その他の発行の手続も担信法の規定に従うことになる。信託の受託会社は，社債管理者の機能を兼ねる（担信法2条2項）。

以前は，社債は担保付が原則であったが，公募されるものでは，無担保が原則である外債の発行の増加に伴い国内でも無担保社債へと移行し，私募債でも，前記「ⅰ　保証付社債」の信用保証協会または金融機関の保証付私募債の普及に伴い無担保化が進み，近年では担保付社債はほとんどみられない。

iii 外　債

会社が海外で債券を発行する場合，発行する債券が会社法上の社債に該当し，会社法に準拠して発行，期中管理および償還等を実施する必要があるかが問題となる。発行に際しての前記「①　会社一般における原則的な手続の流れ」または「②　総額引受契約による場合」の手続は，資金調達を行う市場によって異なる性質のものではなく，実施することに特段の支障は想定されないため，実施さえしておけば（社債に該当しても）特に問題は生じないことになる。一方，期中管理については，資金調達を行う市場によって慣行が異なるため，前記③ⅱ(a)の社債管理者の選任や，③ⅲの社債権者集会に関する会社法の規定が適用されると，発行が困難になる場合があり得るところ，下記(a)または(b)のような考え方により，実務上は適用を回避している。

(a) 社債に該当しないとの考え方

債券が会社法上の社債に該当するかどうかは，当該債券が会社法に基づく割当てまたはこれに代わる総額引受契約に基づき発行されるものかによるとされている。そのため，債券の準拠法を外国法（たとえば，イングランド法）とし，会社法に基づく割当てまたはこれに代わる総額引受契約に基づかずに発行すれば，当該債券は社債ではなく，社債管理者の選任や社債権者集会に関する会社法の規定も適用されず，資金調達を行う市場の慣行によることができることに

なる。この場合，理論的には発行に際して債券準拠法上当該債券の発行に必要な手続を行えば足り，前記「①　会社一般における原則的な手続の流れ」または「②　総額引受契約による場合」の手続は不要となるが，あえて実施しても（債券準拠法上必要な手続と矛盾または抵触しない限り）差し支えなく，実務上も行われている。また，資金調達を行う市場の現地引受証券会社と引受契約を締結し，発行する社債の総額を引き受けさせる場合でも，当該引受契約は会社法に基づく割当てに代わる総額引受契約ではないと整理することになる。

(b) 会社法上の規定の一部は適用されないとの考え方

通常の債券は会社法上の社債ではないと考えることが仮に可能であるとしても，新株予約権付のものに関しては，前記「第3章第3節1（1）①　概説」のとおり，新株予約権付社債の発行が新株予約権と一体として会社法上の新株予約権の発行手続による必要があり，かつ，新株予約権が株式を目的とすることから，何らかの形で会社法の適用があることを完全に否定するのは難しくなる。

もっとも，会社法上の関わりがあるとしても，少なくとも社債管理者の選任や社債権者集会に関する会社法の規定は，いわゆる属地的な規定であることから，準拠法を外国法とし，かつ，発行地を外国とすれば適用されないと考えられており，実務上はこの考え方により発行されている。

なお，発行地の定義も明確ではないが，債券を振替債とする場合は，国内所在の振替機関に開設される（直接）口座管理機関の振替口座に記録されるため，資金調達を行う市場が海外であっても，発行地は日本ということになるものと思われる。

(2) 上場会社の場合の取扱い

①　会社法上の手続

株式や新株予約権と異なり，会社法上求められる社債の発行手続は，上場会社でも特段異なるところはない。

②　金商法上の開示規制等

ⅰ　公　募

社債のいわゆる公募を行う場合，当該新規発行社債の取得勧誘が多数の者を相手方として行うものとして募集に該当し（金商法2条3項1号），有価証券

届出書の提出ならびに目論見書の作成および交付が必要となる（金商法4条1項，13条，15条2項）。

　有価証券届出書に代えて，あらかじめ発行登録書を提出し，実際の発行に際しては発行登録追補書類を提出し，発行登録目論見書を作成して交付することも可能である（金商法23条の3，23条の8，23条の12第3項）。

　また，相手方の数には，海外において行われる勧誘の対象者は含まれないため，海外においてのみ勧誘を行う場合は，多数の者を相手方として行う場合でも，有価証券届出書および臨時報告書のいずれも提出不要である（開示府令19条2項1号柱書きかっこ書き）。

ⅱ　私　募

　新株予約権付社債以外の社債の場合，株式や新株予約権と異なり，発行しようとする社債と同一種類（償還期限および利率ならびに通貨）の社債を既に公募していない限り，少人数私募（金商法2条3項2号ハ）の対象となる（金商法施行令1条の7第2号ハ，定義府令10条の2第1項1号イ，ロ，3号）。したがって，公募となる規模で取得勧誘を行わないのであれば，有価証券届出書の提出は基本的に不要となる。臨時報告書も同様に不要である（開示府令19条2項1号柱書きかっこ書き）。

2　個別財務諸表上の処理

（1）会計処理の概要

　社債は，債務額をもって貸借対照表価額とする。ただし，社債を社債金額よりも低い価額または高い価額で発行した場合など，収入に基づく金額と債務額とが異なる場合には，償却原価法に基づいて算定された価額をもって，貸借対照表価額としなければならない（金融商品会計基準26項）。

　ここで，償却原価法とは，社債などの金融負債を債務額と異なる金額で計上した場合において，当該差額に相当する金額を弁済期または償還期に至るまで，定額法，利息法など毎期一定の方法で取得価額に加減する方法である（金融商品会計基準（注5）本文）。そして，当該加減額は支払利息に含めて処理する必要がある（金融商品会計基準（注5）なお書き）。

　また，自己社債（会社が有する自己の社債）の会計処理は，金融商品会計基

準における有価証券の会計処理に準じて行うこととされている。ただし，保有目的を満期保有目的の債券に分類することは認められていない（複合金融商品処理23項(1)なお書き）。自己社債（資産）および対応する社債（負債）の表示については，金融商品実務指針第140項における金融資産と金融負債の貸借対照表における相殺表示に準じて行うことができるものとされている（複合金融商品処理46項柱書き）。

（2）社債発行費等の処理

① 社債発行費とは

社債の発行にあたっては，社債募集のための広告費，金融機関の取扱手数料，証券会社の取扱手数料，目論見書・社債券等の印刷費，社債の登記の登録免許税などのさまざまな費用が発生する。社債発行費の範囲については，前述の費用に限定されず，その他，社債発行のために直接支出した費用を含む（繰延資産取扱い3(2)）。

② 社債発行費の会計処理

社債発行費は，原則として，支出時に費用（営業外費用）として処理する必要がある。ただし，支出時にすべて費用処理するのではなく，繰延資産に計上し，社債の償還までの期間にわたり償却することが容認されている。この場合の償却方法は利息法が原則であるが，継続適用を条件として定額法を採用できる（繰延資産取扱い3(2)）。

③ 新株予約権の発行に係る費用および会計処理

新株予約権の発行に係る費用についても，資金調達などの財務活動（組織再編の対価として新株予約権を交付する場合を含む）に係るものについては，社債発行費と同様に繰延資産として会計処理することができる。この場合の繰延資産の償却は，新株予約権の発行のときから3年以内のその効果の及ぶ期間にわたって，定額法により行う必要がある（繰延資産取扱い3(2)また書き）。

（3）社債に係る発行者の処理の設例

設例4－3－1　社債の発行者の処理

[前提条件]

① A社は，X1年4月1日に普通社債を発行した。
② 社債の額面総額は10,000であり，発行価額は9,600であった。
③ 社債の利率は1％であり，利払日は年1回3月末である。
④ 社債の償還期限は発行時より4年後（X5年3月期末）である。
⑤ 実効利子率は2.0518％とする。
⑥ A社の決算日は3月末である。
⑦ 発行手数料等は考慮しないものとする。

[会計処理]

〔X1年4月1日（発行時）の仕訳〕

（借）現　　　　　金	9,600	（貸）社　　　　　債	(※)9,600

（※）　9,600……前提条件②参照

〔X2年3月期の仕訳（利息法）〕

（借）社　債　利　息	(※2)197	（貸）現　　　　　金	(※1)100
		社　　　　　債	(※3)97

（※1）　100＝額面総額10,000×利率1％
（※2）　197＝発行価額9,600×2.0518％
（※3）　97＝197－100

〔X2年3月期の仕訳（定額法）〕

（借）社　債　利　息	(※3)200	（貸）現　　　　　金	(※1)100
		社　　　　　債	(※2)100

（※1）　100＝額面総額10,000×利率1％
（※2）　100＝（額面総額10,000－発行価額9,600）÷4年
（※3）　200＝100＋100

〔X5年3月末(償還時)の仕訳〕

| (借) | 社 | 債 | (※)10,000 | (貸) | 現 | 金 | 10,000 |

(※) 10,000……前提条件②参照

(4) 表示区分

社債は,償還期限が1年内に到来するか否かで,1年内償還予定の社債(流動負債)または社債(固定負債)に分類・表示する(財務諸表等規則49条,52条)。

3 税務上の処理

(1) 社債発行費

社債を発行した企業が支払った社債発行費は,法人税法上は任意償却とされている(法法32条,法令14条1項5号,法令64条1項1号)。このため,社債を発行した事業年度に全額損金算入するか,または,一度,繰延資産として計上してから償却時に損金として処理することが認められている。

(2) 償却原価法

税務上,償還期限が確定しており,かつ,償還期限における償還金額が確定している有価証券(償還有価証券)については,償却原価法により計算した金額をもって期末評価額とする(法令119条の14)。そして,償却原価法の適用により生じた調整差益または調整差損は,所得計算上,益金の額または損金の額に算入する(法令139条の2)。

法人税法上,償却原価法は定額法によることとされているため(法令139条の2),会計上の原則処理である利息法を採用している場合は,差額について必ず税務調整が必要となる。また,当期に取得した償還有価証券について,法人税法上は,事業年度の中央で取得したものとして計算する旨のみなし規定が置かれており,期中増加分がある場合などは,会計上と税務上で同じ定額法を採用している場合でも,償却計算の結果が異なり,税務調整が必要となるケースがある。

4 連結財務諸表上の処理

　親会社や連結子会社などの連結会社が社債を発行している場合，図表4－3－1に記載のとおり，連結会社が発行した社債の保有者が連結対象の会社かどうかによって，連結財務諸表上の取扱いが異なる。

図表4－3－1　連結会社が発行した社債の連結財務諸表上の取扱い

連結会社が発行した社債の保有者	連結財務諸表上の処理
連結対象の会社	連結会社相互間における取引として，発行会社の負債に計上されている社債と保有者の資産に計上されている投資有価証券を相殺消去する。 また，連結会社が発行した社債を他の連結会社が第三者から取得した場合，連結財務諸表上は社債を償還したことと同様の効果があるため，発行会社である連結会社の社債（負債）の帳簿価額と他の連結会社の社債（投資有価証券）の取得価額の差額を社債償還損益として処理する。
連結対象外の会社	連結財務諸表上，社債として負債に計上される（なお，償還期限が1年内か1年超かによって，流動負債・固定負債に分類する）。

　連結会社が発行した社債を連結子会社が保有している場合には，連結会社相互間における債権債務として相殺消去する（連結会計基準31項）。また，連結会社が発行した社債を他の連結会社が第三者から取得した場合，連結財務諸表上は社債を償還したことと同様の効果があるため，発行会社である連結会社の社債（負債）の帳簿価額と他の連結会社の社債（投資有価証券）の取得価額の差額を社債償還損益として処理する。なお，連結会社が発行した社債で一時所有のものは，相殺消去の対象としないことができる（連結会計基準（注10）(4)）。

　一方，連結会社が発行した社債を非連結子会社が保有している場合，連結財務諸表上は社債として負債に計上される。

5 財務諸表等における開示

(1) 金融商品に関する注記

連結財務諸表上，広く金融商品に関する注記が求められており（金融商品時価開示適用指針3項，4項など，連結財務諸表規則15条の5の2第1項，財務諸表等規則8条の6の2第1項），社債も当該金融商品の範囲に含まれる。具体的に開示が求められている主な注記事項は，借入金と同じであるため，前記「第2節5（1）金融商品に関する注記」を参照されたい。

(2) 有利子負債の返済予定額

連結財務諸表上，負債のうち社債などの金利の負担を伴うものについては，返済予定額の合計額を一定の期間に区分した金額を注記する必要がある。なお，後記する社債明細表に記載している場合には，その旨の注記をもって代えることができるとされている（連結財務諸表規則15条の5の2第6項，財務諸表等規則8条の6の2第6項）。

(3) 附属明細表（連結附属明細表）

社債に関連する（連結）財務諸表上の開示事項として，社債明細表がある（連結財務諸表規則92条，財務諸表等規則121条）。社債明細表では，連結会社の発行している社債について，会社名，銘柄，発行年月日，当期首残高，当期末残高，利率，担保，償還期限等の記載が求められている。具体的な記載例は図表4－3－2のとおりである（連結財務諸表規則様式第九号，財務諸表等規則様式第十二号）。

図表4－3－2　社債明細表の記載例

会社名	銘柄	発行年月日	当期首残高（百万円）	当期末残高（百万円）	利率（％）	担保	償還期限
㈱ABCD	第1回無担保社債	平成25年4月1日	120	120	1.50%	なし	平成30年3月31日

㈱ＡＢＣＤ	第2回無担保社債	平成28年10月1日	－	500	1.30%	なし	平成32年9月30日
合計	－	－	120	620	－	－	－

また，貸借対照表日後（連結決算日後）5年内における1年ごとの償還予定額の総額を注記する必要がある（連結財務諸表規則様式第九号（記載上の注意）12，財務諸表等規則様式第十二号（記載上の注意）10）。

具体的な記載例は，図表4－3－3のとおりである。

図表4－3－3　1年ごとの償還予定額表

1年以内(百万円)	1年超2年以内(百万円)	2年超3年以内(百万円)	3年超4年以内(百万円)	4年超5年以内(百万円)
－	120	－	－	500

（4）財務制限条項に関する注記

社債の内容に財務制限条項が含まれており，当該条項へ抵触する場合などには，追加情報として当該内容に関する注記の要否を検討する必要がある。詳細は，前記「第1節3（1）②　追加情報」参照のこと。

第4節　デット・エクイティ・スワップの実務

デット・エクイティ・スワップ（以下「DES」という）は，債権者と債務者の事後の合意に基づき実行され，債権者側からは債権を株式に転換する取引であり，債務者側からは債務を資本とする取引である。DESは，債務者の財政状態が悪化している場合に，債権者の合意を得た再建計画等の一環として行われる場合が多い。

図表4－4－1は，DESにおける債権者と債務者の主なメリット・デメリットをまとめた表である。

図表4－4－1　DESにおける場合の債権者と債務者の主なメリット・デメリット

債権者	メリット	・債権の全部または一部を債権放棄しないで済む。 ・再建のためにDESを行った場合，将来，再建計画が成功し，債務者の企業価値が向上したときに，株式の売却などの形で利益を得ることができる。 ・債務者の株式を取得することにより，経営に関与することが可能となる。
	デメリット	・債権者が新たに株主となり経営に参加できるようになる一方で，債務者にとっては返済すべき債務がなくなるため，既存の経営者の責任感の欠如（モラル・ハザード）などを招く可能性がある。 ・債権者が金融機関の場合，一般事業会社への出資比率に関する規制があるため，DESが実行できない場合もある。
債務者	メリット	・財務体質を改善（負債の減少および自己資本の増加）できる。 ・借入金等の有利子負債が減少することで，金利の負担が減少し，キャッシュ・フローの改善が期待できる。
	デメリット	・債権者が議決権のある株式を取得した場合，従来，経営権がなかった第三者が経営に参加することとなり，既存の経営者にとって経営の自由度が低下する可能性がある。 ・DESにより債務者に債務免除益が発生し，課税所得が増加する場合には，法人税等の支払いが生じる可能性がある。

1　法律上の手続

　DESにおける法律上の手続については，前記「第2章第2節1（3）②ⅱ(a) DES（デット・エクイティ・スワップ）」をご参照いただきたい。

2 個別財務諸表上の処理

(1) 債権者側の処理

① 概　要

　DESの債権者側の会計処理は，原則として，実務対応報告第6号「デット・エクイティ・スワップの実行時における債権者側の会計処理に関する実務上の取扱い」に従って行う。

　債務者を再建するために行うDESは，通常，現物出資の形式で行われることから，同報告が定める会計処理は現物出資形式で行われるDESを想定している。また，現物出資の形式をとる場合以外のDESにおいても，第三者割当増資の引受けなどによる金銭の出資と債権の回収が一体と考えられる場合には，現物出資による場合と同じ会計処理をすべきとされている（DES債権者取扱い1）。

② 債権者側の会計処理

　債権者が債権を債務者に現物出資した場合，債権者は当該債権の消滅を認識するとともに，「消滅した債権の帳簿価額」と「取得した株式の時価」の差額を「当期の損益」として処理する（DES債権者取扱い2(1), (2)）。

　ここで，「消滅した債権の帳簿価額」とは，取得原価または償却原価から貸倒引当金を控除した後の金額をいう。そして，当該貸倒引当金には，貸倒懸念債権や破産更生債権等に対して個別引当を計上した場合のみならず，総括的な引当金のうち当該債権に対応する部分も含まれる。また，債権者が一定額の債権放棄を行う場合には，当該債権放棄後の帳簿価額をいう（DES債権者取扱い2(2)）。

　また，「取得した株式の時価」は，図表4－4－2のとおり，市場価格の有無によって算定方法が異なる（DES債権者取扱い2(3)）。

図表4－4－2　市場価格の有無による取得した株式の時価算定方法の分類

市場価格の有無	取得した株式の時価の算定方法
市場価格がある場合	市場価格に基づく価額
市場価格がない場合	合理的に算定された価額

「合理的に算定された価額」については，下記の要素等を適切に考慮したうえで，金融商品実務指針第54項に掲げられている方法によって算定する必要がある。

- 債権放棄額や増資額などの金融支援額の十分性
- 債務者の再建計画等の実行可能性
- 株式の条件

なお，DES実行時における債権者側の会計処理に関するこの考え方は，債務者側の会計処理に影響を受けない点に留意が必要である（DES債権者取扱い2(1)）。

また，資産を移転し移転先の企業の株式を受け取る場合（事業分離に該当する場合を除く）において，移転元の企業の会計処理は，事業分離における分離元企業の会計処理に準じて行うこととなる（事業分離等会計基準31項）。このため，DESによって，債務者（移転先の企業）が子会社または関連会社となる場合，およびDESが共通支配下の取引に該当する場合には，DES債権者取扱いにかかわらず，企業結合適用指針の定めが優先して適用される点に留意が必要である（企業結合適用指針97－2項）。

(2) 債務者側の処理

① 概　要

DESは債務者にとって債務を資本とする取引であるため，債務者側は，借入金等の負債を減少させ，資本金等（資本金および資本準備金）を増加させることとなる。

この際，資本金等を増加させる金額をいくらとすべきかが問題となる。この点に関して，図表4－4－3のとおり，「券面額説」と「評価額説」の2つの考え方がある。

図表4－4－3	DES実行時において債務者の資本金等に組み入れる金額についての考え方
券面額説	資本金等に組み入れる金額を債権の券面額を基準とする考え方
評価額説	資本金等に組み入れる金額を債権の評価額を基準とする考え方

② 券面額説の考え方および会計処理

「券面額説」は，貸借対照表上，債務が減少するのはあくまで額面であることから，資本金等に組み入れる金額も債権（債務）の券面額を基準とする考え方である。

券面額説を前提とした場合，債権（債務）の券面額を資本金等の増加として処理することとなる。この場合，債権（債務）の券面額をそのまま資本金等の増加とするため，損益は生じない。

〔DESを実行した場合の債務者の仕訳例（券面額説）〕

（借）借　入　金　　×××　（貸）資　本　金　　×××

③ 評価額説の考え方および会計処理

「評価額説」は，通常，DESを実施する債務者は財政状況が悪いため，債権の時価は券面額を下回ることになるが，券面額よりも低い評価額しかない債権の券面額をそのまま資本金等の増加とするのは資本充実の原則に反する等の観点から，資本金等に組み入れる金額を債権の評価額を基準とする考え方である。

評価額説を前提とした場合，現物出資される金額は債権の評価額（時価相当額）と考え，券面額との差額は債務免除益等の科目で処理すると考えられる。なお，前記のとおり，通常は，DESを実施する債務者の財政状況は悪く，債権の時価は券面額を下回っていると考えられるため，評価額説を前提として処理した場合には，結果として債務免除益が生じる可能性が高くなる。

〔DESを実行した場合の債務者の仕訳例（評価額説）〕

（借）借　入　金　　×××　（貸）資　本　金　　×××
債務免除益　　×××

④ 会計上の取扱い

計規第14条では設立後の出資の際の増加資本について規定している。ここで，共通支配下関係にある会社から現物出資を受けた会社の増加資本に関して，時価を付すべき場合には時価により増加資本を算定し（計規14条1項2号柱書き），時価を付すべき場合以外においては適正な帳簿価額により増加資本を算定することとされている（計規14条1項2号イ）。これらの規定からは，計規

上はいわゆる「券面額説」と「評価額説」のいずれを採用しているか明確ではない。

以上から、会計上はいわゆる券面額説と評価額説のいずれを採用することもできると考えられている[2]。

(3) DESに係る処理の設例

DESに係る具体的な会計処理は、設例4－4－1のとおりである。

設例4－4－1　DESに係る処理

[前提条件]

① A社は、子会社および関連会社に該当しないB社に1,000を貸し付けたが、その後、B社の業績が悪化し、B社は借入金の返済が困難となった。
② B社の支援を行うため、A社とB社の間で1,000について現物出資形式によるDESを行った。なお、当該出資によっても、B社は引き続きA社の子会社および関連会社に該当しない。
③ A社は、B社に対する貸付金1,000に対して、貸倒引当金800を計上している。
④ A社がDESによって取得するB社株式の時価は150であった。
⑤ DESの実行にあたって増加するB社の資本は、すべて資本金とする。

[会計処理]

〔A社（債権者）側のDES実行時の仕訳〕

(借)	子会社株式	(※2)150	(貸)	貸付金	(※1)1,000
	貸倒引当金	(※3)800			
	債務免除損	(※4)50			

(※1) 1,000……前提条件①②および③参照
(※2) 150……前提条件④参照
(※3) 800……前提条件③参照
(※4) 50＝消滅した債権の帳簿価額200（＝1,000－800）－取得した株式の取得時の時価150

DES実行により、債権者であるA社は、貸付金1,000の消滅を認識するとと

[2] 『会社法コンメンタール11 計算等（2）』森本滋・弥永真生編著、商事法務、P16。

もに,「消滅した債権の帳簿価額」200（＝1,000－800）と「取得した株式の時価」150の差額を,「当期の損益」（債務免除損等）として処理することとなる。

〔B社（債務者）側のDES実行時の仕訳（券面額説）〕

| （借）借　入　金 | (※)1,000 | （貸）資　本　金 | (※)1,000 |

（※）　1,000……前提条件②⑤参照

　DES実行により，債務者であるB社では，返済義務のある借入金が1,000減少し，返済義務のない資本金が1,000増加する。その結果，DES実行前と後でB社の貸借対照表は次のとおり変動する。なお，DES実行前の貸借対照表の数値は所与とする。

【債務者の貸借対照表（DES実行前）】

科　目	金額	科　目	金額
資産	2,000	借入金	1,300
		その他の負債	800
		資本金	200
		利益剰余金	△300

【債務者の貸借対照表（DES実行後）】

科　目	金額	科　目	金額
資産	2,000	借入金	300
		その他の負債	800
		資本金	1,200
		利益剰余金	△300

〔B社（債務者）側のDES実行時の仕訳（評価額説）〕

| （借）借　入　金 | (※1)1,000 | （貸）資　本　金 | (※2)150 |
| | | 　　　債務免除益 | (※3)850 |

（※１）　1,000……前提条件②⑤参照
（※２）　150……前提条件④参照

(※3) 850＝1,000（券面額）－150（評価額）

　DES実行により，債務者であるB社では，返済義務のある借入金が1,000減少し，資本金が債権の時価相当である150増加し，差額850は債務免除益となる。その結果，DES実行前と後でB社の貸借対照表は次のとおり変動する。なお，DES実行前の貸借対照表の数値は所与とする。

【債務者の貸借対照表（DES実行前）】

科　　目	金額	科　　目	金額
資産	2,000	借入金	1,300
		その他の負債	800
		資本金	200
		利益剰余金	△300

【債務者の貸借対照表（DES実行後）】

科　　目	金額	科　　目	金額
資産	2,000	借入金	300
		その他の負債	800
		資本金	350
		利益剰余金（※）	550

（※）税金は考慮せず債務免除益850が増加したと仮定。

3 税務上の処理

(1) 概　　要

　DESを実行した場合，法律構成は手法ごとにいくつかの種類に分かれるが，事業再生の場面におけるDESは，債権の現物出資という法形式で実行されることが多い。このため，税務上の処理としては，これ以降特段の記載のない限り，DESが現物出資として行われていることを前提条件とする。

　債権の現物出資の場合の具体的な税務上の取扱いとしては，当該現物出資が組織再編税制の適用を受け適格現物出資に該当するか，非適格現物出資に該当するかによって，税務上の課税関係が異なる。

ここで，適格現物出資とは，以下のいずれかに該当する現物出資をいう。

① 完全支配関係（100％の資本関係）がある法人間の現物出資
② 支配関係（50％超の資本関係）がある法人間の現物出資
③ 共同事業を目的とした現物出資

上記の①から③に該当するかどうかは，図表4－4－4の要件を満たしているかどうかで判定される。

図表4－4－4 適格現物出資の判定要件

要件	完全支配関係がある場合	支配関係がある場合	共同事業を営む場合
現物出資法人（*1）に被現物出資法人（*2）の株式のみが交付されること（法法2条12号の14）	必要	必要	必要
現物出資法人と被現物出資法人との間で完全支配関係または支配関係が継続すること（法法2条12号の14イ，ロ）	必要	必要	－
現物出資事業に係る主要な資産負債が移転していること（法法2条12号の14ロ(1)，法令4条の3第12項3号）	－	必要	必要
現物出資事業に係る従業者のおおむね80％以上に相当する数の者が被現物出資法人の業務に従事することが見込まれること（法法2条12号の14ロ(2)，法令4条の3第12項4号）	－	必要	必要
現物出資事業が被現物出資法人において引き続き継続すること（法法2条12号の14ロ(3)，法令4条の3第12項5号）	－	必要	必要

現物出資事業と被現物出資法人のいずれかの事業が関連性を有すること（法令4条の3第12項1号）	−	−	必要
現物出資事業の売上高・従業者数等の規模に5倍超の差がないこと，または現物出資法人の役員および被現物出資法人の特定役員（常務クラス以上の取締役等）のいずれかが現物出資後に被現物出資法人の特定役員となること（法令4条の3第12項2号）	−	−	必要
現物出資法人が現物出資により交付を受ける被現物出資法人の株式を継続保有すること（法令4条の3第12項6号）	−	−	必要

（*1） 現物出資法人とは，現物出資により資産負債の移転を行う法人をいう（法法2条12号の4）。
（*2） 被現物出資法人とは，現物出資により資産負債の移転を受ける法人をいう（法法2条12号の5）。

なお，DESは，事業移転を伴わないことから，従業者の引継要件を満たさないため，通常，税務上の適格要件を満たさず非適格現物出資となるケースが多いと考えられる。ただし，100％の支配関係にある親子会社間においてDESを実行する場合には，適格現物出資に該当することも考えられる。

（2）債権者側の税務上の処理

① 概　要

DESを行った場合の債権者側の税務上の処理の概要は，図表4－4－5のとおりである。

図表4-4-5 DESの税務上の取扱い（債権者側）

区　分	税務上の取扱い
現物出資が適格現物出資に該当する場合	現物出資に伴い，税務上は債権譲渡損益が<u>認識されない</u>
現物出資が非適格現物出資に該当する場合	現物出資に伴い，税務上は債権譲渡損益が<u>認識される</u>

② DESが適格現物出資に該当する場合の債権者の税務上の取扱い

　DESが適格現物出資に該当する場合，現物出資法人たる債権者が取得した株式の税務上の取得原価は，現物出資により移転した資産の帳簿価額，すなわちDES対象債権の帳簿価額となる（法法62条の4第1項，法令119条1項7号）。この結果，債権者側に税務上の債権譲渡損益は認識されず，課税は繰り延べられることとなる。

③ DESが非適格現物出資に該当する場合の債権者の税務上の取扱い

　DESが非適格現物出資に該当する場合で，子会社等に対して債権を有する法人が，合理的な再建計画等の定めに従って，当該債権を現物出資することにより株式を取得したときは，取得した株式の取得価額は取得時の時価となる（法令119条1項8号）。そして，時価と消滅した債権の帳簿価額との差額は，現物出資のあった事業年度の損金の額または益金の額として処理される（法基通2－3－14解説5）。

　ただし，DESは再建支援の一形態として行われるものであり，これにより生じた損失は，一般的には債権の譲渡損であるが，実質的には債務者に対する債権放棄により生ずる損失と同じく支援としての性格を有するものであることから，DESを含む再建計画が経済合理性のない過剰支援と認められるような場合には，債権者から債務者に対する寄附金と認定される可能性があるので，留意する必要がある（法基通2－3－14解説5）。

（3）債務者側の税務上の処理

① 概　要

　DESを行った場合の債務者側の税務上の処理の概要は，図表4－4－6のとおり，現物出資が適格か非適格かで区分され，さらに適格現物出資は，DES対

象債権の帳簿価額が額面と同じか額面未満かで分かれる。

図表４－４－６ DESの税務上の取扱い（債務者側）

区　　分		税務上の取扱い
現物出資が適格現物出資に該当する場合	債権者のDES対象債権の帳簿価額が額面と同じ場合	債務免除益は生じず，課税されない
	債権者のDES対象債権の帳簿価額が額面未満である場合	債務免除益が生じ，課税される
現物出資が非適格現物出資に該当する場合		現物出資の対象となる債権の時価が額面を下回る場合には，当該差額を債務免除益等とし，課税される

②　DESが適格現物出資に該当する場合の債務者の税務上の取扱い

　税務上，DESが適格現物出資に該当する場合，非現物出資法人である債務者の資本金等の増加額は，現物出資法人である債権者のDES対象債権の帳簿価額とされている（法法62条の４第１項，法令123条の５，法令８条１項８号）。

　このため，図表４－４－７のとおり，債権者におけるDES対象債権の帳簿価額が券面額と同じである場合には，債務者側において課税はされない。

図表４－４－７ 適格現物出資の場合の債務者側の税務処理

会計上の処理	税務処理の要否および内容
券面額説	会計上も税務上も同じ処理となるため，税務調整は不要である。
評価額説	【B社（債務者）側のDES実行時の税務調整】 （借）借入金　1,000　（貸）資本金等の額　150 　　　　　　　　　　　　　債務消滅差益　　850

　一方，債権者におけるDES対象債権の帳簿価額が券面額未満の場合には，券面額と帳簿価額との差額について課税されることとなる。この場合，別表五（一）の調整内容は，図表４－４－８のとおりである。

| 図表4-4-8 | 適格現物出資のDESを実行し，評価額説による会計処理を行っている場合の税務調整 |

＜別表五（一）利益積立金額の計算に関する明細書より抜粋＞

区分	期首現在利益積立金額	当期の増減		差引翌期首現在利益積立金額 ①-②+③
		減	増	
	①	②	③	④
利益準備金				
資本金等の額			850	850

（※） 会計上は利益剰余金に変動が生じないが，税務上は債務消滅差益に対応する850について利益積立金額の増加を認識する。

＜別表五（一）資本金等の額の計算に関する明細書より抜粋＞

区分	期首現在利益積立金額	当期の増減		差引翌期首現在利益積立金額 ①-②+③
		減	増	
	①	②	③	④
資本金又は出資金			1,000	1,000
利益積立金額			△850	△850

（※） 会計上は資本金1,000の増加を認識するが，税務上は資本金等の額150の増加のみ認識する。

③ DESが非適格現物出資に該当する場合の債務者の税務上の取扱い

税務上，DESが非適格現物出資に該当する場合，債務者側において増加する資本金等の額は，給付を受けた金銭以外の資産の価額（時価），すなわち現物出資の対象となる債権の時価となる（法令8条1項1号）。

現物出資の対象となる債権の時価が額面を下回る場合には，当該差額を債務免除益等とし，益金に算入する必要がある。この点，図表4-4-9のとおり，債務者がいずれの会計処理を採用しているかによって，税務調整の要否が異なる。また，この場合，別表五（一）の調整内容は，図表4-4-10のとおりである。

| 図表4-4-9 | 非適格現物出資の場合の債務者側の税務調整 |

会計上の処理	税務調整の要否および内容
券面額説	【B社（債務者）側のDES実行時の税務調整】 （借）借入金　1,000　（貸）資本金等の額　150 　　　　　　　　　　　　債務消滅差益　　850
評価額説	会計上も税務上も同じ処理となるため，税務調整は不要である。

| 図表4-4-10 | 非適格現物出資のDESを実行し，券面額説による会計処理を行っている場合の税務調整 |

＜別表五（一）利益積立金額の計算に関する明細書より抜粋＞

区分	期首現在利益積立金額	当期の増減		差引翌期首現在利益積立金額
		減	増	①-②+③
	①	②	③	④
資本金等の額			850	850

（※）　会計上は利益剰余金に変動が生じないが，税務上は債務消滅差益に対応する850について利益積立金額の増加を認識する。

＜別表五（一）資本金等の額の計算に関する明細書より抜粋＞

区分	期首現在利益積立金額	当期の増減		差引翌期首現在利益積立金額
		減	増	①-②+③
	①	②	③	④
資本金又は出資金			1,000	1,000
利益積立金額			△850	△850

（※）　会計上は資本金1,000の増加を認識するが，税務上は資本金等の額150の増加のみ認識する。

　なお，会社更生法，民事再生法その他それに準ずる一定の場合において，期限切れの欠損金を債務免除益等に充当することができる（法法59条1項1号，2項1号）。民事再生に準ずる一定の場合として，公的機関または独立した第三者が関与する私的整理手続（地域経済活性化支援機構，整理回収機構，私的整理ガイドライン，産業活力再生特別措置法に基づく特定認証紛争解決手続により関与するもの）などが挙げられる。

4 連結財務諸表上の処理

　グループ経営の観点から、親会社が業績の悪化した子会社を再生させるために、DESを利用することがある。この場合、連結財務諸表上の観点からは、DESは内部取引に該当するため、すべて相殺消去する必要がある。よって、親会社の個別財務諸表上でDESの実行に伴って損失が生じているケースでは、連結財務諸表上は当該損失を取り消す必要がある。

第5節　デット・デット・スワップの実務

　デット・デット・スワップ（以下「DDS」という）とは、債権者が既存の債権を別の条件の債権へ転換することをいう。一般的には、金融機関が既存の債権を他の債権よりも弁済順位が劣後する債権（劣後ローンなど）に変更することを指すことが多い。

　このDDSは、債務者（特に中小企業）の再建の一環として利用されることが多い。具体的には、財務状況の悪い債務者の負債の全部または一部を劣後化することによって、過剰債務の状態を解消し、債務者の資金繰りの改善を図ることで、債務者の再建可能性を高めるために利用される。

　また、DDSと前述したDESの違いとして、DESの場合、通常、債権者は返済義務のない株式を取得するのに対して、DDSの場合には、劣後化した債権は、債務者の財務状況が改善すれば、返済義務のある債権である以上、約定期限到来後に元本の回収が可能となる点がある。このため、特に株式のキャピタルゲインを期待しづらいことが多い中小企業等に対する再建支援方法としては、DDSのほうがDESより行いやすいという側面がある。

1　法律上の手続

　DDSに係る法律上の手続については、後記「第6節1（1）①ⅲ　DDS（デット・デット・スワップ）による、通常の優先（シニア）負債からの変更」をご参照いただきたい。

2 個別財務諸表上の処理

(1) 債権者側の処理

① DDS実施時における会計処理

債権者側は，金融商品会計基準等に照らして金融資産の消滅・発生の認識要件を満たすかどうかを判定したうえで会計処理を行う必要がある。

この点，DDSが金銭消費貸借契約の条件変更などの法律行為として既存債権との法的同一性を維持して実施されているのであれば，原則として金融商品会計基準第8項および第9項に定められている金融資産の消滅の認識要件を満たしていない取引と判断され，既存債権の消滅および新債権の取得という会計処理は不要と考えられる。

このようなDDSの実施については，既存債権の条件変更として取り扱うことになり，従前の取得原価または償却原価のまま「貸出金」とし，当該取引により交換損益は認識しない（資本的劣後ローン取扱い4(1)）。

② 貸倒引当金の算定

DDSにより返済順位が他の債権よりも劣後化された場合の債権（劣後債権）など，債権の内容が特殊なものである場合には，特定の条件下において通常の債権を上回る高い信用リスクを生じるため，劣後債権等の債務者の財政状態および経営成績にかかわらず，その発生し得る損失見積額に基づいて適切な貸倒見積高を算定する必要があるとされている（金融商品会計基準94項，金融商品実務指針118項）。このため，DDSによって，通常の債権から劣後債権に変更した場合には，弁済順位が通常の債権より劣後するという特殊性等を踏まえて，適切な貸倒引当金を計上するよう留意が必要である。

特に，金融機関が実施するDDSにおいては，資本的劣後ローン取扱いに詳細な貸倒引当金の算定方法の定めがあるため，参照されたい。

(2) 債務者側の処理

DDSを実行した場合に，債務者側は，金融商品会計基準等に照らして金融負債の消滅・発生の認識要件を満たすかどうかを判定したうえで会計処理を行う必要がある。

ただし，通常，債務者側において，DDS実行前後で借入金であることに変わりはないため，特段の会計処理は不要と考えられる。

3 税務上の処理

債権者側では，DDS前と同様に，対象債権に対して計上した貸倒引当金繰入額について，税務上の一般または個別引当における貸倒引当金繰入限度額を超える部分について調整が必要となる。

なお，金融機関（債権者）がDDSを活用して既存の借入金を資本性借入金とし，債務者の経営改善を支援する場合には，金融機関に配慮して，一定の条件のもとで当該債権に係る一定の貸倒引当金繰入額の損金算入が認められている。当該取扱いについては金融庁が国税庁に確認のうえ，Q&Aを公表している（詳細は，金融庁HP「資本性借入金の税務上の取扱いについて」参照）。

4 連結財務諸表上の処理

グループ経営の観点から，親会社が業績の悪化した子会社を再生させるために，DDSを利用することがある。この場合，連結財務諸表上の観点からは，DDSは内部取引に該当するため，すべて相殺消去する必要がある。

第6節　その他の借入手法等

前述のベーシックな借入以外にも，永久債や劣後ローンといった資金調達の条件に関する特約のあるものや，比較的新しい借入の手法としてシンジケートローン，プロジェクト・ファイナンスなどが単独で，あるいは組み合わせる形で活用され，借手および貸手のニーズの高度化や複雑化に対応している。また，連結グループの効率的な資金活用の観点からCMS（キャッシュ・マネジメント・システム）が活用されている。

1 資金調達の条件に関する特約

(1) 劣後性負債

① 概　説

元利金の支払いが他の債務に劣後する劣後性の負債は，通常の優先（シニ

ア）負債だけでは資金需要を賄うのが困難な場合や，自己資本に準じた調達により財務基盤を強化したい場合に用いられる。

具体的には，以下のようなものが想定される。後記「（2）永久性負債」の永久性も備えた永久劣後のものとすることも多い。

i　金融機関の自己資本比率規制上求められる資本の調達

銀行や保険会社は，その事業から生じるリスクに応じて一定の資本を保有することが求められる（バーゼル合意に基づく銀行業の自己資本比率規制や，保険業のソルベンシー・マージン規制等）ところ，これらの規制において，一定の要件を満たす劣後性の負債は資本に算入することが認められることから（銀行法第十四条の二の規定に基づき，銀行がその保有する資産等に照らし自己資本の充実の状況が適当であるかどうかを判断するための基準（「自己資本比率規制告示」）7条4項，保険会社の資本金，基金，準備金等及び通常の予測を超える危険に相当する額の計算方法等を定める件（「ソルベンシー・マージン告示」）1条4項5号等），これらの規制の対象となる金融機関による劣後性の負債での資金調達が行われている。

ii　格付機関による資本性認定を得るための資本の調達

規制上一定の資本の保有が求められていない業種の会社でも，一定の要件を満たす劣後性の負債による資金調達を行い，格付機関から当該劣後性の負債につき資本性の認定を受けることで，当該格付機関による発行体格付けや通常の優先（シニア）負債の格付けにおいて，その資本性を考慮してもらうことが可能となる。

資本性の認定の要件やその割合はそれぞれの格付機関によって異なるが，少なくとも劣後性の負債であることは，現在各社とも共通して求める要件となっている。

iii　DDS（デット・デット・スワップ）による，通常の優先（シニア）負債からの変更

金融機関の貸付先が危機に陥り，貸付債権の弁済が滞っている場合において，当該貸付債権の一部を劣後性の貸付に変更することにより，財務体質を改善させることが可能となる。

貸付先に事業再生の見込みがあれば，このような債務の劣後化と，合理的な経営改善計画の策定とを併せて実施することで，再建の可能性，ひいては残りの貸付債権の回収可能性が高まることから，当該金融機関による貸付債権の自己査定（金融庁の金融検査マニュアルに検査項目として規定されており，事実上金融機関に義務付けられている）において，貸付先の債務者区分や貸付債権の債権分類等をより上位のものとして取り扱うことが可能となる。そして，貸倒引当金の算定においても，見直し後の債務者区分や債権分類によることが可能となる。

　iv　アセット・ファイナンスやプロジェクト・ファイナンス等において，通常の優先（シニア）負債による調達と併せての資金調達

アセット・ファイナンスやプロジェクト・ファイナンス等では，通常の優先（シニア）貸付や社債による調達金額およびスポンサーによる出資額の合計が，資産やプロジェクトの金額に不足する場合，さらに劣後（メザニン）貸付や社債による調達を組み合わせて必要な資金を賄う場合が多い。

② 劣後性確保の方法
　i　停止条件

劣後性の負債の元利金支払義務が，他の優先（シニア）負債に係る元利金が全額支払われることを停止条件として発生するようにする（条件が満たされるまで義務は効力を生じない）方法である。当該劣後債権者と債務者の合意のみで実行することが可能であり，他の優先債権者の債権すべてに劣後することになる（いわゆる絶対劣後）。

　ii　債権者間契約

債務者および劣後債権者が特定の優先債権者との間で，当該優先債権者に優先して元利金の支払を行うことを内容とする契約を締結する方法である。劣後債権者は当該優先債権者に対してのみ劣後するにとどまり，他の債権者とは同順位となる（いわゆる相対劣後）。債権者間契約の締結が現実的に可能な，前記「①iv　アセット・ファイナンスやプロジェクト・ファイナンス等において，通常の優先（シニア）負債による調達と併せての資金調達」の場合等に用いられることが多い。

債務者の資産が全債権者の債権を弁済するのに足りず，債権額に応じた配当が行われる場合は，債権者間契約を締結した優先債権者および劣後債権者のグループに，優先債権および劣後債権の額の合計が全債権額に占める割合に応じて配当され，当該配当を債権者間契約に従い，優先債権者に優先して分配することになる。

iii 約定劣後破産債権

平成16年の破産法改正により，約定劣後破産債権の制度が導入され（破産法99条2項），債務者と劣後債権者の間であらかじめ債権を約定劣後破産債権とすることを合意しておけば，前記iの停止条件を付していなくても，破産手続において他の債権者に劣後して取り扱われることになった。もっとも，他の倒産手続においては，劣後的取扱いが貫徹されるとは限らないため（民事再生法155条2項，会社更生法168条3項等），停止条件と約定劣後破産債権とする旨の合意が併用されることが多い。

③ その他の条項

前記「② 劣後性確保の方法」の各条項以外にも，これらの条項の変更禁止，劣後特約に反する弁済の無効および弁済額の債務者への返還義務，劣後債権者からの相殺の禁止といった，実効性確保のための条項が設けられる。

また，劣後性の負債による資金調達の目的に応じて，以下のような条項も設けられる。

---

i 一定の事由が生じた場合の利息の支払いの強制停止および任意停止
ii iの支払いを停止した利息の繰延べ（累積する場合）または支払義務の消滅（非累積の場合）
iii 約定による利息の（返済等の期限までの）繰延べおよび重利
iv 一定の事由が生じた場合の（取得条項付新株予約権等による）株式への強制転換
v 一定の事由が生じた場合の元本の削減
vi 同等以上の資本性を有する調達手段での返済等の資金の調達義務
vii 期限の利益喪失事由を定めないこと

④ 会計処理

劣後特約付借入金や劣後特約付社債などの劣後性負債について、会計基準上は特段の定めはなく、通常の借入金や社債に含めて処理をする。借入金および社債の会計処理は、それぞれ前記「第2節2　個別財務諸表上の処理」および「第3節2　個別財務諸表上の処理」を参照のこと。

（2）永久性負債

　負債による資金調達に際して、期限を定めず、債権者からは返済または償還を請求できない永久性の負債とすることも行われている（期限が定められておらず確定していないだけで、期限自体は存在するもの（民法591条1項等）とは異なる）。

　このような永久性の負債は、経済的には満期が30年、50年等の超長期の負債をより極端にしたものであるが、債権者が返済等を請求できない以上、返済等を行うかどうかが完全に債務者の任意であり、当該負債に係る借入や社債の発行は、純粋随意条件（民法134条）を付した契約として無効との考え方も成り立たないわけではない（無効な場合、当初の貸付や社債の払込みとして債務者が受領した金銭も原因のないものとなり、不当利得（民法703条、704条）として返還する必要がある）。

　もっとも、実際には債務者である会社の清算の時が返済等の期限として定められており、利息についても、前記（1）の劣後性負債としての条件に任意停止条項が含まれている場合を除き、債務者は支払義務を負っていることから、返済等がまったくの任意というわけではなく、このような永久性の負債も有効なものと取り扱われている。なお、一定期間経過後に債務者の側から任意に返済等を行うことができる旨の特約が付されていることが多く、その始期が事実上期限の目安となり得る。

（3）デット・アサンプション

① 概　要

　社債の満期前に、繰上償還を行わずに当該社債を会計上認識しないこととするためのデット・アサンプションは、会計上の要請に基づき実施されるものであり、会社法には特に規定がない。したがって、デット・アサンプションのための他益信託の設定等の個々の取引につき、内容の複雑さ等の事情により重要

な業務執行（同項柱書き）に該当すれば取締役会の決議が必要となり，そうでなければ代表取締役その他の業務執行取締役が決定することになる。「重要」なものとして取締役会決議が必要かどうかは，会社の取締役会規則で基準が定められる場合が多い。

② 会計処理

デット・アサンプションは実質的ディフィーザンス[3]の一種であり通常は金融負債の消滅の要件を充たさないが，会計基準上，経過措置として一定の要件を充たしたものについて社債の消滅の認識が認められている（金融商品実務指針46項）。

具体的には，取消不能の信託契約等により，社債の元利金の支払に充てることのみを目的として，当該元利金の金額が保全される資産を預け入れた場合など，社債の発行者に対し遡求請求が行われる可能性が極めて低い場合に限り，当該社債の消滅を認識することができる（金融商品会計基準42項(2)）。

なお，金融商品会計基準で経過措置の対象となる債務は社債のみとされているため，借入金や未払金などの他の債務は該当しないことに留意する必要がある。また，経過措置によって社債の消滅が認識された場合でも，引き続き偶発債務としての開示を行う必要がある（金融商品Q＆A　Q14）。

2 シンジケートローンによる借入

(1) 定義・内容

シンジケートローンとは，複数の金融機関が協調してシンジケート団を組成し，同一の契約書に基づき，同一条件で行われる融資形態のことをいう。シンジケートローンにおける関係者の相関関係をまとめた図は，図表4－6－1のとおりである。

---

[3] 実質的ディフィーザンスとは，原債務者が負債の元利金の返済に充てられるようにリスク・フリー資産（現預金や一定格付け以上の有価証券など）で解約不能の信託を設定して，当該負債を原因とした追加支払が生じる可能性がなくなるようにすることで，実質的に債務が償還されたものとみなすことをいう。実質的ディフィーザンスは，法的免責がなければ原債務者にとって債権者からの第一次的債務の免除はないため，金融商品会計基準上の金融負債の消滅に該当しない。

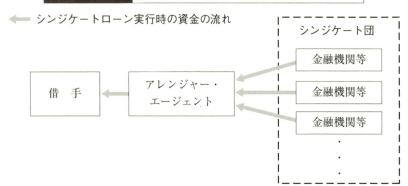

図表4−6−1　シンジケートローンにおける関係者の相関図

　ここで，アレンジャーとは，資金の貸手側であるシンジケート団の取りまとめ役（主幹事）のことをいい，借手側と利率や契約期間などの設定を行う役割を担う者を指す。また，エージェントとは，シンジケートローンの実行期間中の事務代行を行う者であり，元利金の受渡し，契約の管理，連絡事務等を行う。通常，アレンジャーとエージェントは同一の金融機関等であることが多い。

(2) シンジケートローンの特徴

　シンジケートローンは，複数の金融機関等から資金調達ができるため，比較的大規模な資金調達が必要な場合に利用されることが多い。資金の借手側のメリットとして，交渉相手が基本的にアレンジャーのみであり，複数の金融機関等と交渉する手間とコストを省きながら大口の資金調達が可能となる。一方，資金の貸手側にとっては，過度な信用リスクの集中を回避でき，リスク分散ができるというメリットがある。また，アレンジャーやエージェントにとっては，アレンジメント・フィーやエージェント・フィー等のシンジケートローンの組成手数料収入や管理手数料収入が見込め，通常の貸付による利息収入以外の収益機会の1つとなる。

(3) シンジケートローンの形態

　シンジケートローンには，主に図表4−6−2の2つの形態がある。

図表４－６－２　シンジケートローンの形態

形　態	内　　容
タームローン方式	証書による借入形態である。
コミットメントライン方式	コミットメントライン契約による借入形態である。コミットメントラインによる借入の特徴については，前記「第1節1（2）借入金の種類」の図表４－１－２も参照のこと

（4）シンジケートローンに係る手数料の処理

① 概　要

　シンジケートローン実行時において，借手はアレンジャーに対してアレンジメント・フィーを支払い，また，エージェントに対してエージェント・フィーを支払う。この場合の手数料の明確な取扱いは会計基準上，定められていない。このため，収益費用の期間対応関係等を踏まえて，実態を反映するように会計処理を行う必要がある。この場合，会計処理にあたっては，フィーの名称により画一的に決定するのではなく，手数料の対象となる業務の性質やその対象となる役務の提供を受けているか否か等の観点から，実態に応じて決定する必要がある。

② 手数料の会計処理

　借手側は，シンジケートローンに係る手数料のうち，アレンジメント・フィーについては，借入開始時にアレンジャーからシンジケート団の組成に係る役務提供を受けていることから，借入時に費用処理することが適切と考えられる。

　一方，エージェント・フィーは，エージェントが融資期間を通じて管理業務を行う対価であることから，融資期間等の役務提供を受ける期間に応じて費用処理することが適切と考えられる。

　また，いずれの手数料も財務活動に係る費用であるため，営業外費用に計上する。

(5) シンジケートローンにおける金利スワップの適用における留意点

シンジケートローンの借入に際して金利スワップを行う場合には，前記「第2節2（1）② デリバティブ（金利スワップ）の処理」に記載のとおり，原則として金利スワップはデリバティブ取引として時価評価する必要があるが（金融商品会計基準25項），一定の要件を満たせば金利スワップの特例処理が認められる（金融商品会計基準（注14））。

ただし，金利スワップの特例処理は，金融商品会計基準の原則的処理であるデリバティブの時価評価に例外的処理を設けるものであることから，その適用に際しては拡張解釈を避け，金利スワップがヘッジ対象たる資産または負債とほとんど一体とみなせる場合に限定されている（金融商品実務指針346項）。また，金融商品Q＆A Q58では具体的数値基準を設けるなど，解釈の幅を持たせないようにしている。

このように借入金と金利スワップとの実質的な一体性を考慮するという金利スワップの特例処理の趣旨から考えると，シンジケートローンにおいて複数の金融機関で契約が分割されている場合に，一部分の借入金を対象として当該特例処理を適用することはできないと考えられる。

ただし，ヘッジ会計において，ヘッジ指定は，ヘッジ対象の金額の一定割合またはヘッジ対象の保有期間の一部の期間のみを対象として行うことができるとされているため（金融商品実務指針150項），金利スワップの特例処理の要件を満たさない場合であっても，ヘッジ会計の要件を満たすときは繰延ヘッジの方法によりヘッジ会計を適用することができる（金融商品実務指針178項後段）」。

3 プロジェクト・ファイナンス

(1) 定　義

プロジェクト・ファイナンスとは，一般的には，特定のプロジェクトに対して行う融資をいう。

（2）プロジェクト・ファイナンスの特徴

① プロジェクト・ファイナンスとコーポレート・ファイナンスの比較

プロジェクト・ファイナンスは，企業が借入を行うコーポレート・ファイナンスと比較すると借入主体が異なる。すなわち，プロジェクト・ファイナンスは，事業者が借入を行うのではなく，一般的には，まず事業主（スポンサー）がプロジェクトを実行する特別目的会社（Special Purpose Company：SPC）等を設立し，当該特別目的会社が借入を行う形態をとる（図表4－6－3参照）。

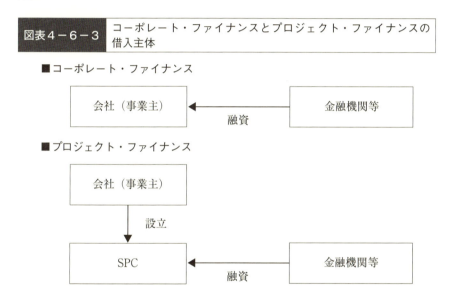

図表4－6－3　コーポレート・ファイナンスとプロジェクト・ファイナンスの借入主体

また，コーポレート・ファイナンスでは，通常，企業の信用力や担保とした不動産などの価値を重視して融資が行われるが，プロジェクト・ファイナンスでは，融資の際に対象プロジェクトが生み出す収益，キャッシュ・フローが重視される。このため，会社の信用力に左右されずに資金調達を行うことが可能となる。

このような特徴から，プロジェクト・ファイナンスの返済原資は，通常，プロジェクトが生み出す収益，キャッシュ・フローに限定され，事業主への責任追及がないという意味で，「ノン・リコース」と呼ばれる。ただし，実際には，

プロジェクトから想定の収入が得られないなどのリスクに対応するために、事業主が追加の資金提供義務を負うなど、事業主の信用力に部分的に依拠する「リミテッド・リコース」の方法によることもある。

以上の点をまとめると、図表4－6－4のとおりである。

図表4－6－4 コーポレート・ファイナンスとプロジェクト・ファイナンスの比較

	コーポレート・ファイナンス	プロジェクト・ファイナンス
借入の主体	会社（事業主）	SPC
融資の判断材料	会社（事業主）の信用力や不動産の担保価値など	主にプロジェクトから生じるキャッシュ・フローなど
事業主の返済義務等責任の有無	あり	なし（ノン・リコース）または限定的（リミテッド・リコース）

② 事業主（スポンサー）の関与
ⅰ 出資

事業主（スポンサー）は、特別目的会社の設立に際して、出資を行う。

特別目的会社の資金調達としては、主として金融機関等からの融資と事業主（スポンサー）からの出資が挙げられるが、「金融機関等からの融資額」と「事業主（スポンサー）からの出資額」の割合をデット・エクイティ比率と呼ぶ。デット・エクイティ比率が低ければ、特別目的会社の資金調達額のうち金融機関等からの資金調達割合が低く、事業主（スポンサー）からの資金調達割合が高くなる。事業主（スポンサー）の割合が高ければ、事業主（スポンサー）の事業遂行へのコミットメントが高まるといった効果が期待できるため、金融機関等と特別目的会社との契約上、デット・エクイティ比率を一定割合以下に保つように定められることがある。

ⅱ キャッシュ・デフィシエンシー・サポート（CDS）

特別目的会社の資金が不足する場合、事業主（スポンサー）が追加的に必要な資金を特別目的会社に提供することがある。これをキャッシュ・デフィシエンシー・サポート（CDS）という。通常、不足資金は追加出資または劣後ローンの形で拠出されることが多い。

③ プロジェクト関係者のリスク

プロジェクト・ファイナンスは，次項で後記するように大型の案件で利用されることが多く，融資期間が長期間となるケースが多い。また，大型事業の遂行にあたって，事業主（スポンサー），金融機関等に加えて，設備の設計・施工・建設会社，保険会社，運営会社など，さまざまな関係者が関与することが多い。

このため，プロジェクト・ファイナンスの実行にあたっては，事業の継続やキャッシュ・フローに影響を与える事業リスクなどさまざまな側面から検討し，プロジェクト関係者がどのようにリスク分担を行うか慎重に決定することが重要となる。この際，プロジェクト関係者の役割やそれぞれの得意分野等を勘案のうえ，各リスクを最もよくコントロールできる者が各リスクを負担するように，適切な事業リスクの分担を行う必要がある。

(3) プロジェクト・ファイナンスの利用例

プロジェクト・ファイナンスは，下記のような長期間に及ぶ大型プロジェクトの資金調達手段として利用される場合が多い。

- 石油・石炭・ガスなどの資源開発プロジェクト
- 鉄道・発電所・空港・高速道路などの公共インフラ整備プロジェクト
- 総合娯楽・リゾートなどの施設開発プロジェクト

(4) 特別目的会社に係る債務の表示

連結の範囲に含めた特別目的会社が有するノンリコース債務（当該特別目的会社の資産および当該資産から生じる収益のみを返済原資とし，他の資産および収益へ遡求しない債務）については，通常の借入金等の債務とは性格が異なることを踏まえて，連結貸借対照表上，図表4−6−5のとおり表示する（連結会計基準71−2項，（注11−2），連結財務諸表規則41条の2第1項）。

| 図表4−6−5 | ノンリコース債務の連結貸借対照表上の表示について |

科　目	区　分
社債または借入金その他の負債の項目ごとに当該ノンリコース債務を示す名称を付した科目	流動負債または固定負債

　ただし，ノンリコース債務を社債等の他の項目と区別して記載せずに，注記によることもできる。この場合には，社債または借入金その他の負債を示す科目ごとにノンリコース債務の金額を注記しなければならない（連結会計基準（注11−2），連結財務諸表規則41条の2第2項）。

　また，ノンリコース債務に対応する資産については，当該資産の科目およびその金額を注記しなければならない（連結会計基準（注16），連結財務諸表規則41条の2第3項）。

4　キャッシュ・マネジメント・システム（CMS）

(1) キャッシュ・マネジメント・システム（CMS）の概要

　複数の企業から構成される企業集団においては，グループにおける効率的な資金活用の観点から，キャッシュ・マネジメント・システム（CMS）を通じてグループ会社間で資金融通を行っていることがある。キャッシュ・マネジメント・システム（CMS）の主なメリットとしては，図表4−6−6のような内容が挙げられる。

| 図表4−6−6 | キャッシュ・マネジメント・システム（CMS）活用による主なメリット |

グループにおける資金効率化	グループ内で資金に余裕がある会社から，資金が必要な会社へ資金移動することで，CMS導入前と比べて銀行等の外部からの借入金を減らし，グループ全体の観点から金利負担を削減することができる。
事務負担の軽減	CMS導入前はグループ各社でそれぞれ行っていた資金管理作業をグループ全体で一元管理することで，資金管理に関わる業務を効率化することができる。

(2) キャッシュ・マネジメント・システム（CMS）の処理

① 個別財務諸表上の会計処理

キャッシュ・マネジメント・システム（CMS）は，個別財務諸表上は資金貸借取引の目的に応じて実態に即した勘定科目で会計処理をする。

たとえば，子会社の資金需要に応じて親会社から子会社へ資金拠出されている場合，子会社からすれば資金調達を行っていると認められることから，子会社は借入金（CMS借入金），親会社は貸付金（CMS貸付金）として処理することが適切であると考えられる。

一方，CMSの仲介会社などで単にグループ会社の間で資金融通のみを行っており，自社のための資金調達を行っていないと判断される場合には，資金提供されている分を預り金（CMS預り金），資金提供している分を預け金（CMS預け金）として処理することが適切であると考えられる。

なお，必ずしも金利の有無で勘定科目が決定されるものではなく，各社における資金調達目的の有無などの実態に応じて判断する必要がある。

② 連結財務諸表上の会計処理

連結財務諸表上は，グループ間の資金貸借は，連結会社相互間の債権と債務として相殺消去する必要がある（連結会計基準31項）。また，CMSに伴って生じる受取利息，支払利息等は，連結会社相互間の取引として相殺消去する必要がある（連結会計基準35項）。

第5章

剰余金の分配

第1節 剰余金の分配の概要

(1) 定　義

　会社法において，株式会社はその株主に対して，剰余金の配当をすることができると規定されている（会社法453条）。会社財産の株主への分配にあたっては，債権者保護の観点から，会社法上剰余金の分配の手続を規定しており，分配可能額の範囲で認められている。

(2) 種　類

　剰余金の分配は，配当財産が金銭であるか否かにより，金銭配当と現物配当の2つに分けられる。

　現物配当については，配当財産の流動性に配慮し，会社法上，金銭分配請求権の付与または株主総会の特別決議が求められるなど，手続が厳格化されている。

(3) 財務的効果

① 資本効率の改善

　利益に貢献しない余剰資金を分配することにより，資本効率を高めることができる。

　余剰資金の配当がROEに及ぼす影響については，ROEの算式が，「ROE＝当

期純利益÷純資産」であり，さらに「ROE＝（当期純利益÷売上高）×（売上高÷総資産）×（総資産÷自己資本)」に分解することで確認したい。

　前記分解後の式のうち，（売上高÷総資産）は総資産回転率を示しており，事業継続にあたっては事業規模や属する業界に応じた運転資金が必要となるが，売上高の増加に結びつかない余剰の運転資金については，配当を行うことにより自己資本を減らしても売上や損益には影響を及ぼさず，結果としてROEが改善することとなる。

② 株式の長期保有の促進

　株主から見ると投下資本の部分的な回収を図ることができ，投資期間中における現金収入を選好する投資家，たとえば，年金基金，機関投資家，年金生活者等から長期的に投資をコミットしてもらえる状況を作りやすく，配当政策により安定株主の確保につながることとなる。

③ 資本関係の整理

　現物配当を行うことにより，たとえば，組織再編時に中間親会社に交付される株式をそのまま親会社に配当することができるため，株式譲渡手続を経ることなくグループ内の資本関係を整理，単純化させることが可能となる。

第2節　配当の実務

1　法律上の手続

（1）剰余金の配当の概説

① 手　続

　剰余金の配当を行うには，まず株主総会において，以下の事項を決定しなければならない（会社法454条1項）。

(a) 配当財産の種類（同項1号）
　　当該会社の株式を配当することはできない（同号かっこ書き）。
(b) 配当財産の割当てに関する事項（同項2号）

(c) 効力発生日（同項3号）

　この決議は普通決議である（会社法309条1項）。会社が種類株式を発行している場合は，株式の種類ごとの異なる取扱いを定めることができる（会社法454条2項）。

　旧商法では，配当は利益の処分として行われるものであったため，定時株主総会において承認された利益処分案に基づく配当および取締役会決議による中間配当に限られていたが（旧商法281条1項4号，283条），会社法では分配可能額が存在する限りにおいて，臨時株主総会でも決議可能であり，年間の回数にも制限はない。

② 財源規制

　剰余金の配当は，純資産が300万円を下回る場合には行うことができない（会社法458条）。

　また，剰余金の配当の額は，その効力発生日における分配可能額を超えることができない（会社法461条1項8号）。分配可能額は，剰余金の額に一定の調整を加えて算定される額である（同条2項）。

i　剰余金の算定

　剰余金の算定に際しては，まず以下のアからカまでの合計額を計算する。

ア　最終事業年度末日におけるその他資本剰余金およびその他利益剰余金（会社法446条1号，計規149条）
　　会社法第446条第1号のイおよびロと計規第149条第1号，会社法第446条第1号のハおよびニと計規第149条第2号がそれぞれ打ち消し合い，計規第149条の第3号および第4号のみとなる。
イ　現事業年度における自己株式の処分差損益（会社法446条2号）
ウ　現事業年度における資本金の減少額（同条3号）
エ　現事業年度における準備金の減少額（同条4号）
オ　現事業年度における吸収型再編受入行為に際してのその他資本剰余金およびその他利益剰余金の増加額（同条7号，計規150条1項5号）
カ　現事業年度において株式または新株予約権の払込責任の履行により増加したその他資本剰余金額（同条7号，計規150条1項6号）

そして，当該合計額から以下の(ア)から(カ)の合計額を控除する。

- (ア) 現事業年度において消却した自己株式の帳簿価額（同条5号）
- (イ) 現事業年度における剰余金の配当額（同条6号）
- (ウ) 現事業年度における剰余金から資本金または準備金への振替額（同条7号，計規150条1項1号）
- (エ) 現事業年度における剰余金の配当に伴う準備金への計上額（同条7号，計規150条1項2号）
- (オ) 現事業年度における吸収型再編受入行為に際しての自己株式の処分差損益（同条7号，計規150条1項3号）
  　　吸収型再編受入行為に際し自己株式を交付した場合，その処分差損益が前記イおよびオのいずれにも計上されることから，二重になっている額を控除する。
- (カ) 現事業年度における分割による剰余金の減少額（同条7号，計規150条1項4号）

計算が以上のように行われる結果，現事業年度に生じた利益は，金商法上の四半期報告書もしくは半期報告書または各種業法上の報告書に記載するために，第一四半期や上半期といった一部の期間につき算定され，取締役会で承認されていたとしても，剰余金の額には反映されない。

ii　分配可能額の算定

分配可能額の算定に際しては，前記 i の剰余金の額に，現事業年度において臨時決算を行った場合の，臨時決算日までの期間に係る以下の額の合計額を加算する。

- ア　純利益（会社法461条2項2号イ，計規156条）。
- イ　自己株式の処分の対価額（会社法461条2項2号ロ）

そして，当該額から以下の(ア)から(エ)の合計額を控除する。

- (ア) 自己株式の帳簿価額（同項3号）
- (イ) 現事業年度における自己株式の処分の対価額（同項4号）
- (ウ) 現事業年度において臨時決算を行った場合の，臨時決算日までの期間に係る純損失（同項5号，計規157条）
- (エ) その他法務省令で定める各勘定科目に計上した額の合計額（会社法461条2項6号，計規158条）

現事業年度に生じた利益は，前記iのとおり剰余金の額には反映されないが，臨時決算を行うことにより，分配可能額に反映することが可能である（その場合，損失も反映される）。また，自己株式の処分差損益は，前記iイのとおり剰余金の額には反映されるが，(イ)において処分の対価，すなわち処分差損益と処分した自己株式の取得原価の合計額が減算されるため，分配可能額の計算上は打ち消されることになる。そして，現事業年度の期首に保有していた自己株式の帳簿価額も，もともと純資産の控除項目であることから，分配可能額の計算日において保有を継続しているものは(ア)で，処分したものは前記のとおり(イ)の一部として，すべて減算される。一方で，臨時決算を行った場合は，処分した自己株式の対価がイで再度加算され，(イ)の減算を打ち消し，かつ，処分差損益を分配可能額に含めることが可能となる。

（2）決定機関の特例

① 中間配当

取締役会設置会社は，事業年度の途中で年に1回，取締役会の決議によって剰余金の配当が可能である（会社法454条5項）。

② 会計監査人設置会社での取締役会決議による配当等の決定

会計監査人設置会社においては，以下の要件を満たせば取締役会で決議できる旨を定款で定めることが可能である（会社法459条1項）。なお，取締役会での決議を定款の規定により認めるものであり，取締役会が自ら決議せず，代表取締役その他の業務執行取締役へ決定を委任（会社法362条）することはできないと考えられる。もっとも，監査等委員会設置会社や指名委員会等設置会社においては，委任可能な事項から除外されていないため，取締役や執行役への委任も可能である（会社法399条の13第5項柱書，416条4項柱書）。

また，取締役会で決議できる旨を定めるだけでは，取締役会と株主総会のいずれも決議可能な状態であり，両者の決議に齟齬がある場合には株主総会の決議が優先することになるが，株主総会は決議せず取締役会のみが決議することを定款で定めることも可能である（会社法460条1項）。

i 対象

ア 自己株式の取得の枠の決定（特定の株主のみを対象とする場合を除く）

（会社法459条1項1号）
イ　準備金の減少額が欠損の額を超えない場合の当該減少（同項2号）
　　計算書類の承認の取締役会（会社法436条3項，439条）に限られる（会社法459条1項柱書きかっこ書き）。
ウ　配当以外の剰余金の処分（同項3号）
エ　剰余金の配当（金銭分配請求権のない現物配当を除く）（同項4号）

ⅱ　要　件
ア　監査役会設置会社，監査等委員会設置会社または指名委員会等設置会社であること（同項柱書き）
イ　取締役の任期が翌年の定時株主総会までであること（同項柱書き）
ウ　最終事業年度の計算書類に会計監査人の無限定適正意見が付されており，監査役会等から（みなしではなく現実に）通知された監査報告の内容（監査役会等の構成員の少数意見を含む）にも，会計監査人の監査の方法および結果を相当でないと認める意見がないこと（同条2項，計規155条）

（3）現物配当

配当財産が金銭以外の財産の場合，配当の決定と併せて以下の事項を決定することができる（会社法454条4項）。

> (i)　株主に金銭分配請求権を与える場合は，その旨および行使可能期間（同項1号）
> (ii)　一定の持株数未満の株主に割当てを行わない場合は，その旨およびその数（同項2号）

なお，(i)の決定をせず，金銭分配請求権を与えない場合は，配当の決定の株主総会決議が特別決議となる（会社法309条2項10号）。

2　個別財務諸表上の処理

（1）その他利益剰余金からの配当

剰余金の分配にあたって，支払側は，配当の効力発生日に剰余金の減少を認識することとなる。

一方で，受取側の会計処理としては，市場価格のある株式の場合は，配当権利落ち日に前回の配当実績または公表されている1株当たり予想配当額に基づいて未収配当金を見積計上し，市場価格のない株式の場合は，発行会社の意思決定機関による決議日に配当決議額を未収配当金として計上する。いずれの場合においても，支払を受けた日に認識することが，継続適用を条件に認められている（金融商品実務指針94項）。

設例5－2－1　その他利益剰余金からの配当

[前提条件]
① 20X0年5月20日に，S社は現金1,000を配当することを決議し，同日に配当を行った。
② 配当原資は利益剰余金としており，利益準備金の積立てを要しない財政状態である。
③ 源泉税は無視する。

[会計処理]
〔S社個別財務諸表上の会計処理（20X0年5月20日）〕

（借）繰越利益剰余金	1,000	（貸）現　　金	1,000

（2）その他資本剰余金からの配当

利益剰余金からの配当と同様に，支払側での剰余金の分配にあたっては，配当の効力発生日に剰余金の減少を認識することとなる。

また，受取側の会計処理としては，株主からの払込資本の払戻しであることから，売買目的有価証券である場合を除き，原則として，配当受領額を有価証券の帳簿価額から控除する（資本剰余金配当処理3項）。売買目的有価証券である場合には，受取配当金（有価証券運用損益）を認識する（資本剰余金配当処理4項）。

ただし，下記の状況においては，資本剰余金からの配当であっても収益を認識することが合理的とされている（資本剰余金配当処理5項）。

① 配当の対象となる時価のある有価証券を時価まで減損処理した期における配当については，配当による価値の低下が期末時価に反映されているため，資本の払戻しではなく，収益として認識する。
② 投資先企業を結合当事企業とした企業再編が行われた場合において，結合後企業からの配当に相当する留保利益が当該企業再編直前に投資先企業において存在し，当該留保利益を原資とするものと認められる配当については，収益として認識する。ただし，企業再編の結果，保有株式の交換損益を認識している場合においては，新株式の再投資が行われているものとみなし，資本の払戻しとして処理する。
③ 配当の対象となる有価証券が優先株式であって，払込額による償還が約定されており，一定の時期に償還されることが確実に見込まれる場合の当該優先株式に係る配当については，実質的に債券と同様の性質をもつと考えられていることから，受取配当金は受取利息と同様に収益として認識することとなる。

設例5－2－2　その他資本剰余金からの配当

[前提条件]

① 20X0年5月20日に，S社は現金1,000を配当することを決議し，同日に配当を行った。
② 配当原資は資本剰余金としており，資本準備金の積立てを要しない財政状態である。
③ 源泉税は無視する。

[会計処理]

〔S社個別財務諸表上の会計処理（20X0年5月20日）〕

（借）その他資本剰余金	1,000	（貸）現　　　金	1,000

〔受取側の会計処理〕

（借）現　　　金	1,000	（貸）投資有価証券	1,000

（3）分配可能額の計算

分配可能額の算定は，前記「1　法律上の手続」に記載のとおり，分配時点

の剰余金の額の計算，分配可能額の順番で計算することとなるが，図表化すると以下の①および②のとおりとなる。

また，連結配当規制適用会社である場合や臨時決算を行う場合においては，上記とは別個の規定が設けられており，後記の③および④のとおり，分配可能額に加減算する必要がある。

① 分配時点の剰余金の額の計算

A	B
■消却した自己株式の帳簿価額（会社法446条5号） ■剰余金の配当をした場合における配当財産の帳簿価額の総額等（会社法446条6号） ■剰余金から資本金または準備金への振替額（会社法446条7号，計規150条1項1号） ■剰余金の配当をした場合における準備金の積立額(*)（会社法446条7号，計規150条1項2号）	■最終事業年度末における ・その他資本剰余金（会社法446条1号，計規149条3号） ・その他利益剰余金（会社法446条1号，計規149条4号） ■自己株式処分差額（会社法446条2号） ■資本金から剰余金への振替額（会社法446条3号） ■準備金から剰余金への振替額（会社法446条4号） ■最終事業年度末日後，剰余金の分配時点までに組織再編を行った場合における剰余金の増減額または自己株式処分差額（会社法446条7号，計規150条1項3号ないし5号） ■最終事業年度末日後，株式の不公正発行の責任履行により増加したその他資本剰余金の額（会社法446条7号，計規150条1項6号，計規21条）

B－A＝分配時点の剰余金の額

（*）剰余金の配当をした場合における準備金の積立額は以下のとおり計算される。

準備金の積立状況	準備金の積立額
配当財産の帳簿価額総額×1／10 ≦資本金×1／4－準備金	配当財産の帳簿価額総額×1／10
配当財産の帳簿価額総額×1／10 ＞資本金×1／4－準備金	資本金×1／4－準備金

② 分配可能額の計算

A	B
■分配時点の自己株式の帳簿価額（会社法461条2項3号） ■最終事業年度の末日後に自己株式を処分した場合における当該自己株式の対価の額（会社法461条2項4号） ■最終事業年度の末日におけるのれん等調整額(＊1)のうち，分配可能額から控除すべき金額（会社法461条2項6号，計規158条1号） ■最終事業年度の末日におけるその他有価証券評価差損（会社法461条2項6号，計規158条2号） ■最終事業年度の末日における土地再評価差損（会社法461条2項6号，計規158条3号） ■連結配当規制適用会社である場合の控除額（会社法461条2項6号）	■分配時点の剰余金の額（①で計算したもの）

B－A＝分配可能額

(＊1) のれん等調整額(＊2)と控除すべき金額の関係図（計規第158条第1項第1号を図表化）。

のれん等調整額	のれん等調整額の金額		控除すべき金額
	≦資本金等(＊3)の金額		ゼロ
	≦資本金等＋その他資本剰余金		のれん等調整額－資本金等
	＞資本金等＋その他資本剰余金	のれん÷2≦資本金等＋その他資本剰余金	
		のれん÷2＞資本金等＋その他資本剰余金	その他資本剰余金＋繰延資産

(＊2) のれん等調整額とは，最終事業年度末日におけるのれんを2で除した金額および繰延資産の合計額である。
(＊3) 資本金等とは，最終事業年度末日における資本金，資本準備金および利益準備金の合計額である。

③ 連結配当規制適用会社である場合の控除額（計規第158条第4号より図表化）

【個別】 株主資本の額－その他有価証券評価差損－土地再評価差損－（のれん等調整額と資本金の額＋資本剰余金の額＋利益準備金の額のいずれか小さい額）	【連結】 株主資本の額－その他有価証券評価差損－土地再評価差損－（のれん等調整額と資本金の額＋資本剰余金の額の合計額のいずれか小さい額）＋最終事業年度の末日後に子会社から取得した親会社株式の当該子会社における帳簿価額のうち親会社持分相当額
	【個別＞連結の場合のみ差引】 分配可能額から控除すべき額

④ 臨時決算を行っている場合における分配可能額への加減額（会社法第461条第2項より図表化）

加算	臨時決算利益
	臨時決算日までに自己株式を処分した場合の対価の額
	臨時決算期中における吸収型再編受入行為または特定募集に際して処分した自己株式の対価の額
減算	臨時決算損失
	事業年度の末日後に複数の臨時計算書類を作成した場合における控除額（2回以上臨時決算を行っている場合）

⑤ 分配可能額と配当原資の関係

　会社法上，分配可能額は資本剰余金と利益剰余金の合計額を基礎に決定されており，配当原資としてその他資本剰余金またはその他利益剰余金から配当するかについては会社の意思決定によるものとされている。ただし，いずれかの剰余金がマイナス残高となるような配当は認められていないと考えられる。

　資本剰余金は株主からの払込資本のうち資本金に含まれないものを表しており，その他資本剰余金のマイナス残高を想定していない（自己株式会計基準40項なお書き）。

　その他利益剰余金からの配当についても，その全体がプラスであったとしても，繰越利益剰余金がマイナスになるような配当については，（繰越利益）剰

余金がマイナスになることが想定されていない点，および実質的に任意積立金から配当してしまっていることになる点から，妥当ではないと考えられる。

設例5－2－3　分配可能額の計算

前提条件

S社の20X1年3月期決算時における貸借対照表（抜粋）は下記のとおりである。

科目	金額	科目	金額
諸資産	×××	諸負債	×××
のれん	230	資本金	1,000
		資本準備金	100
		その他資本剰余金	200
		利益準備金	50
		繰越利益剰余金	500
		自己株式	△40
		その他有価証券評価差額金	30

分配可能額等の計算

分配可能額等を計算すると以下のとおりとなる。

① 分配可能額の計算

分配可能額＝事業年度末日の剰余金－自己株式の帳簿価額－のれん等調整額－その他有価証券評価差額金（差損の場合のみなので本設例ではゼロ）

のれん等調整額は，のれんの額÷2＝115となり，資本金＋資本準備金＋利益準備金＝1,150を下回ることから，調整額はゼロとなる。

その結果，分配可能額は，200＋500－40－0－0＝660となる。

② 準備金の要積立額の計算

資本金×1／4－（資本準備金＋利益準備金）＝1,000×1／4－100－50＝100

要積立額は100となるため，分配可能額660に対して配当予定額aと置くと，準備金積立額は配当予定額の1／10であることから0.1aとなる。ここで，分配可能額と配当予定額および準備金積立額を等式で結ぶと660＝a＋0.1aとなり，この式を解くとa＝600と導かれる。

なお，準備金の積立ては，配当原資が（繰越）利益剰余金の場合は利益準備金を，（その他）資本剰余金の場合は資本準備金を積み立てることとなる（会

社法445条4項，計規22条）。

（4）未払配当金の処理

　上場会社では，配当金の支払にあたり，郵便局での受取希望の株主につき，本人が配当金の受領を失念した場合，未払配当金が滞留することがある。

　当該未払配当金の取崩時期は，実務的には郵便局窓口での取扱期間満了後に株式事務代行金融機関での取扱いとなるが，株式事務代行金融機関での取扱期間満了後に雑収入に計上することが考えられる。

　なお，未払配当金の取崩しを行った場合においても，株主から配当金の請求を受けた場合において支払うケースがある場合には，将来の支払が引当金の要件を満たす可能性がある（引当金等取扱い3(3)）。

3 税務上の処理

（1）利益剰余金を原資とする配当

　利益剰余金を原資とする配当を行った場合，所得税の源泉徴収義務が生じるため，配当時には源泉徴収税額を預り金に計上し，残額を株主に支払うこととなる。平成28年3月末現在の税法に基づくと，所得税15％＋復興特別所得税0.315％＋地方税5％＝計20.315％（上場会社の場合）を徴収することとなるが，分配法人の課税所得には影響がないため，別表四上は，事業年度中の配当金総額（源泉税控除前金額）を当期利益の配当による社外流出欄に記載することとなる。

区分		総額	処分		
			留保	社外流出	
		①	②	③	
当期利益又は当期欠損の額	1	10,000	9,000	配当	1,000
				その他	

　株主側の税務処理については，株主が法人の場合には配当の効力発生日に源泉徴収税控除前の配当額を収益として認識する（法基通2－1－27）。株主が個人の場合は配当所得を構成することとなるが，源泉徴収が行われていること

から，確定申告しない方法も認められている。しかしながら，各人の所得税率や株式の譲渡損失等の有無により税額が変動するため，源泉徴収税額と比較衡量して税額が有利となるように申告の要否を決定すると考えられる。

（2）資本剰余金を原資とする配当

資本剰余金を原資とする配当を行った場合，税務上は，配当額を資本金等の減少額に対応する部分の金額（資本金等の額に払戻し割合を乗じた金額）と利益積立金額の減少額に対応する部分の金額（減資資本金額に対応する部分の金額を超える部分の金額）に分ける必要がある。

利益積立金額の減少額に対応する部分は，みなし配当として，分配法人での源泉徴収義務が生じる（図表5－2－1参照）。

図表5－2－1　配当額の税務上のイメージ図

配当総額	資本の払戻し	配当直前の資本金等の額 × 払戻しにより減少した資本剰余金の額 / 払戻しを行った法人の前事業年度終了時の簿価純資産価額　（分数部分は小数点以下3位未満切上げ）
	みなし配当	配当総額から譲渡収入相当額を差し引く。

株主側の税務処理としては，みなし配当として受取配当金を認識し，そのうち，益金不算入とされる金額を法人税確定申告書別表四に記載する。

また，資本金等の減少額に対応する部分の金額は有価証券の譲渡価額として取り扱われる。

株主側から資本金等の減少額に対応する部分の金額と利益積立金額の減少額に対応する部分の金額を把握することは困難であることが多く，通常，分配法人から受取配当金の算出のためのみなし配当額，譲渡損益の算出のための純資産減少割合の情報を入手し，確定申告書を作成することとなる。

設例5－2－4では，前記の設例5－2－2に前提条件を追加して，双方の税務処理を説明する。

設例5-2-4　その他資本剰余金からの配当（税務処理）

前提条件（追加）

設例5-2-2の前提条件に以下を追加する。
④　税務上の資本金等の金額は6,500とする。
⑤　分配法人の配当前年度の貸借対照表は以下のとおりであり、税務上および会計上の純資産の合計額は7,000である。

科目	金額	科目	金額
諸資産	×××	諸負債	×××
		資本金	3,000
		資本準備金	2,000
		その他資本剰余金	1,500
		利益準備金	1,000
		その他利益剰余金	△500

会計処理（税務処理）

1．分配法人の処理

　その他資本剰余金から1,000の配当を行う場合、資本の払戻額に対応する部分は、資本金等の額6,500×資本剰余金からの払戻額1,000÷純資産の金額7,000＝929（分数部分の小数点未満3位を切り上げ、最終数値を四捨五入）と計算されることから、税務上の仕訳は以下のとおりとなる。

〔税務上の仕訳〕

（借）資本金等の額	929	（貸）現　　　　金	797
利益積立金	71	預　り　税　金	(※)203

（※）　203＝1,000×20.315％（便宜的に上場会社における源泉税率を用いている）

　上記仕訳を受けて、別表四および五（一）の記載方法は以下のとおりとなる。その他資本剰余金の配当額をいったん別表五（一）の資本金等の額の計算に関する明細書の減少欄に記載し、利益積立金額の減少相当額については、別表五（一）の利益積立金額の計算に関する明細書にて減少を認識し、資本金等の額の計算に関する明細書にて増加を認識することにより、みなし配当額が資本積立金に計上されることとなる。

<別表四>

区分		総額	処分	
			留保	社外流出
		①	②	③
当期利益又は当期欠損の額	1	×××	×××	配当 71
				その他

<別表五（一）>

利益積立金の額の計算に関する明細書

区分	期首現在利益積立金額	当期の増減		差引翌期首現在利益積立金額 ①−②+③
		減	増	
	①	②	③	④
資本金等の額			△71	△71

資本金等の額の計算に関する明細書

区分	期首現在利益積立金額	当期の増減		差引翌期首現在利益積立金額 ①−②+③
		減	増	
	①	②	③	④
資本金又は出資金	3,000			3,000
資本準備金	2,000			2,000
その他資本剰余金	1,500	1,000		500
利益積立金			71	71

2．受取側の処理

前提条件に株式保有者の情報を以下のとおり追加する。

[前提条件（再追加）]

⑥ 分配法人の発行済株式総数は1,000株であり、株式保有者の持株数は100株でその他有価証券に分類している。

⑦ 分配法人は1株当たり1のその他資本剰余金からの配当を行い、受取側では受取額100全額を株式簿価から控除している。

⑧ 株式保有者の分配法人株式の帳簿価額は300であり、税務上の簿価との差異はない。

まず，1株当たりのみなし配当額は，(配当額1,000 − 資本金等の額6,500 × 資本剰余金からの払戻額1,000 ÷ 純資産の金額7,000) ÷ 発行済株式総数1,000 = 0.07（減資資本金割合部分は小数点以下3位未満を切り上げ，最終数値は小数点以下2位未満を四捨五入）と計算されるため，保有者の認識すべきみなし配当は0.07 × 100 = 7となる。

次に，有価証券の譲渡損益を計算するにあたり，譲渡原価は帳簿価額300 × 資本剰余金からの払戻額1,000 ÷ 純資産の金額7,000 = 43（減資資本金割合部分は小数点以下3位未満を切り上げ，最終数値は四捨五入）となるため，譲渡損益は，配当額100 − 譲渡原価43 − みなし配当額7 = 50と計算される。

株式保有者の法人税確定申告書上の記載は以下のとおりとなる。

＜別表四＞

区分		総額	処分	
			留保	社外流出
		①	②	③
当期利益又は当期欠損の額		1		配当
				その他
加算	有価証券譲渡益	50	50	
	みなし配当	7	7	

(注) みなし配当の配当金の益金不算入額の計算および申告書への記載は省略している。

＜別表五（一）＞

利益積立金の額の計算に関する明細書

区分	期首現在利益積立金額	当期の増減		差引翌期首現在利益積立金額
		減	増	①−②+③
	①	②	③	④
投資有価証券			57	57

4 連結財務諸表上の処理

連結財務諸表作成上，親子会社間で行われた配当は相殺消去される。配当を行った会社に非支配株主が存在する場合には，支払配当額を非支配株主持分に

負担させる。

また，持分法適用会社が配当を行った場合には，受取配当金と投資簿価を相殺消去する。

以下のそれぞれの仕訳は，前記「2　個別財務諸表上の処理」における設例5－2－1および設例5－2－2の前提条件の下，S社がP社の100％子会社である場合におけるP社連結財務諸表作成上の会計処理を示したものである。

【設例5－2－1　その他利益剰余金からの配当】
〔20X1年3月期決算時におけるP社連結財務諸表上の連結修正仕訳〕

| （借）受 取 配 当 金 | 1,000 | （貸）利 益 剰 余 金
（支 払 配 当 金） | 1,000 |

【設例5－2－2　その他資本剰余金からの配当】
〔20X1年3月期決算時におけるP社連結財務諸表上の連結修正仕訳〕

| （借）子 会 社 株 式 | 1,000 | （貸）資 本 剰 余 金
（支 払 配 当 金） | 1,000 |

5　財務諸表等における開示

株主資本等変動計算書に関する注記として以下の項目を注記する（株主資本等変動計算書適用指針13項(4)，連結財務諸表規則80条，財務諸表等規則109条1項1号，3号，計規105条3号イ）。

> ①　株式の種類ごとの配当金の総額，1株当たり配当額，基準日および効力発生日
> ②　基準日が当期に属する配当のうち，配当の効力発生日が翌期となるものについては，配当の原資および①に準ずる事項

前記は，連結財務諸表作成会社においては，財務諸表への注記は要しない（財務諸表等規則109条2項，計規105条柱書き後段）。

有価証券報告書上は財務諸表の注記以外にも，提出会社の状況に配当政策の記載を求められており，配当の基本的な方針や最近事業年度の配当決定にあたっての考え方や内部留保資金の使途について記載が求められている（開示府令第三号様式（記載上の注意）(34)）。

なお，計算書類固有の開示として，連結配当規制会社である場合においては，

その旨を記載する必要がある（計規98条18号，115条）。

第3節　現物配当の実務

1　法律上の手続

現物配当に係る法律上の手続については，前記「第2節1（3）現物配当」をご参照いただきたい。

2　個別財務諸表上の処理

配当財産が金銭以外の財産である場合，配当の効力発生日における配当財産の時価と適正な帳簿価額との差額は，配当の効力発生日の属する期の損益として，配当財産の種類等に応じた表示区分に計上し，配当財産の時価をもって，その他資本剰余金またはその他利益剰余金を減額する（自己株式適用指針10項本文）。

ただし，以下のケースにおいては，損益が実現していない，または，配当財産の時価の算定が困難であることから，配当の効力発生日における配当財産の適正な帳簿価額をもって，その他資本剰余金またはその他利益剰余金を減額する（自己株式適用指針10項ただし書き）。

① 分割型の会社分割
② 保有する子会社株式のすべてを株式数に応じて比例的に配当する場合
③ 企業集団内の企業へ配当する場合
④ 配当財産の公正な評価額を合理的に算定することが困難と認められる場合

設例5－3－1　現物配当の会計処理

【前提条件】

① 20X0年5月20日に，S社は保有上場株式1,000を配当することを決議し，同日に配当を行った。
② 配当対象財産の配当時の時価は1,200であり，配当原資は利益剰余金としている。

会計処理

〔S社個別財務諸表上の会計処理（20X0年5月20日）〕

（借）	繰越利益剰余金 （支払配当金）	1,200	（貸）	投資有価証券 投資有価証券配当益	1,000 200

3 税務上の処理

税務上，適格現物分配に該当する場合を除き，分配法人において譲渡損益を認識する。現物分配のうち，完全支配関係がある内国法人間で行われるものを適格現物分配として，分配法人の現物分配直前の税務上の簿価により譲渡したものと取り扱われる。

設例5-3-2　現物配当の会計処理（税務処理）

前提条件（追加）

設例5-3-1の前提条件に以下を追加する。
③　S社は内国法人P社の100％子会社である。
④　完全支配関係がある内国法人間での現物分配資産の取得価額は，分配法人の分配直前の帳簿価額とする。

会計処理（税務処理）

1．分配法人の税務処理

適格現物分配となるため，分配法人の現物分配直前の税務上の簿価により譲渡するように，会計上認識した現物配当益を税務調整する。

＜別表四＞

区分		総額	処分		
			留保	社外流出	
		①	②	③	
当期利益又は当期欠損の額	1			配当	1,200
				その他	
減算　投資有価証券配当益		200			200

2．受取側の税務処理

　適格現物分配の場合，受取配当金は税務上益金の額に算入しないこととされているため，受取配当金を別表四において，分配法人の現物分配直前の税務上の簿価と配当益金額に分けて減算処理を行う。

　適格現物分配により取得した資産は，分配法人の現物分配直前の税務上の簿価により受け入れることとなるため，別表五（一）において，配当益金額を減算することにより，税務上の簿価は1,200－200＝1,000となり，現物分配法人の現物分配直前の税務上の簿価と同額になる。

＜別表四＞

区分		総額	処分	
			留保	社外流出
		①	②	③
当期利益又は当期欠損の額		1	配当	
			その他	
減算	投資有価証券	200	200	
	受取配当金	1,000		1,000

＜別表五（一）＞

利益積立金の額の計算に関する明細書

区分	期首現在利益積立金額	当期の増減		差引翌期首現在利益積立金額 ①－②＋③
		減	増	
	①	②	③	④
投資有価証券		200		△200

4 連結財務諸表上の処理

　連結財務諸表作成上，親子会社間で行われた配当は相殺消去される。それに加えて，連結グループ内での配当財産の移動であるため，配当時における配当財産の時価と適正な帳簿価額との差額は未実現損益となり，消去仕訳が行われる。

　以下の仕訳は，前記「2　個別財務諸表上の処理」における設例5－3－1

の前提条件の下，S社がP社の100％子会社である場合におけるP社連結財務諸表作成上の会計処理を示したものである。

【設例５－３－１　現物配当の会計処理】
〔20X1年３月期決算時におけるP社連結財務諸表作成上の修正仕訳〕

| （借） | 受取配当金 | 1,000 | （貸） | 利益剰余金
（支払配当金） | 1,000 |
| | 投資有価証券配当益 | 200 | | その他有価証券評価差額金(※) | 200 |

（※）　連結財務諸表上は，その他有価証券の配当益は未実現の含み益となることから，その他有価証券評価差額金へと振り替えている。

5　財務諸表等における開示

　株主資本等変動計算書に関する注記において，現物配当を行った場合は金銭配当を行った場合と異なり，配当財産の種類を明示する必要がある（連結財務諸表規則80条，財務諸表等規則109条１項１号，３号，計規105条３号ロ）。

第6章 自己株式

第1節 自己株式の概要

1 定　義

　自己株式とは，株式会社が有する自己の株式のことをいう（会社法113条4項）。自己株式は発行会社自身が保有している株式であるという特性から，さまざまな制約が存在する。たとえば，会社法では自己株式を取得できるケースを図表6－1－1に記載したように細かく規定している（会社法155条）。これは，自己株式の取得が特定の株主に対する資本の払戻しの性質をもつことから，他の利害関係者も平等に保護し，不公正な取引を防止する目的である。

図表6－1－1　自己株式を取得できるケース

- 取得条項付株式の取得
- 譲渡制限株式の譲渡を承認しない場合の買取り
- 株主総会決議等による取得
- 取得請求権付株式の取得
- 全部取得条項付種類株式の取得
- 相続人等に対する売渡請求による取得
- 単元未満株式の買取り
- 所在不明株式の買取り
- 端数株式処理に際しての買取り

- 事業全部の譲受けによる取得
- 合併消滅会社からの取得
- 吸収分割会社からの取得
- 自己株式を無償で取得する場合（施規27条）など，その他法務省令で定める場合

　自己株式の取得は，以前は商法の規定上，原則として禁止されていた。しかし，経済界からバブル崩壊後の株式持合解消の受け皿として，また，諸外国では自己株式の取得が可能であること等の理由で規制緩和の要望が強くなったことを受け，徐々に取得できる事由が拡大され，平成13年6月の商法改正において取得解禁という大きな方針転換が行われ，平成18年に施行された会社法では，自己株式の取得および保有について，さらに柔軟な取扱いが可能になった。

2 財務的効果

　自己株式の活用事例として，以下のものが考えられる。

（1）株主への還元策

　株主が期待する水準の収益をもたらす投資機会がある場合は，その投資を行うことによって企業価値の向上につながるが，そうした機会がなく余剰資金が積み上がっているような場合は，株主還元策として自己株式の取得を行うことが考えられる。自己株式を発行会社が取得した場合，会社から株主に資金移動が生じる。非上場会社を前提とすると，個人株主は株式を売却したことで得た資金で，資産ポートフォリオの組替えが可能となる。法人株主の場合，株式を売却したことで得た資金を事業活動資金として利用することができる。いずれにしても，株式を保有し続けるよりも，株主の手許資金の流動性を向上させることを可能にする。

（2）経営安定化対策

　非公開会社で同族会社の場合，必ずしも同族株主が経営に関心があるとは限らない。また，オーナー一族以外の株主が多くの株式を所有しているなど，株主が分散化しているような場合もある。このとき，会社にとって重要な決議の際に意思決定が思うような方向にいかない可能性も含んでいる。
　そこで，自己株式に議決権がないことから，経営参画の意思の薄い株主など

から自己株式を発行会社が買い取ることによって，分散した株主の意思の集約が図りやすくなり，オーナーによる経営安定化を図ることが可能となる。

(3) 資本効率の向上

自己株式の買受けを行うことで，ROE（自己資本利益率）やROA（総資産利益率）向上により資本効率を向上させることが可能となる。

発行会社に余剰資金がある場合，自己株式を市場から買い受けることで，自己株式の取得価額分，資産が減少（現金が減少するため）し，同額自己資本が減少することになる。自己株式の減少は自己資本のマイナスとして処理されるため，総資産，自己資本ともに減少することになる。以下でROEの算式を示しているが，利益，自己資本が変わらないという前提の場合，自己株式を買い受けることで，下記の分母が小さくなるため，ROEは大きくなることがわかる。このように，自己株式の買受けによってROEやROAが改善し，資本効率を向上させることが可能となる。

【ROEの算式】
$$\text{ROE（自己資本利益率）} = \frac{\text{当期純利益}}{\text{自己資本} - \text{自己株式}}$$

(4) 企業組織再編の機動的な実行

合併や買収等の企業組織再編を行う際，新株発行に代えて保有している自己株式を交付することで，新株発行事務の省略による手続の簡略化やコスト削減が図れるほか，発行済株式総数が増加することによる株式価値の希薄化を防ぐことで，新たな配当負担や株主管理コストの増加を抑えることが可能となる。

また，自己株式を活用することにより，手許資金や借入の状況に影響されずに，企業組織再編の機動的な実行やスキームの選択肢の増加が可能となる。

(5) 納税資金調達手段としての利用

オーナー会社で相続が発生した際，相続人が株式を発行会社に売却することで資金調達を行うケースがある。被相続人が所有していた財産のほとんどが当該オーナー会社の株式の場合，相続人は換金性の低い非上場株式を発行会社に譲渡することで，相続税の納税資金を調達することが可能となり，経営者とし

ても発行会社の支配権維持の観点から都合がよい（なお，定款の規定に基づく相続人の意思によらない売渡請求につき，会社法174条参照）。

平成16年度税制改正により，相続財産に株式が含まれ，かつ，相続税の納税義務が生じる場合，相続税の申告期限から3年以内の相続人からの自己株式の取得についてはみなし配当課税を行わないとする特例措置（租特法9条の7）が創設され，取得時加算特例（租特法39条）も併せて適用可能であることから，相続税の納税資金調達手段として活用されている。

（6）ストック・オプション制度への活用

ストック・オプション制度を導入した場合，新株予約権者から権利行使が行われた際に，新株発行によって株式を交付するよりも自己株式を交付したほうが株式価値の希薄化を防ぐことができ，また，コストがかからないというメリットがある。

（7）日本版ESOPへの活用

企業収益の株主還元対策としての自社株買いが普及した現在，日本における上場会社の保有する自己株式の割合は高まっているが，そのような場合に日本版ESOPのような制度を用いて，自己株式を有効に運用することも可能となる（詳細は後記「第7章　日本版ESOP」参照）。

第2節　自己株式の実務

1　法律上の手続

（1）取得の概説

①　取得枠の決定

自己株式を取得するには，一定の例外（会社法155条）を除き，まず株主総会において，以下のとおり取得の枠を決定する決議が必要となる（会社法156条）。

> i 取得する株式の数（同条1項1号）
> ii 取得と引換えに交付する金銭等の内容およびその総額（同条1項2号）
> iii 株式を取得できる期間（同条1項3号）

　この決議は普通決議である（会社法309条1項）。なお，会計監査人設置会社であって，一定の要件を満たす場合には，取締役会で決議できる旨を定款で定めることが可能である（会社法459条1項1号）。詳細については，前記「第5章第2節1（2）② 会計監査人設置会社での取締役会決議による配当等の決定」を参照されたい。

② 個別の取得の決定

　前記①の取得の枠の決定後，当該決議に従い，以下のとおり個別の取得を決定する（会社法157条1項）。

> i 取得する株式の数（同項1号）
> ii 1株の取得と引換えに交付する金銭等の内容およびその数もしくは額またはその算定方法（同項2号）
> iii 取得と引換えに交付する金銭等の総額（同項3号）
> iv 譲渡しの申込みの期日（同項4号）

　取締役会設置会社では当該決定は取締役会の決議による（同条2項）。監査等委員会設置会社や指名委員会等設置会社においては，取締役や執行役への委任も可能である（会社法399条の13第5項柱書，416条4項柱書）。取得の条件は，個別の取得の決定ごとに，均等に定める必要がある（会社法157条3項）。

　当該決定の内容は全株主に通知する必要があるが（会社法158条1項），公開会社（会社法2条5号）の場合は，公告によることも可能である（会社法158条2項）。この通知を受けた株主が，譲渡を希望する株式の数を明らかにして譲渡しの申込み（会社法159条1項）を行えば，譲渡に関する合意が成立し（同条2項本文。なお申込総数の方が多い場合は同項ただし書きにより按分），当該合意に従って譲渡が実行されることになる。したがって，自己株式の取得の相手方となる機会は，原則すべての株主に与えられることになる。

③ 財源規制

自己株式の取得の対価の総額は，その効力発生日における分配可能額を超えることができない（会社法461条1項2号，3号）。分配可能額については，前記「第5章第2節1（1）②ⅱ　分配可能額の算定」を参照されたい。

（2）特定の株主からの取得

自己株式の取得は，原則としてすべての株主を対象に行われるが，株主総会での取得の枠を決定する決議に併せて，取得の条件決定の通知を特定の株主に対してのみ行うことを定めることにより，特定の株主のみを対象として実施することも可能である（会社法160条1項）。この場合は，株主総会の特別決議が必要となる（会社法309条2項2号）。

もっとも，特定の株主のみを対象とした取得に際しては，他の株主は自らをも取得先として追加するよう会社に請求することができ（会社法160条3項），会社は追加請求が可能である旨を全株主に通知する必要がある（同条2項）。具体的には，株主総会における取得の枠の決定の議案に，対象となる特定の株主も明示されるところ，他の株主が自らを追加するよう請求した場合には，当該株主も同様に対象として議案中に含められることになる。

このような取得先の追加請求権が存在することから，特定の株主のみからの取得は，必ずしも会社が想定するとおりに実行できるとは限らない。

（3）上場会社の場合の取扱い

上場会社の場合，以下の点について前記「（1）取得の概説」および「（2）特定の株主からの取得」とは異なる取扱いがなされる。

① 市場取引等による取得

市場において行う取引または金商法第27条の2第6項に規定する公開買付けの方法によって自己株式の取得を行う場合は，前記「（1）取得の概説」の個別の取得に関する取締役会決議は不要となる（会社法165条1項）。したがって，個別の取得は代表取締役その他の業務執行取締役の決定によることも可能である（実際には，会社法第362条第4項柱書きの「重要な業務執行」に該当する可能性もあり，取締役会決議を経ている場合が多いと思われる）。

また，会社は前記「（1）取得の概説」の取得の枠の決定を取締役会で決議

できる旨を定款で定めることができる（会社法165条2項）。この特例は，機動的に自己株式を取得したいとの経済界の要望により，平成15年の商法改正で導入されたもので（旧商法211条ノ3第1項2号），前記「(1)①　取得枠の決定」の会計監査人設置会社の特例（会社法459条1項1号）とは沿革が異なり，相互に独立したものであり，その結果，これらのいずれかが定款に規定されていれば，株主総会を経ることなく自己株式を取得することも可能となる。なお，監査等委員会設置会社や指名委員会等設置会社における取締役や執行役への委任が可能な事項からは明示的に除外されており，委任は認められていない（会社法399条の13第5項2号，416条4項2号）。

逆に，上場株券等の発行者自身による市場外における買付けは，前記（2）の特定の株主からの取得の場合を除き，後記ⅱの公開買付けによる必要がある（金商法27条の22の2柱書き本文，1号）。そのため，上場会社が前記の「(1)取得の概説」の原則的な手続ですべての株主を対象として自己株式を取得することはできず，市場において取得するか，公開買付けで取得するかのいずれかになる。

ⅰ　市場取引での取得

市場取引には，通常の立会市場での取引に加え，立会外市場における取引（たとえば，東京証券取引所のToSTNeT－2（終値取引）やToSTNeT－3（自己株式立会外売買取引）による取引等）も含まれる。いずれの場合も，相場操縦的行為の防止のため，発行者自身による上場等株券等の売買を規制する金商法第162条の2および取引規制府令の第5章（16条ないし23条）に従って実施する必要がある（なお，自己株式取得に関するガイドライン（平成26年4月1日）（日本取引所自主規制法人）および東証市場を利用した自己株式取得に関するQA集（2008年1月10日）（株式会社東京証券取引所）も参照）。

⒜　取引規制府令第17条ないし第20条に準拠して実施する場合

原則的な取得方法であり，発注価格（17条2号）や数量（同条3号）の要件を満たす必要がある。立会市場における（事前公表のない）単純買付けがこれに該当する。

自己株式の取得は，それ自体が内部者取引に係る重要事実に該当するが（金商法166条2項1号ニ），取得の枠の決定が公表されていれば，個別の取得の決

定の公表までは求められない（同条6項4号の2）。これは，公表すると株価への影響が生じ，その結果自己株式の取得が円滑に行えないことを防ぐための適用除外である。したがって，自己株式の取得以外の重要事実が公表されていれば，内部者取引規制の観点からは特段の支障がないことになる。

(b) **取引規制府令第23条に準拠して実施する場合**

取引規制府令第23条に準拠して実施する場合は，第17条ないし第20条は適用除外となり，事前公表（23条1号ロ）や株主間の公平性確保（同号ハ）といった第23条の各要件を満たす金融商品取引所が適当と認める方法によることになる。具体的には，立会市場における事前公表型の買付けのほか，立会外市場における取引，たとえば東京証券取引所のToSTNeT－2やToSTNeT－3が挙げられる。なお，ToSTNeTによる取引でも，ToSTNeT－1は相手方指定が可能であるため，株主間の公平が確保される方法という要件（取引規制府令23条1号ハ，2号ハ）を満たさず，自己株式取得目的には利用できない。

内部者取引規制との関係では，取得の事前公表が求められるため，他に未公表の重要事実があればその際に併せて公表することで問題なく実施可能である。もっとも，ToSTNeT－2やToSTNeT－3では，自己株式の取得以外の重要事実を事前公表の際に併せて公表した場合，内部者取引規制上は公表がなされているものの，制度上，当該重要事実が価格に反映される前の株価で取引を実行することになるので，たとえば業績の下方修正のように価格下落の蓋然性が高い重要事実であれば，結果的にあるべき価格よりも高い価格での取得になってしまうおそれが否定できない（なお，逆の場合でも株式を売却した株主との関係で問題は生じ得る）。そのような事態を防ぐには，自己株式取得の少し前に当該重要事実を公表して，価格に反映させてから取得を行うことが考えられるが，それが取締役の善管注意義務の一環として求められるかは，今後検討されるべき問題といえる。

ii **公開買付けによる取得**

公開買付けによる取得は，金商法第27条の22の2第2項により，公開買付開始公告および公開買付届出書の提出（金商法27条の3），公開買付説明書の作成および交付（金商法27条の9）ならびに応募株券等の数の公告および公開買付報告書の提出（金商法27条の13）といった，発行者以外の者による公開買付

けが準用され，これらの手続を行う必要がある。

　公開買付けによる取得の場合，発行者以外の者による公開買付けと同様，一般株主から幅広く買付けを行うためには，取引所における価格に一定のプレミアムを上乗せする必要がある。一方，発行者以外の者による公開買付けとは異なり，強制公開買付け規制（金商法27条の2第1項）は存在しないため，前記ⅰの市場取引による取得にも特段の制約がなく，通常は市場取引が利用される。そのため，公開買付けは，特定の株主からの買付けを他の株主の参加なしに確実に実施したい場合に，取引所における価格を下回る買付価格で実施する場合が多い。

②　特定の株主からの取得の特例

　特定の株主のみを対象とする場合に，他の株主に売主追加請求権が認められる点は同じであるが，上場会社では株主が多数存在するため，このような売主追加請求権の存在は，特定の株主のみからの取得を事実上不可能にするものといえる。

　一方，市場価格のある株式については，取得価格が市場価格以下であれば追加請求権が発生しないことから（会社法161条，施規30条），上場会社でも取得価格を低く設定すれば，前記①ⅱの公開買付けと同様に，特定の株主からの確実な取得の手段として利用可能である。実際には，株主総会日の直近での株価の急激な高騰が発生した場合の影響を弱めるため，一定期間の平均価格に所定のディスカウント率を乗じた額と株主総会日前日の終値のいずれか低い方の価格とされることもある。

　もっとも，前記①の市場取引等ではないので，取締役会決議のみでは行えず株主総会決議を必要とするところ，このためだけに臨時株主総会を招集するのは非現実的であり，時期をみて定時株主総会で併せて決議ができる場合に限定されるものと思われる。

③　自己株式買付状況報告書の提出

　上場株券等の発行者は，前記「(1) 取得の概説」および「①　市場取引等による取得」の自己株式取得の枠を決定する決議の日の属する月から，取得が可能な期間の末日の属する月まで，各月中の自己株式の買付け状況に関する報告書を提出する必要がある（金商法24条の6）。

（4）処　分

前記「第2章第2節1（4）自己株式の処分」を参照されたい。

（5）消　却

自己株式は消却することができる（会社法178条1項前段）。消却するには、消却する自己株式の数を決定する必要があり（同項後段）、取締役会設置会社では当該決定は取締役会の決議による（同条2項）。監査等委員会設置会社や指名委員会等設置会社においては、取締役や執行役への委任も可能である（会社法399条の13第5項柱書き、416条4項柱書き）。

自己株式を消却した場合でも、発行可能株式総数（会社法37条1項）の枠が消費されてしまうわけではなく、総数自体に変動は生じない（会社法113条2項反対解釈）。その結果、消却により発行可能株式数は増加することになる。

消却後には、消却によって減少した分の発行株式数の変更を登記する必要がある（会社法911条3項9号、915条1項）。

2 個別財務諸表上の処理

（1）自己株式の取得に係る処理

① 有償取得の場合

自己株式の取得は、対価が金銭の場合は対価を支払うべき日に認識し、対価が金銭以外の場合は対価が引き渡された日に認識する（自己株式適用指針5項）。

取得した自己株式は、取得原価をもって純資産の部の株主資本から控除する（自己株式会計基準7項）。また、期末に保有する自己株式は、純資産の部の株主資本の末尾に自己株式として一括して控除する形式で表示する（自己株式会計基準8項）。これは、自己株式の取得が株主に対する資本の払戻しと考えられることから、資産ではなく純資産の部における株主資本の控除項目として計上することが実態に即しているためである。取得に係る仕訳は以下のとおりであり、純資産の部の表示形式は、図表6－2－1のとおりである。

〔取得に係る仕訳〕

（借）自 己 株 式	100	（貸）現　　　金	105
営業外費用(付随費用)	(※)5		

(※) 自己株式を取得する際に生じた付随費用は，損益取引と考える。したがって，自己株式の取得原価には含めず，損益計算書に計上する（自己株式会計基準14項）。

図表6－2－1 純資産の部の表示形式（個別財務諸表）

純資産の部	
Ⅰ　株主資本	
1．資本金	×××
2．新株式申込証拠金	×××
3．資本剰余金	
(1)　資本準備金	×××
(2)　その他資本剰余金	×××
資本剰余金合計	×××
4．利益剰余金	
(1)　利益準備金	×××
(2)　その他利益剰余金	×××
利益剰余金合計	×××
5．自己株式	△×××
6．自己株式申込証拠金	×××
株主資本合計	×××
Ⅱ　評価・換算差額等	×××
Ⅲ　新株予約権	×××
純資産合計	×××

　会社法において，自己株式の取得の方法は，市場買付以外にも取得条項付株式の取得，譲渡制限株式の取得等多数あるのは前記のとおりである。さまざまな取得の場面が想定されるが，取得の方法によって会計処理を区別せずに，すべて同様の会計処理を行うこととしている（自己株式会計基準33項）。

　また，自己株式の取得に係るキャッシュ・フローは，財務活動によるキャッシュ・フローの区分において表示する（連結キャッシュ・フロー計算書作成基準注解（注5））。

　なお，自己株式の取得は，取引条件が一般の取引と同様であることが明白な

取引に該当しないため、関連当事者注記の対象となることに留意すべきである（関連当事者会計基準28項）。

② 無償取得の場合

自己株式を無償で取得した場合には、自己株式の数のみの増加として処理する（自己株式適用指針14項）。特段会計処理は発生しないが、自己株式の1株当たりの単価が低下することとなる（設例6－2－1参照）。また、1株当たり当期純利益の計算等の際に自己株式の数に含めることに留意する。

〔取得に係る仕訳〕

仕訳なし

設例6－2－1　自己株式の無償取得

[前提条件]
① A社は前期末時点で自己株式を100株（10,000円）有していた。
② 期中に自己株式100株を無償取得した。当期において、これ以外の自己株式の増減はない。

[自己株式の推移]

前期末保有自己株式	10,000（100株）	1株当たり100円
無償取得株式	0（100株）	
当期末保有自己株式	10,000（200株）	1株当たり50円（1株当たりの単価が低下）

（2）自己株式の処分に係る処理

自己株式の処分は、株主資本の増減取引と考えられ、損益には反映させない。

① 通常の処分の場合

自己株式を処分した場合には、自己株式の処分対価と帳簿価額の差額が自己株式処分差益または自己株式処分差損となる（自己株式会計基準5項、6項）。
自己株式処分差益はその他資本剰余金に計上し、自己株式処分差損はその他

資本剰余金から減額する（自己株式会計基準9項，10項）。

自己株式の処分は，対価の払込期日（払込期間を定めた場合には出資が履行された日）に認識し（自己株式適用指針5項），自己株式の帳簿価額は，会社の定めた計算方法に従って，株式の種類ごとに算定する（自己株式会計基準13項）。また，自己株式を処分する際に生じた付随費用は，営業外費用として処理する（自己株式会計基準14項）。

具体的な会計処理は設例6－2－2のとおりである。

設例6－2－2　自己株式の通常の処分

[前提条件]

① A社は前期末時点で自己株式を100株（帳簿価額10,000）有していた。
② 期中に自己株式のすべてを12,000で売却した。

[会計処理等]

〔自己株式の処分に係る仕訳〕

（借）現 金	12,000	（貸）自 己 株 式	10,000
		その他資本剰余金 （自己株式処分差益）	2,000

【貸借対照表の表示例】（単位：円）

```
Ⅰ　株主資本
  1．資本金                    × × ×
  2．資本剰余金
   (1) 資本準備金               × × ×
   (2) その他資本剰余金          2,000
                              ・・・・・・・・・
```

自己株式処分差損をその他資本剰余金から減額した結果，その他資本剰余金の残高が負の値となった場合，会計期間末において，その他資本剰余金をゼロとし，当該負の値をその他利益剰余金（繰越利益剰余金）から減額する（自己株式会計基準12項）。これは，その他資本剰余金が株主からの払込資本のうち資本金および資本準備金に含まれないものであるため，会計期間末において，

その他資本剰余金の残高が負の値になることを防ぐ趣旨である。しかし，資本剰余金の各項目と利益剰余金の各項目との混同は禁じられており（自己株式会計基準19項），資本剰余金の利益剰余金への振替も原則として認められていないことに注意が必要である。

② 新株の発行と同時に自己株式を処分した場合

新株の発行と同時に自己株式を処分した場合，次の算式により計算した金額を自己株式処分差損益とする（自己株式適用指針11項，計規14条）。

(払込金銭の額 ＋ 払込財産の給付価額) × ｛自己株式処分数 ÷ (自己株式処分数 ＋ 募集株式発行数)｝ － 自己株式の帳簿価額

この場合，自己株式の処分は前記「① 通常の処分の場合」と同様，対価の払込期日（払込期間を定めた場合は出資が履行された日）に認識する（自己株式適用指針5項）。

払込期日前日までに受領した自己株式の処分の対価相当額については，前記の処分の認識を行うまでは，純資産の部において株主資本の控除とされている自己株式の直後に，自己株式申込証拠金の科目をもって表示する（自己株式適用指針6項）。

具体的な仕訳や会計処理は設例6－2－3のとおりである。

設例6－2－3　新株の発行と同時に自己株式を処分した場合

[前提条件]
① A社は，募集株式の発行手続により新株を80株発行し，同時に保有する自己株式20株（帳簿価額4,000）を処分した。
② 新株発行に対する払込額は25,000であり，全額を資本金に組み入れる。

[会計処理]
〔自己株式の処分に係る仕訳〕

(借) 現　　　金	25,000	(貸) 資　本　金	(※1) 20,000
		自　己　株　式	4,000
		その他資本剰余金 （自己株式処分差益）	(※2) 1,000

(※1) 新株発行に対応する払込額20,000＝25,000×｛80株÷(80株＋20株)｝
(※2) 自己株式処分差益1,000＝25,000×｛20株÷(80株＋20株)｝－4,000

③ 新株予約権の行使に伴う自己株式の交付による処分の場合

　新株予約権の行使に伴う新株予約権者への自己株式の交付による処分の場合，次の算式により計算した金額を自己株式処分差益とする（計規17条）。この場合の自己株式処分差損益の取扱い，認識のタイミングは前記「② 新株の発行と同時に自己株式を処分した場合」と同様である（自己株式適用指針12項，13項）。

```
（行使時における新株予約権の帳簿価額＋払込金銭の額＋払込財産の給付価額）
　×｛自己株式処分数÷(自己株式処分数＋募集株式発行数)｝－自己株式の帳簿
　価額
```

　平成13年6月改正前商法に付与されたストック・オプションの行使に備えるために取得した自己株式を，権利行使に伴い交付した際に発生する処分差額は，前記「② 新株の発行と同時に自己株式を処分した場合」と同様に取り扱われる（自己株式適用指針12項）。また，この自己株式については，他の自己株式の帳簿価額の算定と区別して行うことができる（自己株式適用指針13項）。

(3) 自己株式の消却に係る処理

　自己株式を消却した場合には，消却手続が完了したときに，消却の対象となった自己株式の帳簿価額をその他資本剰余金から減額する（自己株式会計基準11項）。自己株式の消却によるその他資本剰余金の減額の結果，その他資本剰余金の残高が負の値となった場合の取扱い，自己株式の消却時の帳簿価額，自己株式の消却に関する付随費用の取扱いについては，前記「(2)① 通常の処分の場合」と同様の取扱いをする（自己株式会計基準12項，13項）。

　自己株式を消却した際の会計処理については，設例6－2－4のとおりである。

設例6-2-4　自己株式の消却

[前提条件]

① A社は前期末時点で自己株式を100株（帳簿価額10,000）有していた。
② 期中に自己株式のすべてを消却した。

[会計処理]

〔自己株式の消却に係る仕訳〕

（借）　その他資本剰余金	10,000	（貸）　自　己　株　式	10,000

3　税務上の処理

(1) 自己株式の取得に係る処理

平成18年度税制改正により，自己株式の取得は株主に対する資本の払戻しとして，資本等取引と整理されており，発行法人の損益計算には影響を及ぼさない[1]。

① 相対取引による自己株式取得の場合

相対取引による自己株式取得時の処理は，交付金銭等の額のうち，資本金等の額からなる部分である資本の払戻額（取得資本金額）が別表五（一）Ⅱ「資本金等の額の計算に関する明細書」において資本金等の額を減額させるとともに，資本の払戻額を超える金額はみなし配当となり，利益積立金額を減少させる（法令8条1項17号，9条12号）。

これを式で表すと，以下のとおりになる。

取得資本金額＝取得直前の1株当たり資本金等の額×取得自己株式数
　　　　　　（資本金等の額÷発行済株式総数）

当該取引は，資本の払戻しとして整理されていることから，自己株式の購入手数料などの取得費用については，損金算入が認められる。

1　租税調査会研究報告第7号「自己株式等の資本取引に係る税制について」参照。

② 種類株式発行会社の場合

種類株式発行会社の場合，種類株式ごとに区分して処理がなされる。つまり，種類株式ごとに計算される取得資本金額を資本金等の額から減算することとされている（法令8条2項）。

ただし，平成18年3月31日に保有した2以上の種類株式の種類資本金額の算定方法として，次の3つの方法が定められている（平成18年政令第125号附則4条4項）。

- 種類資本金額合計額－ある種類株式以外の株式の発行価額の合計額
- 資本金等の額×（ある種類の株式の価額÷発行済株式の価額の合計額）
- その他合理的な方法

設例6－2－5で，税務処理と申告調整について確認する。

設例6－2－5　自己株式取得に係る税務上の処理

[前提条件]
① A社は自己株式を相対で取得した。
② 取得の対価を800とし，そのうち資本金等の額に対応する金額（取得資本金額）が600であるとする。
③ 源泉税は考慮しない。

[会計処理（税務処理）]

〔税務上の仕訳〕

（借）資本金等の額	600	（貸）現　金	800
利益積立金額	200		

＜別表四　所得の金額の計算に関する明細書＞

区分	総額	処分		
		留保	社外流出	
	①	②	③	
当期利益又は当期欠損の額	×××	×××	配当	200
			その他	

＜別表五（一）利益積立金額及び資本金等の額の計算に関する明細書＞

区分	Ⅰ 利益積立金額の計算に関する明細書			
	期首現在利益積立金額 ①	当期の増減 減 ②	当期の増減 増 ③	差引翌期首現在利益積立金額 ①−②+③ ④
利益準備金	×××			×××
積立金				
資本金等の額		△200		△200

区分	Ⅱ 資本金等の額の計算に関する明細書			
	期首現在資本金等の額	当期の増減 減	当期の増減 増	差引翌期首現在資本金等の額
資本金又は出資金	×××			×××
資本準備金	×××			
自己株式		800		△800
利益積立金額			200	200

　ただし，上場会社等が市場取引により自己株式を取得する場合等，一定の方法で取得した自己株式については，交付金銭等の全額が自己株式の取得価額となるため，利益積立金額は減少せず，株主側でのみなし配当も生じないという特例が置かれている（法法24条1項4号かっこ書，法令23条3項）。

　この場合，払戻額全額について資本金等の額から減額することとしている（法令8条1項19号）。また，みなし配当が発生しないため，先ほどの相対取引による自己株式取得のケースとは異なり，別表四の記載は必要ない。

　具体的な税務仕訳と申告調整は，設例6−2−6のとおりである。

設例6−2−6　市場取引により自己株式を取得する場合

前提条件
① 　A社は自己株式を市場で取得した。
② 　取得の対価を800とする。

会計処理（税務処理）

〔税務上の仕訳〕

（借）資本金等の額　　800　　（貸）現　　　　金　　800

＜別表五（一）利益積立金額及び資本金等の額の計算に関する明細書＞

区分	Ⅰ　利益積立金額の計算に関する明細書			
	期首現在利益積立金額	当期の増減		差引翌期首現在利益積立金額 ①－②＋③
		減	増	
	①	②	③	④
利益準備金	×××			×××
積立金				

区分	Ⅱ　資本金等の額の計算に関する明細書			
	期首現在資本金等の額	当期の増減		差引翌期首現在資本金等の額
		減	増	
資本金又は出資金	×××			×××
資本準備金	×××			
自己株式		800		△800

（2）自己株式の処分に係る処理

前記「（1）自己株式の取得に係る処理」で述べたとおり，自己株式の取得は資本の払戻しとされているため，自己株式を処分した場合は以下のように取り扱う。

① 有償で譲渡した場合

譲渡対価は資本金等の額の増加として取り扱う（法令8条1項1号）。

② 無償で交付した場合

特段の処理はない（法令8条1項1号リ）。

③ 新株予約権の行使に伴う自己株式の交付の場合

新株予約権の帳簿価額および行使時に払い込まれた金銭の額ならびに金銭以外の資産の価額の合計額を資本金等の額の増加として取り扱う（法令8条1項2号）。

ここでは前記「① 有償で譲渡した場合」のケースについて，設例6-2-7で税務仕訳と申告調整を確認する。これをみると，利益積立金額には変動はなく，資本金等の額が1,000増加することがわかる。

設例6-2-7　自己株式を有償で譲渡した場合

[前提条件]

A社は取得価額800の自己株式を1,000で処分した。

[会計処理（税務処理）]

〔税務上の仕訳〕

（借）現　金	1,000	（貸）資本金等の額	1,000

＜別表五（一）利益積立金額及び資本金等の額の計算に関する明細書＞

区分	I 利益積立金額の計算に関する明細書			
	期首現在利益積立金額	当期の増減		差引翌期首現在利益積立金額 ①-②+③
		減	増	
	①	②	③	④
利益準備金				
積立金				
資本金等の額	△200			△200

Ⅱ 資本金等の額の計算に関する明細書					
区分	期首現在資本金等の額	当期の増減		差引翌期首現在資本金等の額
^^	^^	減	増	^^
資本金又は出資金	×××			×××
資本準備金	×××			×××
その他資本剰余金	×××		200	×××
自己株式	△800		800	0
利益積立金額	200			200

(3) 自己株式の消却に係る処理

前記「(1) 自己株式の取得に係る処理」で述べたとおり,自己株式の取得は資本の払戻しとされているため,自己株式を消却した場合には,特段税務上の仕訳は発生しない。したがって,取得した自己株式を消却する段階でも,税務上は資本金等の額,利益積立金額に金額の変動は生じない。

設例6－2－8で,税務仕訳と申告調整を確認する。これをみると,利益積立金額,資本金等の額ともに変動が生じていないことがわかる。

設例6－2－8 自己株式を消却した場合

[前提条件]

A社は取得価額800の自己株式を消却した。

[会計処理（税務処理）]

〔税務上の仕訳〕

> 仕訳なし

<別表五（一）利益積立金額及び資本金等の額の計算に関する明細書>

Ⅰ 利益積立金額の計算に関する明細書				
区分	期首現在利益積立金額	当期の増減		差引翌期首現在利益積立金額 ①－②＋③
^^	^^	減	増	^^
^^	①	②	③	④
利益準備金				

積立金				
資本金等の額	△200			△200

Ⅱ　資本金等の額の計算に関する明細書					
区分	期首現在 資本金等の額	当期の増減		差引翌期首現在 資本金等の額
^^^	^^^	減	増	^^^
資本金又は出資金	×××			×××
資本準備金	×××			×××
その他資本剰余金	×××	800		×××
自己株式	△800		800	0
利益積立金額	200			200

（4）自己株式の低廉取得（無償取得を含む）の取扱い

①　譲受法人の税務処理

　前記「（1）自己株式の取得に係る処理」で述べたとおり，自己株式の取得は，株主に対する資本の払戻しとして，資本等取引と整理されている。また，交付金銭等の額のうち，資本金等の額からなる部分の金額（取得資本金額）を別表五（一）Ⅱ「資本金等の額の計算に関する明細書」において資本金等の額を減額するとともに，取得資本金額を超える部分の金額は株主側でみなし配当となり，利益積立金額を減少させる（法令8条1項18号，9条13号）。

　低廉取得（無償取得を含む）である場合，交付金銭等の額（取得価額）が時価よりも低く，取得資本金額の計算結果が交付金銭の額（取得価額）を上回ることが考えられる。この場合，取得資本金額が超過額分を減算した額とされており，取得資本金額と交付金銭の額（取得価額）が等しくなる。

　自己株式の実際の取得額と資本金等の額および利益積立金額の減少額の関係を示したのが図表6-2-2である。

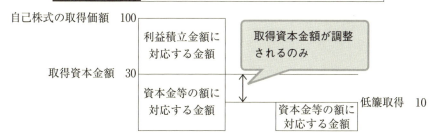

たとえば，図表6－2－2の場合，自己株式を時価よりも低額の10で取得したとしても，取得資本金額（資本金等の額に対応する金額部分）は交付金銭等の額10とされる。

自己株式の低廉取得の場合には，実際に交付した金銭の額をもって資本金等の額を減算するとされており，発行法人側で受贈益を認識しない。これは，有利発行による新株発行（増資）の手続と整合的に規定されている。

しかし，この規定を逆手に取り，時価と異なる価額で自己株式を取得することについて経済合理性を欠いた取引まで受贈益課税が免除されるわけではない。経済的な利益供与を意図する取引においては，取引の実態，取引当事者の意図等に基づき判断されるべきであると考えられており，受贈益認識の余地は残されている。

② 譲渡法人の税務処理

低廉譲渡の場合，譲渡する株式（移転資産）の時価と譲渡対価（受入資産）の時価との差額は，発行会社との間に完全支配関係がない限り，寄附金で処理する。

図表6－2－3のとおり，自己株式の譲渡対価の額（移転資産の時価）からみなし配当金額を控除した金額を譲渡収入とするが（法法61条の2第1項2号），みなし配当金額は，移転資産の時価ではなく，受入資産の取得価額から資本金等相当額を控除することで計算される。

図表６－２－３ 譲渡法人側の譲渡対価の額，みなし配当金額の関係

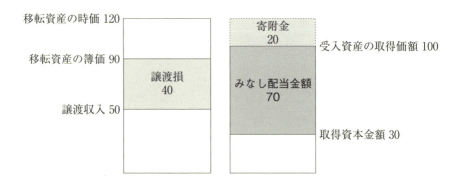

〔税務仕訳（税金は考慮しない）〕

（借）	現　　　　金	100	（貸）	有　価　証　券	90
	有価証券売却損	40		受　取　配　当　金	70
	寄　　附　　金	20			

　原則的には，発行会社と売主との取引であり，資本等取引として取り扱われるため発行会社では受贈益を認識しないが，低廉譲渡の場合，売主である株主から売主以外の株主に経済的利益が移転することから，株主間の取引として処理される可能性がある。その際，経済的利益を受けた法人株主には受贈益課税がなされ，経済的利益を与えた法人株主についても，株式の無償譲渡による譲渡益課税がなされる可能性がある。

　結果的に経済的利益の移転が認められた場合，経済合理性のある取引であったとしても課税リスクがあることに留意すべきである。

（5）グループ法人税制の影響

　グループ法人税制とは，平成22年度税制改正により新設された，100％企業グループ内の内国法人間で行われる取引に関する特別な取扱いの総称であり，一定の資産譲渡，受取配当，寄附金などの取引が対象とされている。

　自己株式の取得取引において，自己株式を取得する法人（発行会社）と譲渡する法人（法人株主）の間に完全支配関係があり，かつ，発行会社と法人株主

がともに内国法人である場合には、グループ法人税制が適用されることに注意する必要がある。

① みなし配当金額の全額益金不算入

相対による自己株式の取得に伴い、法人株主に金銭または金銭以外の資産が交付された場合、その交付金銭等の額のうち取得資本金額を超える部分の金額は配当とみなされるが（法法24条1項4号、法令23条1項5号）、法人株主の場合、みなし配当について益金不算入規定の適用を受ける（法法23条1項）。

② 有価証券譲渡損益の不計上

かつて、100％グループ内の内国法人株式を発行法人に対して譲渡する（取得法人にとっては自己株式取得となる）場合、交付金銭等の額からみなし配当の額を控除した金額が株式の譲渡対価となるため、譲渡損が認識される一方、みなし配当については益金不算入規定が適用されることによる節税を図る事例が散見された（図表6-2-4参照）。

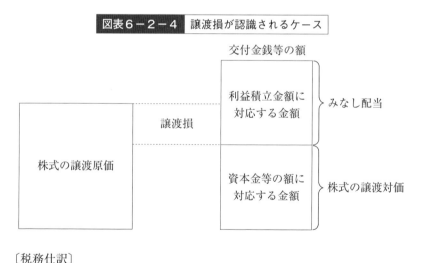

図表6-2-4 譲渡損が認識されるケース

〔税務仕訳〕

（借）現　　　　金	×××	（貸）有　価　証　券	×××
（借）株 式 譲 渡 損	×××	（貸）受 取 配 当 金	×××

しかし，平成22年度税制改正により，上記の節税策を防止する観点から，100％グループ内の内国法人の株式を発行法人に対して譲渡する場合には，その譲渡損益は計上されず，資本金等の額の増減として取り扱うこととされた（法法61条の2第16項，法令8条1項20号）。

この結果，上記取引の場合，税務仕訳は以下のようになる。

〔税務仕訳〕

（借）現　　　　金	×××	（貸）有　価　証　券	×××
（借）資　本　金　等	×××	（貸）受　取　配　当　金	×××

③　適格現物分配

自己株式の取得対価として金銭以外の財産の交付を受ける場合には，法人税法上，現物分配として取り扱われる（法法2条12号の6）。

法人株主が現物分配を受けた場合，適格現物分配と非適格現物分配のいずれに該当するかを判断する必要がある。適格要件をすべて満たす現物分配が適格現物分配にあたる。

現物分配が適格要件を満たす場合，発行会社は現物財産を簿価で譲渡したものとし，法人株主は簿価で譲り受けたものとして処理する（法令123条の6第1項）。

また，適格現物分配に係る配当金額は，受取配当等の益金不算入制度が適用されないが（法法23条1項），法人株主に生じた配当金の全額が益金不算入となるため（法法62条の5第4項），別表四にて減算処理を行う必要がある。さらに，有価証券譲渡損益相当額を資本金等の額の増減で処理する（法法61条の2第16項，法令8条1項20号）。

設例6-2-9で，税務仕訳と申告調整を確認する。

設例6-2-9　自己株式の譲渡が適格現物分配にあたるケース（自己株式の取得の対価として土地を交付する場合）

〔前提条件〕

① 自己株式の譲渡対価が土地の帳簿価額100と等しい（これに対し，移動平均法等により算定した譲渡原価は70であるという前提）。このうち，みなし配当金額が40である。

② 源泉税は考慮しない。

会計処理

〔税務上の仕訳〕

(借)	土　　　　地	100	(貸)	有　価　証　券	70
	資　本　金　等	(※)10		受　取　配　当　金	40

(※) 資本金等△10＝自己株式譲渡対価100－みなし配当金額40－譲渡原価70

＜別表四　所得の金額の計算に関する明細書＞

区分		総額	処分	
			留保	社外流出
		①	②	③
当期利益又は当期欠損の額				配当
				その他
加算	受取配当金	40	40	
減算	適格現物分配に係る益金不算入額	40		40
	有価証券売却益	30	30	
所得金額又は欠損金額				

＜別表五（一）利益積立金額及び資本金等の額の計算に関する明細書＞

I　利益積立金額の計算に関する明細書				
区分	期首現在利益積立金額	当期の増減		差引翌期首現在利益積立金額 ①－②＋③
		減	増	
	①	②	③	④
利益準備金				
積立金				
受取配当金			40	40
有価証券売却益		30		△30
繰越欠損金	1,000		200	1,200
差引合計額	1,000	30	240	1,210

II 資本金等の額の計算に関する明細書				
区分	期首現在資本金等の額	当期の増減		差引翌期首現在資本金等の額
		減	増	
資本金又は出資金	500			500
資本準備金				
利益準備金		10		△10
利益積立金額	500	10		490

4 連結財務諸表上の処理

(1) 親会社が所有する自己株式の処理

連結財務諸表を作成する親会社において，自己株式を所有する場合の当該株式は，株主資本に対する控除項目として利益剰余金の次に表示する（連結財務諸表規則43条3項，計規76条1項2号，2項5号）。

(2) 連結子会社が保有する親会社株式の処理

① 親会社株式保有時の会計処理

連結子会社は原則的に親会社株式の取得を禁止されている（会社法135条1項）。しかし，以下に該当する場合には，例外事由として子会社による親会社株式の取得が認められている（会社法135条2項，施規23条）。

- 他の会社（外国会社を含む）の事業の全部を譲り受ける場合において当該他の会社の有する親会社株式を譲り受ける場合
- 合併後消滅する会社から親会社株式を承継する場合
- 吸収分割により他の会社から親会社株式を承継する場合
- 新設分割により他の会社から親会社株式を承継する場合
- 親会社株式を無償で譲り受ける場合など，上記に掲げるほか，法務省令で定める場合

連結子会社が保有する親会社株式は，連結グループを一体としてみた場合に，親会社の所有する自己株式と同等の性格であることから，親会社が所有する自己株式と合わせて，純資産の部の株主資本に対する控除項目として表示する。

その際，金額は親会社株式の親会社持分相当額とし，非支配株主持分相当額については，非支配株主持分より控除する（自己株式会計基準15項）。

② 親会社株式処分時の会計処理

会社法において，上記の例外事由に基づいて子会社が親会社株式を取得した場合であっても，親会社株式を相当の時期に処分しなければならないとされている（会社法135条3項）。処分方法としては親会社が自己株式として取得する，取引先や市場等，連結グループ外の相手先に売却するなど，いくつかの方法が考えられる。

親会社による自己株式の買取りの場合，株主総会決議でなく取締役会の決議で行うことができる（会社法163条）。

連結子会社が連結グループ外の相手先に親会社株式を処分した場合，連結グループを一体としてみるため，親会社が自己株式を処分した場合の処理と同様に，連結子会社における親会社株式の売却損益（内部取引によるものを除いた親会社持分相当額）を，自己株式処分差額として処理する。非支配株主持分相当額は非支配株主に帰属する当期純利益に加減する（自己株式会計基準16項）。

連結財務諸表上の自己株式処分差額は，子会社が計上した親会社株式の売却損益から関連する法人税，住民税及び事業税を控除したものとなる（自己株式適用指針16項）。

具体的な会計処理は，設例6－2－10のとおりである。

設例6－2－10　連結子会社が保有する親会社株式を連結グループ外の相手先に処分した場合

【前提条件】

① 親会社P社は，連結子会社S社の発行済株式総数の80％の株式を所有している。
② X1年3月31日（決算日）現在，S社保有のP社株式の帳簿価額は100，時価は150とする。S社はP社株式をその他有価証券に分類している。
③ X1年4月30日に，S社は市場にてP社株式すべてを200で売却した。
④ 法定実効税率は30％とする。

〔会計処理〕

1．X1年3月31日（決算処理）

〔連結子会社S社の個別決算仕訳〕

（借）	親会社株式 （その他有価証券）	50	（貸）	その他有価証券 評価差額金 繰延税金負債	35 (※)15

（※）　繰延税金負債15＝50×30％

〔P社連結修正仕訳〕

（借）	その他有価証券 評価差額金 繰延税金負債	35 15	（貸）	親会社株式 （その他有価証券）	50

（借）	自己株式 非支配株主持分	(※)80 20	（貸）	親会社株式 （その他有価証券）	100

（※）　自己株式80＝S社保有のP社株式帳簿価額100×P社持分比率80％

2．X1年4月30日（会計処理）

〔連結子会社S社の個別決算仕訳〕

（借）	現金	200	（貸）	親会社株式 （その他有価証券） 親会社株式売却益	100 100

3．X2年3月31日（決算処理）

〔連結子会社S社の個別決算仕訳〕

（借）	法人税等	(※)30	（貸）	未払法人税等	30

（※）　法人税等（売却益に対する税金）30＝親会社株式売却益100×法定実効税率30％

〔P社連結修正仕訳〕

（借）	非支配株主に帰属 する当期純利益	(※)14	（貸）	非支配株主持分	14

（※）　非支配株主に帰属する当期純利益14＝親会社株式売却益100×非支配株主持分比率20％×（1－法定実効税率30％）

(借)	親会社株式売却益	(※1)80	(貸)	法 人 税 等	(※2)24
				その他資本剰余金	(※3)56

(※1)　80＝親会社株式売却益100×P社持分比率80％
(※2)　24＝80×法定実効税率30％
(※3)　56＝80×（1－法定実効税率30％）

（3）持分法適用会社が保有する親会社株式等の処理

　持分法の適用対象となっている子会社および関連会社（以下「持分法適用会社」という）が親会社株式または投資会社株式を保有する場合は，親会社等の持分相当額を自己株式として純資産の部の株主資本から控除し，当該会社に対する投資勘定を同額減額する（自己株式会計基準17項）。

　持分法適用会社が連結グループ外の相手先に親会社株式等（子会社においては親会社株式，関連会社においては当該会社に対して持分法を適用する投資会社の株式）を処分した場合には，親会社が自己株式を処分した場合の処理と同様，持分法適用会社における親会社株式等の売却損益（内部取引によるものを除いた親会社等の持分相当額）は，親会社における自己株式処分差額の会計処理と同様，自己株式処分差額として処理し，当該会社における持分法投資損益を組み替える（自己株式会計基準18項）。

　当該会社に対して持分法を適用する投資会社の株式の売却損益は，関連する法人税，住民税及び事業税を控除した後のものとする（自己株式適用指針16項）。

　具体的な会計処理は，設例6－2－11のとおりである。

設例6－2－11　持分法適用会社が保有する投資会社株式を連結グループ外の相手先に処分した場合

[前提条件]
① 　P社は，持分法適用会社A社の株式の20％を所有している。
② 　X1年3月31日（決算日）現在，A社保有のP社株式の帳簿価額は100，時価は150とする。A社はP社株式をその他有価証券に分類している。
③ 　X1年4月30日に，A社は市場にてP社株式すべてを200で売却した。
④ 　法定実効税率は30％とする。

【会計処理】

1．X1年3月31日（決算処理）

〔持分法適用会社A社の個別決算仕訳〕

| （借） | P 社 株 式
（その他有価証券） | 50 | （貸） | その他有価証券
評 価 差 額 金
繰 延 税 金 負 債 | 35
15 |

〔P社連結修正仕訳〕

| （借） | A 社 株 式 | （※1）7 | （貸） | その他有価証券
評 価 差 額 金 | 7 |

| （借） | その他有価証券
評 価 差 額 金 | （※2）7 | （貸） | A 社 株 式 | 7 |

| （借） | 自 己 株 式 | （※3）20 | （貸） | A 社 株 式 | 20 |

（※1） 親会社株主持分評価額7＝期末評価増加分50×（1－法定実効税率30％）×P社のA社に対する持分比率20％
（※2） 自己株式の時価評価取崩分
（※3） 20＝A社の所有するP社株式100×P社のA社に対する持分比率20％

2．X1年4月30日（会計処理）

〔持分法適用会社A社の個別仕訳〕

| （借） | 現　　　　　金 | 200 | （貸） | P 社 株 式
（その他有価証券）
投資有価証券売却益 | 100
100 |

3．X2年3月31日（決算処理）

〔持分法適用会社A社の個別決算仕訳〕

| （借） | 法 人 税 等 | （※）30 | （貸） | 未払法人税等 | 30 |

（※） 30＝投資有価証券売却益100×法定実効税率30％

〔P社連結修正仕訳〕

| （借） | A 社 株 式
持分法による投資損益 | （※）14
14 | （貸） | 持分法による投資損益
その他資本剰余金 | 14
14 |

（※） 売却益14＝投資有価証券売却益100×P社のA社に対する持分比率20％×（1－法定実効税率30％）

（4）連結子会社が保有する当該連結子会社の自己株式の処理

　連結子会社による非支配株主からの自己株式の取得取引は，非支配株主への払戻しにより親会社の持分比率が増加するため，親会社による子会社株式の追加取得に準じて処理することとされている。このとき，自己株式の取得の対価と非支配株主持分の減少額との差額を資本剰余金として処理する（自己株式適用指針17項，18項）。

　一方，連結子会社の非支配株主への自己株式の処分は，非支配株主からの払込みにより親会社の持分比率が減少するため，親会社による子会社株式等の一部売却に準じて処理することとされている。このとき，連結子会社による非支配株主への第三者割当増資に準じて処理する（自己株式適用指針17項，19項）。

　また，株式交換により子会社の自己株式と親会社株式が交換された場合，子会社は取得した親会社株式を株式交換日の時価で計上し，自己株式との帳簿価額を自己株式処分差損益（その他資本剰余金）として計上する。これは，

> ① 子会社が株式交換日に保有する自己株式については，株式交換日に子会社が自己株式を保有するかどうかは結合当事企業の意思決定の結果に依存し，株式移転と一体の取引と捉える必要がない
> ② 株式交換により資本控除されている自己株式が親会社株式という資産に置きかわり，その連続性はなくなること

から，会計上は共通支配下の取引として処理する必然性はないものとして，子会社における自己株式の帳簿価額ではなく，親会社株式の時価によることとなるためである（企業結合適用指針238－3項，238－2項，447－3項，236項）。なお，株式移転により株式移転完全子会社が自己株式を保有している場合も，前記と同様の会計処理となる（企業結合適用指針241－2項，241－3項）。

　さらに，連結子会社が保有する自己株式を消却した場合，連結子会社の純資産の変動および親会社の持分比率の変動はないため，連結貸借対照表上，資産の部，負債の部および純資産の部に変動は生じない（自己株式適用指針20項）。

(5) 持分法適用会社が保有する当該持分法適用会社の自己株式の処理

持分法の適用対象となっている子会社および関連会社（持分法適用会社）による当該持分法適用会社の自己株式の親会社等以外からの取得および親会社等以外への処分は，それぞれ親会社等による持分法適用会社の株式の追加取得および一部売却に準じて処理する（自己株式適用指針21項）。

持分法適用会社が保有する自己株式を消却した場合，持分法上の会計処理は生じない（自己株式適用指針22項）。

5 財務諸表等における開示

(1) 有価証券報告書の開示

当事業年度および当事業年度の末日の翌日から有価証券報告書提出日までの期間（以下「当期間」という）における自己株式の取得等の状況について，自己株式の取得の事由および株式の種類ごとに記載することとされている。なお，株主総会決議または取締役会決議による自己株式を取得することができる取得期間またはその一部が当事業年度または当期間に含まれる場合には，株主総会決議または取締役会決議による自己株式の取得が行われていないときであっても記載することとされている（開示府令第三号様式（記載上の注意）(28)）。

実際には，「第一部第4【提出会社の状況】」の「2【自己株式の取得等の状況】」にて記載されることとなる。

また，株主資本等変動計算書において，自己株式の種類ごとに，当期首および当期末の自己株式数，ならびに当期に増加または減少した自己株式数を記載することが求められている（連結財務諸表規則78条1号，財務諸表等規則107条1項1号）。連結株主資本等変動計算書に開示する自己株式数は下記の合計による。

- 親会社が保有する自己株式の株式数
- 子会社または関連会社が保有する親会社株式または投資会社の株式の株式数のうち，親会社または投資会社の持分に相当する株式数

また，自己株式の種類ごとに変動事由の概要を記載する（連結財務諸表規則

78条2号,財務諸表等規則107条1項2号)。

なお,連結財務諸表を作成している場合には,個別財務諸表における注記を要しない(財務諸表等規則107条2項)。

期末日後に重要な自己株式の取得,処分,消却またはこれらに係る決議をした場合には,有価証券報告書における開示後発事象の例示項目として挙げられているため,後発事象の注記の対象となることに留意する(連結財務諸表規則14条の9,財務諸表等規則8条の4,監査・保証実務委員会報告第76号「後発事象の監査上の取扱い」[付表2]開示後発事象の開示内容の例示)。開示後発事象のイメージとしては,図表6-2-5のようになる。

図表6-2-5 後発事象注記(期末日後に自己株式取得の決議をした場合)

<後発事象注記-期末日後に自己株式取得の決議をした場合>
当社は,平成X1年5月X日開催の取締役会において,会社法第165条第3項の規定により読み替えて適用される同法第156条の規定に基づき,自己株式を取得することを決議いたしました。

1. 理由
   経済情勢の変化に対応した機動的な経営を行うため
2. 取得する株式の種類:普通株式
3. 取得する株式の数:×××株
4. 株式取得価額の総額:×××百万円
5. 自己株式取得の期間:平成X1年6月X日から平成X1年11月X日まで
6. 取得方法:○○取引所における市場買付

(2) 会社法における開示

事業報告の株式会社の株式に関する事項において,旧商法第211条ノ3第1項第2号の規定により,定款の規定に基づく取締役会の決議により買い受けた当該株式会社の自己株式(子会社から買い受けたものは除く)がある場合,次の事項(旧商法第211条ノ3第4項の規定に基づく定時株主総会への報告事項)を,その他株式会社の株式に関する重要な事項(施規122条2号)として記載する必要があることに留意する(施規原始附則8条)。

取締役会の決議前に終結した最終の定時株主総会の終結後に買い受けた自己株式について

① 買受けを必要とする理由
② 株式の種類
③ 株式の数
④ 取得価額の総額

　また，年度末における自己株式の数（種類株式発行会社にあっては，種類ごとの自己株式の数）を株主資本等変動計算書に関する注記として開示する（計規105条2号）。

第3節　自社株式先渡取引の実務

　自社株式先渡取引とは，取引実行時の普通株式の時価に基づいた「先渡価格」をあらかじめ設定し，将来の契約終了時点の普通株式の時価に基づく「将来価格」と当該先渡価格との差額を現金決済する取引で，以下の効果をもたらす。

- 将来価格＞先渡価格…実行会社の差金受取（株価上昇メリット）
- 将来価格＜先渡価格…実行会社の差金支払（株価下落リスク）

　1株当たり当期純利益の向上や，頻繁なM＆Aで業務の拡大を狙い，将来の株価上昇を期待している企業の場合，自社株買いや自己株式を対価としたM＆Aの実行など，自己株式の活用を検討することがある。しかし，直近の成長投資に係る資金需要を鑑み，現時点ではなく，将来時点における自社株買いを検討することも少なくない。

　上記のような企業で，将来的な株価上昇が期待される場合，自己株式先渡取引契約を結ぶことで，契約締結時点の株価を基準として将来の自社株買いに係るコスト，つまりキャッシュ・フローを確定させるヘッジ効果を得ることが可能となる。

1　財務諸表上の処理

　上述のとおり，先渡取引であり，契約上の期日に純額または実質的に純額で，現金（差金決済）を授受する権利もしくは義務が生じる契約である点で，自己株式先渡取引はデリバティブ取引に該当する（金融商品会計基準4項，金融商

品実務指針6項，218項）。

　個別財務諸表，連結財務諸表のいずれにおいても，デリバティブ取引により生じる正味の債権および債務は，デリバティブ債権またはデリバティブ債務などの名称で，時価をもって貸借対照表価額として計上する。評価差額はデリバティブ評価損益などの名称で，原則として，当期の損益として処理する（金融商品会計基準25項）。

2　財務諸表の注記

　株式会社ゼンショー（現：株式会社ゼンショーホールディングス）の有価証券報告書では，契約締結日が属する事業年度の有価証券報告書（平成21年3月期）の（デリバティブ取引関係）において，「株式先渡取引」として，図表6－3－1のようにその時価および評価損益が注記されていた。

| 図表6－3－1 | 株式会社ゼンショー（現：株式会社ゼンショーホールディングス）平成20年度有価証券報告書における開示事例 |

（デリバティブ取引関係）
1．取引の状況に関する事項

1．取引の内容
　利用しているデリバティブ取引は，通貨関連では通貨オプション取引及び通貨スワップ取引，金利関連では金利スワップ取引，株式関連では株式先渡取引であります。
2．取引に対する取組方針
　（略）
3．取引の利用目的
　デリバティブ取引は，通貨関連では…（略）…
　また，株式関連では将来の取引価格を固定する目的で利用しております。
4．取引に係るリスクの内容
　通貨関連における通貨オプション…（略）…
　株式関連における株式先渡取引においては，市場株価の変動によるリスクを有しております。
　通貨関連，金利関連及び株式関連とも，契約先はいずれも信用度の高い国内の銀行であるため，信用リスクはほとんどないと認識しております。
5．取引に係るリスク管理体制
　（略）

6．その他
　（略）

2．取引の時価等に関する事項
デリバティブ取引の契約額等，時価及び評価損益
（1）通貨関連
　　（略）
（2）金利関連
　　（略）
（3）株式関連

区　分	種　類	当連結会計年度（2009年3月31日）			
		契約額等 （百万円）	契約額等 のうち 1年超	時　価 （百万円）	評価損益 （百万円）
市場取引以外 の取引	株式先渡取引買建	1,671	1,671	1,041	△630

（注）1．評価損益の算定方法
　　　　　取引先金融機関等から提示された価格等にもとづき算定しております。
　　　2．ヘッジ会計が適用されているデリバティブ取引は除いております。

　また，本契約の期限前解約をすべて完了した時点において，最終的に決定された終了時基準価格に基づいて算出される「デリバティブ評価損益」の追加計上等に関する開示を行う旨，プレスリリースをしている。

第4節　一括取得型による自社株式取得取引（ASR）

1　審議の経緯

　一括取得型による自社株式取得取引（Accelerated Share Repurchase：ASR。以下「ASR取引」という）とは，アメリカで用いられている自己株式取得の一手段であり，金融機関（主として投資銀行）を仲介として自己株式を一括取得する取引である。投資銀行が借株も活用して市場から調達するため，通常の株式市場での購入や公開買付けよりも，規模の大きい自社株買いを比較的短期間で完了できるという特徴がある。
　当初，平成26年3月に開催された第20回基準諮問会議（財務会計基準機構

(FASF))において，ASR取引に関して企業会計基準委員会（ASBJ）の実務対応専門委員会に評価依頼がなされたものの，我が国において取引事例がないことや，実際に取引が行われているアメリカと関連法規制が異なるという問題があることから，新規テーマとすることは困難と考えられるということで，いったん取り下げられた。しかし，同年7月に行われた第21回基準諮問会議において，多くの委員からこれに対して新規テーマとすべきではないかという意見が寄せられたことから，再検討が行われることとなり，この後の協議の結果，仮に実務対応専門委員会で審議を行うこととなった場合に，日本証券業協会が対応することとなった。これを踏まえ，同年11月の第22回基準諮問会議において，新規テーマとして提言されることが了承され，その後の同年12月の第302回企業会計基準委員会で新規テーマとして取り上げることが承認された。

2 取引の概要と論点

（1）アメリカ版ASR取引の概要

アメリカで実施されている一般的なASR取引のスキームは，図表6－4－1のとおりである。

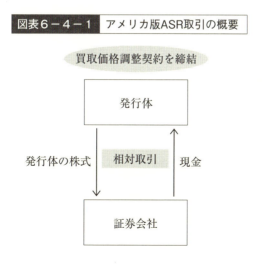

図表6－4－1　アメリカ版ASR取引の概要

取引の流れは以下のとおりである。下記の結果，一定期間の平均株価からディスカウントして自社株買いを行った経済効果を得ることになる。

> ①　取引開始日において，発行体は前日終値で対象とする全株数を証券会社より相対取引で取得すると同時に，証券会社と「買取価格調整契約」を締結する。
> ②　①の後，あらかじめ定めた一定期間（たとえば，取引開始日の1か月後から3か月後の間）の任意の日において，証券会社が発行体に満期日とする旨を通知する。
> ③　取引開始日から満期日までの間の平均株価から，あらかじめ定めた「ディスカウント」を差し引いた価格を「決済株価」とする。
> ④　「決済株価」と買付価格の差額を証券会社との間で受払いする（現金または株式での決済となる）。

ASR取引がアメリカで増加傾向にある背景としては，大きく3つの利点がある。

1点目は，投資銀行等を介してインサイダー取引に抵触することなく，株価の変動に合わせて自社株を裁量的に購入することができ，さらに，一般的な手法による自社株買いよりも，短期間で終了することが可能である点である。このため，ASR取引はM＆Aや起債などの他の財務活動に影響を与えにくいといえる。

2点目は，期待アナウンスメント効果が大きい点である。一般的な手法では，自社株式の取得枠が設定されても，実際に企業が枠の上限まで株式を取得するとは限らず，また，取得にも時間を要する。一方，ASR取引の場合，投資銀行等を通じて一度に株式を取得するため，企業による自社株買いの公約となり，ASR発表時のアナウンスメント効果が大きくなることが期待される。

3点目は，1株当たり当期純利益等の指標の改善に活用可能な点である。特に，投資機会を見出せない企業や，役員報酬が収益性等に連動する仕組みを持つ企業においては有効である。

（2）日本で活用する際の問題点

前記「（1）アメリカ版ASR取引の概要」で述べたようなASR取引を日本において活用する際，以下の2つの問題点がある。

①　会社法上の問題点

取引開始時点の発行体と証券会社の株式の相対取引，または決済時の取引が，会社法において特定の譲渡人からの相対取引による自己株買い（会社法160条）

に該当するため、株主総会の特別決議が必要となり、手続が煩雑である。

② 会計上の問題点

株数または価格調整契約は、米国会計基準においては、契約条件次第で資本取引となりうるが、日本では資本取引としてみなされないと考えるケースが多いと思われる。

（3）日本版ASR取引の概要

アメリカ版ASR取引をそのまま活用すると発生する前記「（2）日本で活用する際の問題点」で述べた問題点をカバーした、日本において想定されるASR取引のスキームは、図表6－4－2のとおりである。

図表6－4－2　日本版ASR取引の概要[2]

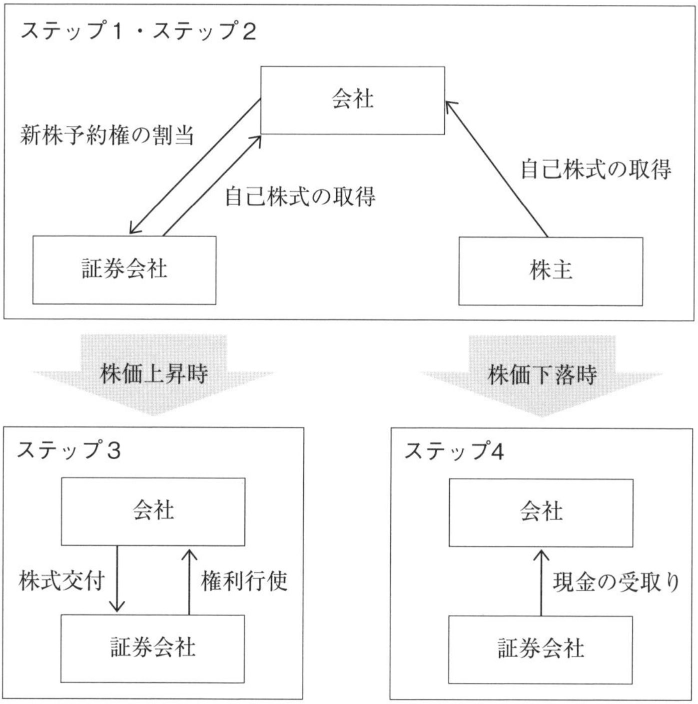

ステップ1・ステップ2
- 会社 → 証券会社：新株予約権の割当
- 会社 ← 証券会社：自己株式の取得
- 会社 ← 株主：自己株式の取得

株価上昇時 → ステップ3
- 会社 → 証券会社：株式交付
- 会社 ← 証券会社：権利行使

株価下落時 → ステップ4
- 会社 ← 証券会社：現金の受取り

2　第306回企業会計基準委員会　審議事項（5）－2　日本版ASR取引の概要を参考にしている。

① **ステップ1**

自己株式の取得を企図する会社は，自己株式立会外買付取引（ToSTNeT-3）で自己株式を取得し，証券会社は，株券貸借市場で当該企業の株式を借り入れて売り応募する。

② **ステップ2**

証券会社の売り注文が約定した金額分，株数分について，その後の株価推移に応じて調整取引を行う。その後の平均株価がToSTNeT-3の取得価額よりも高い場合は企業の支払い，安い場合は証券会社の支払いとなる。

平均株価は，東証が公表する当該企業の普通株式の終値の算術平均値を基準とした値とする（調整取引の結果，経済的には自社株を平均株価で取得した場合と同様の結果となる）。

企業株価上昇時の支払いのために，証券会社に新株予約権を割り当てる。

③ **ステップ3**

株価上昇時は，新株予約権が権利行使され，差額分に相当する株式を証券会社に交付する。

④ **ステップ4**

企業は株価下落時に，新株予約権の割当時に締結された契約に基づき，証券会社から差額分の現金を受け取る。

3 ┃ 会計処理に関する論点

日本版ASR取引については，前記「2　取引の概要と論点」に記載のとおり，4つのステップがあり，会計処理を検討する際に図表6-4-3の2つの方法に整理されている。

第6章 自己株式

図表6-4-3　ASR取引の考え方

ASR取引の考え方		会計処理
①4つのステップに分けて取引ごとに会計処理を行う方法		ToSTNeT-3により会社が自己株式を取得する取引（図表6-4-2①），企業が証券会社に新株予約権を割り当てる取引（図表6-4-2②），株価上昇時または下落時における決済取引（図表6-4-2③，④）ごとに会計処理を検討する考え方（A法）
②各ステップにおける取引すべてを1つの取引として会計処理を行う方法	取得価額が事後的に決定される自己株式の取得取引	自己株式の取得時点で自己株式を認識し，決済時点で価格差相当額について自己株式の金額を調整する考え方（B-1法）
	自社の株式を対象とした先渡契約	自己株式の取得時点で自己株式を認識せず，決済時点で自己株式を認識する考え方（B-2法）

ここで，設例を用いて各々の考え方に基づく会計処理方法を見ていく。

設例6-4-1　日本版ASR取引[3]

前提条件

【X1年5月1日―取引開始日】
- Y社は3月決算とする。
- X1年5月1日に，Y社はZ証券会社とASR取引に関する契約を締結（決済期日はX1年7月31日）し，同日ToSTNeT-3を用いて自己株式を1,200億円（4,000円×3,000万株）で取得した。
- 新株予約権および現金決済契約の取引開始日における評価額は，20億円であった。
- 新株予約権の払込金額については，下記を想定する。
  新株予約権の払込金額の算定において現金決済契約の内容を考慮しない。この場合，新株予約権の払込金額は20億円となる。なおこの場合，Y社は取引開始日において現金決済契約の時価20億円をZ証券会社に支払う。

---

[3] 第309回企業会計基準委員会　審議事項（4）-1　6．設例を一部修正。

- 新株予約権は第三者割当の方法によりZ証券会社に全額割り当て，発行される新株予約権は1個とする。また新株予約権の行使時に出資される財産は，新株予約権発行時の株価（4,000円）に1単元（100株）を乗じたものとする。
- 行使に伴い交付される株数は，次の算式により決定される。
  1単元（100株）＋（自己株式取得数×平均株価－自己株式取得金額）÷平均株価

【X1年6月30日—第1四半期末日】
- この時点における現金決済契約の時価をゼロとする。また，同様に，新株予約権の時価をゼロとする。

【X1年7月31日—決済日】
〔平均株価下落時〕
- X1年5月1日から7月31日の平均株価は3,500円であり，ToSTNeT－3による自己株式の取得価額（4,000円）よりも低かったため，Y社はZ証券会社から現金150億円（1,200億円－3,500円×3,000万株）を受け取った。

〔平均株価上昇時〕
- X1年5月1日から7月31日の平均株価は4,500円であり，ToSTNeT－3による自己株式の取得価額（4,000円）よりも高かったため，7月31日にZ証券会社は新株予約権を行使し，Y社はZ証券会社に対して新株を250万株発行した。
- その際，Z証券会社は新株予約権の行使により40万円をY社に支払った。この時の新株予約権の時価は50億円であった。

[会計処理]

1．4つのステップに分けて取引ごとに会計処理を行う方法（以下「A法」という）

図表6－4－3にも記載のとおり，A法の考え方の場合，ToSTNeT－3により企業が自己株式を取得する取引（図表6－4－2①：ステップ1），企業が証券会社に新株予約権を割り当てる取引（図表6－4－2②：ステップ2），株価上昇時または下落時における決済取引（図表6－4－2③，④：ステップ3，4）ごとに会計処理を検討する。

(i) ステップ1における自己株式の有償取得取引に関する会計処理
〔×1年5月1日〕 (単位：億円)

| (借)自　己　株　式　　1,200　(貸)現　　　　金　　1,200 |

(ii) ステップ2～4における新株予約権に関する会計処理

新株予約権については，さらに2つの考え方によって会計処理が異なる。1つ目は，法的形式を重視して既存の新株予約権に関する会計基準をベースに検討する考え方（A－1法），2つ目は実質を考え，自社株式を決済手段としたデリバティブとして取り扱う考え方（A－2法）である。

〔新株予約権に関する仕訳の比較〕 (単位：億円)

時点	A－1法	A－2法
X1年5月1日	現金　20／新株予約権　20	現金　20／デリバティブ負債　20
X1年6月30日	仕訳なし	デリバティブ負債　20／損益　20
X1年7月31日 平均株価下落時	新株予約権　20／損益　20	仕訳なし
X1年7月31日 平均株価上昇時	新株予約権　20／資本金　20 現金　0.004／資本金　0.004	損益　50／デリバティブ負債　50 デリバティブ負債　20／資本金　20 現金　0.004／資本金　0.004

X1年5月1日時点において，A－1法では新株予約権の払込金額が20億円であるため，その金額によって新株予約権を純資産の部に計上する。A－2法では，受け取った現金とデリバティブ負債がそれぞれ20億円計上される。

X1年6月30日時点において，A－1法では純資産に計上した新株予約権について，価値の変動による評価替えを行わないため，仕訳は発生しない。A－2法では，この時点における新株予約権に係るデリバティブの時価がゼロであることから，X1年5月1日時点に計上したデリバティブ負債20億円がゼロとなり，20億円の評価益が計上される。

X1年7月31日時点において，A－1法では，平均株価が下落した場合，新株予約権は行使せず失効するため，X1年5月1日時点に計上された新株予約権の残高について損益に計上する。一方，平均株価が上昇した場合，新株予約権の残高について資本金または資本剰余金に振り替えるとともに，新株予約権の行使に伴い出資される財産の額（40万円）も資本金または資本剰余金に計上

される。A－2法では，平均株価が下落した場合，デリバティブがアウト・オブ・ザ・マネーとなり，デリバティブの時価はX1年6月30日から変わらず仕訳は生じない。平均株価が上昇した場合，X1年6月30日からのデリバティブ負債の50億円，新株予約権の行使に伴い出資される財産の額（40万円）を資本金または資本剰余金に振り替える点はA－1法と同様である。

(iii) ステップ4における現金決済契約に関する会計処理

日本証券業協会から提示されている日本版ASR取引のスキームでは，会社と証券会社との間で現金決済契約が締結され，取引開始後の平均株価が取得価額よりも低い場合には取引開始後の平均株価と取得価額との差から生じる差額相当分について，会社は証券会社から現金を受け取るという仕組みになっている。このスキームの場合，ToSTNeT－3による取得価額を行使価額としたプットオプションを会社が証券会社から買い建てしたものと捉え，金融商品実務指針第6項のデリバティブの特徴に該当するものとし，デリバティブとして取り扱う。この場合の仕訳は，A－1法，A－2法ともに以下のとおりである。

〔現金決済契約に関する仕訳〕　　　　　　　　　　　　　　　（単位：億円）

時　点	仕　訳
X1年5月1日	デリバティブ資産　20／現金　20
X1年6月30日	損益　20／デリバティブ資産　20
X1年7月31日 平均株価下落時	デリバティブ資産　150／損益　150 現金　150／デリバティブ資産　150
X1年7月31日 平均株価上昇時	仕訳なし

現金決済契約の内容を考慮せずに新株予約権の払込金額を算定する場合，新株予約権の払込金額は，新株予約権の時価20億円となる。会社は前提条件に記載のとおり，現金決済契約の時価20億円を証券会社に現金で支払うことから，デリバティブ資産20億円が計上され，現金20億円が減少する。

X1年6月30日において，現金決済契約の時価がゼロとなるので，×1年5月1日に計上したデリバティブ資産20億円がゼロになるため，20億円の損失が生じる。

X1年7月31日においては，平均株価が下落した際は，デリバティブ資産の時価が150億円となるため，×1年6月30日からのデリバティブ資産の変動を

利益として150億円計上することになる。平均株価が上昇した場合は，デリバティブがアウト・オブ・ザ・マネーであるため，デリバティブ資産の時価がゼロから変わらず，仕訳が生じない。

　(iv)　論　点

　A法の会計処理方法では，現金決済契約の会計処理を，通常のデリバティブの会計処理と同様に，時価評価し評価差額を当期の損益とすべきか否かがポイントとなる。仮に現金決済契約を時価評価して評価差額を損益とする場合，新株予約権の会計処理によっては，取引開始日において損益が生じてしまう可能性がある点や，平均株価の上昇時と下落時の会計処理が不整合となる可能性があるため，現金決済契約の会計処理と新株予約権の会計処理における損益の対照性がポイントとなる。

2．各ステップにおける取引すべてを1つの取引として会計処理を行う方法（以下「B法」という）

　図表6－4－3で示したとおり，B法の考え方については，自己株式の取得時点で自己株式を認識し，決済時点で価格差相当額について自己株式の金額を調整する考え方（B－1法）と，自己株式の取得時点で自己株式を認識せず，決済時点で自己株式を認識する考え方（B－2法）の2つの考え方がある。

〔B法の考え方に関する仕訳の比較〕　　　　　　　　　　　　　　（単位：億円）

時点	B－1法	B－2法
X1年5月1日	自己株式　1,200／現金　1,200	仮払金　1,200／現金　1,200
X1年6月30日	仕訳なし	
X1年7月31日 平均株価下落時	現金　150／自己株式　150	現金　150／仮払金　150 自己株式　1,050／仮払金　1,050
X1年7月31日 平均株価上昇時	現金　0.004／資本金　0.004	自己株式　1,200／仮払金　1,200 現金　0.004／資本金　0.004

　B－1法，B－2法ともに，X1年5月1日時点においては，新株予約権および現金決済契約については会計処理しないこととなるため，仕訳が計上されない。自己株式取得に関する仕訳は，B－1法では取得時点で自己株式を認識するが，B－2法では認識しないため，計上する勘定科目が異なる（ここでは，

仮払金で資産を認識することとする)。

　Ｘ１年６月30日時点では仕訳が計上されない。

　Ｘ１年７月31日時点では，自己株式の取得価額よりも平均株価が下落した場合，Ｂ－１法の考え方は，自己株式取得時に計上した自己株式について，現金決済契約の結果を反映し，自己株式の取得価額の調整を行う(上表の場合，自己株式の取得価額が150億円マイナスされる)。Ｂ－２法の考え方は，現金決済契約で受け取った現金150億円を反映させるため，仮払金1,200億円と現金の残額の1,050億円を自己株式の取得価額として計上する。

　自己株式の取得価額よりも平均株価が上昇した場合，Ｂ－１法の考え方は，自己株式の取得価額1,200億円は変わらず，Ｙ社は当初の自己株式取得数のうち333万株(≒(3,000万株×4,500円－1,200億円)÷4,500円)をＺ証券会社に引き渡す。Ｂ－２法の考え方は仮払金に計上された1,200億円を自己株式に振り替えたうえ，新株予約権の行使による新株の発行を反映させるため，行使に伴い出資される財産の額である40万円が資本金または資本剰余金に計上される。

　Ｂ法の考え方の場合，法的な取扱いをステップごとに解釈することと，ASR取引を１取引として取り扱った会計処理との不整合について，どのように評価するかがポイントとなる。

第7章

日本版ESOP

第1節　日本版ESOPの概要

1 定　義

(1) ESOPの成立過程

　ESOPとは，"Employee Stock-Ownership Plan"の頭文字を取ったもので，従業員給付制度の一環として導入される企業拠出による従業員に対する株式給付制度のことをいう。ESOPは，アメリカで1974年（昭和49年）に制定された従業員退職所得保障法（Employee Retirement Income Security Act：ERISA。以下「エリサ法」という）に準拠して，発祥した制度である。

　エリサ法制定前のアメリカでは，税制面での優遇要件を規定した「内国歳入法」（the Internal Revenue Code：IRC）しかなく，年金積立額の妥当性や受給者の権利保護に関する企業の責任が不明瞭であり，確定給付年金の法的裏付けが整備されていなかった。エリサ法は，こうした状況を改善するため，受給者の権利保護を主として規定されており，ESOPもその一環として考案された。

(2) 日本版ESOPへの発展

　日本においては，平成12年頃から経済界の要請で，株価対策や株式持合いの解消に向けた受け皿の整備の意味合いを強めた形で，ESOP導入の議論が始

まった。なお，日本の制度上では，ESOPに対して「従業員株式所有制度」という訳語が与えられている（開示府令第二号様式（記載上の注意）（47-2））。

いわゆる日本版ESOPの最初の導入事例は，三洋電機株式会社が平成16年に発表した「全従業員を対象としたESOP型退職金制度の導入」で用いられたストラクチャーとされている。信託のようなビークルを用いないスキームではあるものの，従業員の立場から受けられる恩恵は，アメリカのESOPと非常に近い内容であった。しかし，このスキームは導入企業側への優遇制度がないことや，後の同社の業績不振とあいまって，他社で同様の制度が導入されることはなかった。

日本版ESOPについての議論はいったん下火になったものの，中長期的な企業の働き手確保のための福利厚生制度の充実および継続的な自社株買いによる自己株式の受け皿確保の必要性の観点から，日本の現行制度（会社法を主とした法体系，会計制度，税制）への準拠性を保ちつつ，どのように日本版ESOPを設計するかが再度検討されるようになった。その論点を検討・整理し，日本版ESOP拡大のきっかけともなったものが，平成20年に経済産業省（新たな自社株式保有スキーム検討会）から公表された「新たな自社株式保有スキームに関する報告書」（以下「経済産業省報告書」という）である。日本版ESOPは現行制度の適用を受ける中，さまざまな要素を工夫して構成された，いわゆる「従業員が最終的に自社株式を取得するための金融商品」の総称であるため，その成立過程が異なる点から，アメリカで考案された本来のESOPの恩恵を受けつつ，金融機関によっても商品性が異なり，多様性と柔軟性が高いという特性を有している。日本版ESOPの種類については，「2　種類」において後記する。

2 ｜ 種　類

アメリカのESOPは，全員参加型の退職給付制度としての株式給付スキームである。信託等のビークルが，スキーム導入企業株式取得の原資として，導入企業から拠出された資金を用いて（資金が十分でない場合，金融機関からの借入によって補い，その際導入企業が債務保証を行う）株式市場または導入企業から株式を取得する。そして，従業員退職の際に計算式等で算出した各人別の持分相当分の株式を退職金の一部として付与するものである。

前記「1（1）ESOPの成立過程」の成立の背景から，アメリカのESOPの

場合は，原則的に全従業員を対象・自社株式の退職時支給という点がそのポイントである。レバレッジド型（金融機関からの資金調達を伴う）と称されるオーソドックスなスキームは図表7－1－1のようになっている。

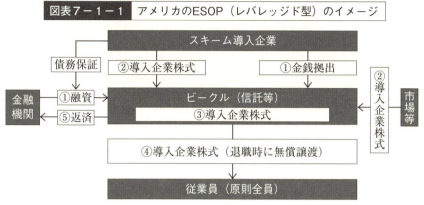

（出典）『日本版ESOP入門　スキーム別解説と潜在的リスク分析』渡部潔著　中央経済社より引用，一部修正。

一方で日本版ESOPは，平成25年12月25日に企業会計基準委員会（ASBJ）より公表された日本版ESOP取扱いにおいて，大きく下記の2種類のスキームに分けられている。

（1）従業員への福利厚生を目的として，従業員持株会に信託を通じて自社の株式を交付する取引（日本版ESOP取扱い3項。以下「従業員持株会発展型」という）

日本で普及してきた従業員持株会という仕組みを信託等のビークルを用いる形態へ発展させたスキームであり，その主たる目的は従来の従業員持株会と同様，従業員の財産形成である。

日本版ESOPにおける従業員持株会スキームの場合，信託等のビークルが金融機関からの借入などを用いてスキーム導入企業の株式を取得し，一定の条件や期間等が満たされた後に，ビークルから持株会へと株式が譲渡される形をとる。持株会の株式取得の原資が従業員からの拠出である点は，従来の従業員持株会と同様である。

従業員持株会発展型のスキームは図表7－1－2のようになっている。

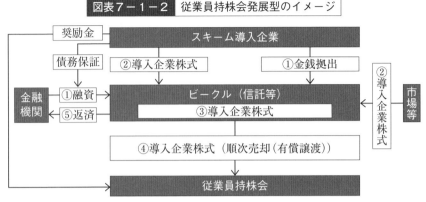

図表7−1−2　従業員持株会発展型のイメージ

(出典)　経済産業省報告書　参考資料より引用，一部修正。

(2) 従業員への福利厚生を目的として，自社の株式を受け取ることができる権利（受給権）を付与された従業員に信託を通じて自社の株式を交付する取引（日本版ESOP取扱い4項。以下「株式給付型」という）

　信託等のビークルが，スキーム導入企業株式取得に必要な資金を，導入企業からの金銭拠出等により調達した後，導入企業からの譲渡または市場での購入等によって，将来にわたり従業員に（無償）譲渡される導入企業株式を取得するスキームである。アメリカのESOPのイメージに近い形となっているが，株式交付の対象となる従業員や交付される株式数が限定（たとえば，勤続年数が10年経過している社員が対象であり，株式数は人事考課等によって決定されるなど）されている点で異なっている。

　株式給付型のスキームは図表7−1−3のようになっている。

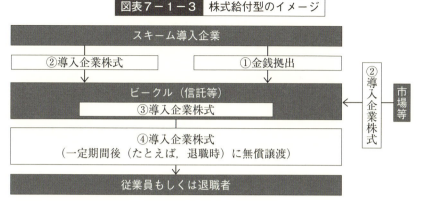

図表7－1－3　株式給付型のイメージ

(出典)　経済産業省報告書　参考資料より引用，一部修正。

　（1）の従業員持株会発展型，（2）の株式給付型のいずれも，一般的に信託等のビークルが導入企業の株式を長期間保有した後，従業員持株会または従業員に譲渡する。また，ビークルの株式調達は，主に導入企業からの譲渡または株式市場からの取得が主であるが，役員などから譲渡されるケースもある。

　また，基本的な制度は日本版ESOP取扱いに定められているものであるが，従業員が株式での受領と株式の時価相当の現金での受領を選択できる制度となっているケースもある。日本版ESOP取扱いでは第3項（従業員持株会発展型），第4項（株式給付型）の取引を対象としているが，取引の内容が記載された内容と大きく異ならない取引について，日本版ESOP取扱いの対象となるかの判断に混乱が生じることを避けるために，第3項および第4項において「概ね以下から構成される」という表現を用いていると記載されている（日本版ESOP取扱い25項）。

　このようなスキームの会計処理については，株式交付と現金給付を選択できる点以外は日本版ESOP取扱い第4項とほぼ同一であり，現金給付の場合も，信託が株式を換金して従業員等に給付することが担保されており，給付時の株式の時価で金銭が交付され，会社に追加的な負担が生じないのであれば，取引の実態と基準の趣旨などを踏まえたうえで，日本版ESOP取扱いの定めを参考にすることができると考えられる。

　なお，現金での受領が選択されたとき，常に信託が保有する当初取得株式を換金して支払うことが制度的に担保されていない場合などには，会社が自ら現

金給付を行う可能性があり，会社に追加的なリスクの負担があることから，スキームの性格より日本版ESOP取扱いを準用することができず，会社が負っている義務は時価で算定することが適切であると考えられ，毎期末の引当金を時価で再評価することになると考えられる。

（3）日本版ESOPの導入事例

平成28年6月末までに日本版ESOPの導入を公表した会社数の推移は，図表7－1－4のとおりである。

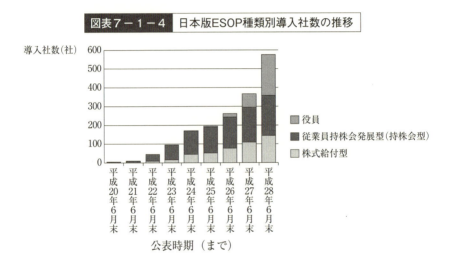

図表7－1－4　日本版ESOP種類別導入社数の推移

リリース時期	株式給付型	持株会型	役員(*3)	合計
平成20年6月末	1	4	0	5
平成21年6月末	4	6	0	10
平成22年6月末	9	36	0	45
平成23年6月末	16	79	0	95
平成24年6月末	45	126	0	171
平成25年6月末	52	138	5	195
平成26年6月末	77	166	19	262
平成27年6月末	109	186	72	367
平成28年6月末	145	213	218	576

（＊1）　株式給付型，従業員持株会発展型の両方を採用している場合や，従業員向け，役員

向けの両方を採用している場合は，それぞれ１社とカウントしている。
(＊２) プラン終了後，再導入をしている場合は１社としてカウントしている。
(＊３) 役員を対象として，信託の仕組みを活用した株式給付型のスキームを採用した会社を集計している。
(＊４) 各社プレスリリースより調査しているが，検索範囲，調査結果の網羅性に関しては，必ずしも確保されていない可能性がある。

図表７－１－４を見ると，ここ５年ほどで日本版ESOPの導入を開始した企業が多いことがうかがえる。また，日本においては従業員持株会を導入していた企業が多いことから，それを活用することが可能な従業員持株会発展型の占める比率が多いことがわかる。

また，突出しているのが，ここ１年ほどでの役員向けESOPの導入社数の増加である（後記「第２節２（３）その他の取引」参照）。これは，平成27年にコーポレートガバナンス・コードが発表された結果，役員にも，企業の業績や企業価値向上へのインセンティブを高める方向に意識が向いたことなどが原因であると推測される。

3 財務的効果

日本版ESOPが再度検討されるようになった背景として，中長期的な企業の働き手確保のための福利厚生制度の充実・継続的な自社株買いによる自己株式の受け皿の確保の必要性の２点があったことは前記「１（２）日本版ESOPへの発展」のとおりである。日本版ESOPを導入することで見込まれる財務的効果は図表７－１－５のとおりである。

図表７－１－５　日本版ESOP導入によって見込まれる財務的効果

福利厚生制度の充実	自己株式の受け皿
・労働分配率の上昇とステークホルダーとしての従業員利益の充実 ・自社の株価・業績に対する従業員の意識向上	・自己株式（金庫株）の有効利用 ・敵対的買収に対する安定株主としての役割

図表７－１－５の２つの視点からの各々の財務的効果については，以下のとおりである。

(1) 福利厚生制度の充実からの視点

① 労働分配率の上昇とステークホルダーとしての従業員利益の充実

　日本の場合，アメリカと異なり従業員向けの退職金制度の整備がかなり進んでいる。このため，年金の範疇に留まることなく，従来から存在している従業員福利厚生制度の拡充策の一環として，新しいプログラムを提供することが期待されている。そして，従来の福利厚生制度を拡充する形で日本版ESOPを導入した場合，会社負担により従業員所得が増加するため，アメリカのESOPと同様に労働分配率が高くなる効果がある。

　日本では，バブル崩壊後の経済復活に向けて企業業績の改善を図る際に，従業員の処遇改善が後回しとなる傾向があった。加えて，リーマンショック後の経済情勢の悪化に伴い，雇用環境も一時的に悪化したが，長期的な視点で考えた際には，今後，少子高齢化傾向が加速する中での労働力の確保，国内経済の振興策が必須となることは明白である。企業においては，その両方の観点から能力や実績に応じた従業員の処遇を高める必要がある。

　日本版ESOPの場合，固定給として基本給を一律にベースアップさせるのと異なり，基本給と切り離された個々の実績や能力に応じて会社負担による従業員所得を増やす点で，導入時点での企業側のキャッシュ・フロー負担を抑えつつ，従業員の処遇を高めることができる方策として，導入する意義があるといえる。

② 自社の株価・業績に対する従業員の意識向上

　日本においては，従業員持株会を導入している企業が多数存在するため，従業員持株会を活用することが可能となる日本版ESOPの導入は非常に意義があるといえる。従来の従業員持株会は，従業員個人の財産形成を組織目標としているものの，会社からの安定株主政策の一環で運営されていることから，従業員持株会に加入していながらも，従業員の加入者意識が薄かったのが課題であった。

　しかし，日本版ESOPを導入することで，従業員の自社の株価や業績に対する中長期的な関心，労働に対するインセンティブを高める方策として用いることが可能となる。また，自社の株価や業績への強い意識を持つ従業員が増加することで，株主としての従業員（持株会）による経営者の監督の有効性も向上

し，ひいてはコーポレート・ガバナンスを強化することにもつながるといえる。

（2）自己株式の受け皿の必要性からの観点

① 自己株式の有効利用

　企業収益の株主還元対策としての自社株買いが広く普及し，現在日本における上場会社の保有する自己株式の割合はかなり高くなっている。

　しかし，自己株式の長期保有は将来の放出懸念を引き起こす要因になりかねないため，自己株式保有比率が高い企業の場合，自己株式の処分方法を検討する必要があるが，実際は容易ではない。そのような観点で見た場合，日本版ESOPにおける信託等および従業員（持株会）は，自己株式の安定的な引受先の1つとなりうるため，自己株式の処分方法としては現実的であり，かつ，一般株主の視点からも穏当な方法といえる。

② 敵対的買収に対する安定株主としての役割

　ESOP（信託）が所有する株式の議決権については，日本版ESOPのビークルとして信託等を用いており，かつ，これらのビークルが会社法上の子会社には該当しないスキームとなっているため，自社株の議決権は行使可能という状態になっている。

　ビークルとして信託が利用される場合，実際には，従業員の利益に沿うことを前提に，議決権行使のガイドライン等に従い信託管理人（信託法123条）によって議決権が行使されることになる。したがって，グリーンメーラーに代表されるような従業員利益を明らかに損なう敵対的買収に対して，日本版ESOPは長期的に安定した株主としての役割を担うことが期待される。

第2節　日本版ESOPの実務

1　法律上の手続

（1）概　　説

　日本版ESOPは，米国のESOPを参考にして導入された，従業員が勤務先の会社の株式を取得するための枠組みの総称である。もっとも，ESOPという制

度が税法を含む何らかの法令に規定されているわけではなく，会社法や信託法といった既存の法令上の制度を組み合わせたものであり，税法上の特例も特に設けられていない。

また，目的等は必ずしも同じではないものの，従業員持株会や現金による退職金といった類似した制度が既に存在する会社が多いため，これらの制度との調整や棲み分けも必要となったことから，普及の過程において独自の発展を遂げている。これらのいずれの制度を基礎としているかによって，日本版ESOPの内容も異なってくるので，検討に際しては留意が必要である。

（2）従業員持株会発展型ESOP

① 導入の利点

既存の従業員持株会の制度に追加して導入するESOPであり，従業員持株会のみの場合と比較して，以下の点で有利となる。

i 信託や一般社団法人等の株式取得のみを目的としたビークルが，いったんまとめて株式を取得するため，持株会が市場から定期的に株式を取得する場合に，他の投資家に手口を読まれて価格をつり上げられたりすることがなくなる。

ii （従業員からみて）いったんまとめて取得した株式が値上がりすれば，通常どおり定期的に取得する場合と比較して安く取得できた部分から利益を得ることができる一方，値下がりしても，高く取得することになった部分の損失は最終的には会社の負担となる。

iii （会社からみて）いったんまとめて取得した株式は，将来的には従業員が保有することになるが，それまでの間はいわば誰のものでもない状態として，一定のガイドラインに従い中立的に議決権の行使が行われるため，少なくとも敵対的な株主の手に渡ることはなくなる。

② 導入の手続

導入に際しては，大要以下の手続を行うことになる。

i ビークルの設定（信託契約の締結や一般社団法人の設立）（議決権行使のガイドライン策定や各種事務委託契約の締結を含む）

ii ビークルによる株式取得資金の借入および会社による当該借入の保証

iii ビークルによる株式の取得およびその後の持株会への定期的な売却

会社法上は，ⅲをビークルに対する新規株式の発行または自己株式の処分で行う場合を除き，これらの手続について特段手続は定められておらず，内容の複雑さ等の事情により重要な業務執行（会社法362条4項柱書き）にあたる場合を除き，取締役会の決議は不要であり，代表取締役その他の業務執行取締役が決定することになる。「重要」なものとして取締役会決議が必要かどうかは，会社の取締役会規則で基準が定められる場合が多い。

(3) 株式給付型ESOP

① 導入の利点

既存の現金による退職金の制度に追加して，株式による退職金類似の給付を創設するESOPであり，以下のような利点が想定される。

i ビークルが，いったんまとめて株式を取得することで，多数の退職者に株式を給付する際に，都度新規株式の発行または自己株式の処分の手続を実施する必要がなくなり，かつ，分配可能額の不足で実施できないという事態を防ぐことができる。

ⅱ （会社からみて）いったんまとめて取得した株式は，将来的には退職者に給付されることになるが，それまでの間はいわば誰のものでもない状態として，一定のガイドラインに従い中立的に議決権の行使が行われるため，少なくとも敵対的な株主の手に渡ることはなくなる。

② 導入の手続

導入に際しては，大要以下の手続を行うことになる。

i ビークルの設定（信託契約の締結や一般社団法人の設立）（議決権行使のガイドラインや株式による退職金類似の給付に係る規程の策定，各種事務委託契約の締結を含む）

ⅱ ビークルによる株式の取得およびその後の退職者への都度の給付

ⅱをビークルに対する新規株式の発行または自己株式の処分で行う場合を除き，これらの手続については，前記「(2)② 導入の手続」と同様，代表取締役その他の業務執行取締役が決定することになる。

2 個別財務諸表上の処理

当初，日本版ESOPに係る包括的な会計基準等が策定されていなかったため，

実務においては各社で導入しているスキームの実態を踏まえつつ，既存の会計基準等を適切に解釈しながら，適用すべき会計処理を判断していた。このため，各社間において会計処理のばらつきが生じているとの問題提起が基準諮問会議（財務会計基準機構（FASF））においてなされた。

企業会計基準委員会（ASBJ）では基準諮問会議からの提言を受け，現状行われている実務を踏まえ，当面の取扱いを明確にすることを目的とし，日本版ESOPに関連する取引の会計処理および開示について検討を行った。平成25年7月2日に公表された公開草案で広く意見を求め，さらに検討を行った結果，公開草案の内容を一部修正したうえで，平成25年12月25日に実務対応報告第30号「従業員等に信託を通じて自社の株式を交付する取引に関する実務上の取扱い」（日本版ESOP取扱い）の公表に至った。

日本版ESOP取扱いは，平成26年4月1日以後開始する事業年度の期首または四半期会計期間の期首から適用されている（日本版ESOP取扱い19項）。ただし，実務上の便宜を図り，経過的な取扱いとして従来採用していた方法による会計処理を継続することを認めている。この場合には各期の連結財務諸表および個別財務諸表においてその旨の注記が求められる（日本版ESOP取扱い20項）。

(1) 従業員持株会発展型

従業員持株会発展型の論点で，考え方が明確になった個別財務諸表上の会計処理は以下の項目である。

① 総額法の適用

対象となる信託が，(i)委託者が信託の変更をする権限を有している場合，(ii)企業に信託財産の経済的効果が帰属しないことが明らかであるとは認められない場合という2つの要件をいずれも満たす場合，信託に対して総額法を適用すべきものとする（日本版ESOP取扱い5項，6項）。

上記の要件は，日本版ESOP取扱いの対象とする取引についての処理の考え方を示した「連結財務諸表における特別目的会社の取扱い等に関する論点の整理」脚注10なお書きの内容を踏襲している。現行の実務においては，この考え方に基づいて判断しているケースが多いことを踏まえている。

また，一般的な総額法は，信託の資産および負債を企業の資産および負債と

して貸借対照表上に計上し，信託の損益を企業の損益として損益計算書に計上することを意味するが，日本版ESOP取扱いにおいては，信託における損益が最終的に従業員に帰属する点を考慮し，信託における純損益が正の値となる場合には負債に，負の値となる場合には資産に計上することとされた（図表7－2－1参照）。

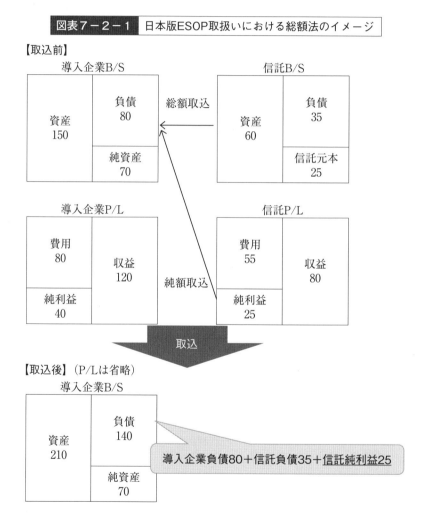

② 自己株式処分差額の認識時点

企業が自社の保有する自己株式を信託へと拠出するスキームの場合，企業は

信託への処分時（信託からの対価の払込期日）に自己株式処分差損益を認識する（日本版ESOP取扱い7項）。

自己株式処分差額の認識時点については，(i)企業から信託へ自己株式を処分した時点で処分差額を認識する方法と(ii)信託から従業員持株会へ株式を売却した時点で，企業において処分差額を認識する方法の2つが検討された（日本版ESOP取扱い30項）。

いずれも一定の根拠に基づいているが，自己株式適用指針第5項における自己株式処分差額の認識時点の定めの考え方との親和性が高いことや，自己株式の処分先である信託が他益信託であり，信託と企業を同一の存在とみなすことは必ずしも適切ではないと考えられることから，(i)企業から信託へ自己株式を処分した時点で処分差額を認識する方法が選択された（日本版ESOP取扱い32項）。

一方，信託が市場や第三者から導入企業の株式を購入し，持株会へ売却する場合は会社法第199条の自己株式の「処分」には該当しないとされるため，自己株式処分差額は認識されないと考えられている。その際は，信託の財務諸表上，株式売却損益として認識され，信託損益を通じて企業の資産または負債として計上されることとなる。この点は，株式給付型に関しても同様である。

③ 期末における会計処理

企業は，期末における総額法等の適用において，以下の事項に留意することとされた（日本版ESOP取扱い8項）。

---

i 信託が保有する自社の株式（従業員持株会に交付していない株式）を，信託における帳簿価額（付随費用の金額を除く）により株主資本において自己株式として計上する。信託における帳簿価額に含められていた付随費用はⅱの信託に関する費用に含める。

ii 信託に関する損益（信託から従業員持株会への株式売却に係る売却損益，信託が保有する株式に対する企業からの配当金および信託に関する諸費用）の純額が正の値になる場合には負債に，負の値となる場合には資産に，適当な科目を用いて計上する。

iii 信託終了の際に，信託において借入金の返済や信託に関する諸費用を支払うための資金が不足する場合，債務保証の履行により企業が不足額を負担することとなる。その場合には負債性の引当金の要否を判断する。

iv 自己株式の処分および消却時の帳簿価額は株式の種類ごとに算定するが，企業が保有する自己株式と信託が保有する自己株式の帳簿価額は通算しない。
v 企業が信託に支払った配当金等の企業と信託の間の取引は相殺消去を行わない。

具体的な会計処理のイメージを掴むために，設例7－2－1を用いて説明する。

設例7－2－1 従業員持株会に信託を通じて自社の株式を交付する取引（債務保証の履行が生じるケース）（日本版ESOP取扱い設例2を一部変更）

[前提条件]

X1年4月

① A社（決算期3月末）は委託者として，一定の要件を満たした企業の従業員を受益者，信託銀行を受託者とする信託契約（決算期3月末）に基づき，金銭20の他益信託の設定を行った（信託の変更をする権限はA社にある）。
② 受託者は信託にて他の金融機関から300の借入（信託は年間利息20を期末に支払う）を行い，A社はその全額に対し債務保証を行う。
③ A社は信託に対し時価300で，募集株式の発行等の手続による自己株式100株（帳簿価額200）の処分を行い，金銭300を受け取る。

X2年3月末

④ 受託者は信託を通じてA社株式60株をA社従業員持株会に対して時価200で売却する。
⑤ A社決算において，信託の財産をA社の個別財務諸表に計上する。なお，信託においては当期に諸費用5，支払利息20が生じている。

[会計処理]

1．X2年3月期の仕訳

〔他益信託の設定時〕

| （借）信 託 口 | (※)20 | （貸）現 金 | (※)20 |

（※） 前提条件①参照

〔A社から信託への自己株式の処分時（前提条件③）〕

（借）現　　　金	300	（貸）自　己　株　式	200
		（貸）その他資本剰余金	(※)100

（※）　前提条件③参照
　　　その他資本剰余金100＝時価300－自己株式帳簿価額200

X2年3月末時点（決算時）の信託の試算表は以下のようになった。

現金	195	借入金	300
A社株式	120	信託元本	20
諸費用	5	A社株式売却益(※)	20
支払利息	20		

（※）　信託にて取得したA社株式100株（取得価額300）のうち，当期に200で売却された60株の取得価額は180（＝60株×300÷100株）であるため売却益は20，また，未売却40株の残高は120である。（＝40株×300÷100株）

信託の財産をA社の個別財務諸表に計上する。

（借）現　　　金	195	（貸）借　入　金	300
A　社　株　式	120	信　託　元　本	20
諸　費　用	5	A社株式売却益	20
支　払　利　息	20		

信託設定時に信託口とした20を信託元本と相殺する。

（借）信　託　元　本	20	（貸）信　託　口	20

信託の損益は従業員に帰属するため，信託口に振り替える。

（借）A社株式売却益	20	（貸）諸　費　用	5
信　託　口	5	支　払　利　息	20

　信託におけるA社株式は，A社において自己株式に振り替え，純資産の部における株主資本の控除項目とする。

| （借）自　己　株　式 | 120 | （貸）Ａ　社　株　式 | 120 |

X2年3月期のA社の財務諸表は以下のとおりである（関連項目のみ）。

現金	195	借入金	300
信託口	5	その他資本剰余金	100
		自己株式	△120

（２）株式給付型

株式給付型の論点で，考え方が明確になった個別財務諸表上の会計処理は以下の項目である。

①　総額法の適用

日本版ESOP取扱いにおいて，株式給付型ESOPにおいても，従業員持株会発展型ESOPと同様の考え方により，期末に総額法を適用し，信託の財産を導入企業の個別財務諸表に計上することとした（日本版ESOP取扱い10項，4項，5項）。

これは，企業への労働サービスの提供の対価として従業員に信託財産である自社の株式が交付されることを考えると，導入企業に追加的に労働サービスが提供され，当該サービスを導入企業が消費することにより，信託財産の経済的効果が企業に帰属する側面もあると考えられることによるものである（日本版ESOP取扱い41項）。

②　自己株式処分差額の認識時点

日本版ESOP取扱いにおいて，自己株式処分差額の認識時点についても従業員持株会発展型ESOPと同様に，「企業から信託へ自己株式を処分した時点で処分差額を認識する方法」をとっている（日本版ESOP取扱い11項，7項）。

これは，いずれも導入企業と同一の存在とはみなせない他益信託を利用すること，および自己株式の処分が法的に有効であることを前提としていることから，異なる考え方をとることは適当でないと考え，従業員持株会発展型ESOPにおける取扱いとの整合性を考慮したためである（日本版ESOP取扱い44項）。

③ 従業員へのポイントの割当等に関する会計処理

日本版ESOPにおいて，導入企業は従業員に割り当てられたポイントに応じた株式数に，信託が自社の株式を取得したときの株価を乗じた金額を基礎として，費用およびこれに対応する引当金を計上することとしている（日本版ESOP取扱い12項，13項）。

また，信託から従業員へ株式が交付される場合，導入企業はポイントの割当時に計上した引当金を取り崩す。このとき引当金の取崩額は，信託が自社の株式を取得した時の株価に交付された株式数を乗じて算定することとしている。

費用および対応する引当金，引当金の取崩額について，いずれも信託による自社の株式の取得が複数回にわたって行われる場合は平均法または先入先出法により算定することとし，期末時点での時価の洗替えは行わないこととされる。

日本版ESOP取扱いにおいては，ポイント割当の会計処理について，さまざまな方法が検討されたが，最終的に，「信託への資金拠出時の株価を基礎とする方法」をとった。根拠とする理由は以下のとおりである（日本版ESOP取扱い48項）。

- 当該取引の自社の株式を用いたインセンティブ・プランとしての性質を踏まえた場合，取引の性質としてストック・オプションと類似性があると考えられるため，ストック・オプション等会計基準と同様に，取引開始後の自社の株式の株価を反映しない処理とすべきである。
- 企業の負担は信託に資金を拠出した時点で確定しているため，当該費用総額を予定される交付株式数で配分することが適切である。
- 自己株式の処分を，「企業から信託へ自社の株式を処分した時点で処分差額を認識する方法」とすることと整合的である。

日本版ESOP取扱い第12項では，「信託が自社の株式を取得したときに株価を乗じた金額」を基礎としているが，これは実務的に，信託への資金拠出と信託による株式の取得はほぼ同じ時期に行われることが多いものの，最終的には以下の点を考慮した結果である（日本版ESOP取扱い57項）。

- 信託への資金拠出時の株価で引当金を計上しても，引当金の取崩しは信託による株式の取得原価を基礎に行われるため，処理が煩雑となる。

- 企業からの配当金を原資として信託による株式の取得が行われる場合，資金拠出時の株価が存在せず，費用を算定するための基礎となる株価を別途定める必要が生じる。

④ 期末における総額法の会計処理

企業は，期末における総額法等の適用において，以下の事項に留意することとされている（日本版ESOP取扱い14項）。

i 信託に残存する自社の株式（信託から従業員に交付していない株式）を，信託における帳簿価額（付随費用の金額を除く）により株主資本において自己株式として計上する。信託における帳簿価額に含められていた付随費用は ii の信託に関する費用に含める。
ii 信託に関する損益（信託が保有する株式に対する企業からの配当金および信託に関する諸費用）の純額が正の値になる場合には負債に，負の値となる場合には資産に，適当な科目を用いて計上する。
iii 自己株式の処分および消却時の帳簿価額は株式の種類ごとに算定するが，企業が保有する自己株式と信託が保有する自己株式の帳簿価額は通算しない。
iv 企業が信託に支払った配当金等の企業と信託の間の取引は相殺消去を行わない。

（3）その他の取引

日本版ESOP取扱いについては，役員に対して信託を通じて自社の株式を交付する取引や従業員等に信託を通じて親会社の株式を交付する取引などについては，直接的に適用対象とはしていない（日本版ESOP取扱い26項）。

しかし，そのような場合であっても，内容に応じて日本版ESOP取扱いを参考にすることが考えられる（日本版ESOP取扱い26項なお書き）。

たとえば，近年導入が広がっている従業員向けの株式給付型ESOPを役員向けのスキームとして組成したものなどはその一例である。役員向けのスキームでは，会社が役員に対し，インセンティブ付与を主な目的として，在任時または退任時に自社株式を交付する形となっている。企業内の株式を信託内に留保し，そのうえで業績等の指標に応じた数の株式を報酬として役員に給付する点において，日本版ESOPとスキームが類似しており，役員報酬として法的な要件を満たす必要があるものの，日本版ESOP取扱いの定めを参考として会計処

3 税務上の処理

(1) 従業員持株会発展型

　日本版ESOPにおける税務上の取扱いについては，経済産業省報告書において一般的な考え方の整理がなされている。平成24年12月3日には，東京国税局より公表された事前照会の回答である「従業員持株会を利用した信託型インセンティブ・プランに係る税務上の取扱いについて」において，日本版ESOPの従業員持株会型の税務上の取扱いが明らかにされた。

　以下，経済産業省報告書の取扱いをもとに，税務上の論点ごとに説明する。

　なお，税務上の関係が明確になるよう，図表7－2－2において，イメージ図をまとめている。

図表7－2－2　従業員持株会発展型のスキーム＋税務上の関係図

```
                    スキーム導入企業                    剰余金分配
  奨励金 ─────→  (委託者)(みなし受益者)  ──────→  信託費用準備金・
                                                        損失補填準備金
  債務保証    ②導入企業株式  ①金銭拠出      │
       │         ↓           ↓            ②導
  金融  ①融資                                入
  機関 ────→  ビークル(信託等)(受託者)  ←──  企  市
       ←────   ③導入企業株式              業  場
         ⑤返済                              株  等
                    ↓                       式
               ④導入企業株式
               (順次売却(有償譲渡))
                    ↓
                従業員持株会
                 ↑        ↓
              ⑧払込   ⑦導入企業株式
                 │        ↓
                従業員(受益者)
```

（一定の条件を満たすまで受益者不存在）

（受益者が存在することになった時点で信託財産(金銭)を交付）

① 信託の設定時の税務上の取扱い

信託の設定時点での課税所得計算は誰に帰属するのかが論点となる。

信託スキームにおいて，従業員の勤労インセンティブ等を確保するため，信託行為の定めにより，信託が終了するまでの期間，従業員持株会に参加しているなど一定の条件を満たす従業員に対して受益権を付与する場合，当該条件を満たす従業員が現れるまで受益者は不存在となる。このような場合には，以下の者が課税主体になると考えられる。

- 信託の変更をする権限を現に有し，かつ，信託財産の給付を受けることとされている者（いわゆる「みなし受益者」：法法12条2項，法令15条）
- 上記が存在しない場合，当該信託の受益者（法法2条29号の2）

② 導入企業のみなし受益者該当性

信託スキームにおいては，導入企業が信託行為において，受益者や信託管理人等との合意により信託の変更をする権限を有し，かつ，信託設定当初に，以下のいずれかに該当する場合，原則として，信託は導入企業をみなし受益者とする受益者等課税信託として取り扱われると考えられる。

- 受託者の借入債務が債務不履行になったときの損失保証に充てるために損失補填準備金を信託財産として設定し，借入金が全額返済された後には，その準備金が帰属権利者である導入企業に交付されると定められている場合
- 信託費用および信託報酬を賄うため，信託費用準備金を設定し，信託終了時に当該準備金の残高がある場合，準備金残高が帰属権利者である導入企業に交付されると定められている場合

③ 従業員の信託税制上の取扱い

導入企業の従業員は，信託が終了するまでの期間，受益者としての権利を有しない場合には所得税法上の受益者に該当しない。また，信託契約の変更権限を有しない場合には，みなし受益者にも該当しない。

信託は信託法に定める終了事由（信託満了日を迎える等）等において終了する。この場合，信託終了直前に，従業員持株会に参加しているなど一定の条件を満たしている従業員に対して受益権を付与し，ただちに損失補填準備金もしくは信託費用準備金を除く信託財産（金銭）が交付された後に，信託が終了することになる。

④ 借入金の支払利息の損金算入，債務保証料の益金不算入

ⅰ 受託者の借入金の支払利息がみなし受益者である導入企業の所得の計算上，損金算入可能であること

信託が導入企業のみをみなし受益者とする受益者等課税信託に該当する場合には，当該信託の信託財産に属する資産および負債は導入企業が有するものとみなし，当該信託財産に帰せられる収益および費用は導入企業の収益および費用とみなす（法法12条1項，2項）。

信託行為が終了するまでの期間，従業員に対して受益権が付与されないものとされている信託行為の場合，信託が終了するまでの間の信託財産に帰せられる収益および費用は従業員の収益および費用とみなされず，受益者の借入債務は導入企業の借入債務とみなされ，借入債務に対する支払利息については，導入企業の費用とみなされる。

ⅱ みなし受益者たる導入企業が，受託者から受け取る保証料について，委託者の所得の計算上，益金不算入であること

ⅰと同様の理由により，受託者が導入企業に支払う保証料は導入企業の費用とみなされるため，導入企業が受託者から受け取る保証料と相殺される関係にあることから，その費用および収益はいずれもなかったものと取り扱われる。

⑤ 導入企業が受託者に対して自己株式を処分する場合あるいは新株を発行する場合の税務上の取扱い

導入企業が受託者に対して自己株式を処分，あるいは新株を発行する場合，受託者が所有する株式は，税務上はみなし受益者たる委託者が所有しているものとみなされる（法法12条1項，2項）。このため，税務上は委託者の自己株式の処分あるいは新株発行が行われていないものとして取り扱われる。

⑥ 受託者が市場から導入企業株式を買い付ける場合の税務上の取扱い

受託者が導入企業以外の者から導入企業株式を買い付ける場合，前記「② 導入企業のみなし受益者該当性」の整理と同様，受託者が所有する株式は，法人税法上，みなし受益者たる委託者が所有しているものとみなされる（法法12条1項，2項）。このため，税務上は委託者が市場での購入によって取得する場合を除き，受託者に導入企業株式を譲渡した者にはみなし配当が生じると考

えられる（法法24条1項4号）。

⑦　導入企業が受託者に対して行う剰余金配当の税務上の取扱い

受託者が所有する導入企業株式は，前記「②　導入企業のみなし受益者該当性」の整理と同様，税務上は導入企業が所有している自己株式として取り扱われる。受託者への剰余金の配当は，税務上は同一法人内での資金移動と考えられるため，配当は行われなかったものとして取り扱われる。

⑧　受託者から従業員持株会等に株式が譲渡される取引の税務上の取扱い

税務上，受託者が所有する導入企業株式は導入企業の自己株式として取り扱われるため，受託者から従業員持株会等に株式が有償で譲渡される取引は，導入企業が自己株式を処分する取引に該当すると考えられる（法令8条1項1号）。

⑨　受益者に対して信託財産の給付が行われる取引の税務上の取扱い

信託設定当初は受益者が存在しないが，信託行為の定めに従い，信託が終了するまでの期間，従業員持株会に参加しているなど一定の条件を満たした従業員に対して受益権が付与される場合，信託のみなし受益者である導入企業から新たに受益者となった従業員に対して信託に関する権利に係る資産（金銭）の移転があったものと考えられる。

これは，みなし受益者であった導入企業から新たに受益者となった従業員に対して，信託に関する権利に係る資産（金銭）を給付するものであり，個別の信託契約の内容にもよるが，このスキームが従業員の勤労インセンティブを確保するためのものである性質から考えると，原則として労務・役務の対価に該当し，給与として損金算入されるものと考えられる。

給付を受ける従業員は，給与所得として課税されるものと考えられる。

（2）株式給付型

前記「（1）従業員持株会発展型」のとおり，日本版ESOPにおける税務上の取扱いについては，経済産業省報告書において一般的な考え方の整理がなされている。平成24年12月3日に，東京国税局より公表された事前照会の回答で

ある「従業員持株会を利用した信託型インセンティブ・プランに係る税務上の取扱いについて」において，日本版ESOPの従業員持株会発展型の税務上の取扱いが明らかにされたが，その内容は経済産業省報告書の取扱いとほぼ同様である。詳細な論点は従業員持株会発展型と同様であるため，ここでは割愛する。

4 連結財務諸表上の処理

日本版ESOP取扱いでは，信託について子会社および関連会社に該当するか否かの判定を要しないこととされた。

これは，総額法により信託財産が企業の個別財務諸表において計上される結果，実質的に信託財産がすべて財務諸表に反映されているという点を考慮したためである。なお，個別財務諸表上における総額法の処理は，連結財務諸表上，そのまま引き継ぐ（日本版ESOP取扱い9項，15項）。

なお，前記「2 (3) その他の取引」に記載のとおり，日本版ESOP取扱いにおいては，役員に対して信託を通じて自社の株式を交付する取引や従業員等に信託を通じて親会社の株式を交付する取引などについては，直接的に適用対象とはしていない（日本版ESOP取扱い26項）。

しかし，そのような場合であっても，内容に応じて日本版ESOP取扱いを参考にすることが考えられる（日本版ESOP取扱い26項なお書き）。連結財務諸表に関連するケースとしては，たとえば，ストック・オプション取引のように，子会社が親会社株式を用いたスキームである設例7－2－2のような場合である。

設例7－2－2　株式給付型において自社従業員に親会社の株式を付与するケース[1]

前提条件

X1年4月時点

① A社（決算期3月末）はX1年4月1日に日本版ESOP（株式給付型）を導入した。

② A社は持株会社であるP社の完全子会社であり，給付対象とする株式は

---

[1] 「日本版ESOPの会計処理等に係る実務上の論点Q&A」『週刊 経営財務』平成26年3月10日号，吉田剛著，PP.12～13を一部変更。

A社が保有するP社株式（親会社株式）100株（1株当たりの取得原価50，総額5,000）である。
③ X1年度において，付与されたポイントは50ポイントである。
④ 1ポイントは1株と交換され，また信託におけるP社株式の取得原価は1株＝120，ポイントの測定も1ポイント＝120で行われるものとする。
⑤ 税効果会計は考慮しない。

[会計処理]

〔子会社A社の個別財務諸表に係る仕訳〕
i　信託への親会社株式の売却

（借）現　　　　金	（※）12,000	（貸）親会社株式	5,000
		親会社株式売却益	7,000

（※）　12,000＝100株×120

ii　従業員へのポイントの付与

（借）株式給付引当金繰入額	（※）6,000	（貸）株式給付引当金	6,000

（※）　6,000＝50ポイント×120

〔親会社P社連結財務諸表（連結修正仕訳）〕

（借）自　己　株　式	（※）12,000	（貸）親会社株式	12,000
親会社株式売却益	7,000	その他資本剰余金	7,000

（※）　信託を総額法で取り込んだ結果，子会社（A社）財務諸表上で計上されている信託保有のP社株式は連結財務諸表上，自己株式へと振り替えられる。

　設例7-2-2のように持株会社方式を採用している場合，子会社が日本版ESOPを導入した際に，親会社株式を交付対象とするケースも考えられる。この場合，子会社の個別財務諸表上は親会社株式を使用したスキームとなるため，日本版ESOP取扱いで定められている会計処理をそのまま用いることはできない。しかし，持株会社の連結財務諸表においては，自己株式の処分および交付として取り扱われることから，日本版ESOP取扱いの会計処理を準用することが可能になると考えられる。

5 財務諸表等における開示

(1) 従業員持株会発展型

　日本版ESOP取扱いの対象となる取引を行っている場合，各期の連結財務諸表および個別財務諸表において，以下を注記することとしている。なお，連結財務諸表における注記と個別財務諸表における注記の内容が同一となる場合には，個別財務諸表の注記は，連結財務諸表に当該注記がある旨の記載をもって代えることができる（日本版ESOP取扱い16項）。

　従業員持株会発展型の場合，信託が金融機関より株式取得のための資金調達を借入によって行うが，その際に信託に残高として計上される借入金の金額についても，併せて注記されることとなる。

① 取引に関連する事項の注記（追加情報に記載）
　i　取引の概要
　ii　総額法の適用により計上された自己株式について，純資産の部に自己株式として表示している旨，帳簿価額および株式数
　iii　総額法の適用により計上された借入金の帳簿価額

　実際の記載イメージは図表7－2－3から図表7－2－5のようになる。

図表7－2－3　取引に関連する事項の注記（連結財務諸表作成会社で，かつ遡及適用に係る原則的な適用をしている場合）

（追加情報）
　当社は，従業員への福利厚生を目的として，従業員持株会に信託を通じて自社の株式を交付する取引を行っております。
(1) 取引の概要
　　……………………………………………………………………
(2) 信託に残存する自社の株式
　　信託に残存する当社株式を，信託における帳簿価額（付随費用の金額を除く。）により，純資産の部に自己株式として計上しております。
　　　自己株式の帳簿価額及び株式数

　　　　前連結会計年度×××百万円，×××千株
　　　　当連結会計年度×××百万円，×××千株
(3) 総額法の適用により計上された借入金の帳簿価額
　　前連結会計年度×××百万円，当連結会計年度×××百万円

図表7－2－4	取引に関連する事項の注記（連結財務諸表作成会社で，かつ遡及適用に係る経過措置を適用している場合）

（追加情報）
　当社は，従業員への福利厚生を目的として，従業員持株会に信託を通じて自社の株式を交付する取引を行っております。
(1) 取引の概要
　　……………………………………………
(2) 「従業員等に信託を通じて自社の株式を交付する取引に関する実務上の取扱い」（実務対応報告第30号　平成27年3月26日）を適用しておりますが，従来採用していた方法により会計処理を行っております。
(3) 信託が保有する自社の株式に関する事項
　① 信託における帳簿価額
　　前連結会計年度×××百万円，当連結会計年度×××百万円
　② 当該自社の株式を株主資本において自己株式として計上しているか否か
　　信託が保有する自社の株式は株主資本において自己株式として計上しております。
　③ 期末株式数及び期中平均株式数
　　期末株式数　前連結会計年度×××千株，当連結会計年度×××千株
　　期中平均株式数　前連結会計年度×××千株，当連結会計年度×××千株
　④ ③の株式数を1株当たり情報の算出上，控除する自己株式に含めているか否か
　　期末株式数及び期中平均株式数は，1株当たり情報の算出上，控除する自己株式に含めております。

図表7－2－5	個別財務諸表の注記を連結財務諸表に注記がある旨を記載して代替している場合の注記（連結財務諸表作成会社で，かつ遡及適用に係る原則的な適用をしている場合）

（追加情報）
　「従業員等に信託を通じて自社の株式を交付する取引に関する実務上の取扱い」第16項における取引の概要等の開示については，連結財務諸表の（追加情報）に記載しております。

② 株主資本等変動計算書の注記事項

株主資本等変動計算書に関する注記として，日本版ESOP取扱いでは以下の事項を記載することとしている（日本版ESOP取扱い18項）。

i 当期首および当期末の自己株式数に含まれる信託が保有する自社の株式数
ii 当期に増加または減少した自己株式数に含まれる信託が取得または売却，交付した自社の株式数
iii 配当金の総額に含まれる信託が保有する自社の株式に対する配当金額

実際の記載イメージは図表7－2－6のようになる。

図表7－2－6　株主資本等変動計算書の注記

（連結株主資本等変動計算書関係）
前連結会計年度（自　平成X1年4月1日　至　平成X2年3月31日）

> 比較情報として，当期と同様の脚注が必要

当連結会計年度（自　平成X2年4月1日　至　平成X3年3月31日）

1．発行済株式に関する事項
　（省略）
2．自己株式に関する事項

株式の種類	当連結会計年度期首	増加	減少	当連結会計年度末
普通株式(株)	2,000	10,000	－	12,000

　（注）1．当連結会計年度期首及び当連結会計年度末の自己株式数には，信託が保有する自社の株式がそれぞれ，×××株，×××株含まれております。
　　　　2．（変動事由の概要）
　　　　　自己株式の株式数の増加10,000株は……（省略）……であります。

3．新株予約権等に関する事項
　（省略）
4．配当に関する事項
　(1) 配当金支払額

決議	株式の種類	配当金の金額（百万円）	1株当たり配当額（円）	基準日	効力発生日
平成X2年6月○日定時株主総会	普通株式	500	5.00	平成X2年3月31日	平成X2年6月○日

| 平成X2年11月○日取締役会 | 普通株式 | | 550 | 5.00 | 平成X2年9月30日 | 平成X2年○月○日 |

(注) 1. 平成X2年6月○日定時株主総会決議による配当金の総額には，信託が保有する自社の株式に対する配当金×××百万円が含まれております。
    2. 平成X2年11月○日取締役会決議による配当金の総額には，信託が保有する自社の株式に対する配当金×××百万円が含まれております。

(2) 基準日が当連結会計年度に属する配当のうち，配当の効力発生日が翌連結会計年度となるもの

決議	株式の種類	配当の原資	配当金の金額（百万円）	1株当たり配当額（円）	基準日	効力発生日
平成X3年6月○日	普通株式	利益剰余金	700	5.00	平成X3年3月31日	平成X3年○月○日

(注) 平成X3年6月○日定時株主総会決議による配当金の総額には，信託が保有する自社の株式に対する配当金×××百万円が含まれております。

③ 1株当たり情報における取扱い

日本版ESOP取扱いにおいて，1株当たり当期純利益の算定上，信託が保有する自社の株式は期中平均株式数の計算において控除する自己株式に含めるとした。また，1株当たり純資産額の算定上，期末発行済株式総数から控除する自己株式に含めることとしている（日本版ESOP取扱い17項）。

なお，1株当たり情報に関する注記を記載する場合には，総額法の適用により計上された自己株式を控除する自己株式に含めている旨ならびに期末および期中平均の自己株式の数の注記をすることとしている。

実際の記載イメージは図表7−2−7のようになる。

図表7−2−7 1株当たり情報の算定上の取扱いに関する開示をする場合

（1株当たり情報）
(注) ○. 株主資本において自己株式として計上されている信託に残存する自社の株式は，1株当たり当期純利益金額の算定上，期中平均株式数の計算において控除する自己株式に含めており，また1株当たり純資産額の算定上，期末発行済株式総数から控除する自己株式数に含めております。
　　　1株当たり当期純利益金額の算定上，控除した当該自己株式の期中平均株式数
　　　　　前連結会計年度×××，×××株，当連結会計年度×××，×××株

> 1株当たり純資産額の算定上，控除した当該自己株式の期末株式数
> 前連結会計年度×××，×××株，当連結会計年度×××，×××株

④ 提出会社の状況（従業員株式所有制度の内容）

　開示府令第三号様式（記載上の注意）（27－2）が参照する同第二号様式（記載上の注意）（47－2）において，提出会社の役員，使用人その他の従業員（定義府令第16条第1項第7号の2イ(1)に規定する対象従業員を含む）またはこれらの者を対象とする持株会（以下「従業員等持株会」という）に提出会社の株式を一定の計画に従い，継続的に取得させ，または売り付けることを目的として，当該提出会社の株式の取得または買付けを行う信託その他の仕組みを利用した制度（以下「従業員株式所有制度」という）を導入している場合には，次のⅰ～ⅲまでに挙げる事項を具体的に記載することとされている。

> ⅰ　当該従業員株式所有制度の概要（たとえば，従業員株式所有制度の仕組み，および信託を利用する場合には受益権の内容）
> ⅱ　従業員等持株会に取得させ，または売り付ける予定の株式の総数または総額
> ⅲ　当該従業員株式所有制度による受益権その他の権利を受けることができる者の範囲

　なお，提出会社が当該制度を導入していない場合には，項目名を含め記載を要しないとされている（開示府令第二号様式（記載上の注意）（47－2）b）。
　実際の記載イメージは図表7－2－8のようになる。

図表7－2－8　提出会社の状況　従業員株式所有制度の内容についての記載

> ⑽【従業員株式所有制度の内容】
> 　1．従業員株式所有制度の概要
> 　　　当社は，……を目的として，……を導入しております。
> 　　　当該制度では，………………………………………………
> 　　　………………………………………………。
> 　2．従業員等持株会に取得させる予定の株式の総数
> 　　　×,×××千株

3. 当該従業員株式所有制度による受益権その他の権利を受けることができる者の範囲
　　………………………………………………………………。

⑤　その他の論点

ⅰ　従業員持株会発展型の場合，導入企業が信託に対して行っている債務保証の偶発債務としての注記の可否

　債務保証の対象となっている借入金について，導入企業が信託に対して債務保証を行っているケースがあるが，この場合の偶発債務の注記は必要ない。

　従業員持株会発展型の場合，信託の借入金に対して導入企業が保証をすることがあるが，信託の借入金に対して導入企業が債務保証を履行する可能性が高まった場合には引当金が計上される（日本版ESOP取扱い8項(3)）。しかし，日本版ESOPの場合は総額法が適用されていることで，既に借入金が貸借対照表に負債として計上されているため，偶発債務の注記は特段必要がないと考えられる。

ⅱ　関連当事者との取引としての開示の要否

　日本版ESOPの中で起こり得る取引としては，信託が関連当事者（役員や主要株主など）から導入企業株式を譲り受けたり，導入企業が信託に対して株式を交付する取引がある。

　日本版ESOP取扱い第68項，第69項において，導入企業と信託との取引，信託と主要株主等の関連当事者との取引はいずれも関連当事者取引には該当しないとしている。これは，信託が関連当事者に該当しないこと，導入企業と信託を一体として捉えていないことに起因している。

(2) 株式給付型

　日本版ESOP取扱いの対象となる取引を行っている場合，各期の連結財務諸表および個別財務諸表において，以下を注記することとしている。なお，連結財務諸表における注記と個別財務諸表における注記の内容が同一となる場合には，個別財務諸表の注記は，連結財務諸表に当該注記がある旨の記載をもって代えることができる（日本版ESOP取扱い第16項）。

① 取引に関連する事項の注記（追加情報に記載）
　ⅰ　取引の概要
　ⅱ　総額法の適用により計上された自己株式について，純資産の部に自己株式として表示している旨，帳簿価額および株式数

② 株主資本等変動計算書の注記事項
　株主資本等変動計算書に関する注記として，日本版ESOP取扱いでは以下の事項を記載することとしている（日本版ESOP取扱い18項）。
　ⅰ　当期首および当期末の自己株式数に含まれる信託が保有する自社の株式数
　ⅱ　当期に増加または減少した自己株式数に含まれる信託が取得または売却，交付した自社の株式数
　ⅲ　配当金の総額に含まれる信託が保有する自社の株式に対する配当金額

③ １株当たり情報における取扱い
　日本版ESOP取扱いにおいて，１株当たり当期純利益の算定上，信託が保有する自社の株式は期中平均株式数の計算において控除する自己株式に含めることとした。また，１株当たり純資産額の算定上，期末発行済株式総数から控除する自己株式に含めることとしている（日本版ESOP取扱い17項）。
　なお，１株当たり情報に関する注記を記載する場合には，総額法の適用により計上された自己株式を控除する自己株式に含めている旨ならびに期末および期中平均の自己株式の数の注記をすることとされている。

④ 提出会社の状況（従業員株式所有制度の内容）
　開示府令第三号様式（記載上の注意）（27－2）が参照する同第二号様式（記載上の注意）（47－2）が規定する従業員株式所有制度の内容の開示は，持株会に限らず，直接従業員等に株式を取得させる仕組みである株式給付型もその対象としている点に留意する必要がある[2]。
　なお，具体的な開示の内容は，「(1)　④　提出会社の状況（従業員株式所

---

[2] 「有価証券報告書作成上の留意点（平成22年3月期）」『旬刊経理情報』平成22年6月1日号，吉田信之著，P.36。

有制度の内容)」を参照のこと。

⑤ 主要な経営指標等の推移

適用初年度より前に締結された信託契約に係る会計処理について遡及適用され，開示される財務諸表のうち，最も古い期間の期首の資産，負債および純資産の額に反映されることになる（過年度遡及会計基準7項）。

したがって，主要な経営指標等の推移においても，純資産額，総資産額，1株当たり純資産額，1株当たり当期純利益金額，潜在株式調整後1株当たり当期純利益金額，自己資本比率，自己資本利益率が遡及後の金額となる。

また，注記において，日本版ESOP取扱いを適用している旨，適用開始の事業年度，遡及処理後の数値を記載している旨を補足情報として記載することも考えられる。

第8章

資本の計数の変動

第1節 資本の計数の変動の概要

1 定　義

　会社法では，資本金，準備金および剰余金間の金額の移動を認めており，当該移動を資本の計数の変動という。これは，利益剰余金残高がマイナスの場合における欠損てん補を含むものである。

　なお，目的積立金等，任意積立金の積立ては，会社法上，剰余金の処分方法の1つとして規定されていることから，剰余金の計数の変動と呼ばれており，資本の計数の変動と区別されている。

　このため，以下では，資本の計数の変動と剰余金の計数の変動をそれぞれ分けて説明する。

2 種　類

　資本の計数の変動については，会社法上，以下のように分類できる。

① 資本金 ➡ 資本準備金
② 資本金 ➡ その他資本剰余金
③ 資本準備金 ➡ 資本金
④ 資本準備金 ➡ その他資本剰余金
⑤ その他資本剰余金 ➡ 資本金

⑥ その他資本剰余金➡資本準備金
⑦ 利益準備金➡その他利益剰余金
⑧ その他利益剰余金➡利益剰余金

　企業会計原則において，資本と利益の混同が禁止されていることから（企業会計原則第一　三），原則として，その他資本剰余金からその他利益剰余金への充当は認められておらず，利益剰余金残高がマイナスの場合に限り認められている（自己株式会計基準61項）。
　次に，剰余金の計数の変動を行うことにより，繰越利益剰余金を積立金勘定に振り替えることとなる。主な積立金は以下のとおりである。

① 配当平均積立金：毎期の配当額を安定させるため計上される積立金
② 特別償却準備金：法人税法の規定により，固定資産の特別償却に伴い計上される積立金である。特別償却の実施額が損金算入され，除売却等により積立金の取崩しを行うことにより益金算入されることで，課税の繰延効果がある。
③ 圧縮積立金：法人税法の規定により，固定資産の圧縮に伴い計上される積立金であり，前記②と同様に課税の繰延効果がある。
④ 別途積立金：目的を特定しない積立金

3　財務的効果

　資本の計数の変動を行うことにより，剰余金の金額を増やしたり，準備金の金額を減少させたりすることにより，配当原資を捻出することが可能となる。
　たとえば，欠損の生じている会社に第三者割当増資を行い再建する場合，対象会社の利益剰余金がマイナス，株主資本が大きくプラスとなっていることから，剰余金の計数の変動手続と併せて行うことにより，利益計上後，早期に配当を行えるようにして，投資者にインセンティブを与えることもある。
　また，資本金を1億円以下に減少させることにより，事業税の外形標準課税対象から除外することも可能となる。

第2節　計数の変動時の実務

1 ▎法律上の手続

（1）配当以外の剰余金の処分

　会社は，剰余金の処分を行うことができる（会社法452条前段）。剰余金の処分とは，剰余金の中に含まれる積立金等の各項目の金額を計算上変動させることであるが，金額の計算上の変動でも，剰余金からの振替による資本金または準備金の増加（会社法450条，451条）は含まれず，剰余金の配当その他財産を会社から流出させる行為も除外されている（会社法452条前段かっこ書き）。
　具体的には以下のようなものが想定される。

①　損失の処理
　明確に定義されていないが，その他利益剰余金の額がマイナスである場合に，その他資本剰余金の額を減少させて，その他利益剰余金の額を増加させる行為と考えられる。

②　任意積立金の積立ておよび取崩し
　法令や定款の規定による積立金または個別の株主総会決議により設定される積立金の積立て，およびその取崩しが含まれる。
　なお，剰余金内部での項目間の変動であり，剰余金の処分によって剰余金の額自体および分配可能額は変動しない。もっとも，たとえば剰余金の処分として，法令や定款の規定による任意積立金を積み立てている場合において，当該任意積立金の必要額を下回ることとなるような剰余金の配当を決議することは，当該配当が分配可能額の範囲内で行われたとしても，法令または定款違反となるという効果を生じさせることになる。

（2）手　　続

①　株主総会の決議による剰余金の処分
　会社が剰余金の処分を行うには，後記「③　株主総会の決議を経ない剰余金

の変動」の場合を除き，株主総会において以下の事項を決定しなければならない（会社法452条後段）。

(a) 増加する剰余金の項目（計規153条1項1号）
(b) 減少する剰余金の項目（同項2号）
(c) 処分する各剰余金の項目に係る額（同項3号）

この決議は普通決議である（会社法309条1項）。

② 会計監査人設置会社での取締役会決議による剰余金の処分の決定

会計監査人設置会社においては，前記「第5章第2節1（2）②ⅱ 会計監査人設置会社での取締役会決議による配当等の決定」の要件を満たせば取締役会で決議できる旨を定款で定めることが可能である（会社法459条1項）。なお，取締役会での決議を定款の規定により認めるものであり，取締役会が自ら決議せず，代表取締役その他の業務執行取締役へ決定を委任（会社法362条）することはできないと考えられる。もっとも，監査等委員会設置会社や指名委員会等設置会社においては，委任可能な事項から除外されていないため，取締役や執行役への委任も可能である（会社法399条の13第5項柱書き，416条4項柱書き）。

また，取締役会で決議できる旨を定めるだけでは，取締役会と株主総会のいずれも決議可能な状態であり，両者の決議に齟齬がある場合には株主総会の決議が優先することになるが，株主総会は決議せず取締役会のみが決議することを定款で定めることも可能である（会社法460条1項）。

③ 株主総会の決議を経ない剰余金の変動

以下の場合は，株主総会の決議は不要となる。

(a) 法令または定款の規定による場合（計規153条2項1号）
(b) 先行する剰余金の処分の株主総会決議において併せて決議されている場合（同項2号）

たとえば，任意積立金を積み立てる旨の株主総会決議に際して，取崩しを行うべき場合も併せて決議されていれば，当該取崩しには株主総会決議は不要となる。

2 個別財務諸表上の処理

　会社法上，計数の変動の手続は株主総会決議に基づき，または会計監査人設置会社においては定款の定めによる取締役会決議に基づき行うこととなる（会社法459条１項柱書き，同項３号）。会計処理にあたっては，剰余金の処分の一種であることから，繰越利益剰余金を減少させ，目的の積立金の計上を行うこととなる。

　なお，租特法に基づく積立金の場合には，税法に定める要件を満たし，会社が圧縮等の税務上の規定の適用を受ける意思がある場合には，上記の決議を経ずに決算手続として積立てまたは取崩しを行う（計規153条２項１号）。

設例８−２−１　資本準備金からその他資本剰余金への振替

[前提条件]

　S社は20X0年６月26日に資本準備金1,000を取り崩し，全額その他資本剰余金とすることを株主総会にて決議した。

[会計処理]

〔S社個別財務諸表上の会計処理（20X0年６月26日）〕

（借）資本準備金	1,000	（貸）その他資本剰余金	1,000

設例８−２−２　その他資本剰余金による欠損てん補

[前提条件]

① S社は20X0年６月26日に欠損てん補を目的に，その他資本剰余金1,100を取り崩し，全額繰越利益剰余金（欠損金）に充当することを株主総会にて決議した。
② 取崩し後のその他資本剰余金残高は正の値である。

[会計処理]

〔S社個別財務諸表上の会計処理（20X0年６月26日）〕

（借）その他資本剰余金	1,100	（貸）繰越利益剰余金	1,100

設例8－2－3　利益剰余金による積立金の計上

[前提条件]

S社は20X1年3月31日に配当平均積立金の積立てを取締役会にて決議した。

[会計処理]

〔20X1年3月期決算時におけるS社個別財務諸表上の会計処理〕

（借）	繰越利益剰余金	1,200	（貸）	配当平均積立金	1,200

設例8－2－4　圧縮積立金の計上と取崩し

[前提条件]

① S社は20X1年9月30日に2,000で購入した設備を稼働させるとともに、当該設備の稼働に伴い国庫補助金1,000を受領した。
② S社では、国庫補助金1,000を積立金方式により、圧縮記帳を行った。
③ 当該設備の耐用年数は5年、残存価額はゼロとする定額法により減価償却を行っている。
④ 法定実効税率は30％とする。

[会計処理]

〔設備の取得および国庫補助金の受領時の仕訳〕

（借）	機 械 装 置	2,000	（貸）	現　　　　　金	2,000
	現　　　　　金	1,000		国庫補助金受贈益	1,000

〔圧縮記帳時の仕訳〕

（借）	圧縮積立金積立額 （繰越利益剰余金）	(※1)700	（貸）	圧 縮 積 立 金	700
	法人税等調整額	(※2)300		繰 延 税 金 負 債	300

（※1）700＝1,000×（1－法定実効税率30％）
　　　　税効果控除後の金額を、圧縮積立金の貸借対照表価額とする。
　　　　なお、圧縮積立金の計上は、税法に基づく任意積立金の計上であり、繰越利益剰余金残高の多寡によらず税務上の恩典を受けられるようにするため、繰越利益剰余金の残高がマイナスであっても計上は可能と考えられている（株主資本等変動計算書適用指針25項なお書き）。

(※2) 300＝1,000×法定実効税率30％

【20X2年3月期の決算時におけるS社個別財務諸表上の会計処理】
〔減価償却費の計上〕

| （借） 減 価 償 却 費 | (※)200 | （貸） 減価償却累計額 | 200 |

（※）200＝2,000÷5年×（6か月÷12か月）

〔圧縮積立金の取崩し〕

| （借） 圧 縮 積 立 金 | (※1)70 | （貸） 圧縮積立金取崩額
　　　　（繰越利益剰余金） | 70 |
| 　　　 繰 延 税 金 負 債 | (※2)30 | 　　　 法人税等調整額 | 30 |

（※1）70＝1,000÷5年×（6か月÷12か月）×（1－法定実効税率30％）
　　　圧縮積立金は減価償却費と同じ計算式で取り崩す。
（※2）30＝1,000÷5年×（6か月÷12か月）×法定実効税率30％

3 ▎税務上の処理

　資本および剰余金の計数変動については，いずれも資本金等の額と課税所得に影響を及ぼすものではないものの，個別財務諸表上の資本項目の構成が変わることから，法人税確定申告書上，別表五（一）への記載が必要となる。
　以下の設例では，前記「2　個別財務諸表上の処理」の設例8－2－1から8－2－4と同様の前提条件を用いて，税務上の調整内容を説明する。

設例8－2－5　資本準備金からその他資本剰余金への振替

〔会計処理（税務処理）〕
　会計仕訳と同様のため，申告調整のための修正仕訳は不要である。
　別表五（一）の記載方法は下記のとおりである。

<別表五（一）>
資本金等の額の計算に関する明細書

区分	期首現在利益積立金額	当期の増減		差引翌期首現在利益積立金額①－②+③
		減	増	
	①	②	③	④
資本準備金	×××	1,000		×××
その他資本剰余金	×××		1,000	×××

設例8－2－6　その他資本剰余金による欠損てん補

会計処理（税務処理）

税務上は，欠損てん補を行った場合においても，資本金等の額には変動は生じない。別表五（一）上は，利益積立金額の計算に関する明細書に資本金等の額の減少欄を設けるとともに，資本金等の額の計算に関する明細書に利益積立金額の増加欄を設けることにより，資本金等の額の増減がないように記載する。

<別表五（一）>
利益積立金額の計算に関する明細書

区分	期首現在利益積立金額	当期の増減		差引翌期首現在利益積立金額①－②+③
		減	増	
	①	②	③	④
繰越損益金	×××		1,100	×××
資本金等の額	×××	1,100		×××

資本金等の額の計算に関する明細書

区分	期首現在資本積立金額	当期の増減		差引翌期首現在資本積立金額①－②+③
		減	増	
	①	②	③	④
その他資本剰余金	×××	1,100		×××
利益積立金額	×××		1,100	×××

設例8-2-7　利益剰余金による積立金の計上

会計処理（税務処理）

会計仕訳と同様のため，申告調整のための修正仕訳は不要である。
別表五（一）の記載方法は下記のとおりである。

＜別表五（一）＞

利益積立金等の額の計算に関する明細書

区分	期首現在利益積立金額	当期の増減		差引翌期首現在利益積立金額①－②＋③
		減	増	
	①	②	③	④
その他利益剰余金	×××	1,000		×××
配当平均積立金	×××		1,000	×××

設例8-2-8　圧縮積立金の計上と取崩し

別表四において，固定資産の圧縮を行った事業年度に圧縮積立金を減算（留保）の申告調整が行われることにより，課税所得が圧縮される。

圧縮積立金は，減価償却に伴い益金算入されるため，別表四の加算（留保）の申告調整を行う。

なお，税効果会計の適用により，確定申告書の申告要件として，税務上の圧縮積立金の積立額および取崩額を明確にするために，会計上の圧縮積立金と繰延税金負債の額の内訳表を添付する必要があることに留意する（個別税効果実務指針　設例別紙「積立金方式による諸準備金等の種類別の明細表」参照）。

＜別表四＞

区分			総額	処分	
				留保	社外流出
			①	②	③
当期利益又は当期欠損の額		1		配当	
				その他	
加算	法人税等調整額（積立）		300	300	

加算	圧縮積立金取崩額		70	70		
減算	圧縮積立金		1,000	1,000		
減算	法人税等調整額（取崩）		30	30		

＜別表五（一）＞
利益積立金の額の計算に関する明細書

区分	期首現在資本積立金額	当期の増減		差引翌期首現在資本積立金額
		減	増	①－②+③
	①	②	③	④
圧縮積立金		70	700	630
繰延税金負債		30	300	270
圧縮積立金認容額		△100	△1,000	△900

4 連結財務諸表上の処理

　連結財務諸表作成上，投資と資本の相殺消去を行うことにより，子会社が計上している資本項目を原則としてすべて相殺することとなるため，無償減資や計数変動といった資本項目内の変動はなかったものとして取り扱われることとなる。

　以下のそれぞれの仕訳は，前記「2　個別財務諸表上の処理」における設例8－2－1～設例8－2－4の前提条件の下，S社がP社の100％子会社である場合におけるP社連結財務諸表上の会計処理を示したものである。

【設例8－2－1　資本準備金からその他資本剰余金への振替】
〔20X1年3月期決算時におけるP社連結財務諸表上の修正仕訳〕

（借）資本剰余金	1,100	（貸）資本準備金	1,100

【設例8－2－2　その他資本剰余金からその他利益剰余金への振替】
〔20X1年3月期決算時におけるP社連結財務諸表上の修正仕訳〕

| （借）利　益　剰　余　金 | 1,100 | （貸）資　本　剰　余　金 | 1,100 |

【設例8－2－3　その他利益剰余金による配当平均積立金の計上】
〔20X1年3月期決算時におけるP社連結財務諸表作成上の修正仕訳〕

| （借）利　益　剰　余　金
　　　（配当平均積立金） | 1,200 | （貸）利　益　剰　余　金
　　　（繰越利益剰余金） | 1,200 |

【設例8－2－4　圧縮積立金の計上と取崩し】
〔20X2年3月期決算時におけるP社連結財務諸表上の会計処理〕

| （借）利　益　剰　余　金
　　　（圧　縮　積　立　金） | 630 | （貸）利　益　剰　余　金
　　　（繰越利益剰余金） | 630 |

（＊）　連結財務諸表規則に基づく開示では，利益剰余金の内訳科目は開示されないため，連結精算表上，利益剰余金の内訳科目を用いない場合には，当該修正仕訳は不要となる。

5 財務諸表等における開示

　有価証券報告書上，「第4【提出会社の状況】」の「1【株式等の状況】」の「(5)【発行済株式総数，資本金等の推移】」に，資本金の増加または減少がある場合には，その内容を推移表の欄外に記載する（開示府令第三号様式（記載上の注意）⒄b）。

第9章 組織再編時における資本戦略への影響

第1節 連結範囲の変更

1 他社を買収した場合の資本戦略への影響

　企業の事業遂行上，既存事業の拡大や他の事業への進出などを目的として，他社を買収し，子会社化するケースがある。他社を買収した場合，連結財務諸表上は連結範囲の変更を検討する必要が生じる。そして，買収した会社を連結子会社とするケースなど，連結範囲を変更する場合，資本戦略の策定上は，当該会社の買収時点および買収後に財務数値へどのような影響があるかを把握しておくことがポイントである。

　そこで，本節では，他社を子会社化した場合における会計上の取扱い（連結範囲の変更）および財務数値への影響について説明する。

2 連結の範囲に関する会計上の取扱い

　連結財務諸表の作成にあたっては，原則としてすべての子会社を連結の範囲に含める必要がある（連結会計基準13項）。

　一方で，連結の範囲の決定にあたっては，重要性の原則が設けられている。すなわち，資産，売上高などを考慮して，連結の範囲から除いても企業集団の財政状態，経営成績およびキャッシュ・フローの状況に関する合理的な判断を妨げない程度に重要性の乏しい子会社については，連結の範囲に含めないこと

ができる（連結会計基準（注3））。重要性の有無の判断にあたっては，子会社の資産，売上高，利益，利益剰余金などの量的側面のみならず，質的側面も踏まえて連結範囲を決定する必要がある（連結範囲重要性取扱い3項）。

　他社を買収した場合，連結財務諸表の作成にあたっては，これらの会計上の取扱いを踏まえて，連結の範囲を決定することとなる。

3 ┃ 他社を買収した場合の財務的効果

（1）他社を買収した場合の財務的効果

　他社を買収し，新たに連結の範囲に含めることとした場合の主な財務的効果として，以下が挙げられる。

> - 連結子会社の増加に伴い，連結グループの事業規模が拡大する（買収企業の資産・負債が増加する）。
> - 一方で，連結した時点では，連結修正処理として投資と資本の相殺消去が行われるため，通常，株主資本は増減しない。
> - 株価が割安な会社を買収して，同社を連結することによって，連結財務諸表上，負ののれんが発生した場合，連結損益計算書の特別利益への計上を通じて，利益剰余金（株主資本）が増加する。

（2）設例による財務的効果の解説

　他社を買収した場合の連結財務諸表上の財務的効果について，設例9－1－1をもとに解説する。

設例9－1－1　他社を買収した場合の連結財務諸表上の財務的効果

【前提条件】
① P社は，X1年3月期の期末にA社の発行済株式総数の100％を2,000で取得した。
② P社は従来から連結財務諸表を作成しており，X1年3月期にA社を連結子会社とした。
③ 連結時におけるA社の資産および負債の貸借対照表価額と時価は一致している。
④ P社とA社の間には連結財務諸表上相殺消去すべき取引・債権債務残高

はない。

【X1年3月期のP社の連結貸借対照表（A社連結前）】

科目	金額	科目	金額
資産	10,000	負債	7,000
（うち，A社株式）	(2,000)	資本金	1,000
		利益剰余金	2,000

【買収時のA社の貸借対照表】

科目	金額	科目	金額
資産	3,000	負債	2,000
		資本金	500
		利益剰余金	500

〔連結修正仕訳（資本連結）〕

```
（借）資　本　金  (※1) 500   （貸）A 社 株 式  (※2) 2,000
　　　利益剰余金  (※1) 500
　　　の れ ん    (※3) 1,000
```

（※1）　500……買収時のA社の貸借対照表より
（※2）　2,000……前提条件①より
（※3）　1,000……貸借差額

【X1年3月期のP社の連結貸借対照表（A社連結後）】

科目	金額	科目	金額
資産	12,000	負債	9,000
（うち，のれん）	(1,000)	資本金	1,000
		利益剰余金	2,000

解　説

1．買収時の効果

　このケースでは，P社の連結貸借対照表は単に資産・負債が増加するのみで，株主資本（資本金，利益剰余金）は変化していない。

　連結にあたっては，〔連結修正仕訳（資本連結）〕のとおり，投資と資本の相殺消去が行われるため，他社を買収しただけでは，その時点において株主資本（資本金，利益剰余金）の金額は変化しない。

この結果，以下の図表のとおり，P社の連結自己資本比率（＝純資産÷総資産）は低下している。

【A社連結前後のP社の連結自己資本比率】

A社連結前	A社連結後
30％ (※1)	25％ (※2)

(※1) 30％＝（資本金1,000＋利益剰余金2,000）÷（負債7,000＋資本金1,000＋利益剰余金2,000）
(※2) 25％＝（資本金1,000＋利益剰余金2,000）÷（負債9,000＋資本金1,000＋利益剰余金2,000）

一般的に，自己資本比率が高いほど財務体質は健全であるとされている。このため，特に自己資本比率が低い企業にとっては，買収により（短期的には）連結ベースの自己資本比率が低下する可能性があるため，資本戦略の策定上は，これらの影響も考慮する必要がある。

2．買収後の効果

A社の連結以降，A社が獲得する収益は，P社の連結損益計算書上の収益の一部を構成する。この結果，A社が利益を計上することは，P社の連結財務諸表上の利益の増加要因となる。

一方，買収後は，連結財務諸表上，A社の取得に伴って生じたのれんの償却負担が生じる。我が国の会計基準上では，のれんは20年以内の効果の及ぶ期間にわたって，定額法その他の合理的な方法により規則的に償却する必要がある（企業結合会計基準32項）。このため，A社の買収に伴って生じたのれん1,000を一定期間で費用処理することは，償却期間にわたって連結財務諸表上の利益の減少要因となる。たとえば，P社がのれんを10年で償却している場合，A社の買収前と比較して年間100（＝1,000÷10年）の費用負担増となる。

また，のれんは，固定資産の減損会計の対象となるため（減損会計基準二8），今後，A社事業の収益性が低下した場合には，連結財務諸表上ののれんの減損リスクが高まる点に留意が必要である。

4 まとめ

前述のとおり，単に他社を買収しただけでは，株主資本の増加にはつながらない。

一方で，買収は他社の事業の取得を通じて，既存事業とのシナジー効果による収益向上を図るなどの狙いがある。シナジー効果の発揮により，買収後の費用負担の増加（のれん償却費など）以上に利益を獲得することができれば，結果として買収後のROEの向上につながる可能性がある。このため，買収によるROEへの影響は，中長期的な視点で効果を検討する必要がある。

第2節　組織再編

1 合併の定義および財務的効果

（1）合併の定義

合併とは，組織再編手法の1つであり，複数の会社が法的に1つの会社となることをいう。合併には，吸収合併と新設合併がある。

吸収合併とは，会社が他の会社とする合併であって，合併により消滅する会社の権利義務の全部を合併後存続する会社に承継させるものをいう（会社法2条27号）。

新設合併とは，2以上の会社がする合併であって，合併により消滅する会社の権利義務の全部を合併により設立する会社に承継させるものをいう（会社法2条28号）。

会社法上，組織再編を行う場合には，組織再編の対価の柔軟化が図られている。たとえば，吸収合併の場合，消滅会社の株主等に対して，存続会社等の株式を交付せずに，金銭その他の財産を交付することが認められている（会社法749条1項2号）。

（2）合併の財務的効果

前述のとおり，合併には吸収合併と新設合併があるが，ここでは吸収合併を行った場合における吸収合併存続会社の財務的効果を記載する。なお，吸収合

併消滅会社は法的にも消滅するため，記載は省略する。

組織再編を行った場合の財務的効果は対価の内容によって異なり，図表9－2－1は吸収合併存続会社における対価ごとの主な財務的効果を記載している。

図表9－2－1 吸収合併存続会社における対価ごとの主な財務的効果

対 価	主な財務的効果
株式のみ	・事業規模が拡大する（資産・負債が増加する）。 ・新株発行に伴い，資本金または資本剰余金が増加する。 ・被合併会社の負債と吸収合併存続会社で増加する株主資本の水準により，自己資本比率が増減する（合併前と比べて吸収合併存続会社の自己資本比率が高くなるケースまたは低くなるケースのいずれも考えられる）。
現金等の資産のみ	・事業規模が拡大する（資産・負債が増加する）。 ・対価として支払った現金等の金額分だけ資産が減少する。 ・負債が増加する一方で，株主資本は増加しないため，合併時点で自己資本比率が低下する。
株式および現金等の資産の併用	・事業規模が拡大する（資産・負債が増加する）。 ・新株発行に伴い，資本金または資本剰余金が増加する。 ・対価として支払った現金等の金額分だけ資産が減少する。 ・被合併会社の負債と吸収合併存続会社で増加する株主資本の水準により，自己資本比率が増減する（合併前と比べて吸収合併存続会社の自己資本比率が高くなるケースまたは低くなるケースのいずれも考えられる）。

(3) 資本戦略における合併の活用の観点

① 連結グループ外の会社との合併

事業遂行上，シナジー効果による収益力の強化などを目的として，他社と合併することがある。ROEを上昇させるためには，利益率を高めることが1つの方法であるが，そのためには，吸収合併存続会社の既存事業と強いシナジー効果が期待できる会社と合併することが重要である。

また，合併は，通常，企業文化やITシステムなどの統合のために多くの時間とコストがかかる。合併はそれらのコストを上回る効果を期待して行われるが，合併によるシナジー効果が表れるまでにはある程度の期間が必要となる。このため，ROEの上昇のために合併を選択する場合は，短期的な視点ではなく，

長期的な視点で効果を検討する必要がある。

② 連結グループ内での合併

連結グループ内の100％親子会社間や100％子会社間（孫会社を含む）で合併を行った場合，連結財務諸表上は合併前後で特段の変化は生じていないものとして会計処理が行われる。このような場合には，合併の会計処理は連結ベースの自己資本比率やROEに影響しない。

ただし，合併による組織再編の結果，グループ内における経営資源の効率的な活用により，収益力の向上がみられれば，利益水準が向上し，合併以降に連結ベースのROEの向上につながることも考えられる。

2 吸収分割の定義および財務的効果

(1) 吸収分割の定義

吸収分割とは，株式会社または合同会社がその事業に関して有する権利義務の全部または一部を分割後，他の会社に承継させることをいう（会社法2条29号）。

図表9－2－2のとおり，吸収分割においては，吸収分割会社から吸収分割承継会社へ事業が移転される。

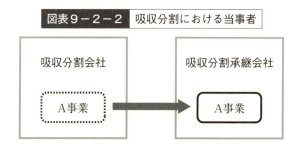

図表9－2－2 吸収分割における当事者

(2) 吸収分割の財務的効果

吸収分割においても，前述の合併と同様に，会社法上，吸収分割会社の株主等に対して，吸収分割承継会社等の株式を交付せずに，金銭その他の財産を交付することができる（会社法758条4号）。

① 吸収分割会社の財務的効果

財務的効果は，対価の内容によって異なり，図表9－2－3は，吸収分割会社における対価ごとに主な財務的効果を記載している。

図表9－2－3　吸収分割会社における対価ごとの主な吸収分割会社の財務的効果

対　価	主な財務的効果
株式のみ	・移転事業に係る資産および負債が減少する。 ・対価として取得する株式価値相当額だけ資産が増加する。 ・移転先に対する投資が継続している場合（吸収分割承継会社が吸収分割会社の子会社または関連会社に該当する場合）は，移転損益は認識しない。
現金等の資産のみ	・移転事業に係る資産および負債が減少する。 ・対価として取得する現金等の分だけ資産が増加する。 ・移転損益が認識される。

② 吸収分割承継会社の財務的効果

吸収分割を行った場合の吸収分割承継会社の財務的効果は，前記「1（2）合併の財務的効果」の吸収合併存続会社における財務的効果と同様であるため，当該記載箇所を参照されたい。

（3）資本戦略における会社分割の活用の観点

① 連結グループ外の会社への会社分割

会社が連結グループ外の会社へ会社分割を行うケースでは，そこで投資が清算されるため，移転事業の価値と受取対価の差額を移転損益として認識することとなる。このため，会社分割に伴い生じた移転損益がROEに影響を与えることとなる。

また，会社が連結グループ内の不採算事業を対象として，連結グループ外の会社へ会社分割を行うケースであれば，連結グループ内における利益率の低下要因である不採算事業が外部へ切り離されることで，会社分割後のROEは向上する可能性がある。

② 連結グループ内での会社分割

連結グループ内の100％親子会社間や100％子会社間（孫会社を含む）におい

て会社分割を行った場合，連結財務諸表上は会社分割前後で特段の変化は生じていないものとして会計処理が行われる。このような場合には，会社分割の会計処理は連結ベースの自己資本比率やROEに影響しない。

ただし，会社分割による組織再編の結果，グループ内における経営資源の効率的な活用により，収益力の改善などがみられれば，利益水準が向上し，会社分割以降に連結ベースのROEの向上につながることも考えられる。

3 会計基準，会社計算規則上の組織再編における増加資本等の取扱い

(1) 組織再編における増加資本等の取扱いの概要

会計基準や会社計算規則上，組織再編における増加資本等の取扱いは，組織再編の形態ごとに定められている。以下，主なものとして吸収合併，吸収分割，株式交換，株式移転のケースの規定について，具体的な取扱いを確認する。

(2) 組織再編における増加資本等の処理

① 吸収合併

吸収合併存続会社等が新株を発行した場合，吸収合併存続会社の増加資本等の取扱いについて，会計基準上は，図表9－2－4のとおり，企業結合の類型ごとに定めがある（企業結合適用指針408項）。

図表9－2－4　吸収合併存続会社における増加資本等の取扱い

企業結合の類型	増加資本等の取扱い
取得	企業結合の対価として，取得企業が新株を発行した場合には，払込資本(資本金または資本剰余金)の増加として会計処理する。なお，増加すべき払込資本の内訳項目（資本金，資本準備金またはその他資本剰余金）は，吸収合併契約の定めに従いそれぞれ定めた額とし，利益剰余金の額は変動しない（企業結合適用指針79項，計規35条2項）。
共同支配企業の形成，逆取得	吸収合併の対価が吸収合併存続会社の株式のみである場合には，吸収合併消滅会社の株主資本の各項目をそのまま引き継ぐことができる（企業結合適用指針408項(3)①ア，計規36条1項）。 また，株主資本以外の項目については，原則として，そのまま引き継ぐ（企業結合適用指針408項(3)②）。 なお，逆取得が行われた場合，連結財務諸表上の資本金は吸収合併存続会社（被取得企業）の資本金とし，これと合併直前の連結財務諸表上の資本金（吸収合併消滅会社の資本金）が異なる場合には，その差額を資本剰余金に振り替える（企業結合適用指針85項(3)）。
共通支配下の取引	吸収合併の対価が吸収合併存続会社の株式のみであるときは，非支配株主との取引や抱合せ株式が生じる場合などを除き，吸収合併消滅会社の株主資本をそのまま引き継ぐことができる（企業結合適用指針408項(3)①イ，計規36条1項）。 また，株主資本以外の項目については，原則として，そのまま引き継ぐ（企業結合適用指針408項(3)②）。

　なお，共通支配下の取引で行われる無対価の合併（親子会社間の合併（子会社を存続会社とする場合），子会社同士の合併など）においては，吸収合併消滅会社の資本金および資本剰余金の合計額を吸収合併存続会社のその他資本剰余金の変動額とし，吸収合併の直前の利益剰余金の額を吸収合併存続会社のその他利益剰余金の変動額とする（企業結合適用指針437－2項なお書き，計規36条2項）。

② **吸収分割**
　吸収分割承継会社が新株を発行した場合，吸収分割承継会社の増加資本等の取扱いについて，会計基準上は，図表9－2－5のとおり，企業結合の類型ご

とに定めがある（企業結合適用指針409項）。

図表９－２－５　吸収分割承継会社における増加資本等の取扱い

企業結合の類型	増加資本等の取扱い
取得	企業結合の対価として，取得企業が新株を発行した場合には，払込資本（資本金または資本剰余金）の増加として会計処理する。なお，増加すべき払込資本の内訳項目（資本金，資本準備金またはその他資本剰余金）は，吸収分割契約の定めに従いそれぞれ定めた額とし，利益剰余金の額は変動しない（企業結合適用指針79項，計規37条２項）。
共同支配企業の形成，逆取得，共通支配下の取引など（※）	吸収分割承継会社は，移転事業に係る株主資本相当額を払込資本（資本金または資本剰余金）として処理する（企業結合適用指針409項(2)①，計規38条１項）。 また，株主資本以外の項目については，原則として，そのまま引き継ぐ（企業結合適用指針409項(2)②）。

（※）　このほか，吸収分割承継会社が移転事業に係る株主資本相当額を払込資本として会計処理する場合としては，下記の場合も含まれる（企業結合適用指針409項(2)①）。
- 共通支配下の取引のうち，子会社が親会社に会社分割した場合
- 親会社が子会社に会社分割した場合
- 単独で新設分割設立子会社を設立した場合

　なお，共通支配下の取引として行われる無対価の会社分割（親子会社間の会社分割，子会社間の会社分割など）について，吸収分割承継会社は，吸収分割会社の資本金および資本剰余金の合計額を吸収分割承継会社のその他資本剰余金の変動額とし，利益剰余金の額を吸収分割承継会社のその他利益剰余金の変動額とする（企業結合適用指針437－２項，437－３項，計規38条２項）。

③　株式交換

　株式交換が行われた場合の株式交換完全親会社の増加資本等の金額は，株式交換契約で内訳を決定し，すべて払込資本（資本金または資本剰余金）として処理される。この場合，利益剰余金の額はゼロとなる（計規39条２項）。

④　株式移転

　株式移転が行われた場合の株式移転設立完全親会社の設立時の資本金および

資本剰余金の額は，株式移転計画で内訳を決定し，すべて払込資本（資本金または資本剰余金）として処理される。この場合，利益剰余金の額はゼロとなる（計規52条2項）。

なお，取得に該当する株式移転の場合，株式移転設立完全親会社の連結財務諸表上は，株式移転完全子会社（取得企業）の適正な帳簿価額による株主資本を基礎に連結することとなり（企業結合適用指針124項(1)），株式移転完全子会社（取得企業）の利益剰余金が計上されることとなる（企業結合適用指針125項，設例15参照）。

第10章

開示等に関するルール

第1節　資金調達に関する規制

　株式や社債などの金商法上の有価証券の発行等により資金調達を行う場合には，同法に基づく開示書類の作成が要求される。

1 募集と私募

　募集とは，新たに発行される有価証券の取得の申込みの勧誘のうち，50人以上の者を相手方として行う（勧誘対象者が適格機関投資家や特定投資家のみに限定されている場合を除く）ことをいう（金商法2条3項）。

　一方，私募とは，新たに発行される有価証券の取得の申込みの勧誘のうち，「募集」に該当しないものをいう。私募は，少数（50人未満）の投資家を対象とする「少人数私募」（金商法2条3項2号ハ）と適格機関投資家のみを対象とする「プロ私募」（金商法2条3項2号イ）および特定投資家のみを対象とする「特定投資家私募」（金商法2条3項2号ロ）に分類される。まとめると図表10－1－1のとおりである。

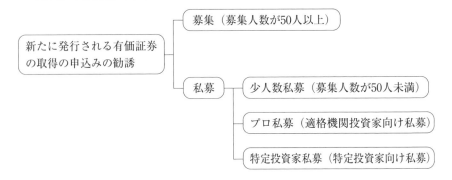

図表10－1－1　新たに発行される有価証券の取得の申込みの勧誘の分類

2 売出し

売出しとは、すでに発行された有価証券の売付けの申込みまたはその買付けの申込みの勧誘のうち、同一の条件で50人以上の者を相手方として行うことをいう（金商法2条4項）。たとえば、株式上場の場合に創業者が保有する既存の株式を同一の条件で50名以上の一般投資家に譲渡する場合が売出しに該当する。

募集・私募が新たに発行される有価証券を対象とするのに対し、売出しはすでに発行された有価証券を対象とする点で異なる。

3 募集・売出しを行う場合の開示書類

有価証券の募集または売出しに該当する場合、原則として有価証券届出書または発行登録書を内閣総理大臣（実際には財務（支）局長）に提出しなければならない（金商法5条、23条の3）。また、その概要が記載されている目論見書を作成し、投資家等に対して交付する必要がある（金商法13条、15条2項）。

なお、発行価額または売出価額の総額が1億円未満の募集または売出しの場合は、規模が小さいため、有価証券届出書の作成は不要である（金商法4条1項5号）。

第2節　臨時報告書の提出

　臨時報告書とは，有価証券報告書の提出会社が，一定の提出事由に該当した場合に，その内容を記載して内閣総理大臣（実際には財務（支）局長）に提出する報告書をいう（金商法24条の5第4項）。

　臨時報告書の提出目的は，有価証券報告書・四半期報告書（半期報告書）を提出した後，これらの法定書類が提出されるまでの期間中に起こった重要な事項・事実を開示することにより，適時に投資者へ情報を提供するとともに証券市場の信頼性を確保することにある。

　臨時報告書の提出が必要となる事由については，開示府令第19条第2項に詳細な規定がある。具体的には，主要株主の異動，重要な災害の発生等，代表取締役の異動，財政状態，経営成績およびキャッシュ・フローの状況に著しい影響を与える事象の発生などである。

　提出された臨時報告書は，受理された日から1年間，公衆の縦覧に供される（金商法25条1項10号）。

第3節　適時開示

1　適時開示に関するルールの概要

　適時開示とは，投資家保護などを目的として，上場会社に義務付けられている重要な会社情報の開示をいう。

　上場会社は，有価証券届出書，有価証券報告書，四半期報告書などの金融商品取引法に基づく情報開示だけでなく，上場する金融商品取引所における適時開示制度に基づく情報開示が求められている。

2　適時開示の内容

　適時開示が求められる会社情報は，主に投資家の投資判断に重要な影響を与える会社の業務，運営または業績等に関するものである。上場会社の情報のみならず，子会社等に係る情報の開示も要求されている。

　たとえば，日本取引所グループにおける適時開示が要求される主な内容（一

部抜粋）は，図表10－3－1のとおりである。

図表10－3－1　日本取引所グループにおける適時開示の主な内容（一部抜粋）

【上場会社の情報】

上場会社の決定事実	・発行する株式，処分する自己株式，発行する新株予約権，処分する自己新株予約権を引き受ける者の募集または株式，新株予約権の売出し ・資本金の額の減少 ・資本準備金または利益準備金の額の減少 ・自己株式の取得 ・株式無償割当てまたは新株予約権無償割当て ・新株予約権無償割当てに係る発行登録および需要状況・権利行使の見込み調査の開始 ・株式の分割または併合 ・ストック・オプションの付与 ・剰余金の配当 ・合併等の組織再編行為 ・公開買付けまたは自己株式の公開買付け ・公開買付け等に関する意見表明等 ・子会社等の異動を伴う株式または持分の譲渡または取得その他の子会社等の異動を伴う事項
上場会社の発生事実	・主要株主または主要株主である筆頭株主の異動 ・親会社の異動，支配株主（親会社を除く）の異動またはその他の関係会社の異動 ・債務免除等の金融支援 ・社債に係る期限の利益の喪失
上場会社の決算情報	・決算短信，四半期決算短信
上場会社の業績予想，配当予想の修正等	・業績予想の修正，予想値と決算値の差異等 ・配当予想，配当予想の修正
その他の情報	・転換価額修正条項付転換社債型新株予約権付社債（MSCB）等の転換または行使の状況に関する開示

【子会社等の情報】

子会社等の決定事実	・子会社等の合併等の組織再編行為 ・子会社等による公開買付けまたは自己株式の公開買付け

	・子会社等における孫会社の異動を伴う株式または持分の譲渡または取得その他の孫会社の異動を伴う事項等
子会社等の発生事実	・子会社等における債務免除等の金融支援等
子会社等の業績予想の修正等	・子会社等の業績予想の修正,予想値と決算値の差異等

 なお,図表10-3-1は開示項目として挙げられている内容を抜粋したものであり,その他の開示項目については各金融商品取引所の上場ルールを確認されたい。たとえば,東京証券取引所においては,有価証券上場規程第402条ないし第411条の2で開示すべき会社情報を記載している。

3 ┃ 金融商品取引所における会社情報の開示の適正性の確保の体制

 情報の適時開示の要否は,原則として各会社が金融商品取引所の基準に照らして判断する。さらに,適時開示の適正性を確保するため,各金融商品取引所において,上場会社における会社情報の適時開示が適正に行われているかチェックする体制が設けられている。

 たとえば,日本取引所グループでは,重要な会社情報の開示を対象として,図表10-3-2に掲げる観点から規程に基づく審査を行うこととしている(有価証券上場規程412条参照)。

図表10-3-2　日本取引所グループにおける適時開示の審査の観点

- 開示の時期が適切か否か。
- 開示された情報の内容が虚偽でないかどうか。
- 開示された情報に投資判断上重要と認められる情報が欠けていないかどうか。
- 開示された情報が投資判断上誤解を生じせしめるものでないかどうか。
- その他開示の適正性に欠けていないかどうか。

第11章 上場準備会社における資本戦略の活用

第1節 上場準備会社における資本戦略の活用

1 上場準備のための資本政策

　多くの上場準備会社は，会社の成長資金として幅広く資本を集める目的で株式市場に上場する。株式の上場に伴い，オーナー系企業からパブリックカンパニーへと変化するが，上場過程で特に重要となるのが資本政策である。

　資本政策とは，会社が事業を遂行していく上で必要な資金の調達，適切な株主利益や株主構成を実現するための施策をいう。資本政策は，資金調達手続等の性質上，一度実行してしまうと，その後の修正が難しくなることがある。このため，資本政策の策定にあたっては，事業遂行上必要となる資金，株主構成，株式の上場時期等を勘案し，いつ，どのような方法で資金調達を行うといった計画を早い段階で立案することが重要である。

2 資本政策における具体的な資金調達手法

　資本政策を実行するための資金調達手法にはさまざまなものがあり，適切な時期に目的に合ったものを選択する必要がある。各資金調達手法の詳細な内容は，第2章以降の各章において説明しているため，ここでは上場準備における観点から各資金調達手法のポイントを記載する。

(1) 株主割当増資（第2章第2節参照）

株主割当増資は，既存株主に対して，既存の持株比率で新株を割り当てる資金調達手法である。

増資の前後を通じて株主構成や持分割合に変化が生じないため，上場準備の初期の段階で，既存の株主構成を維持しながら資本を増加させる際に利用されることが多い。

(2) 第三者割当増資（第2章第2節参照）

第三者割当増資は，特定の第三者に対して，株式を割り当てる資金調達手法である。安定株主対策，特定の者との関係強化など，株主構成の是正を目的とする場合や，ベンチャーキャピタル，金融機関などから資金調達を行う場合に利用されることがある。

(3) 株式譲渡

株式譲渡は，既存の株主が所有する株式を他の個人または法人へ譲渡する資金調達手法である。発行済株式総数を増加させることなく株主構成の変更が可能であるため，資本政策上はオーナーと非支配株主間の株式移動など，株主構成の是正の目的で利用されることがある。

なお，上場申請日の直前事業年度末の2年前の日から上場日の前日までの期間において，特別利害関係者等が株式譲渡を行っている場合には，移動の状況等を有価証券届出書に開示しなければならない（開示府令第二号の四様式　第四部【株式公開情報】第1【特別利害関係者等の株式等の移動状況】，同（記載上の注意）(24)a)。

ここで，特別利害関係者等とは次のものをいう。

【特別利害関係者等（開示府令1条31号イないしニ）】
- 申請会社の役員（役員持株会を含む），その配偶者および二親等以内の血族（以下「役員等」という），役員等により議決権の過半数を所有されている会社ならびに関係会社およびその役員
- 申請会社の大株主上位10名
- 人的および資本的関係会社ならびにその役員

- 有価証券関連業を行う金融商品取引業者（証券会社）およびその役員，人的および資本的関係会社

（4）新株予約権（第3章第2節参照）

　新株予約権とは，株式会社に対して行使することにより当該株式会社の株式の交付を受けることができる権利をいう（会社法2条21号）。

　資本政策上は，特定の者（たとえば，経営者，安定株主など）に対して付与し，将来，新株予約権の権利行使により持分比率を上げる方法として用いることがある。新株予約権を有償で付与した場合，付与した時点では株式を増やすことなく資金調達することができ，かつ，貸借対照表上は純資産の部に計上することから，負債比率が上がらないといった効果がある。

（5）ストック・オプション（第3章第4節参照）

　ストック・オプションとは，将来の一定期間に，あらかじめ定められた価格で，自社株式を購入できる権利である。

　資本政策上は，優秀な人材（役員・従業員）を確保するためのインセンティブとして，ストック・オプションを付与することが多い。ストック・オプションは権利行使されると株主構成に変化が生じることから，ストック・オプションを付与する場合には，付与対象者，付与数，権利行使可能とする期間，権利行使価格などを慎重に検討する必要がある。

（6）社債（第4章第3節参照）

　社債とは，会社法の規定により会社が行う割当てにより発生する当該会社を債務者とする金銭債権であって，同法第676条各号に掲げる事項についての定めに従い償還されるものをいう（会社法2条23号）。

　会社規模が大きく，信用力が一定水準以上の企業であれば，資金調達手段として利用可能性は高いと考えられる。反対に，投資家サイドからするとリスクに対するリターンが社債の約定金利に限定されるため，アップサイドのリターンを取りづらいことから，上場準備会社のうちベンチャー企業など将来の成長性が重視される会社にとっては，社債の利用機会は限定的と考えられる。

(7) 新株予約権付社債（第3章第3節参照）

新株予約権付社債とは，新株予約権を付した社債であり（会社法2条22号），負債による資金調達手段の1つである。

将来，新株予約権の行使により株主構成が変化する可能性があるものの，オーナー経営者にとっては，投資家の新株予約権の権利行使時点までは資本構成に影響が生じないため，経営権を維持できるというメリットがある。また，新株予約権付社債の取得者側にとっては，社債による償還を受けるか，権利行使により新株の付与を受けて，上場後の株価によっては売却によるキャピタルゲインを得ることも可能となるなど，投資リターンの選択肢が広いというメリットがある。

(8) 種類株式（第2章第3節参照）

種類株式とは，定款に定めることにより発行可能な剰余金の配当，残余財産の分配，議決権の制限などに関して，普通株式の権利内容とは異なった内容の株式をいう（会社法107条，108条）。

種類株式は，経営者側に有利な内容やベンチャーキャピタル等の投資家に有利な内容とすることができる。このため，資本政策上は利害関係者のニーズに合わせた株式の発行により資金調達することが可能となる。

(9) 自己株式（第6章参照）

自己株式とは，株式会社が有する自己の株式をいう（会社法113条4項）。会社法上，一定の条件で自己株式の取得が認められている。

資本政策の観点からは，会社が自己株式を一定の株主から買い取ることで，会社の資金で株主構成の是正をすることができる。たとえば，上場にあたって，経営陣と意見が相違する株主がいる場合に，会社が当該株主から株式を取得するケースなどがある。

(10) 株式分割

株式分割とは，既存の株式を細分化し，すべての株主に対して，保有割合に応じて株式を割り当てることをいう（会社法183条）。

株式分割は，主に1株当たりの株価が高い場合に，株価を引き下げる目的で

行われる。株式分割の特徴としては、株主構成を変えずに発行済株式総数を増加させる効果がある。一方で、資金の払込みは行われないため、株式分割だけでは資金調達をすることはできない。

資本政策上、株式分割は、上場時における1株当たりの株価調整により流動性を高める手段として活用されることが多い。

3 財産保全会社

(1) 財産保全会社とは

財産保全会社とは、資本政策の観点から事業会社の株式をオーナーが間接的に所有するための会社をいう（図表11－1－1参照）。

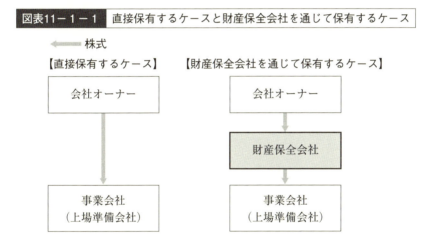

図表11－1－1　直接保有するケースと財産保全会社を通じて保有するケース

(2) 財産保全会社を通じて株式を保有することのメリット

財産保全会社を通じて株式を間接的に保有することで、安定株主対策や相続税対策の効果が期待できる。具体的には以下のとおりである。

① 相続時の株式の分散防止

オーナーが直接株式を保有している場合には、相続により、株式が複数の人に分散してしまう可能性がある。一方、財産保全会社を通じた保有形態の場合には、たとえ相続が発生しても、事業会社の株式は財産保全会社が保持したま

まにすることができるため、相続時の株式の分散防止を図り、ひいては安定株主維持の効果も期待できる。

② 税務上の評価額を抑える

財産保全会社を通じて株式を間接的に保有することで、オーナーが直接保有しているケースと比べて、相続税法上の評価額を抑える効果が期待できる。

上場株式をオーナーが直接保有した場合には、相続財産は上場株式となり、相続税評価額は市場価格となる。

一方で、財産保全会社を通じて間接的に保有した場合、相続財産は財産保全会社の株式となる。財産保全会社が「株式保有特定会社」に該当する場合には、相続税法上は純資産価額方式による評価が行われる。純資産価額方式による評価の場合、保有株式（この場合は上場株式）の含み益の38％（図表11－1－2の（＊）参照）を控除することが認められているため、直接的に保有するケースよりも相続財産の評価額を圧縮することができる。

以上の点をまとめると、図表11－1－2のとおりである。

図表11－1－2　直接保有の場合と間接保有の場合の相続税評価の相違点

保有形態	相続財産	評価方法
直接保有の場合	上場株式	市場価格
間接保有の場合（財産保全会社を通じた保有）	非上場株式（財産保全会社の株式）	純資産価額方式による評価（＊）

（＊）　財産保全会社が「株式保有特定会社」に該当する場合。株式保有特定会社とは、保有株式等の評価額が相続税評価による総資産額の50％以上の会社をいう。純資産価額方式による評価では、含み益等に対する法人税相当割合（38％）が評価額から控除される（財基通186－2，189(2)，189－3）。なお、38％は執筆時点における財基通の税率であり、税制改正等の影響により変動する可能性がある。

新規上場会社において財産保全会社が一定の株式を保有している事例が見受けられ、上場準備会社における資本政策上の一環として財産保全会社が利用されているといえる。

（3）財産保全会社に係る開示上の留意点

① 上場会社における有価証券報告書の関連当事者注記

上場会社の有価証券報告書上、財産保全会社が上場会社の親会社やその他の

関係会社など関連当事者に該当する場合に，財産保全会社と上場会社の取引で重要なものについて，取引の内容，取引の種類別の取引金額など，連結財務諸表規則第15条の4の2各号または財務諸表等規則第8条の10各号に規定された内容を，原則として関連当事者ごとに注記しなければならない。

連結財務諸表規則第15条の4，財務諸表等規則第8条第17項において，関連当事者の範囲は次のとおり定められている。

【連結財務諸表規則第15条の4，財務諸表等規則第8条第17項】
この規則において「関連当事者」とは，次に掲げる者をいう。
一　連結財務諸表提出会社（財務諸表提出会社）の親会社
・・・省略・・・
四　連結財務諸表提出会社（財務諸表提出会社）のその他の関係会社（連結財務諸表提出会社が他の会社等の関連会社である場合における当該他の会社等をいう。）並びに当該その他の関係会社の親会社及び子会社
・・・省略・・・

---

② 財産管理会社における上場会社の親会社等としての情報開示

財産管理会社が上場会社の「親会社等」に該当する場合には，親会社等の事業年度ごとに，親会社等状況報告書を事業年度後3か月以内に内閣総理大臣（実際には財務（支）局長）に提出しなければならない（金商法24条の7第1項）。

ここで，親会社等とは，次に掲げる会社（有価証券報告書の提出会社は除く）をいう（金商法24条の7第1項）。

- （上場会社など）有価証券報告書を提出しなければならない会社の議決権の過半数を所有している会社
- その他の当該有価証券報告書を提出しなければならない会社と密接な関係を有するものとして政令で定めるもの

また，上記の政令で定めるものとは，次に掲げる会社をいう（金商法施行令4条の4第1項）。

- 提出子会社の総株主等の議決権の過半数を自己または他人の名義をもって所有する会社
- 会社と当該会社が総株主等の議決権の過半数を自己または他人の名義をもって所有する法人等が合わせて提出子会社の総株主等の議決権の過半数を自己または他人の名義をもって所有する場合の当該会社

このため，財産保全会社が上場準備会社の議決権の過半数を所有するなど親会社等に該当する場合には，法令上，財産保全会社の情報開示が要求される点に留意が必要である。

なお，提出会社が内国親会社等の場合に提出すべき親会社等状況報告書の内容は，下記のとおりである（開示府令19条の５第２項１号）。

【第五号の四様式】
- 提出会社（親会社等）の株式等の状況（所有者別状況，大株主の状況）
- 役員の状況（役名，職名，氏名，生年月日，略歴，任期，所有株式数）
- 会社法の規定に基づく計算書類等（貸借対照表，損益計算書，株主資本等変動計算書，個別注記表，事業報告，附属明細書）

③ 経営者保証について

非上場会社（特に中小企業）においては，経営への規律付けや信用補完の観点から，会社の借入金等の債務に対して経営者が個人保証を行うケースが多い。

しかし，上場準備会社は，将来の株式上場に伴いプライベートカンパニーからパブリックカンパニーへ変化し，所有と経営の分離が図られ，個人資産と会社資産を明確に切り離して区分することが求められる。また，上場することで一般的には企業の信用力が高まるが，借入のために経営者の個人保証が必要となる場合には，企業自身の信用力による資金調達能力がないことを意味することとなり，上場企業としては望ましくない状況といえる。

このような観点から，金融商品取引所の上場審査にあたって，原則として経営者の個人保証を解消することが求められている（下記規程参照）。

【有価証券上場規程第207条第１項第２号】
２．企業経営の健全性
　　事業を公正かつ忠実に遂行していること
【上場審査等に関するガイドラインⅡ３．】
３．新規上場申請者が内国会社である場合には，規程第207条第１項第２号に定める事項についての上場審査は，次の（１）から（３）までに掲げる観点その他の観点から検討することにより行う。
　（１）　新規上場申請者の企業グループが，次のa及びbに掲げる事項その他の事項から，その関連当事者その他の特定の者との間で，取引行為（間接的な取引行為及び無償の役務の提供及び享受を含む。以下同じ。）その他の経営活動を通じて不当に利益を供与又は享受していないと認められること。

> a 新規上場申請者の企業グループとその関連当事者（財務諸表等規則第8条第17項に掲げる関連当事者をいう。以下同じ。）その他の特定の者との間に取引が発生している場合において，当該取引が取引を継続する合理性及び取引価格を含めた取引条件の妥当性を有すること。
> b 新規上場申請者の企業グループの関連当事者その他の特定の者が自己の利益を優先することにより，新規上場申請者の企業グループの利益が不当に損なわれる状況にないこと。
> ・・・・以下省略・・・・

第2節　株式出資に関する契約

1　株式出資に関する契約

　会社がベンチャーキャピタルなどの投資家から出資を受ける場合には，通常，会社と投資家の間で株式出資に関する契約（投資契約）を締結する。契約には，次に記載した内容などが含められる。

【株式出資に関する契約に含められる主な内容】
- 投資条件に関する事項
- 一定の重要事項の決定に関する通知・承諾に関する条項
- 株式譲渡に関する事項
- 株式買取条項
- 役員の選任に関する事項
- 情報開示に関する事項
- 希薄化防止条項など

　また，投資家と会社との間で締結する契約とは別に，複数の株主間（オーナー経営者とベンチャーキャピタルなど）で契約（株主間契約）が締結されることもある。

　上場準備会社においては，当初は経営者のみが株主であっても，上場準備の過程でベンチャーキャピタルや役員，従業員が出資を行い，株主としての地位を得ることがある。その際，一定の株主に不利益とならないようにするため，株主同士が契約主体となり，株式の売却に関する権利関係等を取り決めることがある。

株主間契約に盛り込まれる内容として、図表11－2－1に記載した項目が挙げられる。

図表11－2－1　株主間契約の内容の具体例

項　目	内　　容
先買権	経営陣・オーナーなどが保有する株式を第三者へ売却する場合などに、そのほかの株主が事前に売却する方針である旨の通知を受け、売却対象となっている株式を他の株主が経営陣・オーナーから優先的に買い取る機会が与えられる権利をいう。
タグ・アロング・ライト（売却参加権）	既存株主が先買権を行使せず、経営陣・オーナーなどによる株式売却を認めた場合、そのほかの既存株主が保有株式の一部を経営陣と同じ条件で第三者に売却できる権利をいう。
ドラッグ・アロング・ライト（共同売却権）	大株主などが株式を売却する場合に、他の株主に対して、所有株式を自らと同じ条件で定められた相手先に売却することを強制できる権利である。
希薄化防止条項	第三者割当増資が既存株主以外に対して行われる場合、株式の発行価格によっては、既存株主の持分が希薄化することになる。持分の希薄化を防止するため、増資を行う場合には、一定比率のもとで優先的に既存株主へ割当を行うなどの条項をあらかじめ契約内容に織り込むことがある。
株式買取条項	投資先企業の事業が計画どおり進まず、ベンチャーキャピタルのファンドの期間満了までにIPO等の出口戦略が見込めなくなった場合や法令違反が生じた場合など、当初想定していない状況に備えて、経営者等に対して株式の買い取りを請求する権利を契約内容に織り込むことがある。これを株式買取条項という（後記「第6節1　ベンチャーキャピタルにおける出口戦略」参照）。

なお、特定の株主に特別な権利を付与する契約などは、会社法上、株主平等の原則（会社法109条1項）の観点から問題となる可能性があるため、注意が必要である。

この点については、日本取引所グループのホームページに公開されている「新規上場ガイドブック」に、株主間契約に関連するQ&Aとして下記の内容が記載されている。

【Ⅳ 上場審査に関するQ＆A】
2 企業経営の健全性
 (3) 株主間契約について
　Q11：特定の大株主との間で，重要事項（大型設備投資）の事前承認や役員任命権の付与などが含まれる契約を締結していますが，このような場合，審査上どのように判断されるのでしょうか。
　A11：特定の株主に特別な権利を付与する契約の存在は，その他の株主の権利を損うものとなる懸念が高いことから，申請前に解消されていることが原則となります。

2 VC条項（ベンチャーキャピタル条項）

　他社の議決権の過半数を有しているケースなど，他社の意思決定機関を支配している場合には，当該会社を子会社として取り扱う必要がある（連結会計基準7項）。ベンチャーキャピタルが投資先の議決権の過半数を有しているケースにおいても，他社の意思決定機関を支配している場合には原則として同様の取扱いとなる。

　ただし，ベンチャーキャピタルは，一般に投資先の支配を目的としているわけではなく，投資先企業の株式の売却等を通じてキャピタルゲインを得ることを目的としており，他社の議決権の過半数を有していても，意思決定機関を支配しているとは認められないケースが多い。

　このため，ベンチャーキャピタルが営利目的で投資先企業の株式等を有している場合，連結会計基準第7項における他の企業の意思決定機関を支配していることに該当する要件を満たしていても，「一定の要件」をすべて満たしている場合には，連結対象から除外できるとされている。これを一般にVC条項（ベンチャーキャピタル条項）という。

　「一定の要件」とは，次の4つの要件をいう（連結範囲等適用指針16項(4)）。

① 売却等により当該他の企業の議決権の大部分を所有しないこととなる合理的な計画があること
② 当該他の企業との間で，当該営業取引として行っている投資または融資以外の取引がほとんどないこと
③ 当該他の企業は，自己の事業を単に移転したり自己に代わって行うものとはみなせないこと

④ 当該他の企業との間に，シナジー効果も連携関係も見込まれないこと

　上場準備会社は，通常，ベンチャーキャピタルの連結範囲の対象となることは想定していないと考えられることから，ベンチャーキャピタルとの契約内容について，前述のVC条項の要件を満たさなくなるような項目・条件が含まれていないか留意が必要である。

第3節　株主対策

1　資本政策上の安定株主確保の重要性

　株式上場時の資本政策の策定において，安定株主の確保は重要な要素の1つである。

　会社法上，会社の重要事項は株主総会の決議により決定される。その際，議案によって決議要件は異なるが，決議にあたっては一定の株主による承認が必要となる。このため，安定株主を確保することにより会社運営をスムーズに進めることができるというメリットがある。

　また，株式上場を目指す段階では，一般的に会社のステージが成長段階にあることが多く，事業規模も大企業と比べると相対的に小さいため，場合によっては第三者から買収されるリスクが高くなる。このような場合も，安定株主がいることで敵対的な第三者からの買収防衛策としての効果も期待できる。

2　安定株主

　上場準備会社における安定株主として，経営者本人，経営者の親族（配偶者など），経営者の財産保全会社，会社の取締役，金融機関，取引先，経営者の考えに賛同する株主などが考えられる。

3　安定株主対策

　資金調達額と議決権割合は，原則としてトレードオフの関係にある。すなわち，資金調達のために株式発行を行えば，外部株主が増え，経営者（創業者）の議決権割合は低下する。一方，経営者の議決権割合を高い水準で維持しようとすると，株式発行等による多額の資金調達はできないこととなる。このため，

経営者は，会社を上場させるにあたって，必要な資金がいくらなのかを検討し，安定株主として想定される株主をどの程度の割合で確保するか考えておくことが最も重要となる。

安定株主を確保するための手段としては，以下の方法などが考えられる。

- 資本政策上，必要となる資金を検討の上，外部株主を増やしすぎないように，上場時の募集・売出しの株式数を抑える。
- IR活動等を通じて，経営者の理念・考えに賛同する外部株主を増やす。

第4節　上場時における株価の決定方法

1　ブックビルディング方式

株式の上場時の価格である公開価格の決定にあたっては，一般的にブックビルディング方式が採用されている。ブックビルディング方式は，需要積上方式とも呼ばれ，引受証券会社が機関投資家などの投資家のニーズを聞き取り，公開価格を決定する方式をいう。当該方式によれば，マーケットの需要状況に即した公開価格にすることができるというメリットがある。

ブックビルディング方式のうち，引受証券会社が投資家に提示する仮価格の決定方法の1つとして，下記の算出方法がある。

> 上場時の株価＝1株当たり当期純利益（EPS）×類似上場会社のPER×IPOディスカウント

（1）1株当たり当期純利益（EPS）

1株当たり当期純利益（EPS：Earnings Per Share）は，「当期純利益÷発行済株式総数」により算出される。上場時の株価算定に使用される当期純利益は，上場1年目の予想当期純利益が使用される。

（2）類似上場会社のPER

PER（Price Earnings Ratio）とは，株価収益率のことであり，「時価総額÷当期純利益」または「株価÷1株当たり当期純利益」により算定される。PER

は，企業の株価と利益を使用して，投資価値を判断するために利用される指標の1つである。一般的には，業種平均との比較や，会社の過去のレンジとの比較で株価が割高となっているか，または割安となっているかを判断する場合が多い。

　PERは業種・会社規模などによってバラつきがあることから，PER方式により未公開会社が上場した場合の時価を算定するためには，上場会社の中から自社に類似する会社を探し，当該上場会社のPERを使用する。

(3) IPOディスカウント

　新規上場前の会社は，一般的に上場会社と比べて情報が不十分であること，また，上場会社と比較すると相対的に業績変動リスクが高い場合が多いことなどから，上場時の株価算定にあたっては算定された株価に一定の掛け目を入れることがある。これを，IPOディスカウントという。

第5節　有価証券等の公募・売出しにおいて活用される主な制度

　株式公開などの有価証券等の公募・売出しにおいて活用される主な制度として，オーバーアロットメント，グリーンシューオプション，ロックアップなどがある。ここでは，各制度内容について簡単に説明する。

1　オーバーアロットメント

　オーバーアロットメントとは，有価証券の公募・売出しにおいて，当初の募集・売出予定株数を超える需要があった場合に，主幹事証券会社等が発行会社の大株主などから一時的に株式を借り，募集・売出しと同じ条件によって追加的に投資家に販売することをいう。

　オーバーアロットメントは，有価証券の公募・売出し後に借株で供給面を一時的に増やすことにより，需要面の過熱を防ぐことを目的とした制度であり，売出しの流れは図表11－5－1のとおりである。オーバーアロットメントによる追加的な売出株数は，募集・売出しの予定数量の15％が上限とされている（日本証券業協会（証券会社等を会員とする業界団体）が定める自主規制ルール「有価証券の引受け等に関する規則」29条1項）。

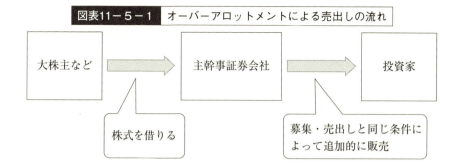

図表11-5-1 オーバーアロットメントによる売出しの流れ

2 グリーンシューオプション

　グリーンシューオプションとは，オーバーアロットメントにより追加的に販売した株数を，株式を借りた大株主等へ返すために，発行会社または株式を借りた大株主等から主幹事証券会社に付与された権利（引受価額と同一の条件で追加的に株式を取得する権利）をいう。

　株式の売出価格よりも買戻し時の時価が高くなる場合，オーバーアロットメントにより借株を売却した証券会社が損することになる。そのような場合に，主幹事証券会社にとっては，グリーンシューオプションによって損失の出ない株式の取得方法を約定し，リスクヘッジできるというメリットがある。

　グリーンシューオプションを行使するかどうかは，主幹事証券会社の判断によるが，通常，行使価格と募集・売出し終了後の市場価格の関係によって左右される。具体的には，図表11-5-2のとおりである。

| 図表11−5−2 | 「グリーンシューオプションの行使価格」と「募集・売出し終了後の市場価格」の関係と通常想定される主幹事証券会社の対応 |

「グリーンシューオプションの行使価格」と「募集・売出し終了後の市場価格」の関係	通常想定される主幹事証券会社の対応
行使価格＞市場価格	グリーンシューオプションを行使せず，市場での買付けを行って，株式を借りた大株主等へ株式を返還する。
行使価格＜市場価格	グリーンシューオプションを行使する。 この際，下記の２つの方法がある。 ・発行会社の第三者割当増資等を引き受けることによって新株を取得し，大株主等に株式を返還する方法 ・株式を借りた大株主等からその株式を追加購入することにより返還する方法

3 ロックアップ条項

ロックアップ条項とは，創業者，ベンチャーキャピタル，親会社等の主要株主に対して，株式上場後の一定期間（通常は180日）に，保有株式の売却を制限する契約条項である。

ロックアップ条項の目的は，株式上場直後に主要株主による大量の株式売却によって，株価が急激に下落することを防止する点にある。ロックアップ条項の有無は，投資の際の判断材料が記載されている目論見書に記載される。

第6節 上場以外の出口戦略

1 ベンチャーキャピタルにおける出口戦略

上場準備会社は，資本政策上，ベンチャーキャピタルから資金調達を行うことがある。ベンチャーキャピタルは，投資先への投下資金を回収することが重要な目的の１つである。ベンチャーキャピタルにとっては，一般的に，企業の上場前に投資し，上場後に市場で株式を売却することによって，キャピタルゲ

インを得ることが最大の投下資金の回収方法といえる。

　一方で，投資先が必ず上場できるとは限らず，場合によっては，上場の過程で問題が生じ，最終的に上場を断念するケースがある。ベンチャーキャピタルは，このようなリスクに備えて，上場後の株式売却とは別の出口戦略も選択肢として考えているケースが通常である。上場以外の出口戦略としては，以下が挙げられる。

> - 会社経営者等への株式の売却
> - 他のファンド（セカンダリーファンド）等への株式の売却

　日本のベンチャーキャピタルは，投資先の会社との間の投資契約締結にあたり，「株式買取条項」を付すことが多い。これは，投資先の会社が上場の目途がつかない場合におけるリスクヘッジとして機能し，会社や経営者に対して売却するというベンチャーキャピタルの出口戦略の1つとなる。

　他のファンド（セカンダリーファンド）等への株式の売却は，選択肢の1つにはなり得るものの，少なからず現在投資しているファンドが撤退することを意味する。このため，通常は次の引き受け手として他のファンド（セカンダリーファンド）が現れにくいことから，投下資金の回収手段としては限定的な方法である。一方，売却の候補が事業会社のようなストラテジックインベスターの場合，上場によるキャピタルゲインよりも売却価格を上げられる可能性や，機動的な売却ができる可能性があるなど，メリットとなる場合も考えられる。

　なお，上場準備会社が市場変化等の影響から倒産・会社清算し，ベンチャーキャピタルが当初想定した出口戦略が実行できないケースも考えられる。このような場合，ベンチャーキャピタルでは，キャピタルゲインを得られず，投資有価証券評価損・売却損などの損失が生じるケースが多いと考えられる。

2 ｜ 上場準備会社における出口戦略

　上場準備会社においては，株式上場が目指すべき1つのゴールであるが，一方で，市場変化などの外部的な要因や上場体制が構築できないなどの内部的な要因により，上場を断念せざるを得ないケースもある。

　このような場合に，計画を修正し引き続き上場を目指すのか，あるいは，上場を断念しオーナー経営体制に戻すのかなど，どのような出口戦略を行うかが

問題となる。

　特に，資本政策の関係上，既にベンチャーキャピタルなど，オーナー経営者以外から資金調達を行っている段階であれば，ベンチャーキャピタル等の投資家から株式を買い取るなど，他の出資者との関係で追加的な対応をする必要が生じる。経営者側に十分な資金があれば，ベンチャーキャピタルなどから株式を買い取ることも可能であるが，資金がない場合には資金確保が重要な課題となることから早期に対応策を検討することが必要である。

第7節　株主側の税務戦略への関与

1　原則的な課税

　上場準備会社の株式を保有するオーナー経営者は，資本戦略の一環で，株式の売却を行うケースがある。たとえば，株主構成の是正のために上場前に保有株式の一部を会社役員やベンチャーキャピタル等へ売却するケース，創業者利益の確保のため株式上場時に保有株式の一部を市場に売出しするケースなどがある。

　このような株式の売却時においては，原則として，売手側は生じた所得に応じて課税（個人であれば所得税，法人であれば法人税が課税）される。原則的な課税内容は，図表11－7－1のとおりである。

図表11－7－1　株式売却時における原則的な課税関係

売　手	課税内容
個　人	個人の場合は，他の所得と区分して税金を計算する「申告分離課税」となる。課税額は，下記のとおり算定される（所法33条）。 　　課税額＝株式等に係る譲渡所得等の金額(＊1) × 税率(＊2) 　（＊1）　株式等に係る譲渡所得等の金額＝総収入金額（譲渡価額）－必要経費（取得費＋委託手数料等） 　（＊2）　20％（うち，所得税15％，住民税5％）。なお，平成25年から平成49年までは，復興特別所得税として各年分の基準所得税額の2.1％を所得税と併せて申告・納付することが必要となる（復興財源確保法13条）。

法　人	法人税の課税所得の計算上，株式譲渡に伴って生じる譲渡損益を益金または損金の額に算入する。益金または損金の額は下記のとおり算出する（法法61条の２）。 　益金または損金の額＝「有価証券の譲渡に係る対価の額」－「有価証券の譲渡に係る原価の額」

2 低額譲渡・高額譲渡における課税

(1) グループ法人税制適用外のケース

　前記「１　原則的な課税」においては，適正価額（時価）で株式譲渡が行われた場合を前提としている。一方で，時価と乖離した価額で株式譲渡を行った場合には，追加的な課税関係が生じる場合がある。

　追加的な課税内容は，売買の当事者が「個人」または「法人」か，譲渡価額が適正価額（時価）と比べて低い（低額譲渡）か高い（高額譲渡）かによって税務上の取扱いが異なる。詳細は，図表11－７－２～図表11－７－５のとおりである。

図表11－７－２　個人➡個人のケース

		課税関係	イメージ図
低額譲渡のケース	売手 （個人）	「譲渡価額」と「取得原価」との差額は，所得税（譲渡所得）として課税対象となる（原則的な課税関係）（所法33条）。	（売手（個人）／買手（個人）　時価－贈与税　譲渡価額－所得税（譲渡所得）　取得原価）
	買手 （個人）	「時価」と「譲渡価額」との差額は，売手側から贈与を受けたものとみなして，贈与税の課税対象となる（相法７条(*)）。 (*) 贈与税については，相続税を補完する機能があることから相続税法に規定されている。	

		課税関係	イメージ図
高額譲渡のケース	売手(個人)	「時価」と「取得原価」との差額は，所得税（譲渡所得）の課税対象となる（所法33条）。また，「譲渡価額」が「時価」を超える部分は，買手側から贈与を受けたものとして，贈与税の課税対象となる（相法9条）。	売手(個人)／買手(個人)：譲渡価額＝贈与税＋所得税（譲渡所得）（時価・取得原価の区分）
	買手(個人)	取得時点での課税は生じない。	

図表11－7－3　個人➡法人のケース

		課税関係	イメージ図
低額譲渡のケース	売手(個人)	時価の2分の1未満の価格による譲渡の場合は，時価により譲渡したものとみなされ（みなし譲渡），「時価」と「取得原価」との差額が所得税（譲渡所得）の課税対象となる。	【時価の2分の1未満の価格による譲渡の場合】売手(個人)／買手(法人)：所得税（譲渡所得）（※）＋法人税（受贈益）
		一方，時価の2分の1以上の場合には，譲渡価額と取得原価との差額が所得税（譲渡所得）の課税対象となる（所法59条1項2号，所令169条）。	【時価の2分の1以上の価格による譲渡の場合】売手(個人)／買手(法人)：所得税（譲渡所得）（※）＋法人税（受贈益）
	買手(法人)	「時価」と「譲渡価額」との差額は，受贈益として法人税の課税対象となる（法法22条2項）。	（※）　同族会社等に対する譲渡の場合，時価の2分の1以上の価格による譲渡であっても，所得税の負担を不当に減額させる結果になると認められる場合には，時価で譲渡したものとされる（所法157条，所基通59－3）。

第11章　上場準備会社における資本戦略の活用　399

		課税関係	イメージ図
高額譲渡のケース	売手（個人）	「時価」と「取得原価」との差額は，所得税（譲渡所得）の課税対象となる。 「譲渡価額」が「時価」を超える部分は，売手が買手の法人の役員・従業員である場合は所得税（給与所得）の課税対象となる。また，買手が第三者である場合は所得税（一時所得）として課税対象となる（所法28条，33条，34条）。	売手（個人）／買手（法人） 譲渡価額：所得税（給与所得・一時所得）／賞与または寄附金 時価：所得税（譲渡所得） 取得原価
	買手（法人）	「譲渡価額」と「時価」の差額は，売手が買手の法人の役員・従業員である場合は，法人税等の計算上，役員賞与・賞与として取り扱う。また，第三者である場合は法人税等の計算上，寄附金として取り扱われる（法法22条2項，34条1項4項，37条7項，法基通9－2－9(3)）。	

図表11－7－4　法人➡個人のケース

		課税関係	イメージ図
低額譲渡のケース	売手（法人）	「時価」と「取得原価」との差額は，「時価」により譲渡を行ったものとして，法人税が課税される。また，「譲渡価額」と「時価」との差額は，売手が買手の法人の役員・従業員である場合は，法人税等の計算上，役員賞与・賞与として取り扱われる。一方，買手が第三者である場合は法人税等の計算上，寄附金として取り扱われる（法法22条2項，34条1項4項，37条7項，法基通9－2－9(2)）。	売手（法人）／買手（個人） 時価：賞与または寄附金／所得税（給与所得・一時所得） 譲渡価額：法人税（売却益） 取得原価 （注）売手（法人）では，益金と損金が両建で処理される。また，損金は，賞与または寄附金など費目に応じて，損金算入限度額の計算が行われる。

		課税関係	イメージ図
高額譲渡のケース	買手(個人)	「時価」と「譲渡価額」との差額は，買手が売手である法人の役員・従業員である場合は，所得税（給与所得）として課税対象となる。また，買手が第三者である場合は，所得税（一時所得）の課税対象となる（所法28条, 34条）。	
	売手(法人)	「時価」と「取得原価」との差額は，法人税の課税対象となる。また，「譲渡価額」が「時価」を超える部分は，買手からの寄附により生じた受贈益として，法人税の課税対象となる（法法22条2項）。	売手(法人) / 買手(個人) — 譲渡価額：法人税（受贈益），時価：法人税（売却益），取得原価
	買手(個人)	「譲渡価額」と「時価」との差額は，買手が売手に寄附をしたものとして取り扱い，買手個人には課税関係は生じない。	

図表11−7−5　法人➡法人のケース（グループ法人税制適用外のケース）

		課税関係	イメージ図
低額譲渡のケース	売手(法人)	「時価」と「取得原価」との差額は，「時価」により譲渡を行ったものとして，法人税が課税される。また，「時価」と「譲渡価額」との差額は，買手への寄附金として取り扱われ，法人税の計算上は，一定の損金算入限度額の制限が生じる（法法22条2項，37条7項）。	売手(法人) / 買手(法人) — 時価，譲渡価額：法人税（売却益）／寄附金／法人税（受贈益），取得原価
	買手(法人)	「時価」と「譲渡価額」との差額は，売手からの寄附により生じた受贈益として，法人税の課税対象となる（法法22条2項）。	

高額譲渡のケース	売手（法人）	「時価」と「取得原価」との差額は，売却益として，法人税の課税対象となる。 また，「譲渡価額」が「時価」を超える部分は，買手からの寄附により生じた受贈益として，法人税の課税対象となる（法法22条2項）。	売手（法人）：譲渡価額―法人税（受贈益）―時価―法人税（売却益）―取得原価／買手（法人）：寄附金
	買手（法人）	「譲渡価額」と「時価」との差額は，売手への寄附金として取り扱われ，法人税の計算上は，一定の損金算入限度額の制限が生じる（法法37条7項）。	

（2）グループ法人税制が適用されるケース

グループ法人税制が適用される場合は，図表11－7－6のとおり，完全支配関係がある法人の間で一定の資産（譲渡損益調整資産）を譲渡した場合，当該資産に係る利益または損失については，その事業年度には認識されずに繰り延べられる（法法61条の13第1項）。グループ法人税制が適用されないケースは図表11－7－5を参照のこと。

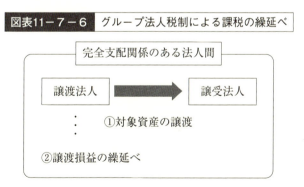

図表11－7－6　グループ法人税制による課税の繰延べ

完全支配関係のある法人間
譲渡法人 → 譲受法人
①対象資産の譲渡
②譲渡損益の繰延べ

ここで，譲渡損益調整資産とは，固定資産，土地，有価証券，金銭債権および繰延資産をいう。また，売買目的有価証券および譲渡直前の帳簿価額が1,000万円未満の資産は対象資産に含まれない（法令122条の14第1項）。

その後，譲渡法人において繰り延べた譲渡損益を認識するタイミングは，次

のとおりである。

- 譲受法人において譲渡,償却,評価換え,貸倒れ,除却その他政令で定める事由が生じたとき（法法61条の13第2項）
- 譲渡法人と譲受法人との間に完全支配関係を有しないこととなったとき（同条3項）
- 連結納税制度の適用開始,連結納税グループへの加入に際し譲渡法人が時価評価の対象となる場合（同条4項）

【参考文献】
『アドバンス金融商品取引法（第２版）』長島・大野・常松法律事務所編　商事法務
『エクイティ・ファイナンスの理論と実務（第２版）』森・濱田松本法律事務所　商事法務
『新株予約権ハンドブック（第３版）』太田洋他編　商事法務
『新・会社法実務問題シリーズ３　新株予約権・社債（第２版）』森・濱田松本法律事務所編　中央経済社
『DES・DDSの実務（第３版）』藤原総一郎編　きんざい
『アドバンス会社法』長島・大野・常松法律事務所編　商事法務
『クロス・ボーダー証券取引とコーポレート・ファイナンス』松本啓二著　金融財政事情研究会
『エクイティファイナンスの実際』大和証券エスビーキャピタル・マーケッツ編　日本経済新聞社
『全訂版　ストック・オプションの実務』内藤良祐他　商事法務
『商法・証券取引法の諸問題シリーズ　転換社債型新株予約権付社債の理論と実務』証券取引法研究会編　商事法務
『会社法・金融商品取引法の諸問題シリーズ　会社法の検討―ファイナンス関係―』証券取引法研究会編　商事法務
『会社法・金融商品取引法の諸問題シリーズ　新会社法の検討―ファイナンス関係の改正―』証券取引法研究会編　商事法務
『問答式　会社の資本戦略（第４版）』新日本監査法人編　中央経済社
『財務諸表分析（第６版）』桜井久勝著　中央経済社
『ROE革命の財務戦略』柳良平著　中央経済社
『ヘルファート　企業分析』E.ヘルファート著　岸本光永監修　中央経済社
『管理会計（第５版）』櫻井通晴著　同文舘出版
『企業価値評価（第５版）［上］』マッキンゼー・アンド・カンパニー著　ダイヤモンド社
『最新株式会社法』近藤光男著　中央経済社
『事例詳解　資本等取引をめぐる法人税実務』諸星健司著　税務研究会
『Q&A　資本取引等をめぐる会計と税務』堀村不器雄監修・日本公認会計士協会京滋会編著　清文社
『トーマツ会計セレクション　純資産会計』有限責任監査法人トーマツ編　清文社
『日本版ESOP入門　スキーム別解説と潜在的リスク分析』渡部潔著　中央経済社
『会社法決算書の読み方・作り方　計算書類の分析と記載例（第９版）』新日本有限責任監査法人編　中央経済社
『よくわかる自己株式の実務処理Q&A（第３版）法務・会計・税務の急所と対策』有田賢臣・金子登志雄・高橋昭彦著　中央経済社
『実践企業組織改革３　増資・減資・自己株式・新株予約権　法務・税務・会計のすべて』鳥飼重和・大野木孝之監修　鳥飼総合法律事務所・大野木総合会計事務

所・税理士法人渡邊芳樹事務所編著　税務経理協会
『「純資産の部」完全解説─「増資・減資・自己株式の実務」を中心に─』太田達也著　税務研究会出版局
『第２次改訂版　新株予約権・種類株式の実務─法務・会計・税務・登記─』荒井邦彦・大村健編著　第一法規
『ケースから引く　組織再編の会計実務』新日本有限責任監査法人編　中央経済社
『ゼミナール企業価値評価』伊藤邦雄著　日本経済新聞出版社
『財務会計（第13版）』広瀬義州著　中央経済社
『Ｑ＆Ａ　資本会計の実務ガイド（第４版）』あずさ監査法人編　中央経済社
『ストック・オプションの会計実務─会計・税務・評価の方法』新日本有限責任監査法人編　中央経済社
『資金調達の実務ガイドブック』税理士法人フェニックス編　中央経済社
『銀行経理の実務（第８版）』銀行経理問題研究会編　中央経済社
『IPOをやさしく解説！上場準備ガイドブック』新日本有限責任監査法人編　同文舘出版
『資本等取引と組織再編の会計・税務』KPMG編著　清文社
『例解　金融商品の会計・税務』太田達也著　清文社

「新たな自社株式保有スキームに関する報告書」（平成20年11月17日）　新たな自社株式保有スキーム検討会
「我が国におけるライツ・オファリングの定着に向けて」（平成26年７月25日）　㈱東京証券取引所上場制度整備懇親会
「公認会計士業務資料集　別冊20号　資金調達手法と会計・税務」　日本公認会計士協会東京会

「東京地裁商事部における現物出資等検査役選任事件の現状」『旬刊商事法務』平成13年３月25日号　針塚遵著
「デット・エクイティ・スワップ再論」『旬刊商事法務』平成14年６月25日号　針塚遵著
「会社法下における剰余金の配当に関する会計処理」『旬刊商事法務』平成20年10月５日号　商事法務研究会　和久友子著
「有価証券報告書作成上の留意点（平成22年３月期）」『旬刊経理情報』平成22年６月１日号　吉田信之著
「開示分析特別企画　平成22年３月期有価証券報告書にみる日本版ESOPの会計処理と開示分析」『旬刊経理情報』平成22年９月20日号　中央経済社　西原直・吉田剛著
「日本版ESOPの会計処理等に係る実務上の論点Ｑ＆Ａ」『週刊経営財務』平成26年３月10日号　税務研究会　吉田剛著
「実務対応報告第30号『従業員等に信託を通じて自社の株式を交付する取引に関する

「実務上の取扱い」の解説」『週刊経営財務』平成26年2月10日号　税務研究会　村田貴広著

「重要資料　従業員持株会を利用した信託型インセンティブプランに係る税務上の取扱いについて」『T&A master』新日本法規出版　平成24年12月10日号

「時事解説　種類株式保有会社の個別財務諸表上の会計処理―トヨタ『AA型種類株式』を例に」『企業会計』平成27年11月号　中央経済社　吉田剛著

「厳選！　現場からの緊急相談Q&A　第17回　種類株式の会計処理」『週刊経営財務』平成27年9月14日号　税務研究会　和田夢斗著

「取得条項付新株予約権付社債の事例分析と会計処理」『旬刊経理情報』平成22年2月20日号　中央経済社　吉永康樹著

「ライツ・イシューの『発行者』・『保有者』の会計処理」『旬刊経理情報』平成22年4月10日号　中央経済社　大川圭美著

「優先株式に関するIFRS適用の影響と対応」『旬刊経理情報』平成22年10月1日号　中央経済社　山岡久之著

「資金調達の手法別特徴と最近の動向」『旬刊経理情報』平成23年7月1日号　中央経済社　明石正道著

「株式報酬型・業績連動型・有償新株予約権　中長期インセンティブとしての制度設計のポイント」『旬刊経理情報』平成24年10月1日号　中央経済社　山本成男・櫻井秀憲著

「キャッシュ・アウト手法の概要と選択上の留意点」『旬刊経理情報』平成27年8月10日号　中央経済社　松尾拓也著

「米国で活用が広がる加速型自社株買い」野村資本市場研究所　資本市場クォータリー　2014年夏号

http://www.nicmr.com/nicmr/report/repo/2014/2014sum12.pdf

「親会社が子会社から自己株式を取得する場合の法務・会計・税務」太田達也の視点　新日本有限責任監査法人

http://www.shinnihon.or.jp/corporate-accounting/ota-tatsuya-point-of-view/2013-09-03.html

「デット・エクイティ・スワップに係る債務者側の会計・税務」太田達也の視点　新日本有限責任監査法人

http://www.shinnihon.or.jp/corporate-accounting/ota-tatsuya-point-of-view/2013-01-07.html

「社債の活用スライド」経済産業省

http://www.meti.go.jp/report/downloadfiles/ji04_07_23.pdf

【執筆者】（五十音順）

浦田　千賀子（うらた・ちかこ）

新日本有限責任監査法人　シニア　第3事業部　公認会計士
大手素材産業，人材サービス業，ホテル業，通信販売業等の監査，内部統制助言業務，上場準備支援業務等の他，雑誌への寄稿やセミナー講師も行っている。また，同法人のHP「企業会計ナビ」の編集委員として，会計情報の外部発信業務にも従事。
著書（共著）に，「図解入門ビジネス　最新株式公開の基本と実務がよーくわかる本」（秀和システム），「決算期変更・期ズレ対応の実務Q&A」，「図解でざっくり会計シリーズ1　税効果会計のしくみ（第2版）」（以上，中央経済社）がある。

坂本　有毅（さかもと・ゆうき）

EY弁護士法人　エグゼクティブディレクター
弁護士　宅地建物取引士　公益社団法人日本証券アナリスト協会検定会員
国内系大手法律事務所にて，流動化，証券発行，買収ファイナンス等の資金調達取引，金融商品取引法，銀行法その他の金融規制に係る助言等の案件に従事した後，金融庁へ出向し国際課税原則の見直しをはじめとする金融関係の税制改正に関与し，平成26年7月より現職。
金融法務や一般企業法務の他，コーポレートガバナンス関連の案件にも取り組む。
著書（共著）に「Q&A　コーポレートガバナンス・コードとスチュワードシップ・コード—持続的な企業価値向上のための2つのコードの実践—」（第一法規）がある。

清宮　悠太（せいみや・ゆうた）

新日本有限責任監査法人　シニア　第2事業部　公認会計士
大手医薬品卸売業，外資系鉄鋼卸売業，金融機関等の監査業務や内部統制助言業務に従事している他，雑誌への寄稿や法人HP「企業会計ナビ」からの情報発信を行っている。
著書（共著）に「こんなときどうする？　引当金の会計実務」，「設例でわかるキャッシュ・フロー計算書のつくり方Q&A」（以上，中央経済社）などがある。

中込　佑介（なかごみ・ゆうすけ）

新日本有限責任監査法人　シニア　第1事業部　公認会計士
食品製造業，石油・ガス開発業，サービス業等の監査業務や非監査業務に従事。
雑誌への寄稿として，「追加取得・一部売却の会計処理のポイント」『旬刊経理情報』（中央経済社）がある。

西尾　拓也（にしお・たくや）
新日本有限責任監査法人　マネージャー　第3事業部
公認会計士　公益社団法人日本証券アナリスト協会検定会員
大手半導体製造業，民生品製造業などの日本基準および米国基準による監査業務，内部統制助言業務や上場準備支援業務等の他，日本公認会計士協会　実務補習所運営委員会　副委員長を務め，後進育成にも従事している。
著書（共著）に，「電機産業の会計・内部統制の実務」（中央経済社）がある。

吉田　剛（よしだ・たけし）
新日本有限責任監査法人　パートナー　品質管理本部　会計監理部　兼　第4事業部
公認会計士
食品製造業や石油・ガス開発業等の監査業務および会計に係る情報提供，法人内の質問対応等の業務に従事。また，日本公認会計士協会　会計制度委員会　副委員長および同委員会連結・企業結合等検討専門委員会の専門委員を務める他，法人内部の研修講師，外部向けのセミナー講師も多数務める。
著書（共著）に，「こんなときどうする？　減損会計の実務詳解Q&A」，「持株会社の運営・移行・解消の実務」，「ケースから引く　組織再編の会計実務」（以上，中央経済社）など多数。この他に，雑誌等への寄稿，法人HPの「企業会計ナビ」（会計情報トピックス）の執筆なども数多く行っている。

【編集総括】
井澤　依子

【編集】（五十音順）
西尾　拓也
吉田　剛

【レビュー】（五十音順）
大野　雄裕（新日本有限責任監査法人）
小川　浩徳（同上）
狩野　茂行（同上）
武澤　玲子（同上）
福井　聡（同上）
星野　快（EY弁護士法人）
吉村　祥人（EY税理士法人）

【執筆協力】
中村　基治（EYトランザクション・アドバイザリー・サービス株式会社）

【編者紹介】

EY | Assurance | Tax | Transactions | Advisory

EYについて

EYは，アシュアランス，税務，トランザクション及びアドバイザリーなどの分野における世界的なリーダーです。私たちの深い洞察と高品質なサービスは，世界中の資本市場や経済活動に信頼をもたらします。私たちはさまざまなステークホルダーの期待に応えるチームを率いるリーダーを生み出していきます。そうすることで，構成員，クライアント，そして地域社会のために，より良い社会の構築に貢献します。

EYとは，アーンスト・アンド・ヤング・グローバル・リミテッドのグローバルネットワークであり，単体，又は複数のメンバーファームを指し，各メンバーファームは法的に独立した組織です。アーンスト・アンド・ヤング・グローバル・リミテッドは，英国の保証有限責任会社であり，顧客サービスは提供していません。詳しくは，ey.com をご覧ください。

EY Japanについて

EY Japanは，EYの日本におけるメンバーファームの総称です。新日本有限責任監査法人，EY税理士法人，EYトランザクション・アドバイザリー・サービス株式会社，EYアドバイザリー株式会社などの13法人から構成されており，各メンバーファームは法的に独立した法人です。詳しくはeyjapan.jpをご覧ください。

新日本有限責任監査法人について

新日本有限責任監査法人は，EYの日本におけるメンバーファームです。監査及び保証業務をはじめ，各種財務アドバイザリーサービスを提供しています。詳しくは，www.shinnihon.or.jp をご覧ください。

EY弁護士法人について

EY弁護士法人は，EYメンバーファームです。国内及び海外で法務・税務・会計の専門家と緊密に協働することにより，お客様のニーズに即した付加価値の高い法務サービスを提供し，より良い社会の構築に貢献します。詳しくは，law.eyjapan.jp をご覧ください。

本書は一般的な参考情報の提供のみを目的に作成されており，会計，税務及びその他の専門的なアドバイスを行うものではありません。新日本有限責任監査法人，EY弁護士法人及び他のEYメンバーファームは，皆様が本書を利用したことにより被ったいかなる損害についても，一切の責任を負いません。具体的なアドバイスが必要な場合は，個別に専門家にご相談ください。

取引手法別

資本戦略の法務・会計・税務

2016年9月15日　第1版第1刷発行
2017年10月20日　第1版第2刷発行

編者　ＥＹ　Ｊａｐａｎ
発行者　山　本　　　継
発行所　㈱中央経済社
発売元　㈱中央経済グループ
　　　　パブリッシング

〒101-0051　東京都千代田区神田神保町1-31-2
電話　03（3293）3371（編集代表）
　　　03（3293）3381（営業代表）
http://www.chuokeizai.co.jp/
印刷／東光整版印刷㈱
製本／誠　製　本　㈱

ⓒ 2016 Ernst & Young ShinNihon LLC.
All Rights Reserved.
Printed in Japan

＊頁の「欠落」や「順序違い」などがありましたらお取り替えいたしますので発売元までご送付ください。（送料小社負担）
ISBN978-4-502-19331-6　C3034

JCOPY〈出版者著作権管理機構委託出版物〉本書を無断で複写複製（コピー）することは，著作権法上の例外を除き，禁じられています。本書をコピーされる場合は事前に出版者著作権管理機構（JCOPY）の許諾を受けてください。
JCOPY〈http://www.jcopy.or.jp　eメール：info@jcopy.or.jp　電話：03-3513-6969〉

一目でわかるビジュアルガイド

図解でざっくり会計シリーズ　全8巻

新日本有限責任監査法人 [編]　　　各巻1,900円＋税

本シリーズの特徴
- ■シリーズキャラクター「ざっくり君」がやさしくナビゲート
- ■コンセプトは「図とイラストで理解できる」
- ■原則，1テーマ見開き
- ■専門用語はできるだけ使わずに解説
- ■重要用語はKeywordとして解説
- ■「ちょっと難しい」プラスαな内容はOnemoreとして解説

1 税効果会計のしくみ	5つのステップでわかりやすく解説。連結納税制度や組織再編，資産除去債務など，税効果に関係する特殊論点についてもひと通り網羅。
2 退職給付会計のしくみ	特有の用語をまとめた用語集付き。改正退職給付会計基準もフォロー。
3 金融商品会計のしくみ	ますます複雑になる重要分野を「金融資産」，「金融負債」，「デリバティブ取引」に分けて解説。
4 減損会計のしくみ	減損会計の概念を携帯電話会社を例にしたケーススタディ方式でやさしく解説。
5 連結会計のしくみ	のれん・非支配株主持分・持分法などの用語アレルギーを感じさせないように，連結決算の基礎をやさしく解説。
6 キャッシュ・フロー計算書のしくみ	どこからお金が入り，何に使ったのか，「会社版お小遣い帳」ともいえる計算書のしくみを解説。
7 組織再編会計のしくみ	各章のはじめに組織再編の全体像を明示しながら解説。組織再編の類型や適用される会計基準，さらに各手法の比較まで言及。
8 リース会計のしくみ	リース取引のしくみや，資産計上するときの金額の算定方法等，わかりやすく解説。特有の用語集付。

■中央経済社■

■おすすめします■

学生・ビジネスマンに好評
■最新の会計諸法規を収録■

新版 会計法規集

中央経済社編

会計学の学習・受験や経理実務に役立つことを目的に，最新の会計諸法規と企業会計基準委員会等が公表した会計基準を完全収録した法規集です。

《主要内容》

会計諸基準編＝企業会計原則／外貨建取引等会計基準／研究開発費等会計基準／税効果会計基準／減損会計基準／自己株式会計基準／1株当たり当期純利益会計基準／役員賞与会計基準／純資産会計基準／株主資本等変動計算書会計基準／事業分離等会計基準／ストック・オプション会計基準／棚卸資産会計基準／金融商品会計基準／関連当事者会計基準／四半期会計基準／リース会計基準／工事契約会計基準／持分法会計基準／セグメント開示会計基準／資産除去債務会計基準／賃貸等不動産会計基準／企業結合会計基準／連結財務諸表会計基準／研究開発費等会計基準の一部改正／変更・誤謬の訂正会計基準／包括利益会計基準／退職給付会計基準／修正国際基準／原価計算基準／監査基準　他

会 社 法 編＝会社法・施行令・施行規則／会社計算規則

金融商品取引法編＝金融商品取引法・施行令／企業内容等開示府令／財務諸表等規則・ガイドライン／連結財務諸表規則・ガイドライン　他

関 連 法 規 編＝税理士法／討議資料・財務会計の概念フレームワーク　他

■中央経済社■

●実務・受験に愛用されている読みやすく正確な内容のロングセラー！

定評ある税の法規・通達集シリーズ

所得税法規集
日本税理士会連合会 編
中央経済社

❶所得税法 ❷同施行令・同施行規則・同関係告示 ❸租税特別措置法（抄）❹同施行令・同施行規則（抄）❺震災特例法・同施行令・同施行規則（抄）❻復興財源確保法（抄）❼復興特別所得税に関する政令・同省令 ❽災害減免法・同施行令（抄）❾国外送金等調書提出法・同施行令・同施行規則・同関係告示

所得税取扱通達集
日本税理士会連合会 編
中央経済社

❶所得税取扱通達（基本通達／個別通達）❷租税特別措置法関係通達 ❸国外送金等調書提出法関係通達 ❹災害減免法関係通達 ❺震災特例法関係通達 ❻索引

法人税法規集
日本税理士会連合会 編
中央経済社

❶法人税法 ❷同施行令・同施行規則・法人税申告書一覧表 ❸減価償却用年数省令 ❹法人税法関係告示 ❺地方法人税法・同施行令・同施行規則 ❻租税特別措置法（抄）❼同施行令・同施行規則（抄）❽震災特例法・同施行令・同施行規則（抄）❾復興財源確保法（抄）❿復興特別法人税に関する政令・同省令 ⓫租特透明化法・同施行令・同施行規則

法人税取扱通達集
日本税理士会連合会 編
中央経済社

❶法人税取扱通達（基本通達／個別通達）❷租税特別措置法関係通達（法人税編）❸連結納税基本通達 ❹租税特別措置法関係通達（連結納税編）❺減価償却用年数省令 ❻機械装置の細目と個別年数 ❼耐用年数の適用等に関する取扱通達 ❽震災特例法関係通達 ❾復興特別法人税関係通達 ❿索引

相続税法規通達集
日本税理士会連合会 編
中央経済社

❶相続税法 ❷同施行令・同施行規則・同関係告示 ❸土地評価審議会令・同省令 ❹相続税法基本通達 ❺財産評価基本通達 ❻相続税法関係個別通達 ❼租税特別措置法（抄）❽同施行令・同施行規則（抄）・同関係告示 ❾租税特別措置法（相続税法の特例）関係通達 ❿震災特例法・同施行令・同施行規則（抄）・同関係告示 ⓫震災特例法関係通達 ⓬災害減免法・同施行令（抄）⓭国外送金等調書提出法・同施行令・同施行規則・同関係告示 ⓮民法（抄）

国税通則・徴収・犯則法規集
日本税理士会連合会 編
中央経済社

❶国税通則法 ❷同施行令・同施行規則・同関係告示 ❸租税特別措置法・同施行令・同施行規則（抄）❹国税徴収法 ❺同施行令・同施行規則 ❻国税犯則取締法・同施行規則 ❼滞調法・同施行令・同施行規則 ❽税理士法・同施行令・同施行規則・同関係告示 ❾電子帳簿保存法・同施行令・同施行規則・同関係告示 ❿行政手続オンライン化法・同国税関係法令に関する省令・同関係告示 ⓫行政手続法 ⓬行政不服審査法 ⓭行政事件訴訟法（抄）⓮組織的犯罪処罰法（抄）⓯没収保全と滞納処分との調整令 ⓰犯則収益規則（抄）⓱麻薬特例法（抄）

消費税法規通達集
日本税理士会連合会 編
中央経済社

❶消費税法 ❷同別表第三等に関する法令 ❸同施行令・同施行規則・同関係告示 ❹消費税法基本通達 ❺消費税申告書様式等 ❻消費税法等取扱通達等 ❼租税特別措置法（抄）❽同施行令・同施行規則（抄）・同関係通達 ❾消費税転嫁対策法・同ガイドライン ❿震災特例法・同施行令・同関係告示 ⓫震災特例法関係通達 ⓬税制改革法等 ⓭地方税法（抄）⓮同施行令・同施行規則（抄）⓯所得税・法人税政省令（抄）⓰輸徴法令 ⓱関税法令（抄）⓲関税定率法令（抄）

中央経済社